DIAKONAT

DIAKONAT

**Ein Amt für Frauen
in der Kirche –
Ein frauengerechtes
Amt?**

*Herausgegeben von
Peter Hünermann
Albert Biesinger
Marianne Heimbach-Steins
Anne Jensen*

Schwabenverlag

Die Deutsche Bibliothek – CIP-Einheitsaufnahme
Diakonat : ein Amt für Frauen in der Kirche – ein frauengerechtes Amt? /
Peter Hünermann ... (Hrsg.). – Ostfildern : Schwabenverl., 1997
ISBN 3- 7966-0904-X

Alle Rechte vorbehalten
© 1997 Schwabenverlag AG, Ostfildern

Umschlaggestaltung und Layout: Wolfgang Sailer, Schwabenverlag
Umschlagmotiv: Bruno Jarret, Rodin: Danseuse cambodgienne au bras,
© VG Bild-Kunst, Bonn 1997
Satz: Schwabenverlag AG, Ostfildern
Herstellung: Gassner Druck, Reutlingen
Printed in Germany

ISBN 3-7966-0904-X

Inhalt

Vorwort — 10
Peter Hünermann

Hauptreferate

Frauenbild und Frauenrolle. Gesellschaftliche und kirchliche Leitideen im Hintergrund der Diskussion um den Diakonat der Frau — 14
Marianne Heimbach-Steins

Das Amt der Diakonin in der kirchlichen Tradition des ersten Jahrtausend — 33
Anne Jensen

Diakonat – Ein eigenständiges Amt in der Kirche. Historischer Rückblick und heutiges Profil — 53
Albert Biesinger

Braucht die Kirche Diakoninnen? Frauen in Diakonie und Caritas: Bestandsaufnahme und Perspektiven — 78
Stefanie Spendel

Theologische Bedenken gegen die Diakonatsweihe von Frauen — 86
Hans Jorissen

Theologische Argumente für die Diakonatsweihe von Frauen — 98
Peter Hünermann

Aufgaben und Dienste der Diakonin in der Kirche heute – Ein realistisches Projekt, keine Utopie — 129
Hanna-Renate Laurin

Resolution 138

Arbeitskreise und Foren

Wandel von Frauenrollen und das kirchliche Frauenbild

Frauenrollen und Frauenbilder in gesellschaftlichen 142
Veränderungsprozessen
Marita Estor

Konstitution und Wandel von Geschlechterverhältnissen 153
Doris Knab

Diakonat – eine Chance für Frauen? 160
Diskussionsbericht
Eva-Maria Dannebaum

Die Stellung der Frauen in der Kirche heute und die 162
kirchlich propagierten Frauenbilder
Gabriele Miller

Zur Geschichte und Entwicklung des Diakonats der Frau

Das Lehrverbot für Frauen im Rahmen der 172
Altkirchlichen Oikos-Ekklesiologie
Rosemarie Nürnberg

Frauenbilder im Mittelalter und der Zugang zu Ämtern 186
in der Kirche
Gisela Muschiol

Gab es Diakoninnen in der Geschichte der Kirche? 189
Zusammenfassung der Diskussionsergebnisse
Heike Grieser

Frauen als Diakone in der Ökumene 192
Dorothea Reininger/Sabine Pemsel-Maier

Frauen im Diakonat der Altkatholischen Kirche 206
Angela Berlis

Dogmatische Fragen zum Diakonat der Frau

Das Amt der Diakonin: ein sakramentales Amt?   212
Ein Zugang von der Gemeinde her
Bernd Jochen Hilberath

Zur Sakramentalität des Diakonats der Frau   219
Dorothea Sattler

Kirchenrechtliche Fragen zum Diakonat der Frau

Rechtliche Fragen in der Diskussion   225
Ida Raming

Das bestehende Kirchenrecht und der Diakonat der Frau   227
Ida Raming

Über die kirchenrechtlichen Mittel zur Veränderung   236
der gegenwärtigen Praxis, nur Männer zu Ständigen
Diakonen zu weihen
Lucy Blyskal

Zum Profil und zur Spiritualität des Diakonats der Frau

Mögliche Impulse für die Entfaltung des Diakonats   243
Regina Radlbeck-Ossmann

Grundsätze für die Entfaltung des Diakonats   248
Benedikta Hintersberger

Diskussionsergebnisse: Das Profil des Diakoninnenamtes   250
Regina Radlbeck-Ossmann/Benedikta Hintersberger

Thesen zur sozial-caritativen Diakonie der Frauen   258
Heinrich Pompey

Die Qualität des Dienens. Zur Spiritualität einer Diakonin   263
Andrea Tafferner

Beiträge zum Ausbildungskonzept

Eine Ausbildungsstruktur und mögliche Perspektiven   272
Bernd Strohmaier

Benötigen Diakoninnen und Diakone unterschiedliche Ausbildungskonzepte? *Godehard König*	277
Ausbildungskonzepte: kritische Anmerkungen und Diskussionsergebnisse *Marlies Mittler-Holzem*	285

**Katholische und ökumenische Initiativen –
Die Beiträge der Foren**

Bewegungen und Bestrebungen in Dänemark *Eva Nordentoft*	287
Nicht die Zulassung von Frauen zu den Weiheämtern muß begründet werden, sondern deren Ausschluß *Hanna Furtwängler-Strub*	290
Zum Selbstverständnis der Diakoninnen in der evangelischen Kirche *Anette Seehase*	293
Anglikanische Diakone – Männer und Frauen – heute *Teresa Joan White*	295
Diakonales Zusammenarbeiten von Männern und Frauen *Norbert Plogmann*	297

Anhang

Der Streit um den Diakonat der Frau – Zur Geschichte vor und nach dem Zweiten Vatikanum *Friederike Kukula/Ilse Schüllner*	304
Texte aus der kirchlichen Tradition und lehramtliche Dokumente *Heike Grieser/Rosemarie Nürnberg/Gisela Muschiol*	367
Literatur in Auswahl *Peter Hünermann*	412
Autorinnen und Autoren	418

VORWORT

»Diakonat – ein Amt für Frauen in der Kirche – ein frauengerechtes Amt?«

Die Frage nach der Zulassung von Frauen zum Diakonat wird seit dem Zweiten Vatikanischen Konzil intensiv in der Öffentlichkeit diskutiert. Bereits im Vorfeld des Konzils schickten Frauen Eingaben nach Rom, die auf eine Änderung der bestehenden Praxis zielten, lediglich Männer zur Diakonatsweihe zuzulassen. Nachdem das Konzil den Diakonat als eigenständiges Amt wiederum hergestellt und für verheiratete Männer geöffnet hatte, verstärkte sich die Diskussion. Zahlreiche Pastoralsynoden, – darunter die Würzburger Synode – forderten eine Überprüfung dieser Frage, um die Bestellung von Frauen zu diesem wichtigen Dienst in der Kirche zu ermöglichen. Zahlreiche Initiativen zugunsten des Diakonats der Frau wurden ergriffen. Der Almanach dieser Vorstöße – er beansprucht keineswegs vollständig zu sein –, der diesem Band beigefügt ist, umfaßt rund 40 Seiten. Im vergangenen Jahr publizierte die Gesellschaft für Kirchenrecht in den Vereinigten Staaten eine umfangreiche Untersuchung zu dieser Frage.

Um die zahlreichen Diskussionsbeiträge zu bündeln und die unterschiedlichen Argumente sorgfältig abzuwägen, fand vom 1.–4. April 1997 ein internationaler theologischer Fachkongreß in Stuttgart statt. Er führte Frauen und Männer aus der Theologie, den Sozial- und Humanwissenschaften, Praktiker aus den diakonalen und pastoralen Arbeitsfeldern zusammen mit Frauen, die sich auf den Diakonat vorbereiten. Der Kongreß brachte zugleich zahlreiche Verbände und Institutionen ins Gespräch, die sich um diese Fragen bemühen.

Die Tagung wurde veranstaltet von der Katholisch-Theologischen Fakultät der Universität Tübingen, der Akademie der Diözese Rottenburg-Stuttgart, der Frauenkommission der Diözese Rottenburg-Stuttgart, dem Katholischen Deutschen Frauenbund, der Katholischen Frauengemeinschaft Deutschlands. Finanziell beteiligten sich darüber hinaus die Diözese Rottenburg-Stuttgart und der Deutsche Caritas-Verband.

Zahlreiche Frauen und Männer aus der Politik und dem Verbandswesen engagierten sich persönlich. Herr Ministerpräsident

Teufel übernahm die Schirmherrschaft. Frau Ministerin Schavan sprach ein Grußwort. In Fernsehen, Rundfunk und Zeitschriften wurde berichtet und kommentiert. Erhebliches Echo fand die Vorstellung eines Netzwerkes für Frauen, die sich bereits jetzt auf den Diakonat vorbereiten möchten. In einer Schlußresolution wandten sich die Teilnehmerinnen und Teilnehmer insbesondere an die Bischöfe: Sie sollten eine Ausnahmeregelung von der kirchenrechtlichen Vorschrift erwirken, nach der lediglich Männer die Diakonatsweihe empfangen können.

Der vorliegende Band dokumentiert die Vorträge aus den Plenumsveranstaltungen, die Beiträge der Arbeitskreise und Diskussionsforen wie die Schlußresolution. Hinzugefügt sind wichtige Texte aus der Tradition der Kirche, die vom Diakonat, insbesondere von Frauen als Diakoninnen handeln. Dazu kommen einige wichtige Texte aus jüngeren lehramtlichen Dokumenten, die die Stellung der Frau in der Kirche betreffen. Ergänzt wird dieser Anhang durch eine Übersicht über die vielfältigen jüngeren Bestrebungen, den Diakonat für Frauen zu öffnen. Eine Liste mit wichtiger Literatur ermöglicht ein Weiterstudium.

Teilnehmerinnen und Teilnehmer des Kongresses waren sich darin einig, daß die Argumente, welche gegen die Zulassung von Frauen zum Diakonenamt angeführt werden, auf kulturellen und gesellschaftlichen Voraussetzungen beruhen, die heute nicht mehr gegeben sind und von der katholischen Kirche ausdrücklich zurückgewiesen worden sind. Bereits Papst Johannes XXIII. hatte die Befreiung der Frauen aus solchen gesellschaftlich zementierten Vorurteilen als vom Heiligen Geist gewirktes Zeichen der Zeit bewertet. Johannes Paul II. hat die Leugnung der realen Gleichberechtigung der Frau als eine strukturelle Sünde charakterisiert. Die Zulassung von Frauen zum Diakonat wäre ein entscheidendes, weithin sichtbares Signal, daß die Kirche ihre Einsichten auch in ihrer Ämter- und Leitungsstruktur zu realisieren beginnt.

Die Kongreßteilnehmerinnen und -teilnehmer waren sich aber auch bewußt, daß die Frage nach der Zulassung von Frauen zum Diakonat nur ein Moment in der gegenwärtig anstehenden Neuordnung und Profilierung der pastoralen Dienste darstellt. Seit dem Zweiten Vatikanischen Konzil sind in den verschiedenen

Kontinenten und Ländern eine große Zahl von neuen pastoralen Diensten entstanden. Es gibt gegenwärtig ebenso viele Priester wie Laien, Männer und Frauen, die in den unterschiedlichen pastoralen Diensten arbeiten. Der starke Rückgang der Priesterweihen weltweit beschleunigt diese Ausbildung neuer Strukturen. Es zeigt sich deutlich die Notwendigkeit einer je unterschiedlichen Professionalisierung dieser Dienste für die verschiedenen Aufgaben in der Kirche. Es tritt zutage, daß im Rahmen dieser Dienste die diakonale Dimension der Kirche kaum hinreichend profiliert und repräsentiert wird. Die Zulassung von Frauen zum Diakonat würde hier zweifellos einen großen Impuls auslösen. Andererseits liegt es auf der Hand, daß sorgfältige Abklärungen in bezug auf das Berufsprofil von Gemeindereferentinnen und -referenten, Pastoralreferentinnen und -referenten, hauptamtliche Mitarbeiter der Caritas usw. vonnöten sind. Es ist selbstverständlich, daß der Kongreß nicht alle diese Fragen aufgreifen konnte. Hier sind weiterführende Arbeiten nötig.

Die vorliegende Publikation konzentriert sich auf den Diakonat der Frau. Sie möchte nicht nur informieren, sie möchte Anstöße bieten, insbesondere aber Mut machen, unter der Führung des Geistes neue Wege zu gehen: Diesen Mut brauchen die Gemeinden, die sich Sorge machen über die Fortführung und Entfaltung ihres Gemeindelebens und die Weitergabe des Glaubens. Diesen Mut brauchen Frauen, die sich zu einem neuen Dienst in der Kirche herausgerufen fühlen und sich darauf vorbereiten möchten. Diesen Wagemut brauchen die jetzt in der Pastoral Tätigen: Priester und Diakone, Hauptberufliche in den unterschiedlichen diakonalen und pastoralen Arbeitsfeldern: Es wird von ihnen ein Hinausdenken über die eigenen Interessen und Aufgaben verlangt. Mut benötigen schließlich die Bischöfe, um das Wirken des Geistes in den Zeichen der Zeit nicht nur zu erkennen, sondern Neues auf den Weg zu bringen. Neues bricht sich in den wenigsten Fällen ohne Konflikte und Reibungen Bahn.

Auch für unsere Zeit gilt das Wort Jesu, daß »neuer Wein in neue Schläuche« gehört.

Peter Hünermann

HAUPTREFERATE

Frauenbild und Frauenrolle.
Gesellschaftliche und kirchliche Leitideen im Hintergrund der Diskussion um den Diakonat der Frau

Marianne Heimbach-Steins

Der Wandel gesellschaftlicher Leitbilder der Frauenrolle und des Geschlechterverhältnisses wie auch der Wandel der kirchlichen Wahrnehmung gesellschaftlicher Veränderungen als Folie für die Frage nach der Wiedereinführung eines Diakonates der Frau werden im Vordergrund meines Referates stehen.[1] Ich frage nicht, ob Frauen ein bestimmtes Amt in der Kirche bekleiden können. Zielpunkt meiner Überlegungen ist viel mehr die Frage, wie die Kirche unter sich wandelnden gesellschaftlichen Rahmenbedingungen ihre diakonische Grunddimension verwirklichen kann. Deshalb geht es nicht um eine soziologische Beschreibung der gesellschaftlichen Realität, sondern darum, normative Leitideen im Hintergrund der Diskussion herauszuarbeiten. Die Relevanz der gesellschaftlichen Kontextualisierung der Debatte geht bereits aus den vorliegenden Dokumenten – etwa der Würzburger Synode – hervor, welche die Zulassung der Frau zum Diakonat ins Gespräch bringen und deren Prüfung durch die zuständigen kirchlichen Stellen empfehlen bzw. einfordern.[2]

Die Fragestellung versucht einen weitgespannten Bereich zu erschließen. Die Darlegungen können deshalb nur thetisch bleiben.[3] Anhand von sieben Thesen werde ich jene Leitideen skizzenhaft umschreiben und exemplarisch belegen, die sich aus der gesellschaftlichen Entwicklung der vergangenen 200 Jahre für die Diskussion um den Diakonat der Frau herauskristallisieren.

These 1
Ursprüngliche Leitidee der modernen Frauenbewegung seit der Zeit der französischen Revolution ist die Kritik der Festlegung von Frauen auf eine nur abgeleitete, von männlichen Maßstäben und Definitionen bestimmte gesellschaftliche Existenz.

Deutlich artikuliert sich diese Kritik zunächst in der Anwendung des menschenrechtlichen Gleichheitspostulates auf das Geschlechterverhältnis. Dies ist exemplarisch zu veranschaulichen anhand der »Erklärung der Rechte der Frau und Bürgerin« von Olympe de Gouges (1791), die die androzentrische Einseitigkeit der »Erklärung der Menschen- und Bürgerrechte« (1789) kritisiert und entlarvt.[4] »Vor dem Hintergrund einer damals sehr aktiven Frauenöffentlichkeit sowie der intensiven und vielfältigen Teilnahme von Frauen an politischen Versammlungen und Clubs«[5] fordert die Erklärung die Einlösung der menschenrechtlichen Gleichheit der Frauen in der Anerkennung ihrer gleichen bürgerlichen Rechte. Sie sprengt damit die einseitig männliche Wahrnehmung der Postulate des bürgerlichen Emanzipationsstrebens. In einer gezielten Umarbeitung ihrer Vorlage formuliert de Gouges explizit einen Rechtekatalog für alle Bürgerinnen und Bürger; sie fordert also eine Ordnung, die Symmetrie zwischen den Geschlechtern herstellt.[6]

Die Erklärung insistiert auf dem Zusammenhang von Freiheit und Gerechtigkeit.[7] Damit unterscheidet sie sich von dem liberalistischen Freiheitsbegriff der Bürgerrechte-Erklärung von 1789: »Freiheit und Gerechtigkeit bestehen darin, den anderen zurückzugeben, was ihnen zusteht ...« (Art. 4). Unter Rückgriff auf Natur und Vernunft fordert Olympe de Gouges deshalb auch für die Frauen die Wiederherstellung der ursprünglichen Freiheit zur Ausübung ihrer Rechte, ohne diese Freiheit durch Konkurrenz zu anderer Freiheit zu definieren oder abzugrenzen, wie dies in der Vorlage der Fall ist. Von daher ist zumindest die Frage zu stellen, ob sich hier nicht eine Wahrnehmung der Gesellschaft andeutet, die als Ort der Verantwortung aller ihrer Glieder einen eigenen Stellenwert auch gegenüber dem Staat hat und von deren aktiver Mitgestaltung keines ihrer Glieder ausgeschlossen werden darf. Freiheit kommt als positive Gestaltungsfreiheit, als Freiheit zur Entfaltung »bürgerlicher« Verantwortung in den Blick – anders, als dies in der Erklärung von 1789 der Fall ist, die die Rechte des einzelnen Bürgers gegen den Staat reklamiert. Dementsprechend insistiert de Gouges auf der politischen Beteiligung der Frauen als eigenständigen Gliedern der Nation, die – so der Artikel 3 der Erklärung »nichts anderes darstellt als eine Vereinigung von Frauen und Männern«.[8] Entsprechend bindet sie die Gültigkeit der Verfassung an die politische Mitwirkungsmöglichkeit der Bürgerinnen und Bürger: »Die Verfassung ist null und nichtig, wenn die Mehrheit der Individuen, die die Nation darstellen, an ihrem Zustandekommen nicht mitgewirkt hat.«[9] Damit verleiht sie jener Forderung nach öffentlich-politischer Repräsentation der »anderen Hälfte der Menschheit« entschieden Nachdruck, deren fortgesetzte Mißachtung etwa J.-A. de Condorcet als »Akt der Tyrannei« kritisiert hatte.[10]

Die Stoßrichtung feministischer Kritik gegenüber einem einseitig androzentrischen Blickwinkel kann so – mindestens indirekt – zum Vehikel einer Auffassung von Gesellschaft jenseits des liberalistischen Modells der Dualität von Individuum und Staat werden, in der der Aspekt gemeinsamer Freiheit und Verantwortung in der Eigenständigkeit aller Beteiligten zum tragenden Element wird. Diese Überlegung geht freilich über das bei Olympe de Gouges explizit Gesagte hinaus – im Sinne der Suche nach Leitideen und konstruktiven Potentialen einer emanzipatorisch-kritischen Sicht auf traditionelle Geschlechterverhältnisse. Die Frage nach einem Verhältnis der Geschlechter, das dem Maßstab von Freiheit und Gerechtigkeit entspricht, erweist sich als eine politische Grundfrage der modernen Gesellschaft. In ihr artikuliert sich das Ringen um eine Gesellschaftsgestalt, in der die implizite Gleichsetzung von Mensch und Mann und die aus dieser unausgesprochenen Universalisierung resultierende Abwertung oder Aussonderung der Frau überwunden wird – im Sinne der praktischen Durchsetzung des Universalanspruchs, der dem menschenrechtlichen Maßstab theoretisch inhärent ist.[11] Dieses Ringen dauert an.

These 2
Die Einsicht in die menschenrechtliche Gleichheit der Geschlechter steht in Spannung zu der Ableitung normativer Rollenerwartungen aus einem als »natürlich« vorausgesetzten und entsprechend begründeten Wesen der Frau bzw. des Mannes. Aus dieser Spannung mußten gesellschaftliche Konflikte erwachsen.

Dieses Konfliktpotential ist exemplarisch an der Rechtsentwicklung in der Bundesrepublik Deutschland zu studieren. Zwischen dem Gleichheitsgrundsatz Art. 3 II GG als verfassungsrechtlicher Norm und einer Vielzahl von Normen des bürgerlichen Rechtes – z. B. im Ehe- und Familienrecht – bestanden über lange Zeit erhebliche Spannungen. Sie sind bis heute nicht vollends aufgehoben. Die Forderung nach menschenrechtlicher Gleichheit in der gesellschaftlichen Gestaltung des Geschlechterverhältnisses kollidiert mit der im überkommenen bürgerlichen Recht abgebildeten, naturrechtlich unterfütterten, patriarchalen Gesellschaftsauffassung.[12] Die Überwindung jener Rechtsstrukturen, die dem Gleichheitsgrundsatz entgegenstanden, war zwar verfassungsmäßig geboten.[13] Die Frage, ob aus Art. 3 II GG über die formale Garantie der Gleichbehandlung hinaus eine positive Verpflichtung zur Durchsetzung realer Gleichheit und zur Kompensation erlittener Diskriminierung zu folgern sei, wurde endgültig jedoch erst mit der Grundgesetzänderung von 1994 entschieden, mit der Art. 3 II GG in diesem Sinne ergänzt wurde.[14] Dies zeigt, wie zäh die überkommenen und vielfach mit der Dignität des »Natürlichen«, »Wesensgemäßen« und Traditionellen ausgestatteten Normen und Leitbilder des Geschlechterverhältnisses sich behaupten konnten.

Philosophische Infragestellungen des naturrechtlichen Paradigmas und gesellschaftliche Entwicklungen – Studentenbewegung und zweite Frauenbewegung, der faktische Wandel der Lebensformen und der Arbeitswelt, Ökologiebewegung und soziale Krisen – haben den Wandel gesellschaftlicher Normen beschleunigt und die Systeme gesellschaftlicher Normativität – Recht und Ethos – damit stärker in Bewegung gebracht, als dies wohl in der Aufbauzeit der Bundesrepublik erwartbar war. Dies hat sich auch auf die Entwicklung von Leitbildern des Geschlechterverhältnisses ausgewirkt.

These 3
Die Brüchigkeit einer naturrechtlichen Legitimation von geschlechtsspezifischen Leitbildern und Rollenerwartungen zieht die Infragestellung des normativen Charakters der traditionellen ge-

schlechtsspezifischen Arbeitsteilung in der bürgerlich-industriellen Gesellschaft nach sich und fördert die Kritik der institutionell verfestigten gesellschaftlichen Abhängigkeit der Frau vom Mann (in der Rolle des Vaters bzw. des Ehemannes). Dies führt zu einer allmählichen Pluralisierung der Lebensentwürfe von Frauen in der Gesellschaft.

In der Kritik des patriarchalen Modells geht es nicht darum, ob Frauen bestimmte Dinge tun oder nicht tun (sollen), ob sie z. B. Erziehung, Pflege und andere gesellschaftlich notwendige Nicht-Erwerbsarbeit leisten (sollen). Vielmehr geht es um die Aufkündigung eines Arrangements, in dem derlei Arbeit selbstverständlich, exklusiv und verpflichtend den Frauen zugeordnet ist – mit entsprechender rechtlicher Flankierung und moralischer Legitimierung[15] – und in dem die Organisation der Gesellschaft und der Volkswirtschaft von einer solchen geschlechtsspezifischen Arbeitsteilung ausgeht, ja diese systematisch voraussetzt, wie dies in der modernen Industriegesellschaft der Fall ist.[16]

In Frage gestellt werden die geschlechtsspezifisch besetzte Dichotomie von öffentlicher und privater Sphäre und die entsprechende geschlechtsspezifische Arbeitsteilung, die Frauen strukturell von einer gleichberechtigten Partizipation an den gesellschaftlichen Aufgaben, Positionen und Gütern ausschließt. Der weitgehende Ausschluß der Frauen von gesellschaftlicher Entscheidungsbefugnis, von politischer und wirtschaftlicher Macht hat zudem seinen Niederschlag in einer Sprache gefunden, die Frauen unsichtbar macht, indem sie die Universalisierung des Männlichen als Norm des Menschlichen abbildet.[17] Dieses Arrangement, das die traditionelle (Macht-)Asymmetrie zwischen den Geschlechtern perpetuiert, wird heute unter dem Stichwort der strukturellen Gewalt kritisiert.

Solche Kritik ist nicht Selbstzweck, sondern Impuls zum Handeln und letztlich Ansatz zu einer allmählichen Pluralisierung der Lebensentwürfe. Freilich ist der Weg weit zu einer Transformation der gesellschaftlichen Strukturen, die Pluralisierung nicht nur zulassen, sondern auch die Gleichwertigkeit unterschiedlicher Lebensentwürfe absichern. Das Ziel ist solange nicht erreicht, wie die

»Kosten« und Lasten alternativer, nicht dem patriarchalen Arrangement entsprechender Formen den einzelnen Frauen, Männern oder Paaren zugelastet werden. Das Beispiel der Vereinbarkeit von Familien- und Erwerbsarbeit, die gesellschaftlich über lange Zeit allein als individuelles Problem der Betroffenen behandelt worden ist, mag als Illustration genügen. Die Idee einer partnerschaftlichen Teilung von Erwerbsarbeit, Familienarbeit und sozialer/ehrenamtlicher Arbeit zwischen Frauen und Männern findet nur allmählich Eingang in die sozialpolitische Debatte und kollidiert mit der Funktionsweise unserer Wirtschaft und den landläufigen Rollenerwartungen an den Typ des (männlichen) Vollzeit-Erwerbstätigen.[18]

These 4
Die Kritik der patriarchalen Strukturen in Gesellschaft und Kirche erwächst aus und geht einher mit der Entwicklung und Stärkung eines eigenen Frauenbewußtseins, einer Tendenz von Frauen, sich selbst als Subjekte ihres Handelns und nicht primär von männlich geprägten Strukturvorgaben her zu verstehen. Diese Entwicklung führt zu einer wachsenden Sichtbarkeit von Frauen in Gesellschaft und Kirche jenseits vorgegebener Rollenmuster und ermöglicht das Wachsen neuer Solidaritäten.

Frauenbewegung – in aller Vielfalt ihrer Erscheinungsformen, Ausprägungen und Verzweigungen – ist von ihrem Grundimpuls her ein Ringen um den Subjektstatus von Frauen in der Gesellschaft. Systematisch ist es als Streben nach Partizipation an den gesellschaftlichen Gütern, Aufgaben und Positionen, als Streben nach (Beteiligungs-)Gerechtigkeit zu interpretieren.[19] Die Wege zur Verwirklichung gesellschaftlicher Partizipation und die Konkretion des Ziels gehen allerdings in der feministischen Theorie und Praxis auseinander: Angleichung an männliche Privilegien ist eine Variante (die Frühform des egalitären Modells). Das eigene Menschsein unabhängig von männlichen Vorbildern geltend machen, oft verbunden mit einer bestimmten Auffassung von Weiblichkeit, vom Anderssein der Frauen, ist eine zweite typische Variante (das differenzfeministische Modell). Streben nach Angleichung wie das bewußte Sich-Absetzen von männlichen Vorgaben mögen in der individuellen wie in der kollektiven Genese eines Frauenbewußtseins notwendige Schritte sein. Letztlich geht es aber über diese Schritte der Selbstbewußtwerdung und der Selbstvergewisserung hinaus um einen Standpunkt, von dem her vollere Lebensmöglichkeiten für beide Geschlechter jenseits der Restriktionen patriarchaler Gesellschaft denk- und lebbar werden, wie dies ansatzweise ja bereits bei de Gouges sichtbar wurde. Das Postulat, menschenrechtliche Gleichheit in der Anerkennung der Differenz von einander unableitbarer Lebensentwürfe zu ermöglichen, zielt auf eine Synthese der Ansätze, die den herkömmlichen Dualismus im Ansatz überwindet und auf Pluralität hin offen ist.

Neue Solidaritäten erscheinen in allen Stadien und Formen der Frauenbewegung möglich: als Interessensolidarität der Frauen im Kampf um gesellschaftlich-politische Partizipation, als Solidarität unter Frauen, die eine eigene »Kultur« entwickeln (z. B. Frauenhäuser, Frauenzentren). Darüber hinaus werden neue Solidaritäten auch zwischen Frauen und Männern möglich und notwendig, im gemeinsamen Einsatz zur Überwindung patriarchaler Strukturen in Gesellschaft und Kirche – etwa zur Überwindung geschlechtsspezifischer Arbeitsteilung und zur Stärkung partizipatorischer Strukturen.[20]

These 5
Mit der Infragestellung des normativ bindenden Charakters patriarchaler Rollen- und Strukturvorgaben sowie mit dem Wachsen eines öffentlichen Selbstbewußtseins und der Sichtbarkeit von Frauen geschieht eine Entgrenzung des Kompetenzspektrums von Frauen im öffentlichen Raum. Frauen können nicht nur »Frauenberufe« ausüben, sie bringen eigene Sach- und Erfahrungskompetenzen in gesellschaftliche Zusammenhänge ein, und Frauen finden oft in Frauen kompetentere Ratgeberinnen und Kooperationspartnerinnen. Die Artikulation von Frauenkompetenz stößt jedoch vielfach an die Grenzen der nach wie vor wirkenden patriarchalen Wahrnehmungsmuster bei Frauen und Männern und löst Ängste und daher Widerstände aus.

Die argumentative wie praktische Zurückweisung einer wesensgemäßen und deshalb normativen Festlegung der Frau auf bestimmte gesellschaftliche Rollen und Aufgaben – namentlich die der Ehefrau und Mutter – und der Zugewinn an realen Partizipationsmöglichkeiten fördern die Entdeckung einer Vielfalt von Fähigkeiten und Kompetenzen, die Frauen jenseits der »klassischen« Zuschreibungen entwickeln können.

Eine Schlüsselfrage ist die nach den Kriterien zur Bestimmung von Kompetenz, die Unterscheidung von Sach- und Erfahrungskompetenz. Als analytisches Instrument kann diese Unterscheidung dazu beitragen, den Fehlschluß von faktisch gelebter Kompetenz auf vermeintliche Wesensnotwendigkeiten zu vermeiden[21] und darüber hinaus nach den gesellschaftlichen Bedingungen zu fragen, die eine breite Entfaltung des Kompetenzspektrums von Frauen ermöglichen oder behindern (die erneuerte Debatte um Koedukation in der Pädagogik sei als Beispiel angeführt).

Zudem bildet die Kategorie der Erfahrungskompetenz einen Schlüssel zur Deutung von Solidaritätskonstellationen im oben skizzierten Sinne: die Erfahrung (also das explizite Bewußtsein), von bestimmten gesellschaftlichen Bedingungen und Strukturen betroffen zu sein, dadurch in den eigenen Entfaltungschancen eingeschränkt oder an der Beteiligung an gesellschaftlichen Aufgaben gehindert zu werden, kann zur Quelle von Handlungskompetenz und von Solidarität werden – insofern das reflexe Bewußtsein der Situation und ihrer Bedingtheit zugleich die Einsicht hervorbringt, das sie nur durch gemeinsames, durch politisches Handeln verändert werden kann.

Der Wandel der Wertvorstellungen und Lebensentwürfe von Frauen ist mit tiefgreifenden gesellschaftlichen Veränderungen verbunden. Das Bewußtsein der Tragweite solcher Wandlungsprozesse spiegelt sich nicht zuletzt in abwehrenden Reaktionen, die sich gegen den Verlust von Eindeutigkeit und Sicherheit stemmen. Dagegen werden vielfältige Strategien der »Immunisierung« entwickelt: Ignorieren, Bestreiten von Kompetenz, Redeverhalten (Männerdominanz), »Verketzerung« (unweibliches Verhalten; »Karrierefrau«, »Mannweib«, »Quotenfrau«), Messen mit zweierlei Maß (wo Männer bereit sind, Verantwortung wahrzunehmen, wenn sie sich um ein Amt bewerben, wollen Frauen »die Macht an sich reißen«), Bestimmung und Interpretation von Qualifikationskriterien im Sinne der Bestätigung herkömmlicher Rollenbilder u. a. m.

Die Entwicklung solcher abwehrender Strategien ist, das bleibt auch gegenüber der Versuchung einer romantischen Idealisierung von »Frauensolidarität« festzuhalten, nicht allein Männern zuzuschreiben, sondern findet sich auch bei Frauen. Die Notwendigkeit, die eigene Biographie selbst zu entwerfen, ist nicht nur Chance, sondern auch Verunsicherung und Belastung. Das Problempotential, das in den skizzierten Veränderungen diesbezüglich enthalten ist, verweist jedoch konsequent über den Raum individueller Verantwortung hinaus auf die Notwendigkeit politischer Gestaltung i. S. einer Ordnung, die Geschlechtergerechtigkeit fördert und insofern Frauenförderung nicht als isoliertes Segment, sondern als Querschnittsaufgabe politischen Handelns erfaßt.

These 6
Die skizzierte Entwicklung des Geschlechterverhältnisses unter dem Vorzeichen des menschenrechtlichen Gleichheitsgrundsatzes hat in der kirchlichen Wahrnehmung mit der Enzyklika »Pacem in terris« (1963) und dem II. Vatikanischen Konzil prinzipiell Anerkennung gefunden. Dennoch ist bis heute in der kirchlichen Sozialverkündigung wie in der Praxis der Kirche als Institution eine Konkurrenz gegenläufiger Paradigmen zur Deutung von Frauenleitbild und Geschlechterverhältnis zu beobachten.

Erstmals wird in »Pacem in terris« die Frau als Subjekt gesellschaftlichen Handelns wahrgenommen – ohne Bezugnahme auf jene Themenfelder Familie und Erwerbsarbeit, in denen die sog. »Frauenfrage« in der kirchlichen Sozialverkündigung traditionellerweise mitbehandelt wurde.[22] Die Enzyklika hebt den menschenrechtlichen Anspruch hervor, den Frauen als gesellschaftliche Subjekte geltend machen, und wertet dies als »Zeichen der Zeit« (vgl. PT 41). Schlüssel der Argumentation des Dokuments, das als katholische Menschenrechtscharta gilt, ist der Rekurs auf die gleiche Würde der Frau – ohne die in der Tradition vielfach anzutreffende Einschränkung durch »natürlich« begründete gesellschaftliche Ungleichheit.[23] Entsprechend der Korrespondenz von Rechten und Pflichten, die der Menschenrechtskatalog von »Pacem in terris« herstellt, weist Johannes XXIII. bereits in einer Ansprache aus dem Jahr 1962 auf die Verantwortung zur gesellschaftlichen Mitwirkung hin, die den Frauen wie den Männern gleicherweise zukomme: Ausdrücklich wird darin festgehalten, daß sich die Pflichten der Frauen nicht im familiären Bereich erschöpfen. Vielmehr sei die Frau »im gleichen Maße wie der Mann zur Mitarbeit am Fortschritt der Gesellschaft berufen«[24].

Entsprechend dieser Weichenstellung wird in der Pastoralkonstitution »Gaudium et spes« hinsichtlich des Zusammenwirkens von Frau und Mann in der Familie ein partnerschaftliches Modell propagiert (vgl. GS 47–52); in dem Kapitel über die Gestaltung der Kultur wird die Beteiligung der Frauen am kulturellen Leben ausdrücklich eingefordert, und zwar als gesamtgesellschaftliche Aufgabe.[25] Der Gedanke der Partizipation als Postulat der Geschlechtergerechtigkeit wird jedoch in »Gaudium et spes« nicht für alle Bereiche der Gesellschaftsgestaltung konsequent durchgeführt. Besonders auffällig ist sein Fehlen in dem Kapitel über das politische Leben (GS 73–75) – zumal nach den Vorgaben der Enzyklika »Pacem in terris«, die ja mit dem menschenrechtlichen Grundansatz gerade diesbezüglich eine wichtige Weichenstellung vorgenommen hatte.[26]

Daß »die Entscheidung eindeutig für Partnerschaft zwischen Mann und Frau im gesellschaftlichen Leben gefallen ist«[27], bestätigt sich für den Bereich der katholischen Kirche in Deutschland auch in der Erklärung der Deutschen Bischöfe »Zu Fragen der Stellung der Frau in Kirche und Gesellschaft« (1981).[28] Der Subjektstatus der Frau jenseits aller denkbaren gesellschaftlichen Rollenmuster wird in diesem Dokument ausdrücklich betont und bestimmt den Duktus der Argumentation.[29] Von diesem Ansatz her werden menschenrechtliche Gleichheit und mögliche geschlechtsspezifische Differenzierung hinsichtlich der Aufgaben auf den Gedanken der Partnerschaft hin orientiert. Die Kirche soll, so die Erklärung der Bischöfe unter ausdrücklicher Bezugnahme auf die einschlägigen Äußerungen der Synode der Bistümer Deutschlands, ein Modell partnerschaftlichen Zusammenlebens und -wirkens von Frauen und Männern sein.[30]

Die Positionsbestimmung der genannten Dokumente prägt jedoch bestenfalls einen Teil der kirchlichen Wirklichkeit. Schon ein Blick auf die gegenwärtige kirchliche Sozialverkündigung im ganzen bietet ein vielschichtiges und spannungsvolles Bild. Eine fortdauernde Konkurrenz zweier Paradigmen ist zu beobachten. Einerseits ist das seit »Pacem in terris« in der kirchlichen Sozialverkündigung etablierte menschenrechtlich-emanzipatorische Paradigma aus dieser Tradition nicht mehr wegzudenken. Andererseits ist auch weiterhin das in der vorkonziliaren Epoche bestimmende essentialistisch-naturrechtliche, in jüngster Zeit durch geschlechtsspezifische Symbolismen verstärkte Paradigma einer allen gesellschaftlichen Wandlungsprozessen vorausliegenden und unveränderlichen Wesensnatur der Geschlechter wirksam.

Das Nebeneinander beider Paradigmen soll an einem Beispiel aus der ersten Sozialenzyklika Johannes Pauls II., »Laborem exercens« (1981), illustriert werden. Im Kapitel über Lohngerechtigkeit wird u. a. der Aspekt der Frauenarbeit aufgenommen. Dabei geht es nicht um das Postulat »gleicher Lohn für gleiche Arbeit«. Vielmehr wird das Thema unmittelbar auf die Notwendigkeit der Anerkennung der familiären Arbeit der Frau ausgerichtet (vgl. LE 19,4). Ausgehend von einem Gesellschaftsbild, in dem Frauenerwerbstätigkeit die Norm darstellt, werden das Modell »Mutterschaft« als Korrektiv und die Freiheit zur Entscheidung für diese Alternative als sozialethischer Maßstab geltend gemacht. Vorausgesetzt ist dabei offensichtlich eine Situation, in der die wirtschaftliche Notwendigkeit zur Erwerbsarbeit mit den mütterlichen Aufgaben in Konflikt tritt und eine echte Wahlfreiheit be- oder verhindert. Der realistisch wahrgenommenen Präsenz der Frauen im gesellschaftlichen Raum wird deshalb mit einem menschenrechtsethischen, personalistischen Maßstab begegnet: »In vielen Ländern sind... die Frauen in fast allen Lebensbereichen tätig. Dann sollen sie diese Tätigkeiten aber auch ihren Veranlagungen gemäß ausüben können ohne Diskriminierungen und ohne Ausschluß von Stellungen, für die sie befähigt sind, ebensowenig aber auch ohne wegen ihrer familiären Bedürfnisse oder wegen der spezifischen Aufgabe, durch die sie gemeinsam mit ihrem Gatten zum Wohl der Gesellschaft beitragen, geringer geachtet zu werden. Die wahre Aufwertung der Frau erfordert eine Arbeitsordnung, die so gestaltet ist, daß sie diese Aufwertung nicht bezahlen muß mit der Preisgabe ihrer Eigenheit auf Kosten der Familie, für die sie als Mutter eine unersetzliche Aufgabe erfüllt.« (LE 19,5)

Der Text spiegelt die erwähnte Konkurrenz der beiden Paradigmen: Zum einen plädiert er für gleichberechtigte Entfaltung der Lebensmöglichkeiten und Fähigkeiten der Frauen im gesamten gesellschaftlichen Bereich. Dabei wendet er sich gegen eine bestimmte Form gesellschaftlicher Intoleranz gegenüber der Entscheidung für die schwerpunktmäßige Wahrnehmung von familiärer Verantwortung. Bei aller Zustimmung zu einer solchen Option für echte Wahlfreiheit ist zu fragen: Warum wird solche Wahlfreiheit nur für Mütter, nicht ebenso für Väter eingefordert? In Verbindung damit ist (jedenfalls aus der Situation unserer Gesellschaft) Kritik gegenüber einem Modell angebracht, das Erwerbs- und Familientätigkeit nur als ausschließende Alternative bzw. nur in einem zeitlichen Nacheinander denkt. Dies entspricht immer weniger der Realität tatsächlicher Familienzyklen und weiblicher Lebensentwürfe.

Bestimmte Signalwörter – etwa der Verweis auf die der Frau gemäßen »Veranlagungen«, auf ihre spezifische Eigenheit, auf ihre Unersetzlichkeit als Mutter – deuten auf die Präferenz hin, die der Text trotz aller Gleichberechtigungsbeteuerung für das essentialistische Paradigma erkennen läßt. Die Definition der Frau ist letztlich vom Maßstab der Ehefrau und Mutter als den der Frau natürlicherweise zukommenden Rollen bestimmt. Alle gesellschaftlichen Maßnahmen zur Gleichstellung der Frau werden an dieser Latte gemessen.[31]

Die Konkurrenz der Paradigmen betrifft sowohl die Wahrnehmung gesellschaftlicher Verhältnisse und Entwicklungen in der Sicht kirchlicher Dokumente als auch die Gestaltung der kirchlich-institutionellen Wirklichkeit selbst. So ging insbesondere aus der von den Deutschen Bischöfen in Auftrag gegebenen Studie »Frauen und Kirche« des Allensbacher Institutes für Demoskopie³² hervor, daß viele Frauen der Kirche keine Kompetenz für die Lebenswirklichkeit von Frauen mehr zutrauen; es wurde ein gewisser Bruch zwischen gesellschaftlicher Realität und kirchlicher Wahrnehmung diagnostiziert.³³ Andererseits wurde auch in der Erfahrung von Kirche bei den befragten Frauen ein Bruch offenkundig – der Bruch zwischen »Frauenkirche« und »Männerkirche«, zwischen dem Nahbereich der Pfarrgemeinde als Lebensraum einerseits und dem Fernbereich der kirchlichen Institution, der als fremd und fern erlebt wird.³⁴ Hinsichtlich der Leitfrage unserer Überlegungen, wie Kirche unter den gegebenen gesellschaftlichen Bedingungen ihre diakonische Dimension verwirklichen kann, muß diese Diagnose bedenklich stimmen und als Problemanzeige ernst genommen werden.³⁵

Gibt es, so ist zu fragen, Ansätze zu einer Überwindung der Aporie, die bislang mit der meist uneingestandenen Konkurrenz der Paradigmen verbunden zu sein scheint?

These 7
Eine »Neuentdeckung« der Gesellschaft und der in ihr wirksamen Wertvorstellungen, wie sie sich in dem jüngsten Wort der Kirchen »Für eine Zukunft in Solidarität und Gerechtigkeit«³⁶ abzeichnet, eröffnet auch für die kirchliche Sicht des Geschlechterverhältnisses neue Perspektiven.

Wenn die Defizite in der kirchlich-offiziellen Wirklichkeitswahrnehmung durch eine gewisse Befangenheit in einem überholten Paradigma mitbedingt sein sollten, so läßt das Gemeinsame Wort der Kirchen zur wirtschaftlichen und sozialen Lage vom 28. Februar 1997 die Wendung zu einer realistischeren Sichtweise erkennen. Jedenfalls findet es ungewöhnlich positive Worte für die wahrgenommenen gesellschaftlichen Veränderungen hinsichtlich des Geschlechterverhältnisses und macht zwar vorsichtig, aber doch ausdrücklich auf entsprechende Defizite im kirchlichen Bereich aufmerksam.³⁷

Die Möglichkeit einer unvoreingenommenen Wahrnehmung des Wandels von Frauenleitbildern und Geschlechterrollen in der Gesellschaft scheint dabei nicht zuletzt eine Frage der »Brennweite« bzw. der Kontextualisierung der Fragestellung zu sein: So wie die sog. Frauenfrage immer auch als Frage nach dem Geschlechterverhältnis zu stellen ist, so ist die Frage nach dem Geschlechterverhältnis immer auch als Frage nach dem Zustand der Gesellschaft und den in ihr wirksamen Wandlungsprozessen zu stellen. Deshalb kann ein unverkrampfter und angstfreier Umgang mit der Frauen- und Geschlechterfrage am ehesten gelingen, wenn sie im Kontext einer umfassenden Wahrnehmung von Gesellschaft und ihrer Entwicklung gestellt und der eigene (kirchliche) Standort in diesem Kontext explizit reflektiert wird. Eben dies geschieht ansatzweise im Wirtschafts- und Sozialwort der Kirchen.

Zum einen wird der Aspekt der Geschlechtergerechtigkeit durchgehend als Querschnittsaufgabe in bezug auf die arbeitsmarkt- und sozialpolitischen Herausforderungen geltend gemacht.[38] Zum anderen – und dieser Aspekt ist für die hier in Rede stehende Fragestellung besonders interessant – wird der Wandel von Geschlechterrollen, Wertvorstellungen und Leitbildern des Zusammenlebens von Frauen und Männern unter dem übergreifenden Gesichtspunkt neuer Chancen und Formen von Solidarität und der Erneuerung der Sozialkultur wahrgenommen. Dies ist m. E. eine entscheidende Veränderung der Perspektive, die nicht von ungefähr zu einer deutlich positiven und bejahenden Bewertung des beobachteten Wandels führt. Die Gleichstellung der Geschlechter wird als gesellschaftliches Leitbild fraglos anerkannt und als Bezugspunkt für die Forderung nach Überwindung der herkömmlichen geschlechtsspezifischen Arbeitsteilung eingeführt (vgl. 153). Es wird deutlich gesagt, daß diese Zielsetzung sowohl einen Bewußtseinswandel bei den Mitgliedern der Gesellschaft als auch grundlegende Strukturreformen verlangt (vgl. 201). Besonders hervorzuheben ist die positive Bewertung neuer Wertvorstellungen in der Gestaltung des Geschlechterverhältnisses (vgl. bes. 158) und die Anerkennung gewandelter Rollenbilder (vgl. z. B. 192f.). So werden etwa das Streben nach Vereinbarkeit von Familien- und Erwerbsarbeit für Frauen und Männer und die Suche nach Möglichkeiten einer wirklich partnerschaftlichen Kooperation zwischen den Geschlechtern nicht nur als gesellschaftliche

Faktizität beschrieben, sondern als Ausdruck der Verwirklichung von Menschenwürde bewertet (vgl. 158).

Hinsichtlich der Gleichstellung der Frauen nehmen die Kirchen sich auch selbst in die Pflicht, wenn sie die Unterstützung von Maßnahmen fordern, »die den Anteil der Frauen in Entscheidungspositionen im Bildungswesen und in den Medien, in Wirtschaft, Gesellschaft und Politik sowie in der Kirche erhöhen« (203). Explizit reflektiert das Wort die Rolle der Kirchen als Arbeitgeber, die den Grundsatz der Gleichstellung von Frauen und Männern zu beachten haben (vgl. 245). Auch dies ist als Selbstverpflichtung zu lesen, an deren Einlösung die Kirchen sich in Zukunft messen lassen müssen.

In dem Kirchenwort zeichnet sich eine neue Perspektive ab, in der sich die Kirchen selbst als Teil der Gesellschaft, als Akteure in der Zivilgesellschaft, als mitgestaltende Kräfte einer neuen Sozialkultur entdecken. Indem die Kirchen die Gesellschaft als eigenständige politische Größe »zwischen« Individuum und Staat »entdecken«, entdecken sie sich auch selbst neu, und zwar gerade in ihrer unverzichtbaren diakonischen Grunddimension.[39] Diese Perspektive akzentuiert das Politische der Diakonie, die gesellschaftlich-strukturelle Ebene diakonischen Handelns als eines konstitutiven Momentes für den kirchlichen Selbstvollzug. Das ist für die in diesem Beitrag erörterte Frage von einer nicht zu überschätzenden Bedeutung. Denn damit wird eben jene Ebene der Betrachtung eingeholt und konkretisiert, die am Anfang dieser Überlegungen gestanden hat: Kirche kann ihre diakonische Sendung in dieser konkreten Gesellschaft nur dann glaubhaft verwirklichen, wenn sie sich in den Dienst der erkannten neuen Solidaritäten, der Entwicklung und Stärkung jener Sozialkultur stellt, von der die Zukunft der ganzen Gesellschaft in der Sicht der Kirchen nicht unwesentlich abhängt. Dies schließt die Wahrnehmung der veränderten Rollen und Wertvorstellungen von Frauen und Männern im Hinblick auf Partnerschaft und Partizipation in allen gesellschaftlichen Bereichen zwingend ein und verlangt auch innerhalb der kirchlichen Strukturen entsprechende Konsequenzen.

Hier schließt sich der Kreis der Überlegungen, die von dem frühfeministischen Impuls der Olympe de Gouges ausgegangen waren: Es geht nicht um Sonderrechte oder um ein bißchen mehr Beteiligung für die Frauen, sondern es geht um die Zukunft der ganzen Gesellschaft – und um die Zukunft der ganzen Kirche in dieser Gesellschaft. Sie kann nicht ungestraft von dem absehen, was sie als Zeichen der Zeit längst deutlich erkannt hat.

Anmerkungen

1 Vgl. die Beiträge von Marita Estor, S. 142; Doris Knab, S. 153; Eva-Maria Dennebaum, S. 160; Gabriele Miller, S. 162, die sich im Rahmen der Arbeitskreise mit dieser Problematik auseinandergesetzt und ergänzende Aspekte beigesteuert haben.

2 So argumentiert der Beschluß der Gemeinsamen Synode der Bistümer Deutschlands »Dienste und Ämter« in dem Abschnitt über den Diakonat der Frau (4.2.2), »daß die Stellung der Frau in Kirche und Gesellschaft es heute unverantwortlich erscheinen läßt, sie von theologisch möglichen und pastoral wünschenswerten amtlichen Funktionen in der Kirche auszuschließen.« Und etwas weiter im Text heißt es: »Die in unserer Gesellschaft anerkannte grundsätzliche Gleichstellung von Mann und Frau sollte auch im kirchlichen Bereich dazu führen, daß die pastoralen und liturgischen Aufgaben des Diakons und der Diakonin einander entsprechen. Falls sich trotzdem in der praktischen Tätigkeit unterschiedliche Schwerpunkte ergeben, kann das einer fruchtbaren Entfaltung des Amtes dienen. Es berührt aber nicht die grundsätzliche Gleichheit der Rechte und Pflichten.« (Gemeinsame Synode der Bistümer in der Bundesrepublik Deutschland. Beschlüsse der Vollversammlung. Offizielle Gesamtausgabe 1, Freiburg ²1976, 617.) Mit diesen Hinweisen wird die von der Synode neu aufgenommene Frage nach der Möglichkeit der Zulassung von Frauen zum Diakonat ausdrücklich in Beziehung gesetzt zu der veränderten Stellung der Frau in der Gesellschaft. Dies schließt nahtlos an die bisherige kirchliche Tradition zum Diakonat der Frau an, die ja durch erhebliche Vielfalt und Variabilität gekennzeichnet ist, vgl. Dirk Ansorge, Der Diakonat der Frau. Zum gegenwärtigen Forschungsstand, in: Teresa Berger/Albert Gerhards (Hg.), Liturgie und Frauenfrage. Ein Beitrag zur Frauenforschung aus liturgiewissenschaftlicher Sicht, St. Ottilien 1990, 31–65.

3 Die für den Vortrag gewählte Präsentation in Thesen wird bewußt beibehalten – eine erschöpfende Darlegung der angesprochenen Aspekte ist im gegebenen Rahmen weder möglich noch beabsichtigt.

4 Vgl. Ute Gerhard, Gleichheit ohne Angleichung. Frauen im Recht, München 1990, 52. Vgl. auch dies., Die Frauenrechtserklärung der Olympe de Gouges. Entwurf zu einer feministischen Rechtstheorie, in: FH 36 (1989) 605–618; Andrea Maihofer, Der Ausschluß der Frauen aus den Menschenrechten. Die Menschenrechtserklärung von 1789 aus feministischer Perspektive, in: Ebd., 626–636.

5 Gerhard, 54.

6 Freilich wird diese primäre Forderung durch kompensatorische Elemente ergänzt, die die Überwindung der bestehenden geschlechtsspezifischen Asymmetrien ermöglichen sollen.

7 Vgl. Gerhard, 58–61.

[8] Zit. nach Gerhard, 265. So Art. 16 der Erklärung der Rechte der Frau und Bürgerin, zit. nach Gerhard, 267.
[9] So Art. 16 der Erklärung der Rechte der Frau und Bürgerin, zit. nach Gerhard, 267.
[10] Vgl. Marie-Jean-Antoine-Nicolas Condorcet, Über die Zulassung der Frauen zum Bürgerrecht (1789), in: Hannelore Schröder (Hg.), Die Frau ist frei geboren, Bd. 1, München 1979, 55f.
[11] Vgl. zu Aufnahme dieser komplexen Problematik und ihrer inzwischen breit geführten interdisziplinären Diskussion im Kontext Christlicher Sozialethik meinen Beitrag: Weibliche Moral? Geschlechterdifferenz und universalistische Ethik, in: Adrian Holderegger (Hg.), Fundamente der theologischen Ethik. Bilanz und Neuansätze, Freiburg i. Ue./Freiburg i. Br. 1996, 405–430 (mit weiterführenden Literaturangaben).
[12] Vgl. dazu Gerhard, 163–167.
[13] Laut Art. 117 I GG sollten die dem Art. 3 II GG entgegenstehenden Rechtsregeln bis maximal 31. März 1953 in Kraft bleiben und bis zu diesem Zeitpunkt an die neue grundgesetzliche Lage angepaßt werden.
[14] Dem Vorschlag der Gemeinsamen Verfassungskommission folgend, wurde Art. 3 II Grundgesetz um folgenden Passus ergänzt: »Der Staat fordert die tatsächliche Durchsetzung der Gleichberechtigung von Frauen und Männern und wirkt auf die Beseitigung bestehender Nachteile hin.« Vgl. zu der vorausgegangenen Diskussion und zu ihrem größeren verfassungsrechtlichen Kontext: Jutta Limbach/Marion Eckertz-Höfer (Hg.), Frauenrechte im Grundgesetz des geeinten Deutschland. Diskussion in der gemeinsamen Verfassungskommission von Bundestag und Bundesrat und der Bundesratskommission Verfassungsreform – Dokumentation (Schriften zur Gleichstellung der Frau Bd. 7), Baden-Baden 1993.
[15] Die naturrechtliche Legitimation der geschlechtsspezifischen Arbeitsteilung, die etwa den ehe- und familienrechtlichen Regelungen des traditionellen bürgerlichen Rechtes zugrunde lag, wurde insbesondere durch die Moralverkündigung der Kirchen und deren theologische Fundamentierung unterstützt und verstärkt. Die Argumentation mit dem »Wesen« der Frau bzw. des Mannes wurde unmittelbar rückgekoppelt an die Annahme der göttlichen Seinsordnung, so daß ein Verstoß gegen die essentialistisch begründeten Erwartungen an die gesellschaftlichen Rollen von Frau und Mann als Verstoß gegen die göttliche Ordnung gewertet werden mußte. Vgl. für die Argumentationsweise im Bereich kirchlicher Sozialverkündigung und theologischer Sozialethik auf katholischer Seite: Marianne Heimbach-Steins, Würde und Rechte der Frau aus der Sicht der katholischen Sozialehre, in: Matthias Lutz-Bachmann (Hg.), Freiheit und Verantwortung. Ethisch handeln in den Krisen der Gegenwart, Berlin-Hildesheim 1991, 214–247; dies., Als Mann und Frau ...«. Grunddatum theologischer Anthropologie – Herausforderung christlicher Sozialethik, in: JCSW 34 (1993) 165–189.
[16] Vgl. zu den Folgen dieser Entwicklung für die Gestaltung von Lebensentwürfen für Frauen und Männer Ulrich Beck/Elisabeth Beck-Gernsheim, Das ganz normale Chaos der Liebe, Frankfurt 1989.
[17] Vgl. dazu exemplarisch Adriana Cavarero, Ansätze zu einer Theorie der Geschlechterdifferenz, in: Diotima. Philosophinnengruppe aus Verona, Der Mensch ist zwei. Das Denken der Geschlechterdifferenz, Wien ²1993, 65–102.

[18] Einen Spiegel der derzeitigen gesellschaftlichen Situation in puncto Vereinbarkeit von Familien- und Erwerbsarbeit bot der Konsultationsprozeß der Kirchen zur Vorbereitung eines Wortes zur wirtschaftlichen und sozialen Lage in den Jahren 1994–1996; vgl. dazu: Alle Eingaben zum Konsultationsprozeß mit Lesehilfen, hg. vom Katholisch-Sozialen Institut der Erzdiözese Köln im Auftrag der Deutschen Bischofskonferenz und des Rates der Evangelischen Kirche in Deutschland, Bad Honnef 1996, 91–114. Die vielfältigen Problemanzeigen, die in diesem Dialogprozeß zur Sprache kamen, haben sich entsprechend niedergeschlagen im Gemeinsamen Wort der Kirchen »Für eine Zukunft in Solidarität und Gerechtigkeit« (Februar 1997), insbesondere in den Abschnitten zur Förderung der Familien und zur Herstellung von Chancengerechtigkeit zwischen Frauen und Männern, (s. u. Anm. 36).

[19] Dieses Streben prägt auf je eigene Weise sowohl den Kampf der ersten Frauenbewegung um die Teilnahme an grundlegenden gesellschaftlichen Gütern und Aufgaben wie etwa den Kampf um das Wahlrecht für Frauen oder den Zugang zu Bildungsmöglichkeiten als auch die politischen Zielsetzungen der zweiten Frauenbewegung, z. B. um gleichberechtigte Zugangsmöglichkeiten der Frauen zu allen öffentlichen Positionen (exemplarisch: die Quotendiskussion) oder die neuerliche Diskussion um die Koedukation als Problematisierung bisheriger Maßstäbe frauen- bzw. mädchengerechter Bildung.

[20] Zu den verschiedenen Formen von Solidarität vgl. Karl Otto Hondrich/Claudia Koch-Arzberger, Solidarität in der modernen Gesellschaft, Frankfurt 1992.

[21] Dies ist ein wichtiger Ertrag der durch Carol Gilligan und ihre Untersuchungen zur Moralentwicklung der Frau (In a different voice, 1982; danach zahlreiche weitere Veröffentlichungen zum Thema) angestoßenen, interdisziplinär geführten Debatte um »weibliche Moral«. Die Literatur zu diesem Fragenkomplex ist inzwischen nahezu unübersehbar.

[22] Vgl. Heimbach-Steins, Würde und Rechte der Frau, 222–224.

[23] So konnte etwa die Enzyklika »Casti connubii« (1930) mit der Anerkennung der Gleichheit der Geschlechter hinsichtlich der Menschenwürde die Behauptung einer notwendigen Ungleichheit im Bereich der sozialen, insbesondere der familiären Ordnung vereinbaren. Dies wurde im Rückgriff auf die traditionelle Interpretation von Eph 5,21–33 mit dem Modell der Unterordnung der Frau unter den Mann (als das Haupt der Familie) begründet. Vgl. Enzyklika Casti connubii vom 31.12.1930, zitiert nach Emil Marmy (Hg.), Mensch und Gemeinschaft in christlicher Schau, Freiburg/Schweiz 1945, 241–302, 275 (Nr. 369) und 254f. (Nr. 336).

[24] Zit. nach Elisabeth Gössmann, Das Bild der Frau heute, Düsseldorf, ²1967, 42.

[25] Vgl. GS 53–62; zur Erwähnung der Frauen bes. 60 (hier verwendet das Lateinische ausdrücklich das Stichwort »participatio«, das im Deutschen mit »Teilhabe« nur unzureichend, weil allzu statisch und passivisch, wiedergegeben ist.).

[26] Vgl. Oswald von Nell-Breuning, Kommentar zum IV. Kapitel des zweiten Teils, LThK Vat. II, III, 517–532, 519.

[27] Stefan Pfürtner, Art. Sozialehre, katholische, in: FrLex 1051–1059, 1056.

[28] Zu Fragen der Stellung der Frau in Kirche und Gesellschaft, 21. September 1981, hg. vom Sekretariat der Deutschen Bischofskonferenz (Die Deutschen Bischöfe Nr. 30), im folgenden zitiert als: DBK 1981.

[29] Vgl. DBK 1981, 10f.

[30] Vgl. DBK 1981, 19.
[31] Die in »Laborem exercens« eher implizite Gewichtung läßt sich anhand späterer Dokumente Johannes Pauls II., die auf die Thematik der Rolle der Frau explizit eingehen, bestätigen. Während die späteren Sozialenzykliken – »Sollicituto rei socialis« (1987) und »Centesimus annus« (1991) – die Frauenthematik überhaupt nicht berücksichtigen, ist insbesondere das Apostolische Schreiben »Mulieris dignitatem« (1988) über Würde und Berufung der Frau eine wichtige zusätzliche Quelle, aus der die starke Gewichtung des Ideals der Mutterschaft sehr eindeutig hervorgeht.
[32] Frauen und Kirche. Eine Repräsentativbefragung von Katholikinnen im Auftrage des Sekretariats der Deutschen Bischofskonferenz durchgeführt vom Institut für Demoskopie Allensbach, hg. vom Sekretariat der Deutschen Bischofskonferenz (Arbeitshilfen 108), Bonn 1993.
[33] Nach den Ergebnissen der Untersuchung traut nur jede fünfte Katholikin der Kirche Verständnis für die Anliegen und Probleme moderner Frauen zu, vgl. ebd., 101.
[34] Vgl. dazu ebd., 179–181.
[35] Seit dem Erscheinen der Studie warten allerdings nicht nur die Frauenverbände vergeblich auf Signale der Bischöfe, ob und ggf. welche Konsequenzen sie aus diesen Problemanzeigen zu ziehen beabsichtigen.
[36] Für eine Zukunft in Solidarität und Gerechtigkeit. Wort des Rates der Evangelischen Kirche in Deutschland und der Deutschen Bischofskonferenz zur wirtschaftlichen und sozialen Lage in Deutschland, eingeleitet und kommentiert von Marianne Heimbach-Steins und Andreas Lienkamp (Hg.) unter Mitarbeit von Gerhard Kruip und Stefan Lunte, München 1997. – Auf einzelne Textabschnitte wird mit der jeweiligen Abschnitt-Nummer im Text verwiesen.
[37] Vgl. dazu bes. die Textnummern 158, 193, 200–203.
[38] Die durchgängige Berücksichtigung der geschlechtsspezifischen Perspektive ist mit Sicherheit ein Resultat der zahlreichen einschlägigen Eingaben im Konsultationsprozeß. Jedenfalls wird in der Gesellschaftsanalyse durchgängig auf die Lage von Frauen besonders eingegangen und so der Tatsache Rechnung getragen, daß viele gesellschaftliche Probleme unterschiedliche Auswirkungen für Frauen und für Männer haben. Vgl. dazu Für eine Zukunft in Solidarität und Gerechtigkeit, Kommentar zum 2. Kapitel, 95.
[39] Vgl. dazu auch Anm. 36, Für eine Zukunft in Solidarität und Gerechtigkeit, Kommentar, 45–48.

Das Amt der Diakonin in der kirchlichen Tradition des ersten Jahrtausend[1]

Anne Jensen

»Darum, o Bischof, stelle dir Arbeiter bei der Almosenpflege an und Helfer, die dir zum Leben helfen; die welche dir von dem ganzen Volk wohlgefallen, wähle aus und stelle sie als Diakone an, sowohl einen Mann zur Beschickung der vielen Dinge, die nötig sind, wie auch eine Frau zum Dienst der Frauen. Es gibt nämlich Häuser, wohin du einen Diakon zu den Frauen nicht schicken kannst um der Heiden willen, eine Diakonin aber wirst du schicken können, zumal da auch noch in vielen anderen Dingen die Stellung einer Diakon-Frau nötig ist.«

So beginnt das 16. Kapitel der Didaskalia[2], eine Art erbauliche Kirchenordnung aus dem Syrien des 3. Jahrhunderts. Sie ist eine der wichtigsten Quellen über das diakonische Amt von Frauen im frühen Christentum, und ich werde später noch genauer darauf eingehen. Zunächst möchte ich diese Sätze nur in den Raum stellen, um einige grundsätzliche Dinge zu klären im Hinblick auf den kirchlich-theologischen Rekurs auf die Vergangenheit, den ich hier betreiben soll und betreiben möchte. Für diejenigen, die keine kirchengeschichtlichen »Profis« sind, ist das Faktum oft neu, daß es dieses Amt für Frauen, das wir heute in der römisch-katholischen Kirche mit zäher Geduld einzuführen suchen, in weiten Teilen der frühen Christenheit schon über Jahrhunderte gegeben hat – nur leider nicht (oder jedenfalls fast nicht) in unserer Kirchenprovinz, in der Westhälfte des Römischen Reiches. Wir wissen nicht genau, warum es hier zu einer so unterschiedlichen Entwicklung zwischen Osten und Westen kam.

Schon die geschlechtsspezifische Zuordnung des männlichen Diakons zu den Männern und »des« weiblichen Diakons zu den Frauen (im Griechischen kann *diakonos* mit männlichem und weiblichem Artikel verwendet werden), führt in eine kulturell versunkene Welt mit ihren Frauenhäusern und macht uns so deutlich, daß unsere Beschäftigung mit der Geschichte des weiblichen Diakonats nicht das Ziel haben kann, die ursprünglichen Formen möglichst genau zu rekonstruieren, um sie dann für heute zu imitieren. Es wäre ein grundsätzlicher methodischer Fehler, geschichtliche Fakten als eine Art Norm zu verstehen.[3]

Die Beschäftigung mit der Geschichte vollzieht sich meist in zwei Stufen: Bei der ersten muß man versuchen, sich so gut wie möglich von den eigenen Vorstellungen zu lösen und in die Logik einer anderen Zeit einzutauchen. In der zweiten kann man sich dann fragen: Wozu inspiriert uns das heute? Im heutigen Referat werde ich nur den ersten Schritt tun – der zweite soll ja unser aller gemeinsames Bemühen auf diesem Kongreß sein.

Vorweg eine kurze Bemerkung zur Begrifflichkeit: Es gibt im Griechischen mehrere Möglichkeiten, eine Frau als Diakon zu bezeichnen: 1. einfach durch den Artikel: *hä diakonos,* 2. durch die Hinzufügung von Frau: *gynä diakonos* – (ähnlich wie im Englischen: woman deacon etc.) und 3. durch die abgeleitete weibliche Form: *diakonissa.* Hinter den verschiedenen sprachlichen Varianten im Griechischen verbirgt sich kein Bedeutungsunterschied. Um die Verwechslung mit den evangelischen Diakonissen zu vermeiden, verwende ich immer das Wort Diakonin. Im übrigen repräsentieren die Diakonissen ja auch ebenfalls einen Wiederbelebungsversuch des frühchristlichen weiblichen Diakonats.

Die frühesten Zeugnisse

Zunächst nun eine kurze Erinnerung an zwei Texte aus dem Neuen Testament. Wir haben bei Paulus im Römerbrief die Nennung von Phöbe, die, wie es heißt, »Diakon in der Gemeinde von Kenchreä ist«. Außerdem wird sie noch »prostatis«, Patronin, Vorstand genannt (16,1–3). Sie war vermutlich Vorsteherin einer Hausgemeinde. Die Bezeichnung *diakonos* hat hier noch den allgemeinen Sinn von »Amtsträger/in«. Nicht unerwähnt soll die Tendenz bleiben, Phöbes Amtstitel wegzuübersetzen oder zu verschleiern: die Dienerin ... die Helferin; oft werden auch Verben anstelle der Substantive verwendet (vgl. z. B. die Einheitsübersetzung: »die Dienerin der Gemeinde ..., sie hat vielen, darunter auch mir, geholfen«).

In den später verfaßten Pastoralbriefen haben wir eine zweite Stelle, an der vermutlich von Diakoninnen die Rede ist. Es sind die typischen Amtsspiegel in 1 Tim 3: Dort geht es zunächst um die Episkopen (1–7), dann um die Diakone (8–10), dann um die Frauen – in dieser ganz allgemeinen Formulierung (11), und dann wieder um die Diakone (12f). Es heißt dort u. a. : »Nur wenn nichts gegen sie [die Diakone] vorliegt, sollen sie ihren Dienst ausüben. Ebenso sollen die Frauen ehrenhaft sein ... und in allem zuverlässig. Die Diakone sollen nur einmal verheiratet sein ...« Im christlichen Osten, der Diakoninnen kannte, hat man die Verse über die Frauen auf die weiblichen Vertreterinnen dieses Amtes bezogen, im Westen vermutete man dahinter die Ehefrauen der Diakone.[4] Aber auch hier handelt es sich noch nicht um die Ämter, die sich später herausgebildet haben.

Das älteste Zeugnis, das wir außerhalb des Neuen Testamentes über eine kirchenamtliche Aktivität von Frauen haben, stammt aus einer nicht-christlichen Quelle, dem Briefwechsel von Plinius d. J. mit Kaiser Trajan (etwa um 112). Plinius war Statthalter von Bithynien und hatte beim Kaiser rückgefragt, wie er mit denunzierten Christen, die ja nur ihres »Aberglaubens«, aber sonst keines Verbrechens schuldig waren, verfahren solle. Dabei erwähnt er, daß er zwei »ancillae ministrae« habe foltern lassen, weil er sich von ihnen Aufschluß über christlichen Gottesdienst erhoffte (Briefe X, 96, 8). »Zwei Sklavinnen, die Diakoninnen waren« – allerdings hat auch hier das Wort möglicherweise noch die allgemeine Bedeutung: »die ein Amt hatten«. Den Hintergrund bildet hier ein Christentum, das nach dem Muster der privatrechtlichen Kultvereine organisiert ist, in denen Frauen und Sklaven oft gleichberechtigt waren und Leitungsfunktionen innehaben konnten.[5]

Die Witwen

Soviel zu den frühen Stadien weiblicher Amtsträgerschaft. Bevor ich nun zum eingangs zitierten 16. Kapitel der Didaskalia übergehe, muß noch eine andere Gruppe von Frauen erwähnt werden, die in einigen frühchristlichen Dokumenten immer wieder mit einer ungewöhnlich scharfen Polemik angegriffen wird: die Witwen. Schon in den Pastoralbriefen werden sie diffamiert. Alle Frauen werden grundsätzlich auf die Mutterrolle festgelegt und zum »Schweigen in der Gemeinde« verurteilt (1 Tim 2,9–15; 5,3–16). In der Folge hat jedoch die asketische Tendenz weite Kreise des Christentums bestimmt. Allmählich wurden Witwen und Jungfrauen eine der höchstgeachteten Gruppen in der Gemeinde; die Ehelosigkeit galt als die vollkommenste Form christlichen Lebens. In der römischen Gesellschaftsordnung waren vermögende Witwen die unabhängigsten Personen, ebenso auch Jungfrauen, die nach dem Tod ihrer Eltern frei über das ererbte Vermögen verfügen konnten. Es konnte also zu Situationen kommen, in denen man ihren Einfluß fürchtete.

Wenn wir nach dem Diakonat von Frauen fragen, stoßen wir immer wieder auch auf die Gruppe der Witwen. Hier ist noch eines in Erinnerung zu rufen, das für die Beschäftigung mit den frühen Jahrhunderten des Christentums wichtig ist: Am Anfang war die Vielfalt. D.h. was für eine Kirche galt, galt nicht unbedingt auch für die andere. Es gab Kirchen, die Frauen mit bestimmten Aufgaben als Diakoninnen bezeichneten. In anderen Kirchen erfüllte die Gruppe der Witwen dieselben Aufgaben, ohne deswegen Diakoninnen genannt zu werden.[6] In einem Fall erscheinen die Diakoninnen sogar als die Helferinnen der Witwen, im sogenannten »Testament unseres Herrn« (5. Jh., Entstehungsort unklar), auf das wir noch zurückkommen werden. Wir können uns also nie an der Bezeichnung allein orientieren, sondern müssen immer zugleich nach den Aufgaben fragen, die wahrgenommen werden. Ich kann hier natürlich nur eine kleine Auswahl von Texten vorstellen, und beschränke mich daher auf die Traditionen des griechischen und lateinischen Katholizismus (also Rom und Byzanz). Aber es gab daneben andere Kirchen außerhalb des Reiches und seiner hellenistischen Kultur, die ebenfalls einen weiblichen Diakonat hatten und teilweise auch heute noch haben.[7]

Die Didaskalia

Damit kommen wir zur bereits erwähnten Didaskalia (wörtlich übersetzt: die Lehre). Der vollständige Titel lautet: Lehre der zwölf Apostel und der heiligen Jünger[innen] des Erlösers. Dies ist das typische Legitimationsmuster früher Kirchenordnungen: Berufung auf die Apostel bzw. Jünger und Jüngerinnen Jesu. Dabei werden gelegentlich durchaus auch Frauen als Garanten dieser »Apostolizität« herangezogen. Später wird man sich auf Konzilsbeschlüsse berufen.

In der Didaskalia ist die Politik des Verfassers sehr klar: Es geht ihm vorrangig um die Autorität des Bischofs. Mit dem Diakonat ist in des Verfassers Perspektive strikter Gehorsam gegenüber dem Bischof verbunden. Sein Interesse am weiblichen Diakonat ist leider ganz offensichtlich mit der Hoffnung verbunden, damit die Witwen in die Schranken verweisen zu können. Ihnen sind die Kap. 14 und 15 gewidmet: Im ersten geht es um die »Ernennung« – mindestens fünfzig Jahre alt müssen sie sein (in den Pastoralbriefen waren es sechzig), im zweiten wird die Polemik der Pastoralbriefe genüßlich ausgeweitet. So heißt es etwa, daß die Heiden sich nicht bekehren, wenn das Evangelium von Frauen verkündet wird. Die Witwe soll nach des Verfassers Meinung nichts anderes tun als beten, insbesondere für die Wohltäter der Gemeinde.

Es ist natürlich äußerst unerfreulich, frauenfeindliche Texte dieser Art immer wieder studieren zu müssen. Zum Glück kann man sie auch »gegen den Strich« lesen, und hier vor allem hören, was Frauen wirklich getan haben: nämlich das Evangelium verkündet und die am Christentum Interessierten unterrichtet. Und offensichtlich wurden sie von einem großen Teil der Gemeinden in diesen Funktionen anerkannt. Aber es bleibt, daß wir diese positiven Aussagen in der Didaskalia auf dem dunklen Hintergrund der Polemik gegen die Witwen lesen müssen.

Wir finden in diesem Buch einen sehr überraschenden Text, der eine Art trinitarische Zuordnung der kirchlichen Ämter vornimmt: Der Bischof steht an der Stelle Gottes, der Diakon steht an der Stelle Christi, die Diakonin soll an der Stelle des Heiligen Geistes geehrt werden. Erstaunlicherweise werden die Presbyter nachgeordnet: sie stehen an der Stelle der Apostel. Schließlich werden die Witwen mit den Waisen zusammen genannt, also in der Funktion von Almosenempfängern, nicht von Amtsträgerinnen: Sie stehen an der Stelle des Altars. (Kap. 9) Im Kap. 15 wird mit diesem Vergleich mit dem Altar begründet, daß die Witwe zu Hause bleiben soll: Der Altar läuft ja auch nicht herum!

Er/Sie steht an der »Stelle« (im Syrischen steht hier ein Begriff, der dem griechischen *typos* entspricht): Es geht hier um die Repräsentation Gottes, Christi, des Geistes in der Gemeinde. Diese Vorstellung fand ihren konkreten Ausdruck in einer bestimmten Rang- und Sitzordnung im Gottesdienst: griechisch *taxis*, lateinisch *ordo*, deutsch *Ordnung* oder *Stand*. Diese symbolische Repräsentanz darf nicht als starre Ordnung mißverstanden werden. In der Tradition gibt es nämlich eine ganze Fülle solcher Repräsentationen und sie sind niemals exklusiv. Man kann also sagen: »Der Diakon repräsentiert Christus«, aber nicht: »Nur ein Diakon repräsentiert Christus«. Als höchster Akt der Repräsentation Christi galt im frühen Christentum das Martyrium: Martyrinnen und Martyrer hatten einen höheren Rang als die Bischöfe.[8] Der Gedanke, daß die Diakonin den Heiligen Geist repräsentiert, findet sich nur in der Didaskalia und hängt möglicherweise damit zusammen, daß im Syrischen das Wort für Geist ähnlich wie das hebräische ruah weiblich ist.

Doch gehen wir von dieser hochtheologischen Legitimation der Diakoninnen zu ihren konkreten Aufgaben. Wir hatten den Anfang schon gehört: Sie sollen in die Häuser zu den Frauen gehen, in denen die männlichen Diakone keinen Zutritt haben. Das heißt sehr konkret: Mission und Katechumenenunterricht (der sich in der frühen Kirche über mehrere Jahre hinzog), Vorbereitung auf die Taufe. Danach werden die Funktionen der Diakonin bei der Taufe geschildert. Zur Erinnerung: Im antiken Christentum wurde das symbolische Mitsterben und Mitauferstehen dramatisch in Szene gesetzt: Die nackten Taufbewerber und -bewerberinnen wurden gesalbt wie Ringkämpfer, um dem Zugriff Satans leichter entrinnen zu können. Dann stiegen sie ins Wasser herab und auf der anderen Seite wurden sie vom Bischof empfangen und mit Öl gesalbt, mit Handauflegung und Friedenskuß (wie im heutigen Sakrament der Firmung). Die erste Salbung des ganzen Körpers soll bei den Frauen von der Diakonin vorgenommen werden, die Taufformel aber ist »von einem Mann« zu sprechen. (Das männliche Geschlecht ist hier offensichtlich wichtiger als die kirchliche Amtsfunktion! Im vorigen Kapitel über die Witwen steht die vorsichtige Formulierung, es sei »gefährlich«, sich von einer Frau taufen zu lassen.) Nach Abschluß der Taufhandlungen werden die getauften Frauen wieder der Diakonin übergeben, die sie weiter belehren soll (die sakramentalen Handlungen wurden in der frühen Kirche meist erst nach dem Vollzug erklärt).

Es ist zu vermuten, daß manche selbst diese sekundären liturgischen Funktionen von Frauen ablehnten, denn der Verfasser bemüht sich zu zeigen, daß es notwendig ist, Frauen als Diakoninnen zu haben, und er verwendet dabei ein Schriftargument: Auch Jesus hatte solche Diakoninnen. Dabei verweist er auf die Stelle des Lukasevangeliums, in der es heißt, daß Maria von Magdala, Johanna, Susanna und andere Frauen ihm mit ihrem Besitz »dienten« (8,2f.). Nach dem ausführlich beschriebenen Taufdienst wird als weitere wichtige Aufgabe der Diakoninnen der Besuch und die Versorgung von Kranken mehr summarisch aufgeführt.[9] Das Grundprinzip des Verfassers lautet: »Die Frau soll als Diakonin besonders eifrig sein im Dienst der Frauen, der Mann als Diakon im Dienst der Männer«. Er denkt also vor allem, aber nicht ganz ausschließlich, an einen geschlechtsspezifisch aufgeteilten Dienst.

So restriktiv und vorsichtig die Angaben der Didaskalia sind, eines ist jedoch eindeutig: Es gab Diakoninnen und sie waren ihren männlichen Kollegen gleichgestellt. Wirklich gleichgestellt? Ja, insofern sie das für Frauen taten, was männliche Diakone für Männer taten, für Frauen aber nicht tun konnten. Doch werden die männlichen Diakone immer wieder in der Schrift erwähnt, die weiblichen dagegen nur an wenigen Stellen. Nun sollte man grundsätzlich davon ausgehen, daß Frauen mitgemeint sind, wenn sie nicht ausdrücklich ausgeschlossen werden (die Forschung ist bisher meist umgekehrt verfahren!). Dennoch scheint es hier die Intention des Verfassers gewesen zu sein, den Einflußbereich der Diakoninnen so klein wie möglich zu halten. Vermutlich gab es auch mehr Männer als Frauen im Diakonat.

Ein Punkt ist noch zu betonen: Es wird hier nicht vorausgesetzt, daß die Diakonin Jungfrau oder Witwe sein muß, wie in späteren Texten. In der Didaskalia ist keine besonders asketische Tendenz festzustellen. Vielmehr werden in den ersten Kapiteln der verheiratete Mann und die verheiratete Frau als die idealtypischen Christen gezeichnet. So ist anzunehmen, daß es keine Zölibatsklausel für Diakoninnen gab. Unter den zahlreichen Inschriften, die von Diakoninnen Zeugnis abgeben, beziehen sich zwei ganz eindeutig auf verheiratete Frauen.[10]

Die Apostolische Überlieferung

Etwa um die gleiche Zeit wie die syrische Didaskalia wurde ein Dokument verfaßt, das wahrscheinlich in die römische Tradition gehört, die sogenannte Apostolische Überlieferung (Traditio Apostolica), die dem »Gegenpapst« Hippolyt zugeschrieben wird, was allerdings nicht ganz sicher ist.[11] Wenn wir nach dem Stichwort »Diakonin« suchen, finden wir in dieser Kirchenordnung nichts. Auch in diesem Dokument, das allerdings nicht aus langen erbaulichen Ausführungen besteht wie die Didaskalia, sondern aus meist recht kurzen Anweisungen, steht der Bischof im Zentrum der Gemeinde und des Gottesdienstes. Ihm nachgeordnet sind zuerst die Presbyter und dann die Diakone. Hier finden wir nun eine Art Verwarnung: Zwischen Presbyter und Diakon ist scharf zu unterscheiden! Es zeichnet sich also deutlich ein Konflikt zwischen diesen beiden Ämtern ab. Dann folgen die Bekenner, d. h. überlebende Martyrer (die Bezeichnungen »Bekenner« bzw. »Martyrer« sind gleichwertig im frühen Christentum), die eigentlich vorgeordnet sein müßten, da sie ohne Ordination den gleichen Rang wie Presbyter und Diakone haben. Letztere dagegen bedürfen, wie auch der Bischof selbst, einer Ordination.

Nun folgen die Witwen – also an der Stelle, an der wir die Diakoninnen erwarten würden (10). Hier wird betont: »Sie wird nicht geweiht, sondern namentlich gewählt«. Dann folgt wieder eine äußerst abstoßende Polemik: Man soll ihr nicht schnell trauen, ihre Leidenschaften können sich jederzeit wieder entfachen. Sie bringt keine Gaben dar, sie versieht keinen liturgischen Dienst, ihre einzige Funktion ist das Gebet. Der Verdacht legt sich nahe, daß es in Rom eine andere Praxis mit ordinierten Witwen gab, die der Verfasser unterbinden will. Auffällig ist auch, daß hier die Witwen und Jungfrauen nicht zusammen genannt werden. Vielmehr werden nach der Witwe noch folgende kleinere Ämter aufgezählt, jeweils nur mit einem Satz: der Lektor, die Jungfrau, der Subdiakon, jene mit der Gabe der Heilung. Sie alle werden nicht ordiniert, gehören aber zum Klerus im weiteren Sinn.

Deutlich an diesen Texten ist, daß es zahlreiche Konflikte um die verschiedenen Ämter gab, wie wir es natürlich auch aus anderen Quellen kennen. Die heute selbstverständlich als frühkirchlich angenommene Trias Bischof-Presbyter-Diakon, wie sie etwa die ökumenischen Konsenspapiere von Lima voraussetzen, war also gar nicht so selbstverständlich.

Konzilsbeschlüsse

Bezüglich des Diakonats von Frauen hat diese Widersprüchlichkeit sich sogar in den Kanones zwei der ehrwürdigsten ökumenischen Konzilien niedergeschlagen, dem Konzil von Nikaia, 325, also dem ersten ökumenischen Konzil überhaupt, und dem Konzil von Chalkedon, 451, das den Abschluß der trinitarisch-christologischen Kontroversen darstellt (zumindest für den Westen; im Osten ging der Streit bekanntlich weiter).

Der Text des 19. Kanons vom Konzil von Nikaia bedarf einer Erläuterung, da er sich nur indirekt über Diakoninnen äußert. Primär geht es um die Wiederaufnahme einer abgespaltenen Gruppe (die Anhänger und Anhängerinnen Pauls von Samosata). Für sie beschließt das Konzil, daß sie erneut zu taufen sind und daß deren Kleriker neu ordiniert werden müssen. Dann heißt es:

> »So soll man auch mit den Diakoninnen verfahren und überhaupt mit all jenen, die im kanonischen Verzeichnis stehen. Bezüglich der Diakoninnen, die diese Stellung haben, erinnern wir daran, daß sie keinerlei Ordination *(cheirothesia)*

besitzen, sondern in jeder Beziehung unter die Laien zu rechnen sind.«

Hier wird also Frauen der Titel belassen, aber es wird ihnen der Amtscharakter abgesprochen, der mit einer Ordination gegeben wäre.

Ganz anders lautet dagegen der 15. Kanon des Konzils von Chalkedon:

»Zur Diakonin darf nur eine Frau ordiniert werden, die über vierzig ist, und auch sie nur nach gründlicher Prüfung. Wenn sie jedoch nach der Ordination *(cheirotonia)*[12] und nach längerer Amtszeit heiratet, so hat sie die Gnade Gottes verachtet und soll exkommuniziert werden wie auch ihr Partner.«

In den 125 Jahre nach Nikaia ist aus der zuvor verfolgten Christenheit die Reichskirche geworden, deren Ämterstruktur sich nun stabilisiert hat. Die Institution der ordinierten Diakonin hat sich durchgesetzt und wird nun selbstverständlich vorausgesetzt. Das alte Mißtrauen gegen Witwen schwingt im Text noch nach, denn ein Diakon kann bereits mit fünfundzwanzig ordiniert werden. Gleichzeitig scheint nun der Zölibat zur Voraussetzung für ein an Frauen zu vergebendes kirchliches Amt geworden zu sein.[13] Wie alle Entscheidungen ökumenischer Konzilien ist auch dieser Kanon grundsätzlich für die Kirchen in beiden Reichshälften gültig, also im Osten wie im Westen. Im Osten ist er noch einmal durch das sogenannte Trullanum oder Quinisextum (691) bestätigt worden, das die von sechzig auf vierzig Jahre herabgesetzte Altersgrenze mit dem moralischen Fortschritt der Christenheit erklärt (can. 14 und 40).

Trotz dieser verbindlichen Entscheidung eines Reichskonzils wird im Westen die Ordination von Diakoninnen bekämpft. Nach der derzeitigen Quellenlage bietet sich uns für die lateinische Kirche ein äußerst paradoxes Bild. Für die ersten vier Jarhunderte sind weder in Rom noch in Afrika oder in Gallien Diakoninnen nachzuweisen, aber vom Ende des 4. Jahrhunderts an werden sie plötzlich von westlichen Regionalkonzilien bekämpft. So heißt es etwa im 2. Kanon des Konzils von Nîmes (396):

»... Irgendwo sollen Frauen in den Rang von Diakoninnen erhoben worden sein. Das schickt sich nicht und wird daher von der kirchlichen Disziplin nicht zugelassen. Ein solche Ordination ist für nichtig zu erklären.«[14]

Daß es die hier und auch später immer wieder verbotenen ordinierten Diakoninnen tatsächlich gab, bezeugen auch andere Quellen. Ute Eisen hat in ihrer Studie zu christlichen Amtsträgerinnen mehr als dreißig Inschriften untersucht, in denen Diakoninnen erwähnt werden. Nur drei – aber immerhin drei – stammen aus dem Westen: zwei Votivinschriften erinnern an eine Diakonin Anna in Rom und eine Diakonin Ausonia in Dalmatien, und aus Gallien ist eine genau datierte Grabinschrift erhalten:

»Hier ruht in Frieden, in guter Erinnerung, Theodora die Diakonisse, die plus/minus 48 Jahre gelebt hat. Begraben am 22. Juli 539«.[15]

Dies sind eindeutige Zeugnisse und sie stehen im Widerspruch zu den Versuchen der gallischen Synoden, die »diakonische Amtstätigkeit von Frauen zu unterbinden.[16] Offensichtlich waren nicht einmal die Bischöfe einig: Die einen versuchten, mittels Synodalbeschlüssen die Ordination von Diakoninnen zu verhindern, während andere eigenhändig Diakoninnen weihten. Bekannt sind drei konkrete Fälle: 1. Der hl. Remigius von Reims (+ 533) erwähnt in seinem Testament seine »Tochter, die Diakonin Helaria«.[17] 2. Der hl. Medardus legte der Königin Radegunde schließlich die Hände auf, nachdem sie sich selbst das Ordensgewand angelegt hatte, und weihte sie zur Diakonin.[18] 3. Sergius, der 743 Erzbischof von Ravenna wurde, ordinierte seine Frau Euphemia zur Diakonin.[19] Eine weitere Paradoxie: trotz der wiederholten Verbote der Kanones findet im 7. Jahrhundert zum ersten Mal eine Art Ordinationsgebet Eingang in die liturgischen Bücher, das später zu einem vollständigen »Ordo ad diaconam faciendam« weiterentwickelt wurde. Erst gegen Ende des 11. Jahrhunderts wurden die Riten zur Diakoninnenweihe wieder eliminiert.[20]

Narrative Zeugnisse

Der Durchgang durch die Kanones und Kirchenordnungen sei nun noch ergänzt durch die in narrativen Zeugnissen belegte Praxis. Wir werden dabei sehen, daß man aus den zuvor gesichteten Kirchenordnungen nicht ohne weiteres auf die gelebte Realität schließen darf – es ist vielmehr erlaubt, beruhigt feststellen, »daß doch sein kann, was nicht sein darf« (um Christian Morgenstern etwas zu variieren). Zunächst soll von einer Frau die Rede sein. deren Namen wir nicht wissen, eine *Anonyma* also (der häufigste weibliche Frauenname in der kirchlichen Geschichtsschreibung!)[21]. Von ihr berichtet Theodoret von Kyros (+ um 466) in seiner Kirchengeschichte. Sie hat in Antiochien gelebt, zur Zeit als der ursprünglich bereits christliche Kaiser Julian (361–363) sich wieder der alten Religion zugewendet hatte und ihr noch einmal zum Durchbruch verhelfen wollte. Es geht dabei um einen jungen Mann, der durch Anonyma zum Christen wurde. Hier der Wortlaut der Geschichte:

»Ein junger Mann, der Sohn eines Priesters, war in der Unfrömmigkeit (= alte Religion) erzogen, trat aber zu jener Zeit über zum Chor der Frommen (= Christen). Denn seine Mutter war mit einer Frau befreundet, die wegen ihrer religiösen Gesinnung berühmt war und das ehrenvolle Amt des Diakonats innehatte. Diese hatte ihn bereits als kleines Kind, wenn er mit seiner Mutter zu ihr kam, immer liebevoll aufgenommen und zur Frömmigkeit angeleitet. Auch nach dem Tod der Mutter ging der junge Mann weiterhin zu ihr und empfing den gewohnten Unterricht *(didaskalia)*. Von ihren Weisungen überzeugt, fragte er seine Lehrerin *(didaskalos)* schließlich, wie er sich von der Dämonengläubigkeit seines Vaters abwenden und sich der bei ihnen [d. h. den Christen] verkündeten Wahrheit anschließen könne. Sie sagte, er müsse sich vom Vater abwenden und den vorziehen, der ihn selbst wie jenen geschaffen habe; er müsse in eine andere Stadt gehen, um sich zu verstecken und so dem Zugriff des unfrommen Kaisers entziehen zu können. Sie versprach auch, für ihn zu sorgen. Da erwiderte der junge Mann: ›Ich werde also kommen und dir meine Seele anvertrauen.‹« (III,14,1–4)

Anonyma ermöglicht ihm dann in der Tat die Flucht, indem sie ihn in Frauenkleidern in ihrer Kutsche entführt. Doch nicht um dies spektakuläre Faktum geht es mir hier, sondern um die Tatsache, daß diese Diakonin zweifellos in ihrem Haus auch Männer unterrichtete.

Doch nicht alle Diakoninnen sind namenlos, im Gegenteil, von ihnen wissen wir mehr Namen als von anderen Frauengruppen, was zweifellos ihrer kirchenamtlichen Funktion zu verdanken ist. Allein in den von Ute Eisen untersuchten Inschriften sind mindestens 28 Namen überliefert. Die wohl bekannteste Gestalt unter den Diakoninnen ist Olympias von Konstantinopel.[22] Über sie besitzen wir eine Lebensbeschreibung sowie die Sammlung der Briefe, die kein geringerer als Johannes Chrysostomos im Exil an sie gerichtet hat.[23] In dessen Lebensbeschreibung durch Palladios wird sie ebenfalls öfter erwähnt und derselbe Verfasser widmete ihr ein Kapitel in seiner Beschreibung des Asketentums (Das Paradies alias Historia Lausiaca). Olympias, früh verwaist, steht schon in ihrer Jugend in Konstantinopel im Kontakt mit einem der bedeutendsten Theologen des 4. Jahrhunderts, mit Gregor von Nazianz. Sie heiratet zunächst, aber 20 Monate später stirbt ihr Gatte. Gegen den Widerstand des Kaisers Theodosios, der ihre Enteignung verfügen will, ja, verfügt, aber nach einigen Jahren wieder aufheben muß, setzt sie es durch, sich nunmehr dem asketischen Leben zu verschreiben. Nektarios, der Bischof von Konstantinopel, ordiniert sie trotz ihrer Jugend[24], und sie unterstützt ihn nicht nur mit ihrem unermeßlichen Reichtum, sondern wird auch zur Beraterin in kirchlichen Fragen. In ihrer Vita wird ihre Gastfreundschaft besonders gerühmt. Sie hat in der Tat eigens eine Unterkunft für durchreisende Bischöfe und Priester gebaut und hat dabei anscheinend ohne allzu viel politisches Kalkül gehandelt, was man ihr übelnahm. Außerdem gründete sie ein Kloster, das direkt an die Hagia Sophia, die Hauptkirche von Konstantinopel, angebaut war und in dem 250 Frauen zusammenlebten. Als Johannes Chrysostomos Bischof von Konstantinopel wird, ist sie seine unersetzliche Stütze und Vertraute. Als es durch kirchenpolitische Intrigen zu seiner Absetzung und Verbannung kommt, hält sie dem Druck auch vor Gericht stand, und tritt dann ihrerseits den Weg ins

Exil an, in dem ihr Leben ein trauriges Ende finden wird. Palladios gibt ihr deswegen den höchsten Ehrentitel: »Bekennerin« (= Martyrin).

Aufgrund ihrer vornehmen Herkunft, ihres immensen Reichtums und wohl auch ihrer asketischen Orientierung ist Olympias sicher nicht der Prototyp der frühkirchlichen Diakonin. Doch sie repräsentiert den weiblichen Diakonat auf der Höhe seiner Entfaltung, wenn auch zugleich auf der Schwelle einer tiefgreifenden Veränderung. Olympias selbst ist noch als Diakonin in der Gemeinde aktiv, aber im Zuge der Verchristlichung des Reiches spielen Erwachsenenkatechumenat und Erwachsenentaufe keine zentrale Rolle mehr, und damit fiel ein wichtiger Teil der diakonischen Aktivitäten von Frauen weg. Bald verschwinden die Diakoninnen zunehmend aus den Gemeinden und sind hauptsächlich in den Klöstern anzutreffen. Dies ermöglichte den Frauenklöstern allerdings wenigstens eine partielle Autonomie in der Feier ihrer Gottesdienste (außer für die Eucharistie).

In der Großen und Heiligen Kirche, der Hagia Sophia, behielten die Diakoninnen allerdings noch lange einen bedeutenden Platz, wie aus der Gesetzgebung Justinians (527–565) hervorgeht. Der Kaiser wollte den Klerus reduzieren und ordnete daher an, daß an der Hauptkirche von Konstantinopel nicht mehr als 60 Presbyter, 100 männliche und 40 weibliche Diakone beschäftigt sein sollten (dazu kamen noch 90 Subdiakone, 110 Lektoren, 25 Psalmisten und 100 Ostiarier).[25] Das waren immerhin 20% Frauen im höheren Klerus.

Die Ordination der Diakonin

Wie wir sahen, gibt es Zeugnisse, die der Diakonin (in anderen Fällen der Witwe) keine Ordination zugestehen und sie unter die Laien rechnen wollen. Andere dagegen gehen ganz selbstverständlich von einer Ordination aus und rechnen die Diakoninnen respektive Witwen zum höheren Klerus (wozu Bischöfe, Presbyter und Diakone gehören). Im Osten verlief die Entwicklung sehr klar zugunsten der Diakoninnen, im Westen wissen wir wenig über die

Einzelheiten der Entwicklung, aber sie führte schließlich eindeutig zur Eliminierung des mit einer Ordination verbundenen Frauenamtes.

Von der Ordination (oder Weihe, wie wir im Deutschen zu sagen gewohnt sind) sind verschiedene Rituale erhalten. Die ältesten stammen vom Ende des 4. Jahrhunderts. Zitiert seien hier die »Apostolischen Konstitutionen«[26] (in der teilweise frühe Texte wie die Didaskalia integriert und der späteren Zeit angepaßt wurden):

> Du Bischof, leg ihr die Hände auf im Kreis des Presbyteriums und der Diakone und Diakoninnen und sprich:»Ewiger Gott, Vater unseres Herrn Jesus Christus, Schöpfer des Mannes und der Frau, Du hast Miriam und Deborah und Anna und Hulda mit Geist erfüllt, du hast nicht verschmäht, deinen eingeborenen Sohn von einer Frau gebären zu lassen, Du hast im Zelt des Zeugnisses und im Tempel die Hüterinnen deiner heiligen Pforten bestimmt: Schau nun auf diese deine Dienerin, die zum Diakonat bestimmt ist, und gib ihr deinen heiligen Geist und reinige sie von aller Befleckung des Fleisches und des Geistes, damit sie das ihr aufgetragene Werk würdig durchführen kann zur Ehre und zum Lob deines Christus, mit dem Dir und dem Heiligen Geist sei Ehre und Anbetung in Ewigkeit. Amen.« (VIII,19 + 20)

Das Gebet für den Diakon lautet anders und hebt auf Stephanus ab, den ersten Martyrer, der einer der sieben »Diakone« der Apostelgeschichte war. Bei der Ordination stehen nur die Presbyter und Diakone beim Bischof, die Diakoninnen sind nicht erwähnt. Dies sind kleine Indizien eines gewissen Gefälles zwischen männlichen und weiblichen Diakonen, aber ein »qualitativer Unterschied« ist nicht festzustellen. Gerade die als Vorbild gewählten alttestamentlichen Frauengestalten wie Mirjam und Deborah sind eindrucksvoll. In anderen Ritualen wird auch Phöbe genannt. Die Ordinationsformulare aus dem Westen[27] wählen dagegen die neutestamentliche greise Anna, die mit Simeon bei der Beschneidung Jesu zugegen ist und 84 Jahre Witwe war. Von ihr heißt es:»Sie hielt sich ständig im Tempel auf und diente Gott Tag und Nacht mit Fasten und Beten« (Lk 2,36ff) – was genau den Klischeevorstellungen von der kirchlichen Witwe entsprach. Wenn der westliche Ritus auch sehr stark die Enthaltsamkeit betont, was eher einem Gelübde entspricht, so hat er dennoch *auch* die Charakteristika einer Weihe: die Prostration und vor allem die Übergabe der Stola. Außerdem werden der Diakonin noch der Schleier, der Ring und ein Blumenkranz überreicht – Insignien, die zur Jungfrauenweihe gehören.

Der orthodoxe Theologe Evangelos Theodorou, der schon 1954/55 seine wichtige Studie zur Ordination der Diakoninnen veröffentlichte, sieht den sakramentalen Weihecharakter dieser Ordination in folgenden Elementen und Fakten begründet:

1. Obwohl die im Schoß der orthodoxen Kirchen des Ostens entwickelten Vorschriften über die Weihe der Diakoninnen geographisch und zeitlich weit auseinander liegen, sind sie inhaltlich absolut übereinstimmend.

2. Die einfachen Handauflegungen für Psalmisten, Lektor und Subdiakon werden außerhalb des Altarraums und nicht im Rahmen der Göttlichen Liturgie vollzogen; die Weihe der Diakonin hat dagegen eine absolut formale Gleichheit mit der Weihe der höheren Kleriker (Diakon, Presbyter usw.) und findet innerhalb des Altarraums vor dem heiligen Tisch statt während der Feier der Göttlichen Liturgie, und zwar in ihrem Herzen, nach der heiligen Anaphora.

3. Die zu weihende Diakonin steht wie auch der zu weihende Diakon auf der Stufe vor den heiligen Türen, wird zum heiligen Tisch geführt und dort vom Bischof durch Handauflegung geweiht. Er spricht dabei nicht nur ein, sondern zwei Gebete, was typisch für die höheren Weihen ist.

4. Auch die bei der Weihe der Diakoninnen verwendete Ekphonese [d. h. ein leise gesprochenes Gebet] »Die göttliche Gnade ...« ist charakteristisch für die höheren Weihen.

5. Die Weihe hat durch die Anwesenheit von Klerus und Volk einen öffentlichen Charakter.

6. Die Unterschiede zur Weihe des Diakons sind geringfügig: Der Diakon legt seine Stirn auf den heiligen Tisch und beugt ein Knie, die Diakonin steht aufrecht. Es ist strittig, ob dies mit Schicklichkeitsempfindungen, Rangunterschieden oder nur verschiede-

nen Traditionen zu erklären ist. Sie empfängt die Stola wie der Diakon, trägt sie aber unter ihrem Schleier. Er erhält Altargeräte, sie dagegen nicht; beide empfangen die heilige Kommunion, doch er teilt sie danach aus, sie dagegen nicht.

7. + 8. Auch der Nestorianische Ritus und der Ritus des Westens haben eine ähnliche Struktur, wenn der westliche Ordo auch »pomphaft« ausgestattet ist.

Theodorous Schluß: Die Weihe der Diakonin ist ein Sonderfall. Denn sie ist zweifellos eine höhere Weihe, bleibt aber dennoch ein ganz klein wenig dahinter zurück.[28]

Der Punkt, wo der Ritus der Diakoninnenweihe im Osten hinter der des Diakons zurückbleibt, ist eindeutig die Nähe zum Altar und zu den eucharistischen Gaben von Brot und Wein. Immerhin darf die Diakonin den Altarraum betreten, was für Frauen allgemein bereits im 4. Jahrhundert durch den Kanon 44 von Laodikeia verboten wurde. Als Beispiel für eine andere Praxis sei hier nun noch einmal das »Testament unseres Herrn angeführt«, das aus dem 5. Jahrhundert stammt.[29] Geographisch kann es aus Syrien, Kleinasien oder Ägypten stammen. Die Diakoninnen sind hier Helferinnen der Witwen; diese werden gewählt und ordiniert und sind dann »Witwen mit Vorrang« (I,40). Im Gottesdienst haben sie ihren Sitz beim Bischof (I,19). Wenn schwangere Frauen nicht zum Gottesdienst kommen können, bringen die Witwen ihnen die heilige Kommunion (II,20). Obwohl die Schrift nicht aus der Frühzeit stammt, ist sie eines der eindrücklichsten Zeugnisse für die Aktivität und das Ansehen kirchlich ordinierter Frauen.

Läßt sich angesichts der Fakten noch die Meinung vertreten, die Aimé Georges Martimort am Ende seiner Studie äußert: die Diakonin habe nur die Bezeichnung mit dem Diakon gemeinsam? Ich meine: nein. Das Urteil Theodorous ist zutreffender: Die Diakonin war wirklich ein weiblicher Diakon; ihre Weihe unterschied sich nur unwesentlich von der ihres männlichen Kollegen.

Zum Schluß sei noch eines erwähnt: Es wäre heute nicht so schwierig, den Diakonat für Frauen wieder einzuführen, wenn sich nicht im Lauf der Kirchengeschichte noch ein anderer Wandel vollzogen hätte: die Hierarchisierung und Sacerdotalisierung der kirchlichen Ämter. D. h. die ursprünglich eigenständigen kirchlichen Ämter wurde in eine Hierarchie zueinander gebracht und alle als Stufen des einen Priestertums angesehen, das wiederum ganz auf die Eucharistie hingeordnet war. Wenn wir nun die Ordination der Diakoninnen anerkennen, scheinen wir diese damit auf die erste Stufe der Ordination zum Priestertum zu heben. Doch das muß nicht notwendig so sein. Da das 2. Vatikanum damit begonnen hat, den ständigen Diakonat als eigenständiges Amt wieder aufzuwerten, ist es möglich, den Diakonat für Frauen anzustreben, ohne dabei notwendig das Priesteramt mitzumeinen. Wir sollten vielleicht versuchen, aus dem unheilvollen Dilemma um die Frauenordination in der katholischen Kirche herauszukommen, in dem wir eine Neuverteilung der einzelnen Aufgaben, die wir traditionell mit dem Pfarrer verbinden, auf verschiedene Amtsträgerinnen und Amtsträger vornehmen. Hier könnte auch zwischen der Feier der einzelnen Sakramente differenziert werden: Die Feier der Sonntagsmesse mit der ganzen Gemeinde ist etwas anderes als die sogenannten Kasualien. In Österreich ist kürzlich von den Diakonen gefordert worden, die Krankensalbung spenden zu dürfen, was sehr sinnvoll wäre. Hier ließe sich vieles entwickeln. Jedenfalls besteht kein Zweifel: Für die Gestaltung des kirchlichen Lebens in unserer Zeit dürfen wir die gleiche Freiheit in Anspruch nehmen wie die Christinnen und Christen des ersten Jahrtausend.

Anmerkungen

[1] Vgl. die Beiträge von Rosemarie Nürnberg, S. 172; Heike Grieser, S. 189, die sich ebenfalls mit dieser Problematik beschäftigen und ergänzende Gesichtspunkte beisteuern. Vgl. ferner die Textsammlung im Anhang, S. 367.

[2] Hans Achelis/Johannes Fleming (Hg.), Die syrische Didaskalia, TU 25, NF 10, 1904 (ich habe die altertümliche Sprache etwas geglättet); Franz Xaver Funk, Didascalia et Constitutiones Apostolorum, Bde 1 und 2, Paderborn 1905.

[3] Cyprian von Karthago hat hier ein gutes Prinzip entwickelt: Die Berufung auf die Tradition – er spricht von der bei den Römern so wichtigen *consuetudo* (Gewohnheit, Sitte) – macht keinen Sinn, wenn sie nicht mit einer vernünftigen Begründung – *veritas* (einer einsehbaren Wahrheit also – gekoppelt ist. Eine Tradition, die man nicht einleuchtend erklären kann, ist nur ein »vetus error«, ein alter Irrtum (vgl. Cyprian, Brief 74,9).

[4] Der Kommentar von Johannes Chrysostomos: »Einige behaupten, hier sei einfach von Frauen die Rede; das ist aber nicht der Fall. Denn warum sollte er zwischen das Gesagte etwas über die Frauen einschieben? Er spricht vielmehr von

jenen, die die Würde des Diakonates innehatten« (PG 62,553, zitiert nach Evangelos Theodorou, Die Weihe, die Segnung der Diakoninnen (neugr.), in Theologia 25 (1954), 430–469, hier: 434).

[5] In den privatrechtlich organisierten Religionsvereinen des römischen Reiches, die unabhängig vom Staatskult waren, wurden teilweise Sklaven und Frauen gleichberechtigt als Mitglieder aufgenommen; die Stellung christlicher missionarischer Frauen an der Spitze von Hausgemeinden scheint der Stellung der »patrona« in den Kollegien entsprochen zu haben; vgl. Elisabeth Schüssler Fiorenza, Zu ihrem Gedächtnis ... Eine feministisch-theologische Rekonstruktion der christlichen Ursprünge, Mainz 1988, 225–236 (Hauskirche).

[6] So ganz sicher im »Testamentum Domini«, vermutlich auch in der »Apostolischen Überlieferung« (s. u.).

[7] Vgl. beispielsweise: Kristin Arat, Die Diakonissen der armenischen Kirche in kanonischer Sicht (Studien zur armenischen Geschichte 18), Wien 1990. Vgl. auch den Beitrag auf S. 192: Frauen als Diakone in der Ökumene von Dorothea Reininger und Sabine Pemsel-Maier.

[8] Vgl. Anne Jensen, Gottes selbstbewußte Töchter: Frauenemanzipation im frühen Christentum? Freiburg 1992, 232–252 (Martyrium und Christusrepräsentation).

[9] Wenn der weibliche Diakonat auch nicht auf caritative Aktivitäten reduziert werden darf, so ist doch zu betonen, daß in diesem Bereich Frauen (ordinierte wie nicht ordiniert) Immenses geleistet haben.

[10] Ute E. Eisen, Amtsträgerinnen im frühen Christentum. Epigraphische und literarische Studien, FKDG 61, Göttingen 1996, 167f und 184f.

[11] Apostolische Überlieferung, hg. Wilhelm Geerlings, FC 1, 1991; La Tradition Apostolique, ed. Bernard Botte, SC11bis, 1984; 5. verbesserte Auflage hg. von Albert Gerhards unter Mitarbeit von Sabine Felbecker (Liturgiewissenschaftliche Quellen und Forschungen 39); Bernard Botte, La Tradition apostolique de Saint Hippolyte. Essai de reconstitution, Münster 1989.

[12] Die Begriffe *cheirothesia* und *cheirotonia* (beides heißt Handauflegung) sind im allgemeinen gleichwertig.

[13] Ganz eindeutig ist der Text allerdings nicht. Vgl. Justinian. Nov. 6,6 – dort ist von einer Jungfrau oder nur einmal verheirateten Frau (Witwe?) die Rede.

[14] Zitiert nach: Aimé Georges Martimort, Les diaconesses. Essai historique (Eph. Lit. Subs. 24), Rom 1982, 193; dort noch weitere Belege.

[15] Eisen, 188ff.

[16] Eisen, 190ff.

[17] Quellen und Belege bei Martimort, 199f.

[18] Quellen und Belege bei Martimort, 200. Martimort betrachtet dies als eine »Ordination ehrenhalber«.

[19] Quellen und Belege bei Martimort, 224f.

[20] Vgl. dazu Martimort, 210–221.

[21] Zu den Anonymae vgl. Jensen, 49f.

[22] Eva Maria Synek, Heilige Frauen der frühen Christenheit. Zu den Frauenbildern in hagiographischen Texten des christlichen Ostens (ÖC, NF 48), Würzburg 1994 (zu Olympias: 173–190).

[23] Jean Chrysostome, Lettres à Olympias/Vie anonyme d'Olympias, ed. Anne-Marie Malingrey, SC 13bis, 1968; The Life of Olympias, in: Elizabeth A. Clark,

Jerome, Chrysostom and Friends. Essays and Translations, New York-Toronto 1979.
[24] Auch auf Inschriften sind Ordinationen unter 40 Jahren bezeugt; vgl. Eisen, 158 und 168.
[25] Justinian, Novelle 3.1.
[26] Franz Xaver Funk, Didascalia et Constitutiones Apostolorum, Bde 1 und 2, Paderborn 1905; Marcel Metzger, Les Constitutiones Apostoliques, SC 320, 1985 (I–II); SC 329, 1986 (III–VI); SC 336, 1987 (VII–VIII). Nach Metzger wurden die Apostolischen Konstitutionen vermutlich etwa um 380 in Antiochien kompiliert.
[27] Ordo romanus antiquus, zitiert nach Theodorou, 583.
[28] Vgl. Theodorou, 583–588.
[29] Ignatius Ephraem Rahmani (Hg.), Testamentum Domini nostri Jesu Christi, Mainz 1899; Pio Cipriotti (Hg.), La Version Syriaque de l'Octateuque de Clément (traduite par François NAU), Paris 1967; James Cooper/Arthur John Maclean (Hg.), The Testament of our Lord, Edinburgh 1902; Robert Beylot (Hg.), Testamentum Domini éthiopien, Löwen 1984.

Diakonat – Ein eigenständiges Amt in der Kirche. Historischer Rückblick und heutiges Profil

Albert Biesinger

Um die gegenwärtig dringliche Diskussion über das unklare Profil des Ständigen Diakonates[1] zu skizzieren, beginne ich mit Fallbeispielen, die sich historisch bedingt auf männliche Diakone beziehen.

Fallbeispiel 1
Ein Pfarrer bekommt zu seinen zwei Gemeinden eine dritte hinzu, in zwei Jahren wird noch eine vierte in der Nachbarschaft ohne Pfarrer sein. Bei der Zuteilung des hauptberuflichen Personals plädiert er eindeutig für einen Ständigen Diakon.»Der kann mir die vielen Taufen, Beerdigungen und Hochzeiten abnehmen, er kann auch selbstverständlich predigen. Ich muß schließlich ja auch überleben können.« Der Ständige Diakonat verliert sein diakonisches Profil, der Diakon wird zum Ersatzpfarrer, er »macht alles, außer der Messe und der Beichte«.

Wenn der Ständige Diakonat lediglich als Ordination zu den liturgisch-sakramentalen Diensten verstanden wird, ist er von zwei Seiten her austauschbar. Zum einen von den Priestern und zum anderen von andersywie beauftragten Laien her.

Fallbeispiel 2
In Lateinamerika kenne ich Diözesen, in denen dieselben Tätigkeiten, Taufen, Eheassistenz, Beerdigungen und Predigten, von besonders beauftragten Laien selbstverständlich übernommen werden. In einer Diözese in Peru leiten Frauen seit 20 Jahren eine große Gemeinde mit vielen dazugehörenden Außenorten. Mit Dekret des Bischofs taufen sie die Kinder, assistieren sie bei den Eheschließungen, predigen sie regelmäßig das Wort Gottes, realisieren sie befreiungstheologisch orientierte Diakonie im Gesundheitswesen und im Bildungsbereich. Es ist für mich faszinierend, eine

aufblühende Gemeinde mit einem solch eindeutigen diakonischen Akzent erleben zu können. Die Frauen gehen den Leidensweg dieser Gemeinden als Diakoninnen mit, sie wurden mit dem Tode bedroht, ihr einfaches Pfarrhaus wurde bei einem Sprengstoffanschlag durch den »sendero luminoso« schwer beschädigt. Der Anschlag galt ihrem Leben. Sie sind in Solidarität mit den Ärmsten der Armen dennoch nicht gewichen.

Fallbeispiel 3
Ein hauptamtlicher Ständiger Diakon sieht seine Aufgabe in der Begleitung von Schwerkranken und Sterbenden in Stuttgart – analog zu dem spirituellen Ansatz von Sr. Teresa von Kalkutta und ihren Schwestern.

Er tauft keine Kinder, assistiert nicht bei Eheschließungen, sondern ist ausschließlich in der Sterbebegleitung und in der differenzierten und kompetenten Begleitung der Trauernden, deren Angehörige er beerdigt hat, tätig. Er versucht Gruppen von Frauen und Männern aufzubauen und zu motivieren, die in der Nachbarschaft Hospizdienste, Nachtwachen bei Sterbenden auch in deren Wohnungen übernehmen und so auf vielfältige Weise Menschen ein würdiges Sterben ermöglichen. Sein Konzept ist die Begleitung und Ausbildung von Multiplikatorinnen und Multiplikatoren, damit es wieder zur Grundaufgabe einer Gemeinde wird, diakonisch zu fühlen, zu denken und vor allem zu handeln. Schließlich ist es eine innere Bestimmung christlicher Gemeinde, im Sinne der sieben Werke der Barmherzigkeit christliches Leben zu realisieren.

Fallbeispiel 4
Die Konzeption eines »Armutsdiakons« wird derzeit in Friedrichshafen am Bodensee entwickelt. »Wie können wir ihnen helfen, Sr. Teresa?« »Kennst Du die Armen Deiner Stadt?« sagte Sr. Teresa von Kalkutta während des Freiburger Katholikentages zu meinen Schülerinnen des St. Ursula Gymnasium auf diese Frage. Ein solcher Diakon ist auf mehrere Gemeinden, einen größeren territorialen Bereich hin gedacht, die Interessen einer einzelnen Pfarrei treten dabei zurück.

Fallbeispiel 5
Während eines Symposions in Chile berichtete mir Erzbischof Franz Josef Cox, daß er in seiner Erzdiözese La Serena mehr Ständige Diakone als Priester hat. Seine Option ist es, in jede Großpfarrei mit einem Pfarrer bis zu zehn Ständige Diakone mit Zivilberuf, etwa Richter, Lehrer, Sozialarbeiter, Ärzte, Fabrikarbeiter, Bauern usw. zu integrieren. Dies führte zunächst zu Spannungen zwischen den Gemeindepfarrern und diesen Diakonen. Inzwischen – so der Bericht von Erzbischof Cox[2] – wirkt sich dieser Weg synergetisch aus. Die gegenseitigen Rivalitäten konnten reflektiert und bewußt gemacht werden, so daß dieses Modell im Blick auf die diakonischen Vollzüge der Gemeinde viel bewirkt.

Fallbeispiel 6
Die noch 32 Ständigen Diakone in Kamerun werden immer weniger. Die Bischöfe weihen keine weiteren Ständigen Diakone mehr, weil sie offenbar das Spezifikum des Ständigen Diakonates nicht von den Aufgaben der Katechisten unterscheiden. Ein mögliches Problem in Afrika ist die Finanzierung, das gilt aber für das Beispiel aus Chile genauso. Tendenziell sollten die meisten Ständigen Diakone einen Zivilberuf haben; sie sind damit nicht nur finanziell unabhängig, sondern auch in Arbeits- und Kommunikationszusammenhängen zuhause, die ihrem Dienst als Diakon zugute kommen.

Anliegen und Struktur des Vortrags

Diese Beschreibung führt uns logischerweise in das Zentrum unseres Themas: Was ist das eigentliche Profil des Diakonenamtes in der katholischen Kirche, wie sind die historischen Entwicklungen verlaufen, welche Unklarheiten gibt es von Anfang an und bis heute – nicht zuletzt angesichts der Motivationen und theologischen Argumente des II. Vatikanischen Konzils, das das Diakonenamt als eigenständiges Amt wieder eingeführt hat. Ein historischer Einblick ist entsprechend dem Gesamtkonzept des Kongresses hier auf den Gesichtspunkt der Profildebatte in der

Gegenwart zu fokussieren und damit auf elementare Argumentationslinien einzugrenzen. Der Hauptteil meiner Überlegungen bezieht sich auf zukunftsfähige Orientierungspunkte für eine weitere Entwicklung des Diakonenamtes, die im Blick auf den Diakonat der Frau vergewissert und profiliert werden sollen.

Historische Einblicke, Brüche und Argumentationsstränge

Schon der neutestamentliche Befund ergibt zwei Modelle des diakonalen Dienstes.[3] Zum einen sind die Diakone zum Dienst an den Tischen bestellt, zum anderen verkündigt Stephanus als Diakon das Evangelium und wird dafür zum Blutzeugen (vgl. Apg 6–7). Der Diakon Philippus tauft (Apg 8, 26–40).

Man mag diese schon im Neuen Testament begründete Unklarheit als defizitär empfinden, sie birgt positiv gewendet etwas Zentrales:

These 1
Der Dienst an den Tischen und der Dienst am Wort, die Solidarität mit den Armen und die Verkündigung des anbrechenden Reiches Gottes in Jesus Christus gehören in der Entwicklungsgeschichte des Diakonenamtes von vornherein zusammen.[4] Das Zusammenspiel von Wort- und Tatverkündigung macht das Spezifische am Dienst des Diakons aus: Diakone sind nicht einfach »nur« Sozialarbeiter und nicht einfach »nur« Prediger, sondern Prediger in Taten der Nächstenliebe.[5]

In Inschriften am Bel-Tempel im Palmyra ist religionsgeschichtlich eine Analogie – allerdings nur eine Analogie und keine irgendwie geartete Abhängigkeit – zu finden. Es gibt Männer, die in der Liturgie des kultischen Gastmahles und in der sozialen Aktivität ähnliche Aufgaben haben, wie sie die Urgemeinde den Diakonen zuschreibt. Der Diaconos im Neuen Testament bezeichnet demnach nicht einen typisch neutestamentlichen Funktionsträger, sondern vielmehr einen »sowohl kultisch wie sozial engagierten

Funktionär, der in den Hilfskräften der Kultvereine der zeitgenössischen semitischen Umwelt ein exaktes Gegenstück fand.«[6]

Es ist also davon auszugehen, daß die christliche Urgemeinde in ihrer Umwelt den Kultverein vorfand, in dem es den Diakon als Institution gab.»Die Leistung des Neuen Testamentes besteht nun darin, dem Stand des Diakons ein Berufsethos gegeben zu haben, das im dienenden Leben Christi – dem Urbild des Diakons – zentriert ist. Dieser vom Geist Gottes bewirkte und geleitete Dienst – geprägt durch die Agape – bleibt dann als das eigentliche Merkmal alles Diakonischen für alle Zukunft bestimmend. Im Diakon manifestiert sich je der Dienstwille der Kirche, der unmittelbar in der Armenfürsorge der Urgemeinde seinen ersten, unübersehbaren Ausdruck fand: 'Seht, wie sie einander lieben!«[7]

These 2
Bei Ignatius entsteht in der Verschmelzung der presbyterial und episkopal verfaßten Gemeindeordnung dann unsere heutige bekannte hierarchische Ordnung: Episkopos-Presbyter-Diakone. Die Diakone behalten ihre Beziehung zum Bischof bei, was auch in der Kleidung deutlich wird, sie tragen – wie die Bischöfe – eine Dalmatik. Das Konzil von Nikaia (325) unterscheidet das Verhältnis der Diakone zum Bischof vom Verhältnis der Diakone zu den Presbytern. Die Diakone werden nicht als Diener der Presbyter, sondern als Diener nur des Bischofs verstanden, so daß man davon ausgehen kann, daß das Verhältnis der drei Ämter sich nicht als Unterordnung darstellt, sondern wie folgt:

Die Rivalität zwischen Presbytern und Diakonen wird im Ambrosiaster und bei Hieronymus vorgeführt. In der römischen Gemeinde war das Amt des Diakons im 3./4. Jahrhundert zu hohem Ansehen und Einfluß gekommen. Es gab gemäß dem Vorbild der Apostelgeschichte (Apg 6,1–6) nur sieben Diakone in der Stadt, von denen jeder eine kirchliche Region leitete. Einen Durchgangsdiakonat gibt es nicht. Die römischen Bischöfe wurden ausschließlich aus den Diakonen erwählt. Der Presbyter Hieronymus hoffte zwar, Nachfolger des Papstes Damasus zu werden, aber der römische Klerus wählte den Diakon Siricius. Gerade die besondere Beziehung der römischen Diakone zu ihrem Bischof und nicht zuletzt ihre geringe Zahl von lediglich sieben trug mit dazu bei, daß sie in der römischen Kirche eine wichtige Führungsrolle übernommen haben. Die Presbyter ihrerseits wünschten eine direkte Unterordnung der Diakone unter sie. Die Entwicklung verlief denn auch so, und »mit der faktischen Unterordnung der Diakone unter die Presbyter scheint aber der erste Schritt auf dem Weg zum Diakonat als bloße Durchgangsstufe zum Presbyterat getan zu sein.«[8]

These 3
Im »Testamentum Domini«, einer syrischen Kirchenordnung, die von der Endredaktion her ins 5. Jahrhundert zu datieren ist, kommen hochinteressante Tätigkeitsfelder für Diakone vor, die für das Verständnis der weiteren Entwicklung wichtig sind:

I. 34, 1 heißt es: »Der Diakon tut und teilt nur das mit, was der Bischof ihm aufträgt. Er ist Ratgeber des ganzen Klerus und so etwas wie das Sinnbild der ganzen Kirche. Er pflegt die Kranken, kümmert sich um die Fremden, ist der Helfer der Witwen, väterlich nimmt er sich der Waisen an und er geht in den Häusern der Armen aus und ein, um festzustellen, ob es niemand gibt, der in Angst, Krankheit oder Not geraten ist. Er geht zu den Katechumenen in ihre Wohnung, um den Zögernden Mut zu machen und die Unwissenden zu unterrichten. Er begleitet und ›schmückt‹ die verstorbenen Männer, er begräbt die Fremden, er nimmt sich derer an, die ihre Heimat verlassen haben oder aus ihr vertrieben wurden. Er macht den Gemeinden den Namen derer bekannt, die der Hilfe bedürfen. Dabei soll er dem Bischof nicht lästig fallen und ihm nur am Sonntag Bericht erstatten, damit dieser über alles auf dem laufenden ist.«[9] Und weiter:
I. 34,3: »Wenn der Diakon in einer Stadt tätig ist, die am Meere liegt, soll er sorgsam am Ufer absuchen, ob nicht die Leiche eines

Schiffbrüchigen angeschwemmt worden ist. Er soll sie bekleiden und bestatten. In der Unterkunft der Fremden soll er sich erkundigen, ob es dort nicht Kranke, Arme oder Verstorbene gibt, und er wird es der Gemeinde mitteilen, daß sie für jeden tut, was nötig ist. Die Gelähmten und die Kranken wird er baden, damit sie in ihrer Krankheit ein wenig aufatmen können. Allen wird er über die Gemeinde zukommen lassen, was not tut.«[10]

Letztere Beschreibung der Aufgaben eines Diakons zeigt gleichzeitig, daß er die Gemeinde anstiften soll, sich diakonisch zu verhalten, um in der Solidarität mit den Notleidenden das eigene Christsein zu realisieren. Die stärkste Aussage in der Kirchenordnung ist die, daß der Diakon »Ratgeber des Klerus und so etwas wie das Symbol der Kirche« ist.[11]

»Der Diakon ist gerade, weil ihm reines Dienen und noch kein ›praeesse‹ aufgetragen ist, ein Bild dessen, was die Kirche mit all ihren Ämtern bis zum Petrusamt hinauf soll: Die Liebe dessen vertreten, der gekommen ist, nicht sich bedienen zu lassen, sondern um zu dienen« (Mk 10,45).[12] Insofern ist der Diakonat tatsächlich ein Symbol der Kirche, »die als Ganze wieder eine ›dienende und arme Kirche‹ werden muß, wenn sie ihren Auftrag im Übergang vom zweiten zum dritten christlichen Jahrtausend erfüllen soll«[13]. Konkretisiert und aktualisiert man diese Überlieferungen, dann ist die zeitgebundene Sorge um angeschwemmte Tote in einer Küstenstadt nicht lediglich als eine historische Situation abzutun.[14] Die aufgrund der Globalisierungsmächte hin- und hergeschwemmten Menschen, die Ausgesteuerten, die Arbeitslosen, die in Tabuzonen Getriebenen, dürfen dem Diakon und der Diakonin keine Ruhe lassen, »die Liebe dessen unter den Menschen zu vertreten, der gekommen ist zu suchen und selig zu machen, was verloren war« (Lk 19,10)[15].

Zum Profil des Diakonates der Frau

These 4
Es läßt sich mit Sicherheit sagen, daß es in der östlichen Tradition Beispiele für die Weihe von Diakoninnen gab.[16] *Der lateinische Wei-*

heritus für Diakoninnen aus dem 12. Jahrhundert, der in die karolingische Epoche zurückgreift, heißt »... *Ordo ad diaconam faciendam: ... Item missa ad diaconam consecrandam.*« Hier sind Momente der Jungfrauenweihe, der Bestellung der Äbtissin und Traditionen der Diakoninnenweihe vorhanden.

Nach der byzantinischen Tradition wird die Diakonin durch Handauflegung geweiht.[17] Belege aus dem 8./9. Jahrhundert bis Konstantinopel 1027 betonen ausdrücklich, daß die Bischöfe, Priester, Diakone und Diakoninnen öffentlich im Altarraum, vor dem Altar, geweiht wurden.[18] »Die Weihe der Diakonin geschieht also durch Handauflegung (›epithesis ton cheiron‹), und Gebet des Bischofs.«[19]

Nach dem lateinischen Ritus liegen die Diakonninen zur Litanei ausgestreckt auf dem Boden, danach spricht der Bischof über sie das Gebet und die Consecratio im Sinne einer Präfation. Danach legt ihr der Bischof die Stola um den Hals und übergibt Ring und Halsschmuck. Das Weihegebet ist dasselbe wie bei der Weihe des Diakons.[20] Es wird das Wort consecratio gebraucht, nicht nur benedictio (Segnung).

Die außerliturgischen Aufgaben der Diakoninnen waren u. a. »allen Frauen beistehen, besonders den Kranken und Notleidenden, sich um die Unterkunft für die Fremden und Armen kümmern«.[21] Aufgrund der damaligen Nähe und Distanz der Geschlechter zueinander hatte die Diakonin auch Vermittlungsfunktion zum Diakon und zum Bischof hin.[22]

Die Diakonin gehört zum Klerus, sie wird im Osten ordiniert (cheirotonein). Die »cheirotonia« besteht in Handauflegung und Gebet, genauso wie bei der Bischofs-, Presbyter-, Diakonenweihe. Die pastoral-liturgischen Aufgaben der Diakonin sind »Mithilfe bei der Taufe der Frau, Salbungen, nach der Taufe in Empfang nehmen, zum Ankleiden führen, Mithilfe bei der liturgischen Versammlung, die eintretenden Frauen umscharen, an der Türe wachen.«[23]

Es sind soziokulturelle Gründe, warum sich im hellenistisch-semitischen Kulturraum aufgrund der zurückgezogenen Lebensweise der Frauen die »Diakonin« für die Pastoral an den Frauen entwickelte. Wenn es Bereiche gibt, die nur Frauen zugänglich sind, ist der pastorale Druck, Frauen zu Diakoninnen zu ordinieren, erheblich höher. In der um 230 n. Chr. in Syrien entstandenen »didascalia apostolorum« wird die pastoral-liturgische Aufgabe der Diakonin in der Mithilfe bei der Frauenseelsorge gesehen: »Taufhelferin, Ölsalbung der weiblichen Katechumenen, katechetische Unterweisung, Pflege von kranken Frauen, Besuche und pastorale Dienste in den Frauengemächern.«[24]

Im Zusammenhang mit der Eucharistie haben die Diakoninnen keine Aufgabe, sie dürfen nicht lehren (außer bei den Frauen und ihren Kindern) und sie dürfen nicht taufen. »Die Diakonin stellt für die Frauen den Zugang zum Diakon oder zum Bischof her. Sie hatte wie der Diakon eine Vermittlerstellung. Sie hatte auf das Soziale zu achten und dem Bischof besondere Notfälle zu melden.«[25]

These 5
Faßt man die historische Analyse gebündelt zusammen, dann kann man mit Abraham Andreas Thiermeyer folgendes festhalten:
»Der Diakonat der Frau ist ein legitimes Amt in der Tradition der Kirche.
Der Diakonat der Frau ist in den verschiedenen Traditionen der ungeteilten Kirche Jesu Christi gültig nachzuweisen, und zwar als Ordo (Weihe) und als Mysterion (Sakrament).
Weder ein ökumenisches Konzil noch ein gesamtkirchlicher verbindlicher Text aus der Tradition der Kirche führt dogmatische Überlegungen gegen den Diakonat der Frau an.
Die Kirche kann, wenn sie es in ihrer Tradition getan hat, bei pastoral-liturgischer Notwendigkeit dieses Amt reaktivieren, zumal der Diakonat der Frau kirchenamtlich durch nichts blockiert werden könnte.
Dies müßte um so leichter möglich sein, als heute die Frau, zumindest in der römisch katholischen Kirche, in der Pastoral und der Liturgie ohne Weihe bereits mehr Möglichkeiten hat und Tätigkeiten ausführt, als dies im Laufe der Tradition ein männlicher Diakon je getan hat.

Theologisch stellen die Pastoralassistenten, Pastoralreferenten und andere, die ohne Weihe liturgische Dienste tun, ein viel größeres Problem dar, als es die Wiedereinführung des Diakonates der Frau wäre.«[26]

Die heutige Diskussion darf nicht übersehen, daß die frühe Kirche ganz anders gedacht hat. Die Überlegung, ob der Diakonat der Frau eine Weihe/Ordination ist, eine höhere oder niedere Weihe, ein Sakrament oder ein »sacramentale« ist lediglich aus den Überlegungen einer späten westlichen Theologie zum Ordo überhaupt zu verstehen. Es macht Sinn, sich von diesen Fesseln zu lösen und auch in der Begründung der Kirche nicht nur christologisch vorzugehen, indem vorwiegend nach ausdrücklichen Stiftungsakten des historischen Jesus und des auferstandenen Christus gefragt wird. Angesagt ist eine trinitarische Begründung der Kirche und all ihrer Aktivitäten: »Die Kirche als das Werk des Schöpfergottes, der durch Jesus Christus im Heiligen Geist noch immer Neues schafft. So dürfen auch alte Ämter sterben und neue entstehen bzw. alte wiederbelebt werden.«[27]

Das II. Vatikanische Konzil und die heutige Profildebatte

Den Konzilsäußerungen ist auf den ersten Blick kein eindeutiges Profil des Diakonates zu entnehmen. Aussagen über den Diakonat finden sich in den Konstitutionen über die Liturgie, im Dekret über die Ostkirchen und im Missionsdekret. Der eigentliche Ort der Auseinandersetzung des Konzils zum Diakonat liegt aber im 3. Kapitel der Kirchenkonstitution vor. In LG 29 werden als Funktionen der Diakone vorwiegend Bereiche aus der Liturgie aufgezählt: Taufe, Kommunionspendung, Eheassistenz, Krankenkommunion, Schriftlesung und Katechese, Gottesdienstleitung, Sakramentalienspendung, Begräbnisfeiern. Die »Pflichten der Liebestätigkeit und der Verwaltung« werden lediglich summarisch aufgeführt. Diese Aussagen machen es schwer, eine eindeutige Theologie des Diakonates zu konturieren. Die konservative

Gruppe unter der Führung von Kardinal Ottaviani hatte aus ihrer Interessenslage heraus die Entwicklung in Gang gesetzt, Laien und Ordensleuten, Männern und Frauen einen Teil dieser Vollmachten zu übertragen, um ja nur die Erneuerung des Diakonats als eigenständiger Ordination zu erübrigen. Aus dieser Interessenslage heraus wurde dann auch der Begriff »Diakonatshelfer« entwickelt.

In der nachkonziliaren Debatte wurde die Frage nach einem spezifisch theologischen und pastoralen Profil des Diakonenamtes weit stärker vorangetrieben als auf dem Konzil selbst, so beispielsweise auf dem Internationalen Kongreß über die Erneuerung des Diakonates vom 22.–24. Oktober 1965 in Rom oder durch die Gründung des Internationalen Informationszentrums für Fragen des Diakonates, das heutige Internationale Diakonatszentrum, unter der damaligen Leitung von Georg Hüssler und Johannes Kramer.[28]

Zur Konkretisierung und theologischen Profilierung des Diakonenamtes trugen nicht unwesentlich Theologen wie Karl Rahner, Karl Lehmann und Peter Hünermann bei. Rahner fordert in seinen »Schriften zur Theologie« einmal präzise: »Nach meiner Überzeugung hat der Bischof die nachdrückliche Pflicht, die Liebe Christi in der Welt zu vergegenwärtigen gegenüber allen, die Mühsal leiden, die arm und schwach sind, die Verfolgung erdulden usw. An dieser ganz hervorragenden Aufgabe des Bischofs selbst, hat nun der Diakon keine geringere Teilhabe als ein Priester.«[29]

Die Diakone führen – so Karl Lehmann[30] – rasch in die Mitte der christlichen Sendung, wenn sie im Umgang mit Fremden und Heimatlosen, mit Alleinstehenden und Armen, Alten und Kranken, Solidarität realisieren und in der Gemeinde anstiften. Orientierungslosigkeit, Selbstaufgabe und Verzweiflung, Drogenkonsum und Suchtabhängigkeit, signalisieren Abgründe menschlicher Existenz und gesellschaftliche Einbrüche. Elementares Interesse jedes Bischofs müsse sein, daß die Kirche sich dafür investiert.

Karl Lehmann plädiert für eine teilweise Integration der verschiedenen geistlichen Berufungen, die bisher schon für Frauen profiliert entwickelt wurden, in den Diakonat der Frau.

These 6
Daß das II. Vatikanische Konzil sich aufgrund der kontroversen Diskussionen und widersprüchlichen Interessen der verschiedenen Ortskirchen, vor allem aus der Dritten Welt, nicht auf ein enges Profil des diakonalen Dienstes festgelegt hat, kann man zunächst nachvollziehen. Eine grundlegende Rückbesinnung auf das altkirchliche Modell von Diakonat im Sinne der Option für die Leidenden und Armen blieb der konstruktiv-kritischen Rezeption des II. Vatikanum, die ja noch lange nicht zum Abschluß gekommen ist, vorbehalten und wird auch weiterhin ein zentrales Thema theologischer Reflexion und pastoralpraktischen Handelns bleiben.[31]

Die derzeitige und künftige Diskussion über das Spezifikum des Diakonates sollte sich auf die seit der Väterzeit eindeutigen Weihegebete beziehen, die zum Ausdruck bringen: »Das Ministerium des Diakons ist die Diakonie Christi. Die Geweihten haben deshalb Christus im Bruderdienst zu repräsentieren, sie handeln in persona Christi...« Um die Wichtigkeit und Hochwertigkeit des Liebes- und Bruderdienstes Christi hervorzuheben, gibt es den Diakonat. In der Diakonenweihe überträgt also Christus dem Geweihten die bleibende Fähigkeit, im Bruderdienst das Heilswirken Christi zeichenhaft und öffentlich darzustellen. Wenn der Diakon auch vielleicht weiterhin dasselbe tut, was er vorher getan hat, so ist doch damit etwas Neues verbunden, nämlich die aktual-personale Repräsentanz des Heilsdienstes Christi.[32]

Es geht also um die Konturierung einer »Heilenden Verkündigung« im Schnittpunkt von »Martyria« und »Diakonia«, wie sie beispielsweise Joachim Hänle in seiner sehr differenzierten Arbeit belegt und fordert.[33]

Interessant wird es, wenn man die konkrete Praxis analysiert. Gabriele Wollmann unterscheidet in ihrer empirischen Untersuchung[34] im Blick auf die Umsetzung dieses Anspruchs in die Praxis deutlich zwischen hauptberuflichen Diakonen und Diakonen mit Zivilberuf. »Im ›Rollenset‹ des hauptberuflichen Diakons dominiert die Rolle des ›Bruders, Dieners und Anwalts der Gemeinde‹ vor seiner ›liturgischen‹ und ›Verkündiger‹-Rolle, beim nebenberuflichen Diakon ist das Verhältnis der ersten beiden Rollenpositionen umgekehrt: Zuerst ›Liturge‹, dann ›Bruder‹ ...«

Die in der »Zielgruppenseelsorge« subsummierten Dienste des Diakons an den »Randgruppen« der Gemeinde und an denjenigen Menschen, die sich noch gar nicht in irgend einer Weise einer Gemeinde zugehörig fühlen, nehmen in der Rangfolge bei Diakonen mit Zivilberuf nur einen untergeordneten Platz ein. Aber gerade in diesen Diensten, die nicht so stark wie die Funktionen in Liturgie und Verkündigung vom Priesterleitbild und von den Erwartungen der Kerngemeinde geprägt sind, könnten die Diakone zu einem eigenen beruflichen Profil gelangen. Die »Attraktivität« des Diakonenberufes dürfte gerade in den Aufgaben liegen, die nicht gleichzeitig auch in den Kompetenzbereich von anderen Mitarbeitern in der Gemeindepastoral fallen bzw. als Ersatzfunktionen gewertet werden müssen, weil der betreffenden Gemeinde kein »eigener« Pfarrer zur Verfügung steht.

Als Entscheidungsfaktoren für die Wahl des Diakonenberufs kann G. Wollmann interessante Motive belegen: 73,9% der Diakone mit Zivilberuf wollen Diener am Mitmenschen in Not, 70% wollen »Brücke« zwischen Fernstehenden und Gemeinde sein. Bei hauptberuflichen Diakonen sind diese Prozentzahlen noch um etwa 10% höher.

Mit Peter Hünermann fordere ich, daß die Gemeinde sich als Ort der Integration diakonalen Handelns versteht und die verschiedenen Subsysteme der sozialen und karitativen Institutionen sich (wieder) auf ihr kirchliches und spirituell-diakonales Profil rückbesinnen.[35] Eine Reihe von Tätigkeiten in den karitativen Bereichen sind diakonische Tätigkeiten: Durch die Ordination zumindest einiger dort tätiger Männer und Frauen könnten diese Bereiche intensiver an die diakonische Grundfunktion der Gemeinden rückgebunden und in der Liturgie deutlicher präsent gemacht werden. Zurecht postuliert Heinrich Pompey Kompetenzen ständiger Diakone, die sich

- auf Solidaritätsprozesse, auf sozialpädagogische, sozialarbeiterische und psychologische Aspekte in der Begleitung von Betroffenen

- auf die Erarbeitung von strukturellen Hilfen und Einflußnahmen zu einer gerechteren und barmherzigeren Gestalt des Lebensraumes der Menschen und

- auf spirituelle Hilfen in der theologisch-geistlichen Begleitung zur Stützung der Betroffenen und der Helfenden beziehen.

Ausbildungskonzepte müßten sich mit dieser sehr breiten Palette auf jeden Fall weiterbeschäftigen.[36]

Das Testament von Hannes Kramer und Margret Morche für die Weiterentwicklung des Internationalen Diakonatszentrums hat mit diesem Kongreß intensiv zu tun.[37]

Sie benennen Perspektiven und Leitbilder für die Profilierung dieses Dienstes in Gegenwart und Zukunft – sowohl für Männer als auch für Frauen. Konkrete Ausfaltungen des diakonalen Dienstes werden hier mit biblischen Zitaten belegt; die pastoralpraktische Agende wird auf diese Weise gleichzeitig eine spirituelle Reflexion auf die Mitte des Dienstes von Diakon (und Diakonin).

- Mitte, Urquell und Leben der befreienden Botschaft und Praxis ist der aus der Einheit mit dem Vater und mit der ganzen Schöpfung lebende, demütig und gewaltfrei dienende Jesus mit seiner Vorliebe für die Armen und Kleinen. Das ist diakonische Berufung.
»*Was ihr für einen meiner geringsten Brüder getan habt, das habt ihr mir getan*« (Mt 25,40).

- Von da aus ein waches Auge gegen machtvollen Hierarchismus und klerikalen Triumphalismus, gegen spiritualistische Liturgisierung des Diakonates mit zu wenig Glauben aus der Wirklichkeit des einfachen,»dienmütigen« Lebens in solidarischer Gemeinschaft als ein Gnadengeschenk aus dem Geist Jesu.
»*Bei euch aber soll es nicht so sein*« (Lk 22,26).

- Engagement für ein prophetisches-priesterliches Hirtenvolk von Frauen und Männern als tragendes Fundament der Kirche,

die als mündige und verantwortliche Christen für das Kommen des Reiches Gottes in die Welt arbeiten.
»*Ihr aber seid ein auserwähltes Geschlecht, eine königliche Priesterschaft*« (1 Petr 2,9).

– Das heißt auch ein glaubwürdiges und überzeugendes Eintreten für ein gleichwertiges sakramentales Diakonat der Frau (dieses Kapitel der Geschichte ist noch nicht geschrieben) in der katholischen Kirche.
»*Als Abbild Gottes schuf er sie*« (Gen 1,27).

– Ein Diakonat, das sich im Tun und im Reden für eine weltoffene, wahrhaft apostolische und katholische, das ist in der Weite und Tiefe ökumenische Kirche und Gemeinde Jesu Christi einsetzt, ohne die eigene Identität aufzugeben.
»*Damit die Welt glaube*« (Joh 17,21).

– Ein Diakonat einer Kirche, welche die Zeichen der Zeit global und lokal erkennt und danach handelt, die friedens- und versöhnungsfähig ist. Und die deswegen dialogfähig sein wird, auch mit anderen Religionen und Weltanschauungen auf Pilgerschaft geht; die dienend als ein Volk unter vielen Völkern den Schalom, den Bund Gottes mit der Menschheit, sucht. »Diaconia Jesu Christi« für das Leben der Welt.
»*Seid gewiß: Ich bin bei euch alle Tage bis ans Ende der Welt*« (Mt 28,20).

Option für den Diakonat der Frau

These 7
So wie die verschiedenen Epochen der Kirchengeschichte die Ämter angesichts der Herausforderungen der Zeit entsprechend ausgestaltet und gewichtet haben, ist es heute höchst dringlich, angesichts der Leiden und Nöte der Menschen[38] auch Diakoninnen offiziell mit diesem Dienst zu betrauen, konkret

- *in der Begleitung von Kranken und Sterbenden, in der Tröstung und Begleitung von Behinderten,*

- *in der Solidarität mit den Verarmten und Nichtseßhaften, den Fremden und Asylanten,*

- *in der Mitsorge für Hilflose und an den Rand Gedrängte, in der Solidarität mit alleinerziehenden Müttern und Vätern,*

- *in Kontaktgruppen für psychisch Kranke und Bedrängte,*

- *in der Begleitung und Stärkung alter und hilflos gewordener Menschen,*

- *in der Begleitung und Stärkung junger Familien,*

- *im Aufbau von Hospiz- und Ehrenamtlichengruppen im Umfeld von Sozialstationen,*

- *in der Sorge für Kinderkrippen und -gärten,*

- *in der Begleitung von Jugendlichen,*

- *als Schulseelsorgerinnen; in Behindertenzentren und Wohnheimen,*

- *in der Begleitung von Schwangerschaftskonfliktsituationen.*

In diesen Feldern *sind* Frauen schon seit langem überzeugende Diakoninnen, sie zeigen die Solidarität Gottes mit uns Menschen, sie zeigen, daß Gott selbst den Menschen in seinem Sohn Jesus Christus Diakon ist. Um so mehr ist es wichtig, daß die Kirche sie in diesem Dienst offiziell durch Handauflegung und Gebet sendet.[39] Es sind neue Chancen der Glaubwürdigkeit unserer Kirche, gerade auch in der Verbindung von Diakonie und liturgischer Verkündigung: durch Frauen wird unsere Kirche reicher.[40]

Optionen für die Ausbildung von Diakoninnen

These 8

Selbstverständlich erforderte die Neukonzeption des Diakonenamtes nach dem II. Vaticanum auch eine Umstrukturierung der Ausbildung von Diakonen, die immer noch nicht vollständig abgeschlossen ist. Ähnliches würde zweifellos auch für die zukünftigen Diakoninnen gelten: Die Ausbildung von ständigen Diakoninnen und Diakonen müßte gemeinsam strukturiert werden, was durch die Ähnlichkeit der Aufgabenfelder sicherlich kein Problem darstellt. Selbstverständlich aber müßte es möglich sein, die spezifischen Begabungen und Kompetenzen von Frauen in diesen Ausbildungskursen besonders zu fördern und damit weiter fruchtbar zu machen:

– Die Ausbildung müßte die eigenen Motivationen und die eigene diakonale Biographie klären und zunächst praxisorientiert im Sinne von Hospitation in der Begleitung von Kranken und Sterbenden, in der Begleitung von karitativen Gruppen in der Gemeinde oder in einem Dekanat unter Supervision beginnen. Erst dann, nach einer solchen Prüfung der eigenen diakonalen Motivation, sollten Männer und Frauen in eine Ausbildung aufgenommen werden.

– Wenn sich vor Ort eine besondere Dringlichkeit abzeichnet, müßten auch spezielle Kurse etwa in der Begleitung von Alkoholkranken oder psychisch Kranken belegt werden. Die diakonale Arbeit in verschiedensten Segmenten der Gesellschaft müßte in die Gemeindeliturgie rückgebunden und diskret, aber provokativ dort vorkommen.

– Ausbildung von Diakoninnen braucht ebenfalls eine gewisse Phase des Experimentes, wie dies in der Ausbildung von männlichen Diakonen auch der Fall war und z. T. noch ist.

– Frauen, die einen Zugang zu diesem Amt in sich wahrnehmen, sollen nicht immer nur vertröstet, sondern dringend ermutigt und gestützt werden, den für sie angemessenen Weg jetzt schon zu gehen. Auch jetzt schon können z. B. Frauen, die psychisch Kranke begleiten, im Gottesdienst dazu predigen.

Ausblick: Der Schrei der Leidenden – Frauen als Diakoninnen[41]

Die Leiden und Nöte der Menschen sind zentrale Herausforderungen für die Verkündigung der Heilsbotschaft Jesu Christi. Der dienende Christus ist in den Augen, Ohren und Händen dieser Frauen tröstend und wegbegleitend in der Geschichte präsent.

These 9
Mit dem Amt des Ständigen Diakons hat die Kirche des II. Vatikanischen Konzils zu einem ihrer Ursprünge zurückgefunden, nämlich zu Jesus Christus als dem Diener und Tröster der Menschen: sie hat dies heute sichtbar zu machen und den Gemeinden zu helfen, sich selbst als diakonische Gemeinschaften zu verstehen.[42]

In den meisten Gemeinden sind es gerade die Frauen, die die Sterbenden pflegen und begleiten, die Trauernde trösten und Behinderten oder psychisch kranken Menschen in Kontaktgruppen oder in sozialen Nachbarschaftsdiensten beistehen.[43]

Es ist ein schweres Defizit der Kirche, solchen Frauen nicht die Hände aufzulegen, so daß sie diesen Dienst im Auftrag der Gemeinde, in amtlicher Sendung durch den dienenden Christus vollziehen.

Die Ordination zur Diakonin ist lediglich eine klare Anknüpfung und Weiterentwicklung der Dienste von Diakoninnen in verschiedenen Phasen der Kirchengeschichte unter den spezifischen Herausforderungen der heutigen Zeit.

Dazu bedarf es einer klaren und eigenständigen Profilierung des Diakoninnendienstes wie ich sie zu skizzieren versucht habe.

These 10
Die Berufung zum Diakon und zur Diakonin bezieht sich auf die Realisierung der »leiblichen Werke der Barmherzigkeit«: Hungrige speisen, Durstige tränken, Nackte bekleiden, Fremde beherbergen, Gefangene erlösen, Kranke besuchen, Tote begraben sowie der »geistigen Werke der Barmherzigkeit«: Sünder zurechtweisen, Unwissende lehren, Zweifelnden recht raten, Betrübte trösten, Lästige geduldig ertragen, denen, die uns beleidigen, verzeihen, für Lebende und Tote beten.

Dieser Anspruch ist selbstverständlich an alle Christinnen und Christen formuliert. In der Person der Diakonin und des Diakons wird dieser Auftrag aber gleichsam als Verpflichtung personalisiert und tritt in deren Person der Gemeinde gegenüber. Diakonin und Diakon haben diese Sendung nicht nur persönlich zu leben, sondern mit und in den Gemeinden wahrzunehmen. Sie motivieren die Christen, diese Sendung als eigene zu erkennen. Wichtig ist dabei aber die Option für eine strukturelle Diakonie[44]: zu erreichen, daß erst gar nicht so viele Menschen hungrig, durstig und gefangen werden. Diakone und Diakoninnen sind nicht nur dazu da, die Wunden zu verbinden, die die gesellschaftlichen Verhältnisse verursachen. Strukturelle Diakonie meint, dafür mit allen Möglichkeiten einzutreten, daß erst gar nicht so viele »Kinder in den Brunnen fallen«. Balsam auf die Wunden zu geben reicht alleine nicht!

These 11
Die gesellschaftlich bedingten Tätigkeitsfelder von Diakoninnen der frühen Kirche und im Mittelalter weisen darauf hin, daß die Kirche auch heute unter den gegebenen gesellschaftlichen Bedingungen Frauen dieses Amt wieder übertragen sollte. Die gegen die Ordination von Diakoninnen vorgetragenen Argumente erweisen sich in der theologischen Diskussion als nicht tragfähig, so daß sich der Hinweis auf weitere theologische Klärungen als Verzögerungstaktik erweist.
Ohne Garantien abgeben zu können, wie lange es noch dauert, bis die katholische Kirche wieder Diakoninnen ordiniert, sollten sich Frauen auf diesen Dienst der Diakonin schon jetzt vorbereiten. Be-

reits Ende der 40er Jahre haben sich Männer auf die Übernahme des Diakonenamtes vorbereitet, erst auf dem II. Vatikanischen Konzil wurde dies dann Realität.

Die geschichtliche Entwicklung unserer Kirche ist vom Heiligen Geist begleitet, der seine Ziele erreichen wird. Die derzeitige Situation darf auf keinen Fall resignierend mit den zukünftigen Weiterentwicklungen verwechselt werden. Wenn es beim Alten bleiben soll, darf es nicht beim Alten bleiben (Franz von Bader).

Die grandiose Geste der Fußwaschung durch Jesus Christus, den ersten Diakon, ist die Liebkosung Gottes für seine geschundene und leidende Schöpfung auf den Kreuzwegen der Geschichte. Warum soll Gott dazu Frauen nicht genauso brauchen wie Männer?

Anmerkungen

[1] Vgl. zu dieser Thematik die Beiträge aus den Arbeitskreisen von Regina Radlbeck-Ossmann, S. 243; 250; Benedikta Hintersberger, S. 248; 250; Heinrich Pompey, S. 258; ferner die Ausführungen zur Ausbildung von Diakonen und Diakoninnen von Bernd Strohmaier, S. 272; Godehard König, S. 277; Marlies Mittler-Holzem, S. 285.

[2] Vgl. Albert Biesinger, Ein Priester und zehn Diakone in einer Pfarrei. Interview mit Herrn Erzbischof Franz J. Cox, La Serena, Chile, in: Diaconia Christi 30 H. 1/2 (1996) 45–47.

[3] Eine sehr fundierte neutestamentliche und patrologische Untersuchung bietet: Joseph Ysebart, Die Amtstheologie im Neuen Testament und in der Alten Kirche. Eine lexikographische Untersuchung, Preda 1994. Diese Arbeit kann als kompetente Monographie zu dieser Phase gelten. Ysebart belegt, daß keine theologischen Argumente gegen die Wiedereinführung des Diakonates der Frau gegeben sind.

[4] Vgl. dazu Paul M. Zulehner, Solidarität. Option für die Modernisierungsverlierer, Innsbruck 1996. Das Buch erörtert die Fragestellung nach vermehrter Solidarität bis hin zur Entwicklung einer Befreiungstheologie. Somit bildet der Beitrag eine Grundlagenarbeit zur Frage nach der Zukunft einer diakonischen Kirche.

[5] Vgl. Hermann Weber, Diakon – Diakonat – Diakonia. Zur Wesensbestimmung des Diakonenamtes, in: LebZeug 50 (1995) 62–77.

[6] Heinz-Josef Fabry, Der altorientalische Hintergrund des urchristlichen Diakonats, in: Josef G. Plöger/Hermann Johannes Weber (Hg.), Der Diakon. Wiederentdeckung und Erneuerung seines Dienstes, Freiburg/Basel/Wien 1980, 15–26, hier: 21. Vgl. auch: Bernhard Domagalski, Römische Diakone im 4. Jahrhundert. Zum Verhältnis von Bischof, Diakon und Presbyter, in: Plöger/Weber, Der Diakon, 44–56. Zur kultischen Institution des »marzeah« vgl. Fabry, Hintergrund, 18–21.

7   Fabry, Hintergrund, 21. Zum Problem der Zuordnung von Diakonen zum Bischof und eben gerade nicht zum Priester, vgl. Helmut Büsse, Der Ständige Diakonat im Kontext der pastoralen Dienste, in: Plöger/Weber, Der Diakon, 241–258, bes.: 245. Für Büsse ist das sog. nicht-ständige Diakonat (Diakonatus transiens) der Priesteramtsbewerber für das Selbstverständnis und das eigenständige Gewicht der Aufgaben des Diakonates hinderlich.
8   Domagalski, Römische Diakone, 53.
9   Vgl. Bernhard Fischer, Dienst und Spiritualität des Diakons. Das Zeugnis einer syrischen Kirchenordnung des 5. Jahrhunderts, in: Plöger/Weber, Der Diakon, 263–273.
10 Fischer, 266.
11 Fischer, 271. Vgl. auch Bernhard Domagalski, Der Diakon – »Sinnbild der ganzen Kirche«, in: LebZeug 50 (1995) 15–24.
12 Vgl. hierzu Gerhard Karl Schäfer/Theodor Strohm, Diakonie – Biblische Grundlagen und Orientierungen. Ein Arbeitsbuch (VDWI) 2, Heidelberg ²1994.
13 Fischer, Dienst 271.
14 Vgl. hierzu Heinrich Pompey, Caritatives Engagement – Lernort des Glaubens und der Gemeinschaft. Effizienzuntersuchung eines Grund- und eines Aufbaukurses zum Kennenlernen theologischer Aspekte des Leitbildes sozial-diakonischer Hilfe und zur Sensibilisierung der Mitwirkenden für den communialen, dienstgemeinschaftlichen Charakter kirchlicher Sozialdienste (Studien zur Theologie und Praxis der Caritas und sozialen Pastoral, Bd. 1), Würzburg 1994. Vgl. auch Matthias Mitzscherlich, Caritas als Wesensdimension und Grundfunktion der Kirche. Die Rezeption und Darstellung einer theologischen Grundeinsicht in Veröffentlichungen des deutschen Caritasverbandes und in neueren ekklesiologischen Entwürfen (Erfurter Theologische Schriften, Bd. 24), Leipzig 1997.
Vgl. auch Hannes Kramer/Ulrich Thien (Hg.), Gemeinde und soziale Brennpunktarbeit. Soziotop von Not und Hoffnung, Freiburg i.B. 1989. Diese Arbeit setzt sich mit den sozialen Brennpunkten auseinander, die eine zentrale Herausforderung an die diakonische Kirche sind.
15 Fischer, 271. Im Blick auf den Diakon fordert Büsse, daß der Ständige Diakonat im anthropologisch-psychologischen Bereich vermitteln könnte, indem er Erfahrungs- und Glaubenssicht aus der Lebens- und Berufswelt, gegebenenfalls auch aus den eigenen Ehe- und Familienerfahrungen, in den pastoralen Dienst des Amtes einbringt und diesen so bereichert. Vgl. dazu Büsse, 245–247. Die gemeinsame Synode der Bistümer Deutschlands geht davon aus, daß der Platz des Diakons zugleich in der Mitte der Gemeinde ist und dort, wo Gemeinde noch nicht oder nicht mehr anzusiedeln sei. Vgl. dazu: Beschluß: Die pastoralen Dienste in der Gemeinde, in: Gemeinsame Synode der Bistümer in der Bundesrepublik Deutschland, Offizielle Gesamtausgabe I, Freiburg ²1976, 597–636.
16 Vgl. hierzu auch Andreas Christof Lochmann, Studien zum Diakonat der Frau, Siegen 1996. Diese Arbeit kann als sehr fundierte wissenschaftliche Analyse gelten, die methodologisch präzise von den Überlegungen der Würzburger Synode ausgeht und sich dann den dogmatischen Hauptfragen unter dem Blickwinkel zuwendet: Steht die Schrift gegen den Diakonat der Frau? Steht die Tra-

dition gegen den Diakonat der Frau? Als dogmatische Nebenfragen erörtert Lochmann die Fragestellung: Ist der Diakonat der Frau Einstieg ins Priesteramt der Frau? Ist der Diakonat der Frau eine Belastung für die Ökumene? Im Blick auf die pastorale Situation formuliert er ein klares Ergebnis. Vgl. dazu Lochmann, 285–292. Er hält es für wichtig, die Notwendigkeit des Diakonates der Frau pastoraltheologisch für die heutige Kirche aufzuzeigen, dogmatische Gründe gegen den Diakonat der Frau sieht auch er in seiner Expertise nicht. Seine zusammenfassenden Thesen zum Diakonat der Frau sind gerade auch wegen ihrer Knappheit interessant. Lochmann, 291: ´

»1. Um die dogmatische Möglichkeit des Diakonats der Frau ermitteln zu können sind Schrift und Tradition zu befragen.

2. Schrift und Tradition wurden im Zusammenhang mit der Würzburger Synode nicht umfassend genug analysiert.

3. Die Schrift steht nicht gegen den Diakonat der Frau, weil im Neuen Testament eine »Nähe« der Frau zum Diakonenamt auszumachen ist; es gibt folglich kein ius divinum gegen den Diakonat der Frau.

4. Die Tradition steht nicht gegen den Diakonat der Frau, weil es bis ins Mittelalter Frauen gab, die in einer Weise zu Diakonen ordiniert wurden, welche wir heute als »sakramental« bezeichnen würden; das Verschwinden des Amtes im Gregorianischen Zeitalter war zudem ausschließlich soziologisch bedingt.

5. Der Diakonat der Frau ist kein Einstieg ins Priesteramt der Frau, wenn die Konzilstheologie angewandt wird, nach deren Konsequenz der Diakonat nicht als Einstiegsamt ins Presbyterat gedacht werden kann.

6. Der Diakonat der Frau ist keine Belastung für die Ökumene, weil die anderen großen christlichen Kirchen entweder ebenfalls weibliche Diakone kennen oder auf dem Weg zu diesem Amt sind.

7. Der Diakonat der Frau träfe in eine gesellschaftliche und kirchliche Übergangssituation, zu deren Verunsicherung oder Stabilisierung er beitragen könnte; zu diesem Thema sind umfassendere pastoraltheologische Forschungen notwendig.«

[17] Abraham-Andreas Thiermeyer, Der Diakonat der Frau. Liturgiegeschichtliche Kontexte und Folgerungen, in Walter Groß (Hg.), Frauenordination. Stand der Diskussion in der katholischen Kirche, München 1996, 58–60.

[18] Thiermeyer, 57.

[19] Thiermeyer, 56. Im Original griechischer Text!

[20] Thiermeyer, 53–63.

[21] Thiermeyer, 56.

[22] Vgl. Büsse, 255: »Nicht zu übersehen bleibt auch die vermittelnde Rolle, die dem Diakonat möglicherweise als Ort der Beteiligung der Frau am Amt in der Kirche zukommen könnte, wofür sich ja die gemeinsame Synode in einem Votum an den Papst deutlich ausgesprochen hat.«

[23] Thiermeyer, 56.

[24] Thiermeyer, 55.

[25] Thiermeyer, 55.

[26] Thiermeyer, 62f. Vgl. auch August Jilek, Der Diakonat im Spannungsfeld der verschiedenen Formen pastoralen Dienstes, in: LebZeug 50 (1995) 32–50.

[27] Thiermeyer, 63. Zur geschichtlichen Fragestellung vgl. die Arbeit von Walburga Edeling-Teves, Hat die Diakonissin in der frühen Kirche versagt? Untersu-

chungen über die Gründe, die zur Beendigung von Frauendiensten in der römischen Kirche beitrugen, Frankfurt a. M. ²1989. Den Begriff Diakonissin lehne ich zugunsten des Begriffes Diakonin ab.

[28] Vgl. zur Arbeit des Internationalen Diakonatszentrums: Margret Morche, Zur Erneuerung des Ständigen Diakonats. Ein Beitrag zur Geschichte unter besonderer Berücksichtigung der Arbeit des Internationalen Diakonatszentrums in seiner Verbindung zum deutschen Caritasverband (hrsg. im Auftrag des deutschen Caritasverbandes), Freiburg 1996.

[29] Karl Rahner, Die Lehre des Zweiten Vatikanischen Konzils über den Diakonat, in: SzTh VIII, Einsiedeln, Zürich, 541–552, hier: 550.

[30] Vgl. Karl Lehmann, »In allem wie das Auge der Kirche«. 25 Jahre Ständiger Diakonat in Deutschland – Versuch einer Zwischenbilanz, in: Arbeitsgemeinschaft Ständiger Diakonat in der Bundesrepublik Deutschland. Dokumentation 10 – Jahrestagung 1993, 9–27, bes. 25. Vgl. auch: National Association of Permanent Diaconate Directors, Insights on Diaconate. Celebrating 25 Years of Diaconate (Selected Readings on Diaconate, Vol. I), Chicago 1992.

[31] Alfons Auer hat bereits 1962 darauf hingewiesen, daß für die Erneuerung des Diakonates sakramentaler Art der Zugang für Verheiratete geöffnet werden müsse. Vgl. Zum Problemfeld Ordination und Sakrament der Ehe: Albert Biesinger, Diakonale Spiritualität mit Freude, in: Diaconia Christi 28 H. 3/4 (1993) 98–109. Vgl. auch: Alfons Auer, Diakonat und Zölibat, in: Karl Rahner/Herbert Vorgrimmler (Hg.), Diaconia in Christo (QD 15/16), Freiburg 1962, 325–339, bes. 337. Vgl. auch Karl Rahner, Die Theologie der Erneuerung des Diakonates, in: Rahner/Vorgrimmler, Diaconia 285–339, bes. 306. Vgl. auch Elisabeth Mackscheidt, Diakonat und Familienleben. Chancen und Grenzen eines Zusammenspiels, in: LebZeug 50 (1995) 51–61.

[32] Vgl. Hermann Johannes Weber, Zur theologischen Ortsbestimmung des Diakonats im einem Weihesakrament, in: Plöger/Weber, Der Diakon, 104–121, bes. 109. Vgl. auch Lehmann, 25. Zur Diskussion um den Diakonat vgl. Godehard König, Diakonat – ein ungeklärtes Amt, in: Anz SS 105 (1996) 616–620. Zum Problem Diakonat mit Zivilberuf vgl. Heinz Geist, Diakon mit Zivilberuf – Lückenbüßer oder Brückenbauer? In: Arbeitsgemeinschaft Ständiger Diakonat in der Bundesrepublik Deutschland. Dokumentation 12 – Jahrestagung 1995, 18–24. Hier wird auch das Proprium des diakonischen Amtes als Beurteilungskriterium für die Zukunft des Diakons mit Zivilberuf erörtert. Im Blick auf den Diakonat der Frau präferiere ich meinerseits ebenfalls intensiv den Ansatz von Diakoninnen mit Zivilberuf, wenngleich hier die Frauenrolle in der Familie und in der Gesellschaft kritisch mitreflektiert werden müßte. Wenn eine berufstätige Krankenschwester als Diakonin mit Zivilberuf auch noch eine Familie hat, muß die Männer- und Frauenrolle in einer solchen Familie neu definiert werden.

[33] Vgl. Joachim Hänle, Heilende Verkündigung. Kerygmatische Herausforderungen im Dialog mit Ansätzen der Humanistischen Psychologie, Ostfildern 1997. Vgl. hier bes. 107–113.

[34] Gabriele Wollmann, Die Ständigen Diakone. Berufswirklichkeit und Selbstverständnis, Mainz 1983. Vgl. für das folgende bes. 149f.

[35] Vgl. Peter Hünermann, Diakonat – ein Beitrag zur Erneuerung des kirchlichen Amtes? Wider-Holung, in: Diakonia Christi 29 H. 3/4 (1994) 13–22, bes. 17–20.

Vgl. hierzu auch: Johannes Kramer/Margret Morche, Caritas und Diakonatsbewegung in der ersten Phase (1905–1992), in: Diakonia Christi 29 H. 3/4 (1994) 23–24. Sie skizzieren die Entwicklung der diakonalen Idee im Kontext der Caritas sehr präzise.
Auf der Ebene des Deutschen Caritasverbandes und des IDZ gab es eine langjährige, sehr fruchtbare Kooperation, die mit Georg Hüssler und Johannes Kramer durch ihre internationalen Aufgaben bei der Caritas verbunden war.

[36] Heinrich Pompey, Not der Menschen unserer Zeit – als Wegzeichen Gottes für den Ständigen Diakonat, in: Arbeitsgemeinschaft Ständiger Diakonat in der Bundesrepublik Deutschland. Dokumentation 1 – Jahrestagung 1994, 9–58, hier: 53–54.
Zu den Problemen der Ausbildungskonzepte im deutschsprachigen Raum, in Lateinamerika und den USA vgl. Ludwig Schmidt, Die Ausbildung des Ständigen Diakons. Lateinamerikanische Überlegungen, in: Diaconia Christi 31 H. 3/4 (1996) 5–24. Samuel Michael Taub, Die Ausbildung von Diakonen in den USA, in: Diaconia Christi 31 H. 3/4 (1996) 25–32. Sr. Regina Pacis Meyer, Die Ausbildung von Ständigen Diakonen im Bistum Münster, in: Diaconia Christi 31 H. 3/4 (1996) 33–39. Godehard König, Diakonat und Ausbildung, in: Diaconia Christi 31 H. 3/4 (1996) 41–72. Das IDZ (Internationales Diakonatszentrum) plant gemeinsam mit CELAM für 1999 einen Kongreß zur Ausbildung von Diakonen in Lateinamerika.

[37] Vgl. für das folgende Morche, Zur Erneuerung, 199–200.

[38] Zum Verhältnis von Diakonie und Caritas vgl. Richard Völkl, Diakonie und Caritas in den Dokumenten der deutschsprachigen Synoden, Freiburg 1977. Diese Arbeit ist für die anstehende Diskussion für die Vernetzung von Caritas und Diakonat eine wichtige Basis. Völkl hat die Diakonia in Kirche und Welt wie folgt beschrieben:
– Kinder und Jugendliche – Ehe und Familie – Alleinstehende,
– Arbeiterschaft- ausländische Arbeitnehmer,
– alte Menschen,
– Kranke – Behinderte,
– Suchtgefährdete – Straffällige,
– ethnische Minderheiten,
– Flüchtlinge,
– weltweite Diakonie: Mission – Entwicklungsarbeit – Dienst am Frieden.

[39] Vgl. hierzu auch Angela Urban (Hg.), Diakonat der Frau – Chance für die Zukunft? Dokumentation zu den Tagungen am 18.6.93 und 19.5.1995 in der Katholisch-Sozialen Akademie, Franz Hitze Haus, Münster 1995.

[40] Zur Frage der Teilhabe an kirchlichen Leitungsämtern vgl. Helmut Hoping, Diakonie als Aufgabe des kirchlichen Leitungsamtes (Katholische Sichtweise), in: Arbeitsgemeinschaft Ständiger Diakonat in der Bundesrepublik Deutschland. Dokumentation 13 – Jahrestagung 1996, 24–41.

[41] Diese Formulierung verdanke ich Bernd Strohmaier. Vgl. dazu auch Gilles Rebéche, Die diakonale Struktur der Diözese Toulon und die konkreten Erfahrungen damit, in: Diaconia Christi 28 H. 1/2 (1993) 56–66. Dazu auch: Julio X. Labayen, Das Ständige Diakonat in der heutigen Kirche, in: Diaconia Christi 28 H. 1/2 (1993) 77–86. Sie beschreiben eindrucksvoll diakonal strukturierte Verkündigungsansätze auf diözesaner und überregionaler Ebene.

[42] Vgl. hierzu Ottmar Fuchs, Ämter für eine Kirche der Zukunft, Luzern 1993.
[43] Zur Frage, ob Diakone in der Gemeindeleitung tätig sein können und sollen vgl. das Themenheft Diakonia Christi 31 H. 1/2 (1996) mit Beiträgen von Heinrich Pompey, Piet van Hooijdonk u. a.
[44] Vgl. hierzu Herbert Haslinger, Diakonie zwischen Mensch, Kirche und Gesellschaft. Eine praktisch-theologische Untersuchung der diakonischen Praxis unter dem Kriterium des Subjektseins des Menschen, STPS 18, Würzburg 1996. Vgl. auch: Bischöfliches Ordinariat Rottenburg (Hg.), »Der Nächsten Nächster sein. Diakonie in der Gemeinde«, Themenheft der Zeitschrift Impulse Nr. 22 (1996).

Braucht die Kirche Diakoninnen?
Frauen in Diakonie und Caritas: Bestandsaufnahme und Perspektiven

Stefanie Spendel

Eine dogmatische Grundentscheidung ist notwendig

Bei der Frage nach dem Diakoninnenamt von Frauen geht es um die »Zukunftsgestalt der ganzen Kirche«[1], von der man getrost sagen kann, daß sie sich in einem Wandlungsprozeß befindet, der einer gigantischen Metamorphose gleichkommt[2]; sein Ende ist unabsehbar und die darin neu erwachsende Gestalt von Kirche noch kaum in Grundzügen zu ahnen. Sicher ist, daß die volkskirchliche Ausprägung des Katholizismus, wie sie sich im Zusammenhang der bürgerlich-modernen Industriegesellschaft im 19. Jahrhundert entwickelte, an ihr Ende gekommen ist.[3] Dies stellt ohne Zweifel für eine große Anzahl von Christinnen und Christen ein schmerzliches Faktum dar, da sie damit Heimat und Geborgenheit verlieren, eine notwendige und durchaus lieb gewordene Unterstützung ihres persönlichen Lebens; auf der anderen Seite ist dieses jedoch keine Sondersituation im Christentum, »wimmelte« die ganze Kirchengeschichte doch von Krisen, »ob nun durch äußere Bedrohung oder innere Zerreißproben.«[4]

Die durch diesen größeren Horizont zu gewinnende Gelassenheit darf jedoch nicht dazu führen, die zu entwerfende Kontur eines Diakoninnenamtes in der Kirche nur mit ein paar groben, jederzeit veränderbaren Strichen zu zeichnen. Die Fragestellung »Braucht die Kirche Diakoninnen« bereitet dann zu Recht Unbehagen, wenn mit dem »Braucht« angezeigt werden soll, daß die Arbeit von Frauen in der Kirche ein je nach Bedarf zu aktivierendes oder aber auch wieder zu eliminierendes Potential darstellen könnte, über das nach – vom wem festzustellender? – Bedürftigkeit kirchlichen Handelns zu verfügen wäre. Der Aufgabenstellung für Diakoninnen in der Kirche muß eine dogmatische Grundentscheidung vorausgehen. Erst dann ist diese tragfähig und über die jeweiligen sich zeitlich ändernden, phasenweise bedingten spezifischen Ausrichtungen und Akzentuierungen dieses Amtes hinausgehend theologisch solide.

Ein grundlegender Wandel steht an

Wenn Frauen in Diakonatsfeldern der Kirche tätig sind, ob in der Gemeinde, auf den Mittelebenen von Kirche oder aber auch in Leitungsfunktionen der Caritas etwa, scheint dies kaum etwas Neues zu sein, sieht man von den Leitungsaufgaben ab. Frauen haben immer schon zu tätiger Nächstenliebe ihren unverzichtbaren Beitrag geleistet und tun dies auch heute. Ohne diesen Einsatz von Frauen – darüber macht sich wohl niemand Illusionen – würde ein Großteil kirchlichen Handelns ersatzlos wegbrechen, denn es steht nicht zu vermuten, daß die dann brach liegenden kirchlichen Arbeitsfelder anderweitig versorgt würden. Doch diese scheinbare Deckungsgleichheit der Dienste von Frauen in der Kirche früher und im Falle eines Diakoninnenamtes heute bzw. morgen oder übermorgen täuscht. Denn letztere können nur aufruhen auf einem fundamentalen Wandel in der Kirche. »Wenn Frauen wirklich in der Kirche beteiligt werden sollen, so wie es ihrer Würde als Gottesebenbildern, als Krone der Schöpfung und Erstlinge des Glaubens entspricht, dann geht das nur Hand in Hand mit einem grundlegenden Wandel. Erst wenn sich mit den Mustern des Zusammenwirkens der Geschlechter auch die Muster von Macht und Dienst, die Vorstellungen von Menschlichkeit, von Spiritualität, ja von Gott selbst verändern, wird sich befreites, sprudelndes Leben in der Kirche einstellen. Der Wandel, den Frauen bringen möchten, ist ein Wagnis – er braucht Vertrauen.«[5] Um jeder Euphorie vorzubeugen: Frauen sind nicht die besseren Menschen, nicht die begabteren Samariterinnen, nicht die heilkräftigeren Therapeutinnen, nicht die gnadenreicheren Amtsträgerinnen. Den Diakonat von Frauen in der Kirche einzurichten, kann nicht davon abhängig gemacht werden, daß Frauen nach quasi olympischen Kriterien Diakoninnen wären oder werden: gerechter, solidarischer, heiliger. Möglicherweise sind Frauen auf eine andere Weise gerecht, auf eine andere Weise solidarisch und auf eine andere Weise heilig als ihre Mitbrüder im Diakonenamt, weil sie andere Erfahrungen gemacht haben, anders sozialisiert worden sind und eine andere Biographie haben. Genau in dieser Andersheit liegt die ursprüngliche Gleichheit von Mann und Frau, von Männern und Frauen verborgen. Ihre Verbiegung in eine Geschlechterhierarchie hinein ist aufgrund der Ursünde der Menschen entstanden und kann nicht tradiert werden in einer Kirche, die sich grundsätzlich als erlöst versteht. Zur Zeit hat diese Kirche wohl keine andere Möglichkeit, als in der Offenheit für das diakonale Amt von Frauen zu zeigen, daß sie an ihre eigene Erlöstheit von der »durch die Sünde entstandene(n) Geschlechterhierarchie«[6] glaubt und diese Struktur nicht mehr zum Druck für sich werden lassen will, der ihre Freiheit blockiert »und damit eine Mauer gegenüber dem Eindringen Gottes in der Welt« darstellt.[7] Der grundlegende Wandel, der durch das »Brauchen« der Kirche von Frauen im diakonalen Amt angezeigt wird und angezeigt werden muß, ist also weitaus mehr als die Neuverteilung von Aufgaben, die anders nicht (mehr) zu bewältigen wären.

Nicht zu kurz greifen!

Die Vorstellung, Frauen in diakonalen Arbeitsfeldern durch die Diakoninnenweihe eine amtlich-kirchliche Zusage und einen hierarchisch-gemeinschaftlichen Zuspruch zu geben, der ihre Arbeit als unverzichtbar für die Kirche klassifiziert und ihnen die für ihr Tätigsein notwendige Stärkung vermittelt, ist ein durchaus ernstzunehmender Gedanke. Aber es ist zu fragen, ob er nicht zu kurz greift. Denn unverzichtbar ist, wie oben bereits dargestellt wurde, diese Arbeit von Frauen in jedem Fall. Eine Stärkung ihres Handelns erfahren sie sowohl durch den Dank und die Anerkennung derjenigen, für die sie tätig sind, als auch im Kontext ihrer eigenen Zufriedenheit. Es darf getrost davon ausgegangen werden, daß ihr

Tun gesegnet ist, weil es dem Handeln Jesu als dem barmherzigen Samariter in vollem Umfang entspricht. Es baut die Kirche auf, weil es als Zeugnis des Glaubens zu verstehen ist, als Ausdruck jener Liebe Gottes, die sich den Menschen in all ihrer Not zuwendet, mit ihnen leidet und ihnen Zuwendung und Nähe schenkt. Die nachträgliche Bestätigung, Heiligung und Stärkung einer dem jesuanischen Tun nachgebildeten und nachfolgenden Handlung, kann kein theologisch ausreichender Grund für die Diakoninnenweihe sein. Daneben ist sie keine Frage des guten Stiles, keine Höflichkeitsgeste, die man den Frauen angedeihen läßt, die sich als Diakoninnen verstanden wissen wollen und selber verstehen. Die Legitimation für ein diakonales Tun von Frauen gründet gerade nicht in der Weihe; sie gründet im Auftrag des Herrn, sich den geringsten der Schwestern und Brüder zuzuwenden. Auch sind Zahlen und Umfang der Arbeit von Frauen in diakonalen Arbeitsfeldern kein Argument für die Diakoninnenweihe. Selbst wenn der Arbeitsumfang gering und die Zahl der engagierten Frauen klein wäre, stellte sich unsere Frage in gleicher Weise.

Ein anderer Weg

Wir möchten einen anderen Weg versuchen, um nachzuweisen, daß die Kirche Diakoninnen braucht. Das II. Vatikanische Konzil hat die gegenseitige Erschließungspotenz von Kirche und Welt in seiner pastoralen Konstitution über die Kirche in der Welt von heute »Gaudium et spes« aufgewiesen. Dies unternahm es strukturanalog zur Darstellung der gegenseitigen Erschließungskraft von Glaube und Vernunft, wie sie das I. Vatikanische Konzil vorgenommen hat. Damit sind sowohl für das Handeln der Kirche wie für ihre theologische Erkenntnisfähigkeit jene Situationen und Umstände als notwendig aufgewiesen, die quasi von außen – säkularen Ursprungs bzw. im säkularen Raum anzutreffen und dabei auch die Kirche betreffend – kirchenkritisch wirken, Gegebenes aufsprengend; Situationen, die es in Israel immer wieder gab, auf daß der Glaube des Volkes herausgefordert und neu werde. »Gerade die Krisensituationen (wie etwa das Exil), die den Gläubigen zunächst zum Verstummen und Verzweifeln bringen, weil er sie in seinem bisherigen »Jahwe-Horizont« nicht mehr verstehen, ihnen keinen Sinn mehr abgewinnen kann, können zur neuen Jahwe-Offenbarung werden. Von nun an ist der Jahwe-Glaube insofern reichhaltiger und spannungsvoller, als er sowohl die alte Tradition, die Krisensituation und die neue, modifizierte und differenzierte Traditionsgestalt umfaßt.«[8] Auf die Frage nach dem Diakoninnenamt in der Kirche übertragen bedeutet dieses, daß die durch die gesellschaftliche Emanzipationsbestrebungen der Frau ausgelöste Krise (Stellung der Frau in der Kirche), die Johannes XXIII. in seiner Enzyklika »Pacem in terris« als »Zeichen der Zeit« interpretierte und damit für die Kirche und ihr Nachdenken über den Glauben und ihr Handeln in der Welt als theologisch qualifizierte, daß also diese Krise als ein die Kirche betreffendes Phänomen der Welt für ihren eigenen genuinen Glauben unvertretbare Erschließungskraft besitzt. Dieses ist der innerste Kern der päpstlichen Qualifizierung »Zeichen der Zeit«. Die Frauenfrage ist somit keine unverbindliche Anfrage; sie ist horizontsprengend für den Gottesglauben der Kirche und entscheidend für ihre Zukunftsfähigkeit. In die Frauenfrage eingebettet und ein Ausweis ihrer positiven Lösung ist das diakonale Amt von Frauen in der Kirche. Denn kein theologisches Argument widerspricht dem Diakonat von Frauen. Die Kirche »braucht« Frauen als Diakoninnen, Amtsträgerinnen, die durch ihren Dienst den Kosmos der Ämter erweitern und so das gesamte Amt tiefer und besser verstehen lassen.

Warum Frauen?

Es ist zu fragen, welchen spezifischen Beitrag Frauen im diakonalen Amt für das Wachstum und das Leben der Kirche einzubringen haben. Wie oben gezeigt wurde, kann er nicht in einem Komparativ bestehen, der sich herleitet aus dem Indikativ des jetzt bereits bestehenden diakonalen Tätigseins von Männern in der Kirche. Wenn es hier um einen Indikativ geht, muß er sich gründen in dem, was Frauen als ihr eigenes Leben und ihre eigene Kompetenz und Potenz formulieren.

Zu den herausragenden »Wachstumszonen« kirchlichen Lebens zählen bzw. zählten – je nach Zeitumständen – die Orden, die Weitergabe des Glaubens in der Familie, die Anzahl und Qualität der Priesterberufungen, Armutsbewegungen, Konzilien, geistliche Bewegungen usw. Sie alle hatten die Kraft, schöpferisch das Chaos zu ordnen, eine Orientierung anzugeben für den Weg des Volkes Gottes durch die Zeit, das diabolisch Zerstreute zu sammeln und es herauszuführen aus dem Sklavenhaus. Zu den Aufgaben dieser Wachstumszonen von Kirche gehört genauso, die Abstinenz von den Fleischtöpfen Ägyptens zu bewältigen, Wasser aus dem Felsen zu schlagen, die Sicherheit zu gewinnen, daß der Sauerteig das Mehl durchsäuern wird, auch wenn er unter dem Mehl verborgen ist und daß schließlich auch der verlorene Groschen wiedergefunden werden kann. Oder in anderer Sprache: Kirche kann da wachsen, wo sich ihr Menschen zur Verfügung stellen, die »durch Sozialisation und gesellschaftliche Rahmenbedingungen davon geprägt und dazu angehalten [sind, ihre – Verf.] Lebensplanung so zu gestalten, daß sie Umbrüche, Abbrüche und Traditionsbrüche aushält, ja produktiv und innovativ werden läßt«[9] – und das sind in unserer Kultur vorwiegend Frauen. Sie stehen in der Gestaltung ihrer Biographie, der Frage der Vereinbarkeit von Familie und Beruf, beim Problem der Pflege alter Eltern und Verwandter, beim Verlust des Partners, am Ende der Familienphase genauso wie am Beginn der nachberuflichen Zeit, immer wieder vor Abbrüchen und Aufbrüchen, die sie nur dann bewältigen können, wenn sie es schaffen, Abschied zu nehmen sowohl von Liebgewonnenem als auch von Aufgezwungenem, von vorgefertigten Mustern der Lebensgestaltung genauso wie von unrealisierbaren Wünschen, und wenn sie sich einverstanden erklären können mit Unabänderlichem, wie etwa dem Ende ihrer biologischen Fruchtbarkeit.

Frauen haben daneben sowohl in der Kirche als auch in der Gesellschaft kaum Privilegien zu verlieren, weil sie in der Regel keine haben. Ob dieses so bleiben wird, darf bezweifelt werden: Frauen machen sich in unserer Zeit kompetent und gründlich auf den Weg, um ihre Lebensfelder so zu verändern, daß sie für sich selber und ihre Kinder, für sich und ihre Familien einen lebenswerten

Raum bieten. Das gilt in gleicher Weise für die Kirche wie für die Gesellschaft. Dabei kommen die genuinen Erfahrungen von Frauen mehr und mehr zur Sprache, werden politisch relevant und erweisen sich als kraftspendend, ideengebend und schöpferisch. Und wenn Frauen in der Welt mehr und mehr Anteil am öffentlichen Leben verlangen und bekommen, dann sind sie möglicherweise aufgrund ihrer krisenfesten Kompetenzen auch in der Lage, in einer Kirche, in der sie ebenfalls mehr und mehr Anteil verlangen und verlangen müssen, den Anforderungen dieser Kirche im Umbruch gerecht zu werden.

Resümee

Auf dem Hintergrund unserer Überlegungen ist festzuhalten, daß das diakonale Amt von Frauen in der Kirche nicht abzuleiten ist aus aktuellen Erfordernissen, denen die Kirche begegnet, weil sie die Diakonie zu ihren Grundvollzügen zählt und weil eine große Anzahl von Frauen diese Arbeit tut. Für das Diakoninnenamt von Frauen in der Kirche ist eine dogmatische Grundentscheidung Voraussetzung, die wahrnimmt, daß die Frauenfrage theologisch als Zeichen der Zeit qualifiziert ist und die aufgrund der prinzipiellen gegenseitigen Erschließungskraft von Kirche und Welt, die das II. Vatikanische Konzil dogmatisch feststellte, eine Erschließungskraft von säkularer und kirchlicher Frauenfrage sieht.

Die Kirche braucht keine Diakoninnen, weil sie sonst niemanden hat, der ihren diakonalen Grundvollzug leisten würde. Sie braucht Diakoninnen, weil sie nach dem II. Vatikanischen Konzil als sakramentales Zeichen der Liebe Gottes in der Welt transparent und für sie glaubwürdig zu sein hat, und sie dies einer Welt gegenüber, die sich der Frauenfrage stellt, nur sein kann, wenn sie selber die Frauenfrage so löst, daß deutlich wird, daß das Amt in der Kirche in seiner ganzen Fülle als ein von unjesuanischer und unerlöster Geschlechterhierarchie befreites erst dann gegeben ist, wenn Frauen und Männer daran gemeinsam ihren Anteil haben.

Anmerkungen

[1] Veronika Prüller-Jagenteufel, Eine Kirche, in der Ordnung nicht Vorrang vor dem Wachsen hat. Beiträge von Frauen zur Erneuerung der Kirche, in: ACath 50 (1996/2) 20–23, hier 21.

[2] Vgl. zu diesen grundsätzlichen Ausführungen die Übersichten von Friederike Kukula und Ilse Schüllner, S. 304 über die Initiativen zugunsten eines Diakonates der Frau in der Moderne, speziell seit dem II. Vatikanischen Konzil.

[3] Vgl. Siegfried Wiedenhofer, Grundprobleme des katholischen Kirchenverständnisses im Übergang zu einer neuen epochalen Gestalt des Glaubens, in: Carl Amery u. a., Sind die Kirchen am Ende, Regensburg 1995, 129–157, hier 136–138.

[4] Werner Post, Philosophische Theorien vom Ende des Christentums, in: Michael von Brück/Jürgen Werbick (Hg.), Traditionsabbruch – Ende des Christentums? Würzburg 1994, 9–26, hier 12.

[5] Prüller-Jagenteufel, 21f.

[6] Dorothee Moser, Frauen auf die Kanzel? Die theologische Diskussion um die Zulassung von Frauen zum Pfarramt in der Kirche, in: Gabriele Bartsch (Hg.), Theologinnen in der Männerkirche, Stuttgart 1996, 155–175, hier 161.

[7] Dieser Gedanke ist als Konkretion formuliert zu:»Das Böse hat auf dem Weg über die Freiheit des Menschen Macht und schafft sich dann seine Strukturen. Denn Strukturen des Bösen gibt es ganz offensichtlich. Sie werden für den Menschen zu einem Druck, können seine Freiheit auch blockieren und damit eine Mauer gegenüber dem Eindringen Gottes in der Welt errichten.« Joseph Kardinal Ratzinger, Salz der Erde, Stuttgart 1996, 235.

[8] Vgl. Ottmar Fuchs, Dogma und Pastoral, in: zur debatte, September/Dezember 1995, 19f., hier 20.

[9] Kathinka Kaden, Zum Schluß: Ein Brief an die Brüder im Amt, in: Bartsch, 210–213, hier 210.

Theologische Bedenken gegen die Diakonatsweihe von Frauen

Hans Jorissen

Vorbemerkung[1]

Ich habe auf diesem Kongreß die Aufgabe übernommen, eine Position vorzustellen, die ich selbst – zumindest in ihren Konsequenzen – nicht vertrete. Aber die objektive, unvoreingenommene Darstellung abweichender Auffassungen (wenigstens der redliche Versuch dazu) gehört ja zum Geschäft wissenschaftlicher Arbeit.

1. Lehramtliche Vorgaben

Das Apostolische Schreiben Papst Johannes Pauls II. »Ordinatio sacerdotalis« vom 22. Mai 1994 über die nur Männern vorbehaltene Priesterweihe[2] und die entsprechende offizielle Erklärung der Glaubenskongregation hierzu[3] präjudizieren in entscheidender Weise, und zwar negativ, die Frage nach der Möglichkeit eines sakramentalen Frauendiakonats.

Zwar hatte der Vatikanische Kommentar zu »Inter Insigniores«, der Erklärung der Glaubenskongregation zur Frage der Zulassung der Frauen zum Priesteramt von 1976, festgestellt, daß der Fragenkomplex eines sakramentalen Frauendiakonats noch eines genaueren und direkten Studiums der historischen Texte bedürfe und die Glaubenskongregation sich deshalb diese Frage noch vorbehalten und in diesem Dokument (Inter Insigniores) nicht erörtert habe[4], – zwar sprechen auch die oben genannten neueren lehramtlichen Entscheidungen die Frage des Frauendiakonats nicht direkt an, dennoch besteht die These vom negativen Vorentscheid der lehramtlichen Äußerungen gegen den Frauendiakonat zu

Recht. Denn mittlerweile sind nicht nur detaillierte historische Studien vorgelegt worden[5], viel mehr noch spricht der Gesamttenor der lehramtlichen Äußerungen für die These. Die Frage des Frauendiakonats ist nicht zu trennen von der Frage des Frauenpriestertums. Wer den Frauendiakonat bejaht, kann das Frauenpriestertum nicht ausschließen. Der theologische Hauptgrund liegt in der Einheit des Ordo, des Weihesakramentes.

2. Begründung: Einheit des Ordo

2.1 Auszugehen ist von der Einheit des drei-gestuften Amtes (des Ordo/Weihesakramentes), das – mit den Worten des Zweiten Vatikanischen Konzils – »seit alters« in den drei Stufen des Episkopats, Presbyterats und Diakonats ausgeübt wird (LG 28,1). Diese Weihestufen sind je eigene, aber nicht isolierte, sondern in *innerer* Beziehung zu einander stehende Ausprägungen des *einen* (in seiner Fülle bischöflichen; vgl. LG 26,1) Amtes, in dem sich in sakramentaler Weise die drei konstitutiven, gleichwesentlichen Grundvollzüge der Kirche verdichten: Martyria, Leiturgia, Diakonia, in denen die Sendung Jesu weitergeht und ihren amtlich-öffentlichen Ausdruck findet. Der Diakon, der – mit einer an Hippolyt's Traditio Apostolica angelehnten Sentenz – nicht »ad sacerdotium, sed ad ministerium« (LG 29,1) ordiniert wird, repräsentiert in besonderer Weise die diakonische Dimension des (bischöflichen) Amtes, d. h. konkret: die Diakonia Christi. Insofern sich diese im eucharistischen Mysterium sakramental vergegenwärtigt und vermittelt, hat der Diakon aufgrund seines Ordo eine *innere*, amtlich-sakramentale Hinordnung und Beziehung zum eucharistischen Tischdienst (als Quelle seines diakonalen Dienstes) und engstens damit verbunden zum Verkündigungsdienst (zum Tisch des Wortes), da die Diakonia Christi als Verwirklichung der Hinneigung Gottes zu den Menschen auch der Hauptinhalt der Verkündigung ist. Verkündigung der Diakonia Christi und ihr tätiger Vollzug (aus der Kraft der Eucharistie) sind im diakonalen Amt zu einer Einheit zusammengebunden. In diesem Sinne heißt es in Lumen gentium (LG) 29,1 von den Diakonen: »Mit sakramentaler Gnade gestärkt dienen sie dem Volke Gottes in der Diakonie der Liturgie, des Wortes und der Liebestätigkeit in Gemeinschaft mit dem Bischof und seinem Presbyterium.« (Es folgen die weiteren Aufgaben, unter denen besonders auch der eucharistische Kommuniondienst hervorgehoben wird.) Das heißt dann aber auch, daß der »Diakonat nur in enger Hinordnung auf Presbyterat und Episkopat angemessen interpretiert werden« kann.[6] Anders gewendet: Wie dieser doppelte Bezug zum Tisch des Wortes und der Eucharistie, so gehört auch der innere Bezug auf das bischöflich-priesterliche Amt und damit die prinzipielle Offenheit für den Empfang dieser Weihestufen, die auch dort besteht, wo der Diakonat faktisch als ständiger ausgeübt wird, wesentlich zur inneren Dimension der diakonalen Amts-/Weihestufe.

Daraus läßt sich ein vorläufiges Fazit ziehen: Falls der sakramentale Diakonat auch Frauen offen stünde, müßten ihnen – vom Wesen des Diakonats als sakramentaler Weihestufe her – auch dieselben diakonalen und liturgischen Funktionen sowie die prinzipielle Möglichkeit zum Empfang der Priester- (und Bischofs-)weihe zugestanden werden wie ihren männlichen Kollegen. Deshalb kann, wie gesagt, die Frage des Frauendiakonats nicht von der Frage des Frauenpriestertums getrennt werden – es sei denn,

2.2 es ließe sich ein sakramentaler Diakonat als dogmatisch möglich erweisen, dem von seinem Wesen her die innere Beziehung zum priesterlich-bischöflichen Amt *nicht* zukommt, anders gesagt: es ließe sich die Möglichkeit eines Weihesakramentes aufweisen, das als völlig eigenständiges nicht vom bischöflich-priesterlichen Ordo als dessen Entfaltung und partielle Ausprägung (als dessen unterste Stufe) abgeleitet und verstanden werden müßte.

Die entscheidenden Fragen wären dann: Ist eine solche Entflechtung/Abkoppelung möglich? In welchem Verhältnis stünde ein solcher Diakonat zum bisherigen Diakonenamt? Und wie ließe sich in einem solchen Falle (der Entkoppelung) die Sakramentalität dieses Amtes begründen?

Dazu bedarf es der Befragung der kirchlichen Tradition (s. o. Nr. 1: Vatik. Kommentar zu Inter Insigniores). Läßt sie eine solche Möglichkeit erkennen?

3. Der Traditionsbefund

Wenn im folgenden in Bezug auf die altkirchliche Überlieferung vom sakramentalen Diakonat gesprochen wird, ist jeder Anachronismus selbstverständlich auszuschließen. Es wird nach Kriterien gefragt, die im Sinne des technischen Sakramentsbegriffs, wie er sich erst im 12./13. Jahrhundert herausgebildet hat, ein Urteil über die Sakramentenqualität in diesem engen Verständnis erlauben.

3.1 Das Neue Testament, das Röm 16,1 Phöbe als dikonos der Gemeinde von Kenchreä erwähnt und 1 Tim 3,1 1 innerhalb des Amtsspiegels für Diakone auch von Frauen spricht, bietet keine Eindeutigkeit, ob es sich hier schon um fest institutionalisierte »Ämter« handelt oder – was wegen der noch fließenden Konturen sich erst herausbildender Ämterordnungen wahrscheinlicher ist – um nicht-institutionalisierte Gemeindedienste von Frauen bzw. um Ehefrauen von Diakonen (1 Tim 3,11).

(Dasselbe gilt für das profane Zeugnis Plinius' d. J., der in seinem Brief an Trajan (112) von zwei Frauen spricht, die bei den Christen als »ministrae« gelten.)

3.2 Damit sind die Zeugnisse des 1. und 2. Jhs. auch schon erschöpft. Denn in den nachapostolischen Quellen des 2. Jhs. findet sich keinerlei Hinweis auf einen weiblichen Diakonat: weder bei Ignatius v. Antiochien († um 110) und Polykarp († um 156) im Osten, noch im Westen bei Tertullian († nach 220) und in der Traditio Apostolica des Hippolyt (um 215), während der männliche Diakonat ganz selbstverständlich vorausgesetzt ist. Das darf als wichtiges Indiz dafür gelten, daß es auch in neutestamentlicher Zeit kein solches Amt gegeben hat.

3.3 Erste Erwähnung eines amtlichen Diakonats der Frau begegnet erst im 3. Jh., und zwar in der *Didaskalie* (der Lehre der Apostel)[7], einer syrischen Kirchenordnung, die etwa um 230 entstanden ist. Der Bischof wird aufgefordert, sich als Seelsorgehelfer männliche und weibliche Diakone auszuwählen, weibliche vor allem »zum Dienst an den Frauen«. Ihr Aufgabenbereich umfaßt insbesondere, und zwar aus Schicklichkeitsgründen, die Taufsalbung an Frauen (vorausgesetzt ist die Erwachsenentaufe und die Ganzsalbung), ferner die katechetische Unterweisung der weiblichen

Neophyten, den Besuchsdienst bei christlichen Frauen in den Häusern der Heiden, in die der Bischof keinen Mann senden kann, sowie den Krankendienst an Frauen (III,12). Die hier erstmals historisch greifbare Bestellung weiblicher Diakone erscheint als Neuerung, die aus pastoralen Gründen (Notwendigkeiten) nachdrücklich empfohlen wird. (Vorausgesetzt ist ein patriarchalisch geprägtes Milieu mit strenger Geschlechtertrennung.) Über die Art und Weise der Bestellung bzw. Einsetzung ins Amt erfahren wir nichts.

Auf den ersten Blick könnte es scheinen, als seien Diakon und Diakonin gleichberechtigt, da beide sich das ministerium diaconiae teilen, sie sollen ein Herz und eine Seele sein, einig im Rat und eines Sinnes, auch wenn der Geist in zwei Körpern wohnt (III,13,1f.). Aber diese Gleichberechtigung »gilt nur für den außerliturgischen Dienst. Gegenüber den vielfältigen liturgischen Aufgaben der Diakone beschränkt sich die liturgische Assistenz der Diakonin auf die aus Schicklichkeitsgründen ihr zukommende Taufsalbung: der Taufakt selbst sowie die Salbung des Hauptes bleiben dem Bischof bzw. Presbyter und Diakon vorbehalten. Vor allem bleibt die Diakonin von jeglicher Mitwirkung bei der Eucharistiefeier« und von der öffentlichen Verkündigung ausgeschlossen.[8]

In der Didaskalie taucht für das Lehrverbot (allerdings auf die Witwen bezogen) bereits ein Argument auf, das bei der Frage nach dem kirchlichen Amt für Frauen später immer wieder eine Rolle spielen wird: Jesus hat keine Frauen beauftragt (III,6,1–3; vgl. III,5,69[9]). Die beiden Ämter können also nicht einfach parallelisiert oder völlig gleichgestellt werden. Es handelt sich nicht um einen doppelten Zweig des einen Diakonats.[10]

3.4 Geschichtlich wirksam geworden ist die Didaskalie durch ihre Rezeption in den *Apostolischen Konstitutionen* (wahrscheinlich um 380 in Antiochien/Syrien entstanden)[11]. Das Besondere und für unsere Frage Bedeutsame besteht darin: Sie bezeugen zum ersten Mal eine liturgische Weihe der Diakoninnen bzw. der Diakonissen, wie sie jetzt heißen (diakónissa; diákonos günä)[12], und zwar eine Weihe unter Handauflegung (Cheirotonie) und Epiklese (Herabrufung des Hl. Geistes). Der entscheidende Passus im Weihegebet lautet: »Sieh auf diese deine zum Dienst auserwählte Die nerin herab (tän procheirizomeénän eis diakonían) und verleihe ihr den Heiligen Geist.« Als Vorbilder für ihren Dienst werden die alttestamentlichen Prophetinnen und die Türhüterinnen des Tempels sowie die Gottesmutter Maria genannt (VIII,19f.) – nicht Phöbe. (In der Didaskalie waren es die dienenden Frauen um Jesus; III,12,4.) Der Weiheritus selbst ist (wie im späteren, von den Apostolischen Konstitutionen beeinflußten byzantinischen Ritus seit dem 8. Jh. noch weiter verdeutlicht wird[13]), der Diakonenweihe stark angeglichen, weist aber doch auch charakteristische Unterschiede auf.[14] Vor allem aber: Die Funktionen sind gänzlich verschieden. Im außerliturgischen Bereich wachsen der Diakonin neue Aufgaben zu: Kontaktpflege zu anderen Gemeinden im Auftrage des Bischofs (III,19,1); Vermittlung zwischen Frauen und Gemeindeleitung (II,26,6). In der liturgischen Funktion aber bleibt die Diakonin auf die Taufassistenz eingeschränkt; von der katechetischen Aufgabe an den weiblichen Neophyten ist nicht mehr die Rede. Weitergehende liturgische Dienste werden strikt ausgeschlossen: »Die Diakonin segnet nicht, sie tut nichts von dem, was die Priester und Diakone tun, sie bewacht nur die Türen und leiht dem Priester ihren Dienst bei der Taufe der Frauen, aus Gründen der Schicklichkeit. Der Diakon hat bei Abwesenheit des Priesters die Vollmacht, den Subdiakon, den Lektor, den Psalmisten auszuschließen, wenn es die Sache erfordert. Dem Subdiakon, dem Lektor, dem Kantor und der Diakonisse ist es nicht gestattet, weder Kleriker noch Laien auszuschließen, denn sie sind Diener (hypärétai) der Diakone.« (VIII,28,6–8)

Wie in der Didaskalie, gilt auch in den Apostolischen Konstitutionen folgende typologische Rangordnung: Der Bischof repräsentiert Gott Vater, der Diakon Christus, die Diakonisse den Hl. Geist. Aus dieser Typologie sind für die Stellung der Diakonisse keine weitreichenden Schlußfolgerungen zu ziehen; denn sie wird so ausgedeutet: Die Diakonisse »tut und redet nichts ohne den Diakon, gleichwie auch der Paraklet von sich aus nichts redet oder tut, sondern indem sie Christus verherrlicht, erwartet sie seinen Willen« (II,26,4–6).[15]

Es läßt sich also nur schwerlich von einer uneingeschränkten Gleichstellung und Parallelität beider Ordinationen sprechen.

Überdies läßt sich aus der Handauflegung und Epiklese nichts für die Sakramentalität der Diakonissenweihe folgern, da eine solche Weihehandlung unmittelbar anschließend auch für Subdiakone und Lektoren bezeugt wird (VIII,21.22); man müßte sonst auch für diese dieselbe Konsequenz ziehen. Beläßt man den genannten Unterschieden ihr Gewicht, wird man die Diakonissenweihe weniger als eine sakramentale Ordination, sondern als eine in einen feierlichen Ritus eingebettete segenspendende Handauflegung werten müssen (in heutiger Terminologie ausgedrückt: nicht als Sakrament, sondern als Sakramentale).

Im übrigen ist zu beachten, daß die Verbreitung dieses Amtes, das doch mit der Weihe durch Handauflegung und Epiklese einen gewissen Abschluß seiner Entfaltung erreicht zu haben schien, nicht kontinuierlich weitergegangen ist. Das mag mit dem geringen und nur regionalen Einfluß der Apostolischen Konstitutionen sowie u. a. mit der Problematik der von der Diakonissenweihe handelnden Texte zusammenhängen, die möglicherweise fiktive, vom Autor aus mehreren Traditionen kompilierte Texte sind und nicht die reale authentische Praxis einer Lokalkirche bzw. von Lokalkirchen eines bestimmten Gebietes wiedergeben.[16]

Auf zwei Konzilstexte ist noch kurz einzugehen.

3.5 Ein halbes Jahrhundert zuvor stellte can. 19 des Konzils von Nizäa (325) fest, daß die aus der Häresie des Paulus von Samosata kommenden Diakonissen keine Handauflegung erhalten hätten und deshalb in jeder Hinsicht als Laien zu betrachten seien (COD 15). Daraus läßt sich jedoch weder (positiv) folgern, daß es in der orthodoxen Großkirche eine solche Diakonissenweihe gab, noch läßt sich diese Feststellung eindeutig als eine grundsätzliche Ablehnung einer Diakoninnenweihe interpretieren, wie es häufig geschieht. Tatsache ist allerdings, daß in Ägypten und Äthiopien eine diakonale Frauenweihe unbekannt geblieben ist.[17]

3.6 Das Konzil von Chalkedon (451) kennt in can. 15 (COD 94) eine Cheirotonie der Diakonisse (diákonos günä), vielleicht im Sinne der Apostolischen Konstitutionen; es bezieht aber die Handauflegung in can. 6 außer auf Presbyter und Diakone auch auf den gesamten Klerus (en tō ekklesiastikō tágmati), so daß auch aus Chalkedon über eine mögliche Sakramentalität der Diakonissenweihe nichts Endgültiges auszumachen ist. Ohne Zweifel gehört die Diakonin zum Klerus (ekklesiastikon tagma), was aus der Justinianischen Gesetzgebung bestätigt wird.

3.7 Sicher bezeugt ist das Diakonissenamt ab Ende des 4. Jhs. im vorderasiatisch-syrisch-palästinischen Raum, freilich auch hier mit regionalen Unterschieden, denn ein wichtiger Zeuge, Ps.-Dionysius (um 500), kennt in seiner (wohl in Syrien entstandenen) Schrift über die »Kirchliche Hierarchie« keine weiblichen Diakone.[18]

Ab dem 5. Jh. sind sie auch in der ostsyrischen Kirche bezeugt. Hier empfangen die Diakonissenweihe vor allem Klostervorsteherinnen, denen in Ausnahmefällen und nur bei Abwesenheit eines Priesters oder Diakons die Kommunionspendung (ex theca, non ex mensa altaris) an ihre Mitschwestern und an Kinder bis zu 4 Jahren erlaubt ist; vom Altardienst bleiben sie jedoch ausdrücklich ausgeschlossen.[19] Ansonsten bleibt der Aufgabenbereich der Diakonissen auf Taufassistenz und Krankendienst zentriert.

3.8 Mit dem Schwinden der Erwachsenentaufe und der Zunahme der Kindertaufe verlor die Diakonin ihre wichtigste, ja ihre liturgisch einzige Funktion; damit änderte sich auch der Sinn ihrer Weihe, die sich – wie besonders deutlich im Einflußbereich von Konstantinopel feststellbar – immer mehr zu einer feierlichen Form der Jungfrauenweihe wandelt.[20] Mit dem 10./11. Jh. ist der weibliche Diakonat im Osten faktisch erloschen.

3.9 Im Westen wird der weibliche Diakonat erst im 4. Jh. durch die Übersetzung der Didaskalie und der Apostolischen Konstitutionen bekannt, stößt hier aber auf starke Ablehnung. Der sog. Ambrosiaster (ein Kommentar zu 13 Paulusbriefen; Ende 4. Jh.) hält ihn für eine »häretische Erfindung« der Montanisten. Aber selbst Tertullian erwähnt den weiblichen Diakon nicht einmal in seinen montanistischen Schriften. Mehrere gallische Synoden verurteilen mit Nachdruck ein ministerium leviticum der Frau bzw. ein ministerium feminae als Widerspruch zur apostolischen Tradition und zur Vernunft.[21] Altardienst (Ministrantinnendienst) und Kommunionspendung durch Frauen werden von Päpsten und Bischöfen mehrfach verurteilt. Die Verbote zeigen allerdings auch, daß es nicht an Versuchen gefehlt hat, einen weiblichen Diakonat, auch mit liturgischen Funktionen, zu etablieren. Was aber im Westen davon übrigbleibt, ist, wie E. Dassmann urteilt, »eine Spielart zwischen Witwengelübde und Äbtissinnenweihe« (153)[22]. Ein in die Karolingerzeit zurückreichender lateinischer Weiheritus für »Diakoninnen« (Ordo ad diaconam faciendum/missa ad diaconam consecrandam) ist nach eindeutiger Aussage des Weihetextes eine solche feierliche Witwenweihe bzw. »eine Benediktion eines Keuschheitsgelübdes« und beschreibt keine sakramentale Ordination, obwohl die Weihe vom Bischof durch eine Weihepräfation mit anschließender Bekleidung mit der Stola und der Übergabe symbolischer Zeichen (Ring, Halsschmuck) vollzogen wurde.[23] Dieser Ordo kann also nicht für einen sakramentalen weiblichen Diakonat in Anspruch genommen werden.

4. Fazit und Bewertung

4.1 Das Diakonissenamt stellt sich im historischen Rückblick als ein äußerst komplexes, geographisch und zeitlich sehr verschieden ausgeprägtes Phänomen dar. Es fehlt die Kontinuität der Überlieferung.

4.2 Auch da, wo die Weihe von Diakoninnen unter Handauflegung und Epiklese analog zur Diakonenweihe gestaltet ist, wie in den Apostolischen Konstitutionen und vor allem im späteren byzantinischen Ritus, erlauben die historischen Befunde es nicht, von einer Gleichrangigkeit beider Ordinationen zu sprechen. Mit Recht folgert Martimort: »Wie groß auch die Feierlichkeit gewesen sein mag, die den Ritus umgab, und die äußere Ähnlichkeit mit der Weihe zum Diakon, so ist die byzantinische Diakonisse doch kein Diakon; es ist ein völlig anderes Amt.«[24]

4.3 Bedenkenswert ist vor allem der ausdrückliche Ausschluß der Diakonin von jeglichem liturgischen Altardienst, von der öffentlichen Ausübung des Verkündigungsdienstes und von der feierlichen Taufspendung. »Die Gründe hierfür liegen (eindeutig) im Ausschluß der Frau vom Amtspriestertum«.[25] Männlicher und weiblicher Diakonat sind in der Alten Kirche nicht zwei gleichartige Zweige des einen diakonalen Amtes.

4.4 Die Sakramentalität (im heutigen dogmatischen Verständnis) eines eigenständigen Diakonats *ohne inneren,* in der Diakonatsweihe begründeten *Bezug* zum bischöflich-priesterlichen Amt läßt sich mit guten Gründen *nicht* historisch stützen. Die Geschichte bietet, wie die Studientagung der deutschsprachigen Liturgiewissenschaftler 1978 feststellte, »keine solide Basis« für einen sakramentalen Diakonat der Frau.[26] Dementsprechend müsse die historische Argumentation der Würzburger Synode, sofern sie sich auf die altkirchlichen Diakonissen berief[27], korrigiert werden.[28]

4.5 Ein (nach 4.4) eigenständiger Diakonat postuliert (gegenüber der Einheit des Ordo/Weihesakramentes im traditionellen dogmatischen Verständnis) ein zweites, nicht als besondere Ausprägung des *einen* Ordo zu verstehendes Weihesakrament, dessen sakramentale Begründung aber völlig ungeklärt bleibt – es sei denn, man würde der Kirche eine diesbezügliche Kompetenz zuschreiben, was aber zu Schwierigkeiten mit den lehramtlichen Äußerungen führen würde, wonach die Kirche keine Vollmacht über die Substanz der Sakramente hat.

4.6 Aus alledem ist zu folgern: Die Möglichkeit eines sakramentalen Frauendiakonats steht und fällt mit der Möglichkeit des Frauenpriestertums.

4.7 Gegen einen möglichen Einwand, in der dargelegten Sicht werde das Amt zu sehr vom Kult her, und so verengt, verstanden, ist zu wiederholen: die Verkündigungs- und kultische Funktion des Amtes hängt unlösbar mit der diakonalen zusammen. Insofern ist die im eucharistischen Mysterium vergegenwärtigte und konkret auf uns zukommende Diakonia Christi, seine Proexistenz pro nobis et pro omnibus, der dynamische Quellpunkt der diakonalen Aufgabe der Kirche und ihres Amtes. So erwächst gerade aus dem eucharistischen Tischdienst in einem umfassenden Sinne der Auftrag zu einem welt- und menschenbezogenen Handeln.

5. Eine weiterführende Frage

Wenn die These 4.6 richtig ist, ist zu fragen: Ist über das Frauenpriestertum wirklich schon das allerletzte Wort gesprochen? Indem ich diese Frage verneine – trotz »Ordinatio Sacerdotalis« als *nicht* unfehlbare Äußerung des Lehramtes –, zeige ich die Richtung an, in der ich die Lösung erwarte. Dann liegt zwar noch ein weiter Weg vor uns, der Mut und Ausdauer erfordert, aber ein Weg, der die Mühen lohnt.

Anmerkungen

[1] Der vorliegende Artikel gehört eng mit dem nachfolgenden zusammen. Vgl. ferner die Ausführungen von Jochen Hilberath, S. 212 und Dorothea Sattler, S. 219, sowie die Textsammlung im Anhang, S. 367.

[2] Dt. Übersetzung in: Verlautbarungen des Apostolischen Stuhls (= VAS) 117, hg. vom Sekretariat der Deutschen Bischofskonferenz, Bonn 1994, 4–7 (lat.: AAS 86 [1994] 545–548).

[3] Antwort der Glaubenskongregation auf einen Zweifel in bezug auf die Lehre des Apostolischen Schreibens »Ordinatio Sacerdotalis« (28.10.1995); dt. Übersetzung in: KNA Nr. 19771, 21.11.1995 (lat.: L'Osservatore Romano v. 19.11.1995); vgl. die Übersetzung und den ungezeichneten Kommentar in: L'Osservatore Romano (dt.) v. 24.11.1995.

[4] Dt. Übersetzung von »Inter Insigniores« und des Römischen Kommentars in: VAS 117,11–29.31–58; hier: 38.

[5] Besonders: Aimé Georges Martimort, Les Diaconesses. Essai historique (Eph. Lit., Subs. 24), Rom 1982. – Einen guten Überblick über den gegenwärtigen Forschungsstand und die historische Fragestellung bei Dirk Ansorge, Der Diakonat der Frau, in: Teresa Berger/Albert Gerhards (Hg.), Liturgie und Frauenfrage, St. Ottilien 1990, 31–65 (Lit.) – Ernst Dassmann, Witwen und Diakonissen, in: ders., Ämter und Dienste in den frühchristlichen Gemeinden, Bonn 1994, 142–156.

[6] Manfred Hauke, Überlegungen zum Weihediakonat der Frau, in: ThGl 77 (1987) 108–127, hier: 109; vgl. auch: ders., Die Problematik um das Frauenpriestertum vor dem Hintergrund der Schöpfungs- und Erlösungsordnung (KKTS), Paderborn 1982, 436–440 (Exkurs über die Diakonissen); ders., Diakonat der Frau? in: FoKTh 12 (1996) 36–45.

[7] Funk, Didascalia et Constitutiones Apostolorum I, Paderborn 1905. – Stellenangaben im Text.

[8] Dassmann, 150.

[9] Ebd. 148.

[10] So Martimort, 39 und 247 gegen Cipriano Vagaggini, L'ordinazione delle diaconesse nella tradizione greca e bizantina, in: OrChrP 40 (1974) 145–189, hier: 151.

[11] Es handelt sich um die größte kirchenrechtlich-liturgische Sammlung des frühen Altertums, um eine Kompilation bes. aus der Didaskalie, der Didache und der Traditio Apostolica; angefügt sind die 85 Apostolischen Kanones.

[12] Die Bezeichnung »Diakonisse« taucht zum ersten Mal im can. 19 des Konzils von Nizäa auf (COD 15).

[13] Siehe vor allem das Euchologium des Cod. Barberini 336 (Bibl. Vatic.); Martimort, 147–155. – Evangelos Theodorou, Das Amt der Diakoninnen in der kirch-

lichen Tradition. Ein orthodoxer Beitrag zum Problem der Frauenordination, in: US 33 (1978) 162–172, spricht von einer »absoluten morphologischen Gleichheit mit den Cheirotonien der höheren Kleriker« (167f.).
14 Diese werden von Martimort, 150–155, besonders herausgestellt. – Hauke, Überlegungen, 118f.
15 Vgl. Dassmann, 150.
16 Martimort, 69–71. – Ansorge, 38f. – Dassmann, 151.
17 Martimort, 73–97. – Dassmann, 151.
18 Martimort, 113f., 129. – Ansorge, 39.
19 Martimort, 126–142; hier bes. die Zeugnisse von Severus v. Antiochien (127, 247), Johannes v. Tela (139–141) u. Jakob v. Edessa (141f.): Die Diakonin ist nicht »diaconissa altaris, sed mulierum aegrotantium; non propter altarem ordinatur, sed propter ecclesiam duntaxat«, also nicht Dienerin des Altares, sondern für die kranken Frauen; geweiht wird sie nicht für den Altar-, sondern nur für den Kirchendienst (für den Dienst an der Gemeinde); vgl. Ansorge, 40.
20 Dassmann, 152.
21 So die Synode v. Nîmes (396) can. 2; vgl. die Synoden v. Orange (441), can. 26; v. Epaôn (517), can. 21; v. Orleans (533), can. 17; Martimort, 191–196; Ansorge, 42; Dassmann, 152f.
22 Dassmann, 153.
23 Abraham-Andreas Thiermeyer, Der Diakonat der Frau. Liturgiegeschichtliche Kontexte und Folgerungen, in: ThQ 173 (1993) 226–236; hier: 234f. (lat. Weihetext).
24 Martimort, 155,
25 Hauke, Überlegungen, 120. – Hier ist auch das in der heutigen Diskussion eine wichtige Rolle spielende (aber kaum durchschlagende) Argument einzuordnen, die Frau könne aus anthropologisch-typologischen und sakramententheologischen Gründen nicht »in persona Christi« handeln; vgl. Inter Insigniores, 48–50.
26 Andreas Heinz, Die liturgischen Dienste der Frau. Studientagung 1978 der Arbeitsgemeinschaft Katholischer Liturgiker im deutschen Sprachgebiet, in: LJ 28 (1978) 130.
27 Beschluß: Dienste und Ämter, 4.2 Der Diakonat der Frau, in: Gemeinsame Synode der Bistümer in der Bundesrepublik Deutschland, Beschlüsse der Vollversammlung. Offizielle Gesamtausgabe I, Freiburg ²1976, 616f.
28 Maria B. von Stritzky, Der Dienst der Frau in der Alten Kirche (Kirche, in:), in: ebd. 154. – Ebenso: Bruno Kleinheyer, Zur Geschichte der Diakonissen, in: LJ 34 (1984) 58–64, hier: 64; ders., Ordinationen und Beauftragungen: Sakramentliche Feiern II (Gottesdienst der Kirche. Handbuch der Liturgiewissenschaft, Teil 8), Regensburg 1984, 17f.; Hauke, Überlegungen, 120f.

Theologische Argumente für die Diakonatsweihe von Frauen

Peter Hünermann

Der Diakonat der Frauen – ein Problem der Kirche von der neutestamentlichen Zeit an

Die Auseinandersetzung um den Diakonat der Frauen begleitet die Kirche – mit unterschiedlicher Intensität und in wechselnden Formen – von ihren Anfängen bis heute.

Bereits im Neuen Testament zeichnen sich unterschiedliche Linien und Tendenzen ab. Da gibt es auf der einen Seite – zu einer Zeit, in der die Amtsstrukturen noch relativ flüssig sind – die Würdigung der Phoebe, der Diakonin der Kirche in Kenchräa (Röm 16,1–2). Ebenso gibt es 1 Tim 3,11, einen Abschnitt, der aller Wahrscheinlichkeit nach, von Frauen als Diakonen handelt. Auf der anderen Seite finden sich 1 Kor 14,34f. und 1 Tim 2,11f. Aussagen, welche Frauen die gemeindeöffentliche Wahrnehmung von Lehrfunktionen verbieten.[1] Zahlreiche exegetische Untersuchungen zeigen, daß die junge Kirche sich in der Zeit der Pastoralbriefe aus Gründen der inneren Abschirmung gegen gnostische Tendenzen und aus Gründen öffentlicher Akzeptanz von einer früheren frauenfreundlichen und offenen Praxis abgewandt hat.[2]

Ein zweites Schlaglicht: Wenn es in der syrischen Kirche gegen Ende des zweiten und zu Beginn des dritten Jahrhunderts nach dem Zeugnis der Didaskalie zur Ausbildung eines Diakonates für Frauen kommt, ausgestattet mit einer reichen pastoralen Kompetenz, so deuten doch die Differenzen bei der Weihe und bei der Integration der Frauendiakone in die Liturgie darauf hin, daß hier keine konfliktfreie Entwicklung vorlag. Diese Zwiespältigkeit prägt die Entfaltung im Osten bis hinein in die byzantinische Liturgie, die zwar die Weihe der Frauen an die Diakonenweihe der

Männer angleicht, an spezifischen Differenzen in den Funktionen jedoch sorgfältig festhält.

Wie steht es in der westlichen Kirche? Die Synodalbeschlüsse im vierten und fünften Jahrhundert, welche die Diakonenweihe für die Frauen als unziemlich verwerfen, sind auf dem Hintergrund der historischen Situation zu lesen: Mit der Konstantinischen Wende setzt ein großer Zustrom zur Kirche ein. Die Taufvorbereitungen von Frauen und die seelsorgliche Begleitung nach der Taufe werden weitgehend Frauen anvertraut.[3] In Analogie zur Entwicklung im Osten werden offensichtlich eine Reihe von ihnen zu Diakoninnen ordiniert. Dagegen protestieren die Synoden. In der Folge werden Diakoninnen im Westen lediglich gesegnet, nicht ordiniert. Die lange Liste von Texten, in denen die Existenz von – gesegneten – Diakonissen bezeugt ist, zieht sich von der Patristik hin bis ins Mittelalter. So wird Leo III., Zeitgenosse Karls des Großen, im November 799 bei seinem Einzug nach Rom an der Milvischen Brücke vom »gesamten römischen Volk mit den Nonnen, den Diakonissen und den edlen Matronen« empfangen. Abaelard, der die Tradition besser kennt als viele seiner Zeitgenossen, charakterisiert die Betrauung von Heloise mit der Leitung des Klosters »Paraklet« als Aufnahme unter die Leviten und Diakonenweihe. Petrus Lombardus und die Dekrete des Gratian aber schließen etwa zur selben Zeit die Frauen vom Klerus aus. Aber obgleich die großen scholastischen Theologen, etwa Thomas und Bonaventura, diese ablehnende Position theologisch verteidigen und plausibel zu machen versuchen, lebt das Instiut der Diakonissen in den Klöstern des Humanismus und in den darauffolgenden Jahrhunderten fort. Wenn die Verkündigung des Evangeliums und die Homilie Diakonen vorbehalten ist, die Äbtissin bzw. Priorin oder sonst eine der Schwestern aber in der dritten Nokturn das Evanglium und die Homilie vorzutragen hat, so muß sie mit den Kompetenzen und den Insignien des Diakons ausgestattet sein. So bestehen französische Kartäuserinnen darauf, daß ihnen Manipel, Stola und Kreuz überreicht werden, und fechten diesen Streit im 17. Jahrhundert in Rom durch.

Mit der Wende zur Moderne verlagert sich die Auseinandersetzung um die Zulassung der Frauen zum Diakonat in der lateinischen Kirche vom klösterlichen Leben hin in die Öffentlichkeit und die pastorale Arbeit. Die im 19. und zu Beginn des 20. Jahrhunderts entstehenden Frauenverbände, die apostolischen Initiativgruppen, stellen die Frage nach der Zulassung der Frauen zum Diakonat. Ein bedeutsames Zeugnis zu Beginn des 20. Jahrhunderts ist der Vortrag des damaligen Professors Michael Faulhaber »Das Diakonat der Frau« von 1905. Treibende Kräfte waren Frauen, die den katholischen bayerischen Frauenbund mitbegründeten. Einige von ihnen wurden vom nachmaligen Münchner Erzbischof in der Kapelle des Bischofshauses zu Diakoninnen gesegnet. Wenn man auf diese lange Geschichte schaut, ist es nicht verwunderlich, daß die Würzburger Synode die Frage nach der Zulassung von Frauen zum Diakonat mit erneuter Dringlichkeit aufgegriffen hat.

Angesichts dieser Problemgeschichte, die sich von Jahrhundert zu Jahrhundert erneuert, einer Geschichte des Leidens und der Konflikte, mag einen im ersten Moment Resignation befallen. Warum soll heute gelingen, was über so viele Jahrhunderte nicht gelang: Der Diakonat – ein Amt für Frauen ohne Diskriminierung?

Aber ist das Evangelium nicht eine *dynamis* Gottes? Soll diese *dynamis* sich nicht durchsetzen können, um so die Glaubwürdigkeit der Botschaft Jesu Christi wie die Glaubwürdigkeit der Kirche als Sakrament der Menschheit zu erweisen?

Die lange konfliktträchtige Geschichte erfordert eine angemessene theologische Beurteilung. Die folgenden Ausführungen sollen mit einigen methodischen Vorbemerkungen eingeleitet werden. Es folgen Ausführungen zu den theologischen Argumenten gegen die Zulassung von Frauen zum Diakonat. Schließlich sollen – knapp gebündelt – die wichtigsten Argumente, die für die Zulassung von Frauen zum Diakonat sprechen, vorgetragen werden.

Methodische Vorbemerkungen zur theologischen Aufgabenstellung

Die Kirche ist in ihrer Geschichte von den großen Polaritäten des Lebens geprägt. Dazu gehört die Spannung zwischen den Geschlechtern, die auch in der Kirche nicht aufzuheben ist. Sie gehört zum Leben. Spannungen aber bedürfen der Formen, um nicht in Polarisationen zu entarten. Für die Kirche bedeutet dies: Sie hat diese Doppelpoligkeit des Lebens – mit all seiner Konfliktträchtigkeit – im Lichte des Evangeliums auszulegen und in entsprechende, die eschatologische Perspektive des Glaubens konkretisierende Lebensformen umzusetzen. Dabei geht es jeweils um Lebensformen, die – aus der Sicht des Glaubens *und* in der jeweils gegebenen kulturellen Situation – konsensfähig sind.

Im Verhältnis der Geschlechter spielen Machtfragen, Probleme der Anerkennung und des öffentlichen Geltens eine entscheidende Rolle. Es ist deswegen nicht zufällig, daß sich die Frage nach der Zuordnung der Geschlechter – neben der Frage nach deren Relation in der Ehe – gerade im Blick auf das kirchliche Amt zugespitzt hat. Der Diakonat der Frauen behauptet sich in der Tradition der Kirche faktisch als der Kristallisationspunkt dieser gesamten Problematik. Die Herausbildung einer heute angemessenen, konsensgetragenen Form im Bezug auf diese Problematik besitzt insofern eine Signalwirkung für die grundlegende eschatologische Bestimmung des Verhältnisses der Geschlechter in der Kirche. Kirchliches Leben wird bedeutungslos, wo nicht für jede Zeit neu tragfähige Lebensformen für die Polarität der Geschlechter ausgebildet werden.

Die anstehenden Entscheidungen können nicht einfach in einer Art Verlängerung der Tradition gefunden werden. Die konkreten Formen, die sich in der Tradition herausgebildet haben, sind ihrerseits nicht frei von Deformationen durch den jeweiligen Machtwillen, die Behauptung ungebührlicher Herrschaftspositionen. Die Orientierung an den Instanzen des Glaubens kann sich nur so vollziehen, daß aus dem bezeugten *Geist des Evangeliums* heraus der jeweilige *Buchstabe der Tradition* kritisch beurteilt wird. Die kreative theologische Arbeit zur Lösung der heutigen Konfliktsituationen ist ein Prozeß der Abkehr von der eigenen, durch Sünde entstellten Vergangenheit und so Bejahung der Tradition des Glaubens.

Zu dieser Umkehrbereitschaft gehört das Ernstnehmen der Situation und der Lage der Menschen. In der dogmatischen Methodenreflexion wird dies dadurch bekäftigt, daß die sogenannten loci alieni, die allgemeine Vernunft, die Geschichte und die bewährten, vom allgemeinen Konsens getragenen Autoritäten in die theologische Entscheidungsfindung einbezogen werden müssen.

Was bedeutet dies im Blick auf die hier zu behandelnde Frage nach der Zulassung der Frauen zum Weihediakonat? Es gilt heute als ethischer Konsens in der Gesellschaft, der zugleich juridisch festgeschrieben ist, daß niemand aufgrund des Geschlechtes hinsichtlich der Wahrnehmung von Lebens- und Bildungschancen wie des Berufes benachteiligt werden darf. Daraus ergibt sich für die moderne Gesellschaft die Verpflichtung, die Differenz der Geschlechter durch die Gewährung von Sonderkonditionen für Frauen – wie Mutterschaftsurlaub usw. – sicherzustellen. Mit dieser Regelung, welche auf der gleichen Würde der Geschlechter und der Respektierung ihrer Differenz aufruht, hat die moderne rechtsstaatliche Gesellschaft in einer gewissen Weise an die vorneuzeitliche Regelung angeknüpft, sie aber unter modernen Bedingungen weiterentwickelt. Die mittelalterliche Gesellschaft wie die der frühen Neuzeit integrierten die Frauen durchaus in die Berufswelt, hielten ihnen aber nur ein gewisses Segment von Berufsmöglichkeiten offen. Die im mittleren und höheren Bürgertum des 19. Jahrhunderts praktizierte Lösung, welche exklusiv dem Mann den modernen Beruf vorbehielt und die Frau auf die Kleinfamilie reduzierte, unterschied sich grundlegend von der mittelalterlichen und der früh-neuzeitlichen Situation. Sie war auf die Dauer nicht tragfähig für Frauen. Für die Frauen der ärmeren Schichten in der Industriegesellschaft galt sie ohnehin nie. Die heutige Lösungstendenz strebt die Integration der Frauen in die Berufe an – mit den genannten Sonderkonditionen – lehnt aber die Segmentierung der Berufsmöglichkeiten ab.

Im Blick auf die Geschichte des Diakonats von Frauen in der Kirche zeigt sich, daß die heutige Kirche in ihren rechtlichen und faktischen Regelungen im Grunde das gesellschaftliche Modell des mittleren und höheren Bürgertums im 19. und beginnenden 20. Jahrhundert repräsentiert. So wird die grundlegend gleiche Würde der Geschlechter betont und im Sakrament der Taufe bekräftigt. Im Blick auf die Teilhabe am Diakonat als Form des Amtes zeigt sich, daß man faktisch streng abgrenzt. Zwar überträgt man in der Praxis Frauen zahlreiche diakonale Aufgaben, die formale Teilhabe am Diakonenamt wird ihnen in der lateinischen Kirche juridisch, in den östlichen Kirchen praktisch verweigert.

Da die Kirche die gegenwärtige Wandlung in der Ordnung der Geschlechter ausdrücklich gutgeheißen und mit ihrer Autorität ethisch und glaubensmäßig sanktioniert hat,[4] ergibt sich für die Gläubigen, die in der heutigen Gesellschaft leben und den charakteristischen Grundkonsens im Bezug auf die Stellung der Frau bejahen, ein Widerspruch im kirchlichen Leben selbst. Gründe und Argumente, welche Frauen in der römisch-katholischen Kirche heute vom Diakonenamt ausschließen, bzw. die gegenwärtige Praxis festschreiben, müßten von außergewöhnlichem Gewicht und einer über alle Zweifel erhabenen Plausibilität sein, sollten sie diesen Widerspruch im kirchlichen Leben auflösen können.

Bei der Beurteilung der historischen Daten und der theologischen Argumente ist folglich sorgfältig zu unterscheiden, welche Fakten und Begründungen auf kultur- und sozialgeschichtliche Anschauungen zurückgehen, die in einem gleichsam selbstverständlichen Patriarchalismus wurzeln, und wo sich dogmatisch relevante Gründe ergeben. Mit dieser methodologischen Differenzierung folgen wir den Ausführungen in der Erklärung der Kongregation für die Glaubenslehre »Inter insigniores« von 1976.[5]

Theologische Argumente gegen die Zulassung von Frauen zur Diakonenweihe und ihre kritische Sichtung

Historisch-theologische Argumente am Leitfaden von G. A. Martimort und ihre Bewertung

Es gibt zahlreiche historische Arbeiten zum Diakonat der Frauen in Ost und West. Wenige theologische Fragen dürften – was die historischen Fakten betrifft – in der jüngeren Zeit so gründlich und nachhaltig bearbeitet worden sein.[6] Neben zahlreichen Einzeluntersuchungen zu den einschlägigen biblischen, patristischen, mittelalterlichen und frühneuzeitlichen Traditionen, den kirchenrechtlichen Fragen und den pastoraltheologischen Problemen sind insbesondere die zusammenfassenden Darstellungen von Gryson und Martimort zu nennen.

Gryson hat mit überzeugenden Gründen dargetan, daß es sich bei der Bestellung der Diakoninnen in der östlichen Kirche um eine Ordination im vollen Sinne gehandelt hat, wenngleich er durchaus anerkennt, daß die Frauen in vieler Hinsicht mit den männlichen Diakonen nicht gleichgestellt waren.[7] Diese Interpretation ist in anderen Publikationen bestätigt worden.[8] Aufgrund der mangelnden völligen Gleichstellung der Diakoninnen im Osten mit den männlichen Diakonen und aufgrund der Ablehnung der Weihe und ihrer Ersetzung durch eine Segnung der Diakonissen im Westen schließt Martimort, daß die Kirche – auch im Osten – keine Zulassung der Frauen zum *sakramentalen* Diakonat gekannt habe.[9]

Dieses kontroverse Ergebnis der historisch-theologischen Forschungen zwingt dazu, einerseits kurze Zusammenfassungen der historisch-theologischen Argumente vorzutragen, andererseits die systematisch-theologischen Implikate aufzuklären, die bei der Wertung der historischen Fakten eine entscheidende Rolle spielen. Nur so läßt sich die anstehende Entscheidungsfrage über die historisch-theologischen Positionen und ihre Plausibilitäten hinaus klären. Als Leitfaden in der Abfolge der Argumente gegen den Diakonat der Frau dient dabei das Werk von Martimort.

a) Zum neutestamentlichen Befund
Röm 16,1 nennt Paulus die vermutliche Überbringerin des Briefes[10], Phoebe, »Diakon der Gemeinde von Kenchrea«. Martimort spricht in diesem Zusammenhang von einem unspezifischen Gebrauch des Wortes »Diakonos«, weil in diesem Vers kein Parallelismus mit dem Wort Episkopos – wie Phil 1,1 und 1 Tim 3,8 und 12 – gegeben ist. Für solch einen Parallelismus liegt an der genannten Stelle überhaupt keine Veranlassung vor. Der Ausdruck »Diakonos der Gemeinde« deutet hingegen nach Ansicht vieler, sorgfältig abwägender Exegeten auf einen titularen Gebrauch hin, wobei selbstverständlich die Funktion dieses Amtes nicht genau zu umreißen ist.[11]

In den Ausführungen über das Episkopen- und Diakonenamt in 1 Tim 3 taucht in Vers 11 eine Aussage über Frauen auf: »Desgleichen müssen die Frauen ehrbar sein, nicht verleumderisch, nüchtern und zuverlässig in allem.« Martimort führt völlig zu recht unterschiedliche exegetische Positionen auf, die entweder in diesen Frauen die Ehefrauen der Diakone sehen – allerdings wird bei den Episkopen auf die Ehefrauen nicht bezug genommen – oder für Amtsträgerinnen plädieren. Aus dem genannten Vers 11 ist keine eindeutige Entscheidung zu gewinnen. Zieht man allerdings 1 Tim 2,11 mit in Betracht, wo der Ausschluß von Frauen von der Lehrtätigkeit gefordert wird, so verändert sich die Lage. Oberliner schreibt in seinem Kommentar: »Die beiden Stellen mit den unterschneidlichen, ja gegensätzlichen Aussagen zur Rolle der Frau in den christlichen Gemeinden des Übergangs vom ersten zum zweiten Jahrhundert sind nicht in Widerspruch zueinander stehend zu sehen, sondern sie ergänzen sich.«[12] Der zuletzt genannte Text wendet sich gegen Frauen in den Gemeinden, die noch als Diakone tätig sind. Das Motiv dieser Umorientierung der Gemeinden wurde schon oben angesprochen. Es handelt sich um das Bestreben, die Gemeinden in einer kritisch eingestellten Umgebung als gesellschaftlich akzeptabel zu präsentieren und übler Nachrede die Spitze abzubrechen. Dieses Motiv wird bei Martimort nicht behandelt.[13]

Martimort stellt vielmehr in bezug auf das Neue Testament abschließend fest, man könne nur dann von Frauen als Diakonen in der apostolischen Kirche sprechen, wenn die Dokumente des 2. Jahrhunderts die Kontinuität erwiesen.[14] Mit diesem Postulat, das er nicht näher begründet, übersieht er geflissentlich die von einem breiten exegetischen Konsens getragene Ansicht, mit den Pastoralbriefen habe sich eine Verdrängung der Frauen aus den Gemeindeämtern der frühen Kirche vollzogen.[15] Das Ignorieren dieser exegetischen Forschungen kennzeichnet die ablehnenden Argumentationen durchgängig.[16]

b) Die ostkirchliche Entwicklung des Diakonats der Frau in der Patristik. Eine kritische Reflexion auf die zentralen Argumente gegen die Zugehörigkeit von Frauen zum »Weihediakonat«

Fassen wir kurz die Daten zusammen: In der ersten Hälfte des dritten Jahrhunderts spricht die Didascalia apostolorum, eine Zusammenstellung von Elementen einer Kirchenordnung aus dem syrisch-palästinensischen Bereich von einem Diakonat für Frauen. Die Bischöfe sollen – zum pastoralen Dienst an den Frauen, zur Taufvorbereitung wie zum pastoralen und pflegerischen Beistand nach der Taufe – Frauen als Diakone einsetzen. Diakone wie Diakoninnen sollen wie »eine Seele in zwei Körpern« (II,13,2) sein. Die Diakoninnen assistieren bei der Taufe durch Untertauchen, sie nehmen aber sonst keine liturgischen Funktionen wahr und lehren nicht öffentlich in der Gemeinde.

Einen weiteren wichtigen Hinweis auf die Existenz von Diakoninnen in Antiochien am Ende des dritten und Beginn des vierten Jahrhunderts bildet ein Kanon des Konzils von Nikaia (325), der über die Wiederaufnahme von Diakoninnen des verurteilten Paulus von Samosata handelt. Man kann allerdings aus diesem Text keine Einzelheiten entnehmen. Die Constitutiones Apostolicae, eine Schrift mit arianischen Tendenzen, stellt Auszüge und Bearbeitungen von Kirchenordnungen dar. U. a. zählt dazu die bereits erwähnte Didaskalia. Die pastorale Tätigkeit der Diakoninnen umfaßt wesentlich die Vermittlung zwischen den Frauen und ihren Anliegen auf der einen Seite und dem Bischof auf der anderen Seite. Die Taufassistenz wird erwähnt, die katechetische Unterweisung ist gestrichen. Scharf wird die Differenz zu Presbytern und Diakonen markiert: » Die Diakonin segnet nicht, und sie tut auch nicht das, was Presbyter und Diakone tun, sondern sie bewacht die Eingänge und dient den Presbytern, wenn diese den Frauen die Taufe spenden.« (CA 8,28,6) Die Constitutiones enthalten auch ein Weiheformular, das aber sonst nicht weiter bezeugt ist.

Um diese Zeit gibt es Diakoninnen in Konstantinopel, Antiochien, Jerusalem, Caesarea und Kappadokien. Im fünften Jahrhundert amtieren in den ostsyrischen und persischen Kirchen Diakoninnen. Auch sie sind vom Altardienst ausgeschlossen, dürfen aber – z. B. als Klostervorsteherinnen bei den syrischen Monophysiten – in Abwesenheit der Priester die Eucharistie an Klosterschwestern und Kinder bis zum vierten Lebensjahr spenden. Ebenfalls im fünften Jahrhundert bestimmt das Konzil von Chalkedon, daß Diakoninnen durch Handauflegung und Gebet geweiht werden sollen.

Nach der dritten Novelle des Justinian (535) wirken an der Hagia Sophia neben 100 männlichen Diakonen auch 40 weibliche Diakone. Werden hier die Diakoninnen im Rahmen des Klerus aufgezählt, so rangieren sie in anderen Listen an der Spitze der verschiedenen Gruppen von Frauen. Der Weiheritus für Byzanz ist in einem Codex aus dem 8. Jahrhundert enthalten und dürfte authentisch sein. Die Diakonin wird vom Bischof im Altarraum im Beisein der Priester und Diakone geweiht. Dabei gibt es eine Reihe kleinerer Differenzen zwischen der Diakonsweihe und der Weihe der Diakonin: die Stola wird ein wenig anders getragen, die Kandidatin berührt nicht – wie der Diakon – mit der Stirn den Altar, sie gibt nach der Kommunion den Kelch gleich wieder zurück und teilt die Kommunion nicht aus. Dieses Weiheformular hat gewisse Ähnlichkeiten mit dem Weiheformular in den Constitutiones Apostolicae.[17]

Wie beurteilt nun Martimort diese Fakten? Leitend ist für seine Interpretation das immer wieder bezeugte Faktum, daß Frauen keinen Dienst am Altar tun dürfen und nicht in der Kirchengemeinde lehren dürfen.[18] Von daher unterstreicht er die Differenzen zwischen den Diakonen und den Diakoninnen, spricht von einer unterschiedlichen Bedeutung der Worte und Weihegesten und bestreitet die Konvergenz, die sich aus den vielfältigen Zeugnissen zugunsten eines sakramental verliehenen Amtes im Bereich der syrischen bzw. der byzantinischen Kirche ergibt. Dies sind für ihn lediglich »oberflächliche Ähnlichkeiten«[19], und sie können für ihn gar nichts anderes als äußerliche Angleichungen sein, da das Amtieren am Altar und das öffentliche Lehren für ihn die Kernpunkte sind, an denen das sakramentale Amt als solches erkannt werden kann.[20] Diese Art der Argumentation, die eine Immunisierung gegen Argumente, wie sie von Roger Gryson, Vagaggini und anderen vorgetragen werden, bewirkt, kann nur beurteilt werden, werden, wenn man den in dieser Praxis wirksamen Axiomen nachfragt: Aus welchen Motiven heraus kommt die alte Kirche zu solch einer Praxis? Welches sind die Leitsätze, die diese Praxis begründen? Bevor diese Problematik, die Martimort nicht erörtert, aufgegriffen wird, sind noch kurz die historisch-theologischen Fakten und Argumente aus der lateinischen Tradition zu resümieren.

c) Die westkirchliche Entwicklung und die Gewichtung der daraus gezogenen negativen Argumente

Im lateinischen Westen ist im zweiten und dritten Jahrhundert nichts über Diakoninnen bekannt. Offensichtlich führen der Andrang der Taufbewerber und die Ausbreitung der Gemeinden auf das Land ebenso wie das Bekanntwerden der Institution des Frauendiakonates im Osten im vierten und fünften Jahrhundert zur Bestellung von Frauen zu Diakonen im gallischen Bereich. So lehnt die Synode von Nîmes (396) aus Gründen der kirchlichen Disziplin und der »Vernunft« dieses Amt für Frauen ab. Die Synode von Orange (451) schärft dieses Verbot ein. Man solle es fürderhin nicht wagen, Frauen zu Diakoninnen zu ordinieren. In den folgenden Jahrhunderten wird die Bestellung von Frauen zu Diakonissen vor allem in Italien und Frankreich fortgesetzt. In Italien spielt zweifellos die starke Beziehung zu Byzanz im 7. Jahrhundert eine entscheidende Rolle. Es handelt sich – wie bereits in gewissen Teilen der östlichen Kirchen – um jene Frauen, die Vorsteherfunktionen in Schwesternschaften ausüben. Sie werden – so die kirchliche Sprachregelung – nicht geweiht, sondern gesegnet, empfangen aber auch Stola und Manipel. Diese Schwestern haben das Recht, wie der Diakon das Evangelium und die Homilie in der dritten Nokturn zu lesen. Dieser Brauch wird in einer Reihe von Frauenklöstern im 17. und 18. Jahrhundert nochmals bekräftigt.

Für Martimort und andere Gegner des Frauendiakonats bezeugt die historische Entwicklung im Westen, daß unter dem Stichwort Diakonin, Diakonisse sehr unterschiedliche Realitäten verstanden werden. Sie heben auf die starke Abgrenzung dieser Frauen von den Diakonen und ihren Funktionen ab. Daß im lateinischen Westen diese starke Abgrenzung bestanden hat, kann ernsthafter Weise gar nicht in Frage gestellt werden. Es wird auf der anderen Seite allerdings auch nicht reflektiert, daß bei der Entwicklung der anderen Ämter – dem Bischofsamt, dem Presbyteramt, dem Diakonenamt – auch nicht einfachhin Kontinuität und Selbigkeit bestanden hat. Man darf nicht völlig übersehen, daß z. B. die Presbyter in der frühen Kirche ein Ratskollegium des Bischofs – als des »Pfarrers«, des Gemeindeleiters – sind und im Westen erst im vierten Jahrhundert die Kompetenz zum öffentlichen Predigen[21] und zum eigenständigen Vorsitz der Eucharistiefeier bekommen. Die ordentliche Losprechungsvollmacht erhalten sie erst im frühen Mittelalter. Gestattet ist ihnen dies vorher nur in Ausnahmefällen besonderer Art, wenn der Bischof verhindert ist. Daß für Diakone z. B. in bezug auf die Losprechung im vierten Jarhundert die gleiche Ausnahmeregelung gilt, wird ebenfalls nicht in eine gesamthafte Betrachtung der kirchlichen Ämter einbezogen.

Fassen wir den knappen Durchgang durch die theologisch-historischen Fakten und Argumente zusammen. Die zahlreichen Aussagen zum Diakonat der Frau und die kirchliche Praxis in Ost und West werden von den Gegnern einer Ordination von Frauen zu Diakonen nach den beiden Kernpunkten beurteilt: Frauen dürfen nicht am Altar dienen, sie dürfen nicht öffentlich lehren. Ihre Argumentation folgt dem Schema: Männliche Diakone dienen am Altar und lehren. Frauen dürfen nicht am Altar fungieren und lehren. Also können sie auch nicht im eigentlichen Sinne Diakone gewesen sein, wenngleich sie so hießen, geweiht wurden oder die Rangabzeichen des Diakons trugen. Generell wird die Geschichtlichkeit des kirchlichen Amtes nicht gewürdigt. Dieser Befund nötigt dazu, diesen beiden Kernpunkten nachzugehen.

Eine kritische Durchleuchtung der Leitsätze kirchlicher Praxis
a) Frauen gehören nicht an den Altar
Dieser Satz besitzt in der kirchlichen Tradition die Geltung eines selbstverständlichen Axioms. Von der frühen Patristik ab bis in unser Jahrhundert wird er zitiert, ohne daß dafür Begründungen angeboten werden. Martimort hat eine sorgfältig gearbeitete Übersicht verfaßt. Sie reicht von frühen Zeugnissen bis zur Gesetzgebung nach dem II. Vatikanischen Konzil.[22] Er hat lediglich zwei Rechtfertigungen entdeckt. Im 6. Jahrhundert wird die Regel aus der Verwerfung des Montanismus hergeleitet. Im 12. und 14. Jahrhundert nennen zwei ostkirchliche Theologen die Menstruation der Frauen als Grund für die Fernhaltung vom Altar. Martimort selbst äußert die Vermutung, der unausgesprochene Grund liege darin, daß alle Amtsstufen auf das »sacerdotium«, das Priestertum hingeordnet seien und von daher eine Übertragung litur-

gischer Funktionen an Frauen nicht in Frage komme.[23] Diese Ansicht Martimorts ist völlig ungeschichtlich, da die Ausrichtung und das Verständnis aller Amtsstufen vom »sacerdotium« her eine mittelalterliche Lehre ist, die in der Patristik unbekannt ist.

Die Einführung dieses Axioms dürfte mit der Orientierung der frühen, ihre Institutionen ausbildenden Kirche am Alten Testament und der jüdischen Sakralordnung zusammenhängen.[24] Es ist auffällig, wie in den ältesten Weiheformularen ständig bezug auf das Alte Testament genommen wird.[25] Ganz ähnlich sprechen andere Texte, insbesondere Beschreibungen und Titulaturen. Bereits im 1. Korintherbrief des Clemens wird der Bischof »Hoherpriester« genannt, dem besondere liturgische Funktionen vorbehalten sind.[26] Die bereits erwähnte Didaskalie nennt den Bischof einen Hohenpriester, Propheten, Fürsten, Führer, König, Mittler zwischen Gott und den Gläubigen, Gefäß des Wortes.[27] Nach römischen Texten repräsentiert der Bischof Mose und Aaron im Neuen Bund.

Leitend ist bei dem Axiom, daß die Frau nicht an den Altar gehört, offensichtlich die altestamentliche Sakralordnung. Hinzu kommen die Reinheitsvorstellungen der Spätantike und des Mittelalters. G. Muschiol hat in einer Untersuchung aufgezeigt, in welchem Umfang Frauen aufgrund von Reinheits- bzw. Unreinheitsregeln aus der Liturgie ausgegrenzt wurden: »Frauen sind häufiger von liturgischen Betätigungen ausgeschlossen als zu ihnen zugelassen. Der Hauptgrund dieses Ausschlusses scheint das Verständnis von Menstruation und Geburt als biologischer Unreinheit zu sein, die zu ›ritueller Unreinheit‹ umgeformt wird.«[28] Der Satz stellt eine kirchliche Selbstverständlichkeit dar, die theologisch weder bewußt reflektiert noch begründet wird. Dieser Leitsatz verbindet sich zudem nahtlos mit dem im nächsten Abschnitt zu erörternden Verbot für Frauen, öffentlich zu lehren. Daß das Axiom, Frauen gehörten nicht an den Altar, weder durch die Verkündigung und Praxis Jesu Christi begründet, noch eine Basis im Geist des Neuen Testamentes hat, kommt am deutlichsten darin zum Ausdruck, daß Frauen Jesus Christus, dem »Heiligen Gottes«[29], in einer besonderen Weise gedient haben.[30] Ist der Herr selbst nicht heiliger als sein Symbol, der Altar?

Ein weiterer Gesichtspunkt: Nach der Didaskalie waren die weiblichen Diakone gehalten, schwangeren Frauen die Osterkommunion zu bringen. Ist das Sakrament nicht heiliger als der Altarstein? Wenn diese Diakoninnen im Osten aufgrund der Heiligkeit des Altares am Altar selbst keine Dienste vollziehen durften, obwohl sie das Sakrament Kranken zu bringen hatten, so wirkt hier offensichtlich das alttestamentliche Prinzip nach, daß die Opfergabe durch den Altar geheiligt wird. Der Altar als bleibendes Mahnmal der Beziehung zum wahren Gott legitimiert das jeweilige Opfer. Im neutestamentlichen Verständnis lautet die Begründung und Legitimation: Es ist Jesus Christus, der sich als Opfer für die Menschen dargebracht hat und durch die Sendung des Geistes »alle Heiligung vollendet«.[31] Die eucharistischen Gaben sind geheiligt durch Jesus Christus.

Daß das angegebene Argument und seine alttestamentlichen Leitvorstellungen auch in der heutigen Kirche wirksam sind, wird niemand leugnen können. Man denke lediglich an den Streit um die Ministrantinnen, die Reservierung der offiziellen Altardienste für Männer, wie es in *Ministeria quaedam* verordnet wurde. Martimort zieht in seiner oben genannten Studie[32] über den Dienst der Frauen am Altar die Argumentationslinien ausdrücklich bis in diese jüngsten Anordnungen hinein.

b) Frauen kann kein öffentliches Lehren, d. h. kein Leitungsamt in der Kirche übertragen werden

Neuere exegetische und patristische Studien haben den soziokulturellen Hintergrund geklärt, der zum öffentlichen Lehrverbot für Frauen und zur Verweigerung von Leitungsvollmacht für sie in der frühen Kirche führt.[33] Die Haustafeln des Neuen Testamentes und andere Texte zeigen, daß die frühen Christen für einen spezifischen Typus der häuslichen Ordnung optieren, einen abgemilderten Patriarchalismus. Es wird die Verpflichtung des Mannes zum liebenden Umgang mit der Frau betont, von der Frau aber gleichwohl Unterordnung verlangt. Leitend ist dabei u.a. der für Außenstehende so erbrachte Erweis der Schicklichkeit und Vorbildlichkeit christlicher Häuser.[34] Diese Option führt rasch – bereits zur Zeit der Pastoralbriefe – zur Ausbildung einer entsprechenden Gemeindeordnung.[35] Die im vorausgehenden Abschnitt angesprochenen sakralen Leitvorstellungen verbinden sich mit dem Bild des Bischofs als des »pater familias«, der in der Gemeinde allein die Funktion des Lehrens besitzt[36] und dem sich alle unterzuordnen haben. Er repräsentiert Gott den Vater – so bereits Ignatius an der Wende zum zweiten Jahrhundert. Die oben angeführten Texte 1 Kor 14,34f. und 1 Tim 2,10–12 gehören ebenfalls in diesen Zusammenhang. In Stellvertretung des Bischofs und in Notsituationen können dann selbstverständlich nur Männer, nämlich Priester und Diakone agieren, nicht aber die Diakoninnen. Ihnen bleibt das Lehren »privater«, »häuslicher« Art für Frauen und Kinder vorbehalten.

Die schöpfungstheologische Begründung von 1 Tim 2,13 – »Adam wurde zuerst gebildet, dann Eva« – wird in der patristischen Literatur zwar angeführt, aber erst in der Theologie des Mittelalters systematisch entfaltet. Thomas von Aquin wie Bonaventura lehren, daß die Frau aufgrund ihrer schöpfungsmäßigen Nachordnung gegenüber dem Mann unfähig sei, das Sakrament des Ordo zu empfangen. Frauen könnten Männern – nach dem Ratschluß Gottes nicht übergeordnet werden. Die mittelalterlichen Theologen unterscheiden zwischen der fundamentalen Gleichberechtigung von Mann und Frau, die in der Gottebenbildlichkeit der vernünftigen menschlichen Natur begründet ist. Diese Vernunftnatur, die natura rationalis, komme Mann und Frau in gleicher Weise zu. Die Vorordnung des Mannes vor die Frau betrifft nach Thomas wie nach Bonaventura nicht die Wesensebene des Menschen, sondern die äußere, leibhaftige und gesellschaftliche Ebene. In diesem Bereich eigne der Frau der »status subiectionis«, die untergeordnete Stellung. Dem Mann kommt hingegen der »gradus eminentiae«, der Grad der Erhabenheit zu. Deswegen ist es von der Schöpfungsordnung her nicht möglich, daß die Frau Christus, den *Herrn,* sakramental repräsentiere. Zwar billigt Thomas der Frau zu, hier oder dort weltliche Leitungsfunktion zu übernehmen, dies gelte aber nicht im Bereich des Glaubens und der Kirche. »Denn der Mann ist Prinzip und Ziel der Frau, wie Gott Prinzip und Ziel der ganzen Schöpfung ist. Als deshalb der Apostel gesagt hat, der Mann ist Bild und Herrlichkeit Gottes, die

Frau aber ist die Herrlichkeit des Mannes, da zeigt er, warum er das gesagt hat, indem er hinzufügt: denn der Mann ist nicht aus der Frau, sondern die Frau aus dem Mann, und der Mann ist nicht geschaffen wegen der Frau, sondern die Frau wegen des Mannes.«[37]

Auf der Ebene der geistigen Natur sind Mann und Frau so für die mittelalterlichen Theologen gleich, aber nicht in bezug auf die leiblich-gesellschaftliche Verfassung. Diese Sicht von der Nachordnung der Frau ist nicht unwesentlich durch die mittelalterliche Auffassung von der allein aktiven Rolle des Mannes und der rein passiven Rolle der Frau bei der Empfängnis geprägt.

Als Fazit ergibt sich: Der Leitsatz, daß die Frau in der Kirche nicht öffentlich lehren dürfe, artikuliert eine sozio-kulturelle Option der frühen Christenheit, die sich nicht nur im Familienideal niedergeschlagen, sondern ebenso die Kirchenordnung geprägt hat. Die patristische Behauptung und die mittelalterliche Begründung einer in der Schöpfungsordnung wurzelnden Vorzugsstellung des Mannes gegenüber der Frau und daraus abzuleitenden Konsequenzen im Hinblick auf kirchliche Leitungsfunktionen sind vom Zweiten Vatikanischen Konzil und vom jüngeren kirchlichen Lehramt ausdrücklich zurückgewiesen worden.[38] Johannes Paul II. stellt in Mulieris dignitatem fest: »Wenn wir also in der biblischen Beschreibung die zu der Frau gesagten Worte lesen: ›Nach deinem Mann wirst du Verlangen haben, er aber wird über dich herrschen‹ (Gen 3,16), nehmen wir einen Bruch und eine ständige Gefahr wahr, die diese ›Einheit der zwei‹ betrifft, die der Würde des Bildes und Gleichnisses Gottes in jedem der beiden entspricht. Diese Gefahr ist jedoch schwererwiegend für die Frau. Denn jenem ›aufrichtige-Hingabe-Sein‹ und von daher ›für-den-anderen-Leben‹ folgt die Herrschaft: ›Er wird über dich herrschen‹. Dieses ›Herrschen‹ zeigt die Störung und den Verlust der Beständigkeit dieser grundlegenden Gleichheit an, die Mann und Frau in der ›Einheit der zwei‹ besitzen. Und dies gereicht vor allem der Frau zum Nachteil, während nur die Gleichheit, die sich aus der Würde beider als Personen ergibt, die wechselseitigen Beziehungen mit dem Charakter einer wahren ›Personengemeinschaft‹ versehen kann.«[39] Im Gegensatz zur mittelalterlichen Theologie wird von Johannes Paul II. so die Vorherrschaft des Mannes im leiblich-gesellschaftlichen

Bereich nicht auf die Schöpfungsordnung sondern auf die sündhafte Unordnung zurückgeführt.

c) Konsequenzen
Welche Resultate ergeben sich aus der kritischen Durchleuchtung der genannten zwei Axiome, welche die kirchliche Ämterpraxis in der Väterzeit bestimmen und von da an tradiert werden? Es wurde oben die logische Argumentationsstruktur, die von Martimort und anderen vorgetragen wird, wie folgt charakterisiert:

Männliche Diakone tuen Dienst am Altar und lehren öffentlich.

Hingegen gilt: Frauen gehören nicht an den Altar, sie dürfen nicht lehren.

Also können sie keine Diakoninnen im eigentlichen Sinne gewesen sein, was auch immer die Weihegebete und -formen, Rangzeichen usw. besagen.

Im Bezug auf diesen Schluß mit Obersatz, Untersatz und Folgerung ist nun festzustellen: Der Untersatz stellt eine sozio-kulturelle Verhaltensweise der frühen Kirche dar, nicht etwa ein, bzw. zwei dogmatische Pinzipien. Der Obersatz stellt aber ebenfalls einen faktischen Befund fest. Aus zwei faktischen Befunden aber läßt sich nach allen Regeln der Logik kein normatives Resultat erschließen. Genau dies aber ist die Folgerung, die Martimort und andere aus Obersatz und Untersatz ableiten: Die Frauen in der syrischen Kirche und anderswo können gar nicht Diakoninnen gewesen sein.

Weniger formal argumentiert: In der alten Kirche sind faktisch Verhaltensweisen wirksam, die den Tätigkeitsbereich von Frauen, die im Chorraum der Kirche vom Bischof mit Handauflegung zu Diakonen bestellt werden, erheblich einschränken. Solche Einschränkungen betreffen aber auch – wenngleich in reduziertem Maße – etwa die Presbyter und Diakone in der lateinischen Kirche, was die öffentliche Verkündigung anbelangt. Die zahlreichen Einzelheiten, in denen Übereinstimmung in der Bestellung von Diakoninnen und Diakonen besteht – Gryson und andere Autoren haben sie im Detail aufgelistet – sprechen somit eindeutig dafür, daß Diakoninnen in der Ostkirche mit demselben Amt betrtaut worden sind wie ihre männlichen Kollegen.

Neuere Argumente gegen den Diakonat der Frauen
Im Verlaufe der jüngeren Auseinandersetzungen um die Zulassung von Frauen zum Diakonat sind zwei Bedenken vorgebracht worden, die sich nicht unmittelbar wie die zuvorgenannten auf historische Argumentationsketten stützen. Sie sollen im folgenden untersucht werden.

a) Die Einheit des Ordo, bestehend aus Bischofsamt, Priesteramt, Diakonat, verbietet die Zulassung von Frauen zum Diakonat
Auch in diesem Argument steckt ein ganzer Syllogismus: Der Ordo – bestehend aus Bischofsamt, Presbyteramt, Diakonenamt – bildet eine Einheit. Frauen können aber nicht zu Bischofsamt und Presbyteramt zugelassen werden. Also können sie auch nicht zum Diakonat zugelassen werden. Für den Untersatz beruft man sich auf die lehramtlichen Verlautbarungen »Inter insigniores« und »Ordinatio sacerdotalis«. Der Obersatz gilt als selbstverständlich und wird eventuell durch den Verweis auf das Trienter Dekret über den Ordo[40] untermauert

Im Rahmen der vorliegenden Erörterungen soll keine kritische Untersuchung des Untersatzes entfaltet werden. Die Aufmerksamkeit wird vielmehr auf die genauere Bestimmung dessen konzentriert, was »Einheit des Ordo« bedeutet.

Eine Analyse der patristischen Weiheformulare zeigt, daß die frühe Kirche nicht primär von *einem* Amt ausgeht. Vielmehr werden die verschiedenen Ämter in der Kirche nach ihren Funktionen differenziert benannt und dargestellt. Mit der Ausbildung der sogenannten »niederen« Dienste wird die – allerdings mannigfach faktisch übergangene – Regel aufgestellt, niemand solle zu den oberen Ämtern aufsteigen, ohne die niederen durchlaufen zu haben. Faktisch dienen diese Stufen zugleich auch als Ausbildungsstufen. Dionysius Areopagita führt um 500 den Ausdruck »kirchliche Hierarchie« ein und zwar im Blick auf das von ihm – im neuplatonischen Sinne – entworfene Bild vom Kosmos als einer geordneten Pyramide von Vollkommenheiten. Die Kirche mit ihren Diensten ist für ihn ein sichtbares Zeichen dieser schöpfungsmäßigen Struktur. Ein förmliche Theologie von der Einheit des Amtes gibt es in der alten Kirche nicht.

Im Mittelalter werden hingegen die verschiedenen Dienste unter dem einen Begriff des Ordo zusammengefaßt[41] und dieses eine kirchliche Amt – in allen seinen Gestalten – vom Bezug auf die Eucharistie her verstanden. Die Kompetenz in bezug auf den eucharistischen Leib des Herrn ist die Grundlage für die Kompetenz des Amtsträgers in bezug auf den mystischen Leib, die Kirche. Diese Konzeption unterscheidet sich wesentlich von der patristischen Amtsauffassung.[42]

Sie wird in Trient vorausgesetzt und erst durch das Zweite Vatikanische Konzil wiederum korrigiert. Zugleich wird allerdings in der nachkonziliaren Theologie das Prinzip von der Einheit des Ordo festgehalten, ohne daß dieses Prinzip neu reflektiert würde. Eine solche Reflexion aber ist dringend erforderlich, soll es nicht zu Fehlschlüssen kommen.

Einheit ist – nach Thomas von Aquin und der klassischen philosophisch-theologischen Tradition – ein *analoger Begriff.* Der Typus der Einheit richtet sich jeweils nach der Sache, von der die entsprechende Einheit ausgesagt wird. Um was für einen Sachverhalt geht es bei den sakramentalen Ämtern? Nach der Kategorienlehre der Antike und des Mittelalters gehören die Ämter in der Kirche in die Kategorie der Relationen. Sie bezeichnen eine spezifische Beziehung dessen, der das Amt innehat, zu jenen, zu deren Dienst er bestellt ist. Von dieser Beziehung der beiden Subjekte bzw. Subjektgruppen ist das Fundament, der Grund dieser Beziehung zu unterscheiden.

Die Ämter tragen ein unterschiedliches Profil. Die Beziehung des Bischofs zu den Gläubigen ist eine andere als die des Priesters, und diese Beziehung unterscheidet sich noch einmal von der Beziehung des Diakons zu den Gläubigen. Man kann die Differenzen zwischen dem Bischof, dem Priester und dem Diakon in ihrer Beziehung zu den Gläubigen nicht quantitativ, sondern lediglich qualitativ fassen. Zwar gehören gewisse gleiche Funktionen oder Grundzüge zu diesen unterschiedlichen Beziehungen hinzu. Sie sind in diesen Beziehungen eingeschlossen. Die Inhaber des Bischofsamtes, des Presbyteramtes und des Diakonenamtes etwa haben heute jeweils die Verkündigung wahrzunehmen. Gleichwohl sind diese gemeinsamen Züge eingebettet in ganz unterschiedliche Verantwortlichkeiten und Kompetenzen. Die Relationen selbst, die Ämter, sind qualitativ verschieden.

Diese Sicht der Ämter wurde durch das II. Vatikanische Konzil wiedergewonnen. Das Trienter Dekret über das Sacramentum ordinis geht von der mittelalterlichen Amtstheologie aus, die das Amt – vom eucharistischen Opfer her – her grundsätzlich als sacerdotium definiert und diesem sacerdotium alle übrigen Ämter und Dienste zuordnet: »Da aber der Dienst des so heiligen Priestertums etwas Göttliches ist, war es, damit er würdiger und mit größerer Ehrfurcht versehen werden könne, folgerichtig, daß es in der höchst geordneten Gliederung der Kirche mehrere und verschiedene Weihestände der Diener gebe, *die dem Priestertum von Amts wegen dienen sollten,* und zwar so verteilt, daß diejenigen, die schon mit dem Zeichen der klerikalen Tonsur ausgezeichnet wurden, durch die niederen zu den höheren aufsteigen.«[43]

Das II. Vatikanische Konzil statuiert dagegen am Beginn des Kapitels über die hierarchische Verfassung der Kirche und insbesondere das Bischofsamt: »Christus, der Herr, hat, um das Volk Gottes zu weiden und ständig zu mehren, in seiner Kirche *verschiedene Dienste* eingesetzt, die auf das Wohl des ganzen Leibes ausgerichtet sind. Denn die Diener, die über heilige Vollmacht verfügen, *dienen ihren Brüdern,* damit alle, die zum Volk Gottes gehören und sich daher der wahren christlichen Würde erfreuen, zum Heil gelangen, indem sie frei und geordnet auf dasselbe Ziel hin zusammenwirken.«[44] Hier ist von vornherein von mehreren Diensten die Rede, wobei die Zielbestimmung nicht einfach in der Eucharistie bzw. der Vollmacht zur Eucharistie festgemacht wird.

Zugleich aber ist auch von einer Zusammengehörigkeit dieser unterschiedlichen Dienste die Rede. Ihre gemeinsame Zielbestimmung liegt im Dienst an den Gläubigen, damit diese zum Heil gelangen und auf dieses Ziel hin frei und geordnet zusammenwirken. Gerade zur Erfüllung dieser komplexen Aufgabe bedarf es unterschiedlicher Dienste. Diese theologische Umschreibung korrespondiert den oben gegebenen formalen Charakteristiken: Die Ämter in der Kirche bezeichnen qualitativ unterschiedliche Relationen, die allerdings einen gewissen Zusammenhang bilden: Sie beziehen sich auf das eine Volk Gottes, sollen die Erlangung des Heiles fördern und ein freies und geordnetes Zusammenwirken aller ermöglichen.

Gibt es einen gemeinsamen Grund oder eine gemeinsame Basis für diese Relationen, die unterschiedlichen Ämter? Diese Beziehungen, welche jeweils Bündel von Funktionen und Kompetenzen umfassen, tragen den Charakter von Sakramenten. Sakramente sind wirksame Zeichen der Gnade Gottes, die in und durch Jesus Christus vermittelt ist und den Menschen im Heiligen Geiste zuteil wird. Das geschöpfliche oder natürliche Zeichen des Sakramentes ist – im Falle des sakramentalen Amtes – die Beziehung selbst, der Dienst für die Brüder und Schwestern, mit dem die Amtsträger betraut werden. In mittelalterlicher Theologensprache ist er als materia sacramenti zu bezeichnen. Inhaltlich bestimmt sich diese materia sacramenti vom Heil Gottes und den Dienstleistungen her, die erforderlich sind, damit die Glaubenden frei und geordnet zu diesem Ziel, dem Heil, Heil gelangen.

Durch die Weihehandlung, die forma sacramenti, wird den Weihekandidaten die Zurüstung und Zusage des Geistes gegeben, daß in ihrem Wirken die Gnade Gottes vermittelt wird. D. h. im Amt und durch das amtliche Wirken leuchtet die Güte des Vaters auf und wird sie kommuniziert. Ebenso wird in diesem Dienst die Huld und Zuwendung Jesu Christi, in dem die Güte des Vaters Gestalt angenommen hat, ansichtig. Zugleich wird in den amtlichen Dienstleistungen die Gabe des Geistes, in der die Güte des Vaters und das Erbarmen des Sohnes den Menschen zugeeignet werden, greifbar.

Da es sich bei Episkopat, Presbyterat wie Diakonat jeweils um sakramentale Dienste handelt, gilt: Diese Dienste müssen *in ihrer jeweiligen Sinngestalt,* in ihrem je *eigenen Profil,* die dreifaltige Gnade zum Ausdruck bringen. Ihre Differenz liegt folglich in der unterschiedlichen Weise, wie sie die Güte Gottes, das Wirken Jesu Christi, das Walten des Heiligen Geistes in ihren verschiedenen institutionellen Zügen greifbar machen und vermitteln. Ihre Einheit liegt darin, daß sie sich gemeinsam auf diesen Grund beziehen und untereinander geordnet sein müssen, damit sie überhaupt dienlich sind für das Ziel, zu dem sie da sind.

Was ergibt sich aus dieser Bestimmung der »Einheit« des Amtes für die oben angeführte Argumentation? Die Einheit der in sich unterschiedlichen Dienste liegt in ihrem gemeinsamen Grund, der Zuwendung und Gnade des Vaters, dem Erbarmen des menschgewordenen Sohnes und in der Güte des Heiligen Geistes. Die Einheit liegt auch in der gemeinsamen Bestimmung der Adressaten amtlicher Dienste und dem Ziel, um das es in den unterschiedlichen Diensten geht, dem Heil. Unbeschadet der Leitungskompetenz des Bischofs liegt die Einheit der Ämter nicht einfach im Bischofsamt als solchem. Von den Zugangsbedingungen zum Bischofsamt und Presbyteramt und der damit vom römischen Lehramt verbundenen Ausschließung von Frauen her auf den Diakonat zu schließen, ist somit theologisch nicht angängig. Ein solcher Ausschluß müßte sich vielmehr aus dem Diakonat als solchem ergeben. Es ist schlichtweg uneinsichtig, wie in den diakonalen Kompetenzen und Tätigkeiten einer Frau die Güte Gottes, das Dienen und Heilen Jesu Christi, die Liebe des Geistes Gottes nicht sollten aufleuchten und vermittelt werden können.

Diese Argumentation, die vom eigenen Sinn und eigenständigen Dienst jedes der drei sakramentalen Ämter ausgeht, dürfte um so einleuchtender sein, als das Zweite Vatikanische Konzil ausdrücklich den Diakonat als *eigenständiges* Amt in der Kirche wieder eingeführt hat, nachdem es über Jahrhunderte hin als Durchgangsstation für Priesteramtskandidaten fungierte. Das Zweite Vatikanische Konzil hat die eigene Sinngestalt des Diakonats insofern betont, als es ausdrücklich sagt, die Diakone *würden ad ministerium, non ad sacerdotium, zum Dienst, nicht zum Priestertum* geweiht.[45] Die oben angeführte Argumentation gegen die Zulassung von Frauen zum Diakonat, die bei der Einheit des Amtes ansetzt, ist somit in sich hinfällig.

b) Da Amtsträger in »persona Christi« handeln, können Frauen nicht mit einem skramentalen Amt betraut werden

Dieses vierte Argument gegen den Diakonat der Frauen verbindet sich in einer gewissen Weise mit dem vorher genannten Prinzip, fügt aber eine neue Variante hinzu. Manfred Hauke hat in seiner Promotionsschrift die These aufgestellt, daß es eine schöpfungsmäßige Symbolik der Geschlechter gebe, wonach die priesterliche Repräsentanz Gottes dem Manne, die Repräsentanz der Geschöpflichkeit der Frau zufalle.[46] Diese schöpfungsmäßige Grundordnung sei in der Erlösungsordnung erfüllt worden, in dem das Wort Gottes zum *Mann* Jesus Christus wurde. Er sei – als Mann – der vollkommene Repräsentant Gottes, des Vaters. In der Kirche aber sei das Amt »in persona Christi« zu vollziehen. Da Christus aber Mann sei, könne auch für den sakramentalen Diakonat lediglich der Mann infrage kommen.[47]

Die These Haukes ist der bisherigen theologischen Argumentation fremd. Wenn die mittelalterlichen Theologen Frauen als unfähig erklärten, den Ordo zu empfangen, so war für sie – wie dargestellt – das Argument leitend, daß der Mann der Frau im leibhaftig-gesellschaftlichen Bereich übergeordnet sei und daher nur der Mann Jesus Christus, den *Herrn,* repräsentieren könne. Hauke argumentiert unmittelbar von der Männlichkeit her. Ist eine solche Beweisführung überhaupt möglich? Philosophisch – begrifflich gesehen ist diese Frage zu verneinen. Das Mann-Sein des Mannes kann nicht einfachhin aus und in sich bestimmt werden. Es ist ein »esse ad«: es kann nur durch Unterscheidung und Beziehung auf das Frau-Sein der Frau bestimmt werden, wie auch umgekehrt. Hinsichtlich ihres Wesens aber, d. h. an und für sich sind Mann wie Frau als Bild Gottes zu bestimmen. Diese Grundlagen, wie sie das jüngere kirchliche Lehramt ausdrücklich bestätigt hat[48], ignoriert Hauke in seiner Argumentation.

Ist der Ausgangspunkt der Beweisführung nichtig, so ist die Frage zu stellen, was mit der Rede vom Handeln »in persona Christi« bzw. dem Handeln »in persona capitis« gemeint ist. Die Rede vom Handeln »in persona Christi« bzw. »in persona capitis« wird von Thomas gebraucht bei der Erörterung der Frage, ob nicht auch Laien die Eucharistie darbringen könnten, die Konsekrationsworte würden ja dieselben seien. Die Antwort des Thomas: Dieses Sakrament könne nur »in persona Christi« dargebracht werden. Wer aber in der Person, – d. h. im Namen eines anderen handle – bedürfe einer ihm gewährten Handlungsvollmacht (potestas ab illo concessa).[49] Es geht für Thomas folglich um eine Bevollmächtigung, nicht um ein sinnbildliches Darstellen. Dieser Befund wird dadurch unterstrichen, daß Thomas bei der Erörterung der Metapher »caput« ausdrücklich erläutert, in welchem Sinne dieses Bild von Christus in bezug auf die Kirche gebraucht werde, nämlich in bezug auf die Ordnung, die Vollkommenheit und die Handlungsmächtigkeit bzw. die Leitung. In geistlicher Hinsicht komme Jesus Christus hier jeweils der erste Platz zu.[50] Auch von dieser Erläuterung her ergibt sich, daß Handeln »in persona capitis«« das bevollmächtigte Handeln meint.

Gebraucht man folglich in der Theologie den Ausdruck, amtlicher Dienst sei grundsätzlich »in persona Christi«, bzw. »in persona capitis« zu leisten, so bedeutet dies, daß dieser Dienst in einer letztlich von Christus her autorisierten Form auszuüben ist. Es geht nicht darum, Christus in seiner Männlichkeit zu symbolisieren. Wer aus der sprachlichen Wendung »in persona capitis« folgert, der Handelnde müsse ein Mann sein, mißachtet die Mahnung des Thomas: daß »in metaphorischen Redeweisen die Ähnlichkeit sich nicht in bezug auf alles erstreckt«.[51]

Aus den Darlegungen folgt, daß es durchaus sinnvoll und notwendig ist, von einem Handeln des Diakons oder – gegebenenfalls – der Diakonin »in persona Christi« zu sprechen. Es wird damit die Autorisierung für bestimmte Dienste im Namen Jesu Christi angesagt, nicht etwa die Männlichkeit eingefordert. Ein solcher Fehlschluß kommt in der Argumentation Haukes nur zustande, weil er den Ausdruck Handeln »in persona Christi« in vorstellungsmäßiger, den theologischen Fachgebrauch ignorierender Weise nutzt. Halten wir also als Ergebnis im zweiten Teil unserer Darlegungen fest: Die in der Theologie vorgebrachten Argumente, die gegen eine Zulassung von Frauen zum Diakonat sprechen, sind theologisch nicht triftig.

Positive Argumente, die – nach Ausräumung der Einwände – für die Zulassung von Frauen zum Weihediakonat sprechen

Voraussetzung der im folgenden vorgetragenen Argumente ist das Verständnis von »ministerium« bzw. von amtlichem Dienst, wie es im Zweiten Vatikanischen Konzil, Artikel 18 von Lumen gentium[52] dargelegt und oben bereits erörtert worden ist.

Ist der amtliche Dienst der Kirche, der von Jesus Christus her autorisierte und mit Vollmacht ausgerüstete Dienst, damit die Menschen in freier und geordneter Weise zusammenwirkend zum Heile gelangen, so ergibt sich ein Verständnis für die überaus wechselnden Verhältnisse in der Ausformung dieser Dienste im Verlauf der Kirchengeschichte. Sind die Dienste jeweils auf unterschiedliche kulturelle gesellschaftliche Situationen bezogen – es geht ja um das freie, notwendiger Weise geschichtlich konditionierte Zusammenwirken der Menschen – so nehmen sie verschiedene Formen und Gestalten an. Diese geschichtlich variablen Gestalten schließen immer wieder unbewußte Selbstverständlichkeiten ein, die unter Umständen erst in folgenden Etappen aufgedeckt und kritisch durchleuchtet werden. Die große Variabilität der amtlichen Dienste und ihrer theologischen Charakterisierungen legt ein Zeugnis dafür ab.

Welche theologischen Argumente ergeben sich aus der gekennzeichneten Relationalität des kirchlichen Amtes für eine Zulassung von Frauen zum Weihediakonat?

Die Heilssendung Jesu Christi, die durch die amtlichen Dienste in der Kirche zu repräsentieren ist, ernötigt die Zulassung von Frauen zum Diakonat

Der amtliche Dienst gehört nach dem angeführten Wort des Zweiten Vatikanischen Konzils zur soteria, d. h. zur Heilssendung Jesu Christi. In dieser Heilssendung Jesu Christi hat aller amtliche Dienst in der Kirche sein inneres Maß und seine Ausrichtung. Der amtliche Dienst soll ja die Sendung Jesu Christi fortsetzen.

Die Weise, wie Jesus Christus das Heil Gottes für die Menschen in Wort und Tat, bis hin zur Passion, bekundet hat, war nicht beliebig. Der Herr hat das göttliche Heil an den Bruchkanten des Lebens bezeugt, an jenen Grenzen und in jenen Grenzerfahrungen, an und in denen Menschen ihre Heilsferne, die Unvollendetheit ihres Lebens, ihre Gebrochenheit und Entfremdung schmerzlich wahrnehmen. Für die Menschen in der Ausweglosigkeit der Sünde und der Schuld hat er nicht nur das Wort der Versöhnung gesprochen, sondern durch sein Sterben bewährt, daß dieses Wort ihnen unverbrüchlich gilt. Der scheinbaren Herrschaft des Todes über die Menschen hat er sich mit seinem lebensspendenden Trostwort ebenso entgegengestellt, wie durch sein wunderbares Tun und die Hinnahme des eigenen Todes im Blick auf die Erfüllung im Reich Gottes. Für die Kranken und Elenden hat er durch seine Zuwendung und die Heilungen ein Unterpfand vollendeten Heiles gesetzt. Den Ohnmächtigen und Armen, den Geringen, den Ausgegrenzten und Kleinen hat er sich zugesellt: so hat er sie selig gepriesen.

Ist amtlicher kirchlicher Dienst von der Heilssendung Jesu Christi her zu bestimmen, so gehört die diakonale Dimension wesentlich dazu. Die Kirchengeschichte bietet ein überreiches Anschauungsmaterial dafür, daß so, wie die Jünger vor dieser realen Bezeugung des Heiles immer wieder ausgewichen sind, so auch die Amtsträger der Kirche ständig in der Versuchung stehen, diese Dimension ihres Dienstes zu übersehen und zu verdrängen. Diese Versuchung manifestiert sich nicht zuletzt in den Akzentsetzungen und Ausgestaltungsformen kirchenamtlichen Dienstes. Das Zurücktreten der diakonalen Dimension gegenüber der Liturgie, der allgemeinen Verkündigung und insbesondere der Administration ist in der Kirchengeschichte immer wieder zu beobachten. Solche Beeinträchtigungen des kirchlichen Amtes aber mindern entscheidend die Möglichkeiten der Heilsbezeugungen und die Glaubwürdigkeit der Kirche.

Aus dieser Perspektive erweist sich die scheinbar überlegene, etwas ironische Frage: Was bringt die Diakonenweihe von Frauen, die in diakonalen Arbeitsfeldern tätig sind? als eine theologisch falschgestellte Frage. Es gibt – Gott sei Dank! – eine große Zahl von Frauen, die in wichtigen diakonalen Feldern arbeiten. Um der Kirche, um des Volkes Gottes willen, aber auch um der Glaubwürdigkeit des kirchlichen Amtes willen, ist diese Arbeit als Mitvollzug der Heilssendung Jesu Christi ernst zu nehmen. Im bezug auf das kirchliche Amt ergibt sich hier eine ganz wesentliche Chance, welche die Kirche nicht ausschlagen darf. Dies gilt um so mehr als die Einführung des ständigen Diakonats für die Männer in einer ganzen Reihe von Diözesen der römisch-katholischen Kirche keineswegs die gewünschte Verstärkung des diakonalen Engagements in der Kirche bewirkt hat. Aufgrund des Priestermangels sind die männlichen Diakone weitgehend in Aufgabenfelder gesandt worden, die vorher von Priestern wahrgenommen worden sind. Die Zulassung von Frauen zum Diakonat würde hier einen wesentlichen Schritt in einem Wandlungsprozeß darstellen.

Die Zulassung von Frauen zum Diakonat stellt eine kulturell und sozial, wie kirchlich und theologisch höchst bedeutsame Aufhebung einer Diskriminierung der Frauen dar
Es wurde eingangs bereits herausgestellt, daß eine neue kulturelle und gesellschaftliche Lage der Frauen, vor allem in den Industrieländern, besteht. Diese neue kulturelle und gesellschaftliche Lage ist von der Kirche nach ihren Grundzügen bekräftigt worden: Männer und Frauen sind unbeschadet der geschlechtsbedingten Differenzen – kulturell und gesellschaftlich gleichgestellt. Dies haben das Zweite Vatikanische Konzil ebenso wie die *Enzyklika Mulieris Dignitatem*, sowie zahlreiche andere Dokumente festgestellt. Aus dieser gewandelten Situation aber resultiert, daß der Ausschluß der Frauen vom Weihediakonat, der in der Ostkirche über lange Jahrhunderte bestanden hat und in der westlichen Kirche theologisch möglich ist, heute als diskriminierend und als Verstoß gegen den Gleichheitsgrundsatz erfahren und gewertet wird. Denselben Beweggrund, den die Väter des Zweiten Vatikanischen Konzils im Blick auf diakonisch arbeitende Männer formuliert haben, machen gläubige Frauen auch für sich geltend: »... es ist angebracht, daß Männer, die tatsächlich einen diakonalen Dienst ausüben, sei es als Katechisten in der Verkündigung des Gottes Wortes, sei es in der Leitung abgelegener christlicher Gemeinden im Namen des Pfarrers und des Bischofs, sei es in der Ausübung sozialer oder caritativer Werke, durch die von den Aposteln überlieferte Handauflegung gestärkt und dem Altare enger verbunden werden, damit sie ihren Dienst mit Hilfe der sakramentalen Diakonatsgnade wirksamer erfüllen können.«[53]

Kritisch ist zu diesem Text des II. Vatkanischen Konzils anzumerken, daß die Rede von der »Angemessenheit« unangemessen, weil zu schwach ist. Die *kirchliche* und *theologische* Dringlichkeit, ja Notwendigkeit ergibt sich – in diesem Kontext – aus der Charakteristik des Amtes durch das Zweite Vatikanische Konzil: Das »freie und geordnete Zusammenwirken« der Glaubenden, um zum Heil zu gelangen, ist wesentliche Zielsetzung amtlichen Dienstes. Freies und geordnetes Zusammenwirken aber ist notwendiger Weise kulturell und gesellschaftlich vermittelt. Wird diese gesellschaftliche und kulturelle Lage im amtlichen Dienst und in der Gestaltung des amtlichen Dienstes mißachtet, so ist dies von eminenter Heilsbedeutung für die Menschen in dieser Situation.

Gestatten Sie zum Schluß ein persönliches Wort: Seit der Zeit des Zweiten Vatikanischen Konzils habe ich mich theologisch mit der Frage des Diakonats und des Diakonates der Frauen beschäftigt. Ich kenne kein triftiges theologisches Argument, das gegen die Zulassung von Frauen zum Weihediakonat spricht. Ich kenne nur Gründe, die dafür sprechen.

Anmerkungen

[1] Vgl. Gerhard Lohfink, Weibliche Diakone im Neuen Testament, in: Die Frau im Urchristentum (QD 95), Freiburg 1983, 320–358; Elisabeth Schüssler-Fiorenza, Zu ihrem Gedächtnis. Eine feministisch-theologische Rekonstruktion der christlichen Ursprünge, München 1988; Luise Schrotthoff, Lydias ungeduldige Schwestern. Feministische Sozialgeschichte des frühen Christentums, Gütersloh 1994; Ulrike Wagner, Die Ordnung des »Hauses Gottes«. Der Ort von Frauen in der Ekklesiologie und Ehtik der Pastoralbriefe (WUNT, 2/65) Tübingen 1994.

[2] Vgl. die Übersicht bei Christoph Niemand, »… damit das Wort Gottes nicht in Verruf kommt« (Titus 2,5). Das Zurückdrägen von Frauen aus Leitungsfunktionen in den Pastoralbriefen – und was daraus heute für des Thema »Diakonat für Frauen« zu lernen ist, in: ThPQ 144 (1996) 351–361.

[3] Vgl. Aimé Georges Martimort, Les diaconesses. Essai historique (Eph. Lit., Subs.24), Rom 1982, 194.

[4] Vgl. Johannes XXIII., Pacem in terris, DH 3975; Johannes Paul II., Mulieris dignitatem, DH 4830–4841.

[5] Vgl. DH 4592 und 4597.

[6] Vgl. den angefügten Literaturbericht.

[7] Vgl. Roger Gryson, Le ministère des femmes dans l'Eglise ancienne, Gembloux, Duculot 1972 (Recherches et synthèses, Sect. d'histoire, IV); ferner ders., L'Ordination des diaconesses d'après les Constitutions apostoliques, in: MSR, 31 (1974) 41–45.

[8] Vgl. Frederick R. McManus, Book Reviews: Deaconesses: An Historical Study, in: The Jurist 47 (1997) 597. – Vgl. den Beitrag von Anne Jensen, »Das Amt der Diakonin in der kirchlichen Tradition des ersten Jahrtausend«, S. 33.

9 Vgl. Martimort, Les diaconesses, 245–251. – Hans Jorissen hat in seinem Beitrag »Theologische Bedenken gegen die Diakonatsweihe von Frauen«, S. 86 die geläufigen Argumente zusammengestellt.
10 Vgl. Michael Theobald, Römerbrief Kap. 12–16 (SKK Nt 6/2), Stuttgart 1993, 223–226.
11 Vgl. ebd.; Hermann-Josef Klauck, Gemeinde – Amt – Sakrament. Neutestamentliche Perspektiven, Würzburg 1989, 235.
12 Vgl. Lorenz Oberlinner, Die Pastoralbriefe, 1 Tim (HthKNT XI,2/1) Freiburg, Basel, Wien 1994, 142.
13 Die Deutung der geschichtlichen Situation kommt in den Ausführungen Martimorts überhaupt nicht vor. Er stellt lediglich die beiden Aussagen unvermittelt nebeneinander und schließt daraus, daß es nach 1 Tim keine Frauen als Diakone in der frühen Kirche gegeben habe.
14 Vgl. Martimort, Les diaconesses, 21.
15 Vgl. neben Oberlinner, a. a. O., Norbert Brox, Die Pastoralbriefe (RNT, 7,2), Regensburg 1969, 52–55; Hans Conzelmann, Der erste Brief an die Korinther, Göttingen 1969, 289f. zu 1 Kor 14,33b–36, einem Text, der den Pastoralbriefen nahe steht. – Vgl. dazu in diesem Band den Beitrag von Rosemarie Nürnberg, Das Lehrverbot für Frauen im Rahmen der altkirchlichen Oikos – Ekklesiologie, S. 172, der einen weiteren Aspekt in dieser Sachfrage beleuchtet.
16 Vgl. den zitierten Beitrag von Jorissen in diesem Band.
17 Vgl. zu dieser Übersicht die ausführliche Darstellung von Jensen in diesem Band S. 33; ferner den Anhang mit den wichtigsten Texten, S. 367.
18 Vgl. Martimort, Les diaconesses, 248–251.
19 Ebd., 249.
20 Vgl. dazu auch den Beitrag von Jorissen in diesem Band, S. 86.
21 Die Betrauung des zum Priester geweihten Augustin mit der sonntäglichen Predigt durch seinen Bischof löst in Afrika einen Skandal aus (Vgl. Possidii vita Augustini, 5). Papst Coelestin untersagt kurz darauf den Bischöfen Italiens, Priestern den Dienst des Wortes anzuvertrauen.
22 Vgl. Aimé Georges Martimort, La question du service des femmes à l'autel, Notitiae 16 (1980) 8–16.
23 Vgl. ebd. 12.
24 Vgl. Josef Andreas Jungmann, Missarum sollemnia, Bd. 1, Wien ³1952, 40–42.
25 So wird im ältesten überlieferten Weihegebet (Hippolytus, Traditio apostolica) für Bischöfe auf Abraham und das »Geschlecht der Gerechten« Bezug genommen, denen Gott »Fürsten und Priester bestellt hat«. Im Weihegebet für Priester wird auf Mose verwiesen, dem Gott aufgetragen hat, Älteste zu bestellen, die Gott mit seinem Geist ausgerüstet hat. Vgl. Bernard Botte, Hippolyte de Rome, La Tradition apostolique, Sources chrètiennes (11) Paris o. J. (1946). Auffällig ist, daß lediglich beim Diakon auf den »dienenden« Christus Bezug genommen wird. Vgl. ferner Bruno Kleinheyer, Die Priesterweihe im römischen Ritus, TThSt 12, Trier 1962.
26 40,1; Franz Xaver Funk, Didascalia et Constitutiones Apostolorum Bd. 1, Paderborn 1905, 150.
27 Vgl. Didaskalia apostolorum, Ed. Conolly, Oxford 1929, 86.
28 Gisela Muschiol, Reinheit und Gefährdung? Frauen und Liturgie im Mittelalter, in: Heiliger Dienst 51 (1997) 42–54, hier 51. Die Verf. verweist auf die reli-

[29] gionsgeschichtlichen Parallelen in anderen Hochreligionen und ethnologischen wie anthropologischen Deutungen dieses Phänomens. Vgl. a. a. O., 51–55.
[29] Vgl. Mk 1,24; Joh 6,69; Lk 1,35.
[30] Vgl. Mt 27,55; Mk 15,41; Lk 8,3.
[31] IV. Hochgebet.
[32] Vgl. Martimort, La question.
[33] Vgl. zu den folgenden Ausführungen die reich dokumentierten Ausführungen von Rosemarie Nürnberg, »Non decet neque necessarium est, ut mulieres doceant«. Überlegungen zum altkirchlichen Lehrverbot für Frauen, in: JbAC 31 (1988) 57–73; ferner ihrem Beitrag in diesem Bd., S. 172.
[34] Vgl. u. a. Kol 3,18–4,1; Eph 5,22–6,9; 1 Petr 2,18–3,7.
[35] Vgl. die Ausführungen zu den biblischen Texten S. 367.
[36] Aus dieser Stellung des Bischofs erklärt sich das anfängliche Verbot für Presbyter, in der lateinischen Kirche das öffentliche Lehramt wahrzunehmen.
[37] Thomas von Aquin, S. Th., I, q. 93, a.4.
[38] In der apostolischen Instruktion *Inter insignores* bzw. im offiziösen Kommentar zu diesem Dokument wird zur Begründung des Ausschlusses von Frauen von der Priesterweihe auf eine Reihe von Werken mittelalterlicher Theologen Bezug genommen. Es wird unterstellt, daß bei ihnen an den angeführten Stellen nicht aus der Schöpfungsordnung argumentiert werde, sondern christologisch fundierte Argumente vorgetragen würden. Diese Einschätzung ist ein Fehlurteil. In bezug auf Argumente aus der Schöpfungsordnung wird ausdrücklich festgestellt, daß sie theologisch nicht tragfähig seien. Hier handle es sich um kulturell und gesellschaftlich bedingte Vorurteile. Vgl. Peter Hünermann, Lehramtliche Dokumente zur Frauenordination, in: Walter Groß (Hg.), Frauenordination, München 1996, 83–96; ferner ders., Schwerwiegende Bedenken. Eine Analyse des Apostolischen Schreibens »Ordinatio Sacerdotalis«, ebd., 120–127.
[39] Vgl. DH 4831.
[40] Vgl. DH 1763–1778.
[41] Vgl. Ludwig Ott, Das Weihesakrament, in: HDG IV, 5, Freiburg, Basel, Wien 1969, 48, in: »Die erste Definition des Ordo begegnet in den Sentenzen des Petrus Lombardus. Nachdem er die einzelnen Ordines besprochen hat, legt er sich die Frage vor, was der Ordo ist.« Erst aufgrund dieser Definition des Ordo ist die Rede von der Einheit des Weihesakramentes möglich.
[42] Diese Veränderung hat zur Folge, daß das Bischofsamt von den mittelalterlichen Theologen nicht mehr als eigenes sakramentales Amt neben dem Amt des Presbyters verstanden wird. In bezug auf die Eucharistie haben ja beide Amtsträger die gleiche Vollmacht, nur daß der Bischof auch die Spender der Eucharistie, die Presbyter, ordinieren kann.
[43] DH 1765.
[44] DH 4142.
[45] DH 4155.
[46] Vgl. Manfred Hauke, Die Problematik um das Frauenpriestertum vor dem Hintergrund der Schöpfungs- und Erlösungsordnung (KKTS Bd. XLVI), Paderborn 1982.
[47] Vgl. Manfred Hauke, Überlegungen zum Weihediakonat der Frau, in: ThGL 77 (1987) 108–127. »Die Entscheidung darüber, ob Frauen zum sakramentalen

⁴⁸ Diakonat zugelassen werden, ist demnach unauflöslich verbunden mit der Frage der Zulassung zum Bischofs- und Priesteramt.« (Ebd. 111)
⁴⁸ Vgl. das Zitat von Johannes Paul II. oben.
⁴⁹ Thomas v. A., S.Th., III, q.82, a.1, c.
⁵⁰ Vgl. ebd., q.8, a.1, c.
⁵¹ Vgl. ebd., ad 2.
⁵² Vgl. DH 4142: »Christus der Herr, hat, um das Volk Gottes zu weiden und ständig zu mehren, in seiner Kirche verschiedene Dienste eingesetzt, die auf das Wohl des ganzen Leibes ausgerichtet sind. Denn die Diener, die über heilige Vollmacht verfügen, dienen ihren Brüdern, damit alle, die zum Volk Gottes gehören und sich daher der wahren christlichen Würde erfreuen, zum Heil gelangen, indem sie frei und geordnet auf dasselbe Ziel hin zusammenwirken.« Zu dieser oben zitierten Charakteristik des amtlichen Dienstes sind die Aussagen in dem Missionsdekret *Ad Gentes* Nr. 5 und 6 hinzuzunehmen, die als Adressaten des amtlichen Dienstes alle Menschen bezeichnen, da sie insgesamt zum Heil berufen sind.
⁵³ Ad Gentes, 16.

Aufgaben und Dienste der Diakonin in der Kirche heute – Ein realistisches Projekt, keine Utopie

Hanna-Renate Laurien

Mit diesem Kongreß setzen wir ein Zeichen der Hoffnung, obwohl wir seit Jahrzehnten unsere Stimme erhoben und immer wieder die Folgenlosigkeit unserer Bemühungen erfahren haben. Paul Zulehner hat in der Aprilnummer 1997 der Stimmen der Zeit festgestellt, daß ein großes Reformhindernis die tiefe Resignation des Volkes Gottes und der Hauptamtlichen ist. Einer solchen Resignation setzen wir mit diesem Kongreß ein Zeichen der Hoffnung entgegen, und wir vertrauen auf Beachtung.

Diejenigen, die sich hier zu Wort melden, sind nicht Kritikaster, nicht Kirchengegner, sondern Frauen und Männer, denen es um die Glaubwürdigkeit der Kirche geht. Sie wollen eine verstärkte Anziehungskraft dieser Kirche verwirklichen. Sie sehen sich nicht der Kirche gegenüber; sie sind die Kirche.

Doch das Stichwort »Anziehungskraft« löst unterschiedliche Reaktionen aus: die Ambivalenz der Bewertung von Reformschritten behindert alles. Die einen halten diese Schritte für eine Schwächung, die anderen halten sie für eine Stärkung der Anziehungskraft. Was den einen Barriere ist, werten die anderen als Bastion. Es ist deshalb an uns, die Stärkung zu begründen und zu belegen. Ich möchte dies an zwei Punkten tun:

Erstens geht es um das Heute und um seine Verbindung mit der Botschaft Jesu und der kirchlichen Tradition. Wir haben in die biblischen Belege nichts hineininterpretiert, vielmehr offene Fragen als offen bezeichnet. So haben wir es offengelassen, ob im »Ämterspiegel« des 1 Tim 3.11 Diakoninnen – wofür vieles spricht – oder die Ehefrauen von Diakonen gemeint sind. Und wenn auch die Diakonin Phöbe (Röm 16,1–2), für die Paulus eine offizielle Empfehlung ausspricht, weit mehr als eine Helferin ist, so wäre es doch ein Anachronismus in dieser Zeit Ämter nach unserem heutigen Verständnis anzusetzen. Wir wünschten uns solch interpretatorische Redlichkeit bei allen, die sich in der Frage der Diakonin zu Wort melden. Wir haben zwar die Interpretation von Röm 16.1, die Origines (gest. 253/254) gegeben hat, gern zitiert, in der er sagt, daß der Text »mit apostolischer Autorität (zeigt), daß auch Frauen in den kirchlichen Dienst (ministerium) eingesetzt wurden«, und in der er vom Amt (officium) der Phöbe spricht, aber wir haben unsere Argumentation nicht auf diese Aussage des Kirchenvaters gestützt.

In gleicher wissenschaftlicher und theologischer Verantwortung wurden in den Referaten die historischen Dokumente bewertet, ob es um die Briefe von Johann Chrysostomos an Olympias, um die Didascalia apostolorum, die Constitutiones apostolorum oder um die Aussagen der Konzilien von Nizäa (325) und Chalkedon (451) ging, das Ergebnis war eindeutig: Aus der Tradition läßt sich nicht zwingend ableiten, daß die Kirche das Diakonat der Frau einführen MUSS. Aber auf keinen Fall läßt sich aus ihr folgern, daß die Kirche dies nicht DÜRFTE. Am Anfang der Kirche war die Vielfalt! Nur weil die Kirche immer wandlungsfähig, stets ecclesia semper reformanda war, hat sie das Wesentliche, die Botschaft bewahren können. Dies ist die Botschaft der Tradition unserer Kirche an uns: das Wesentliche durch Wandlungsbereitschaft zu bewahren. Das Wesentliche ist die Botschaft, die Jesus, der Christus, gelebt und verkündet hat. Er rief Männer und Frauen in seinen Dienst, und die pfingstliche Gemeinde, das erlaube ich mir ergänzend hinzuzufügen, bestand aus Jüngerinnen und Jüngern – und der Mutter des Herrn.

Ganz selbstverständlich ergab sich so, daß wir zweitens die Aufgaben und Dienste in der Kirche von heute in diesem Kongreß bekundet haben. Nach der Kirche von heute kann nur in Beziehung zur Welt von heute gefragt werden. Kirche und Welt erschließen sich gegenseitig. Kirche kann den Zeichen der Zeit, die sie selbst als solche erkannt hat, nicht ausweichen.

In der Gesellschaft ist ein, wenn nicht das entscheidende Zeichen des Umbruchs, die veränderte Stellung der Geschlechter. Es ist der Abschied von der Lehre des Aristoteles, nach der der Frau in der geschöpflichen, ich sage besser in der fleischlichen Wirklichkeit die untergeordnete Rolle zukam. Durch das neuzeitliche Wissen über den Vorgang von Zeugung und Empfängnis – in der Tat eine galileische Wende! – hat die Welt die Wahrheit des biblischen Schöpfungsberichtes wiederentdeckt. Die Kirche, die zeitbedingt die geschöpfliche Unterordnung anerkannte, hat stets erklärt, daß in der Wirklichkeit Gottes Mann und Frau gleichrangig sind. Thomas von Aquin sagt, auf den Erkenntnissen seiner Zeit fußend, unüberhörbar: Die Unterordnung gilt für den leiblichen Bereich, nicht für das Geistliche! Doch das Zweite Vatikanische Konzil hat, den heutigen Erkenntnissen folgend, die Hierarchisierung der Geschlechter im leiblich-gesellschaftlichen Bereich nachdrücklich abgelehnt, und Johannes Paul II. hat diese Hierarchisierung als »sündhaft« bezeichnet. Ich stelle, recht nüchtern, aber ohne jede Aggression fest: Im »fleischlichen« Bereich, in dem sie auf dieser Erde inkarniert ist – und Lumen gentium hat die Untrennbarkeit des »himmlischen« und des »irdischen« Bereichs in der Existenz von Kirche vielfältig betont – also: im »fleischlichen« Bereich hat unsere Kirche die Konsequenz aus dieser Einsicht noch nicht uneingeschränkt vollzogen. In zahlreichen, z. T. hervorragenden Erklärungen widerspricht sie jeder Diskriminierung von Frauen, fordert auf, dagegen Stellung zu beziehen, aber in ihrem innersten Bereich hat sie diese Diskriminierung noch nicht aufgehoben.

In diesem Zusammenhang ist uns die Zulassung der Frau zum Weihediakonat als das Verwirklichen des Möglichen, als ein Zeichen der Versöhnung, ein Zeichen der Absage an Diskriminierung, und damit als ein Schritt zu einem erlösten Verständnis des Amtes wichtig. Die Frauenfrage ist theologisch als Zeichen der Zeit anerkannt. Wenn im Wort der Deutschen Bischöfe von 1981 über die Stellung der Frau, das in jedem Priesterseminar Pflichtlektüre sein sollte, davon die Rede ist, daß unsere Kirche ein Modell der Partnerschaft von Mann und Frau sein sollte, so ist nun beim Diakonat – endlich – die Chance, eine solche Partnerschaft – Diakon und Diakonin – zu leben.

Unsere Zeit kennt auch Defizite, auf die wir antworten sollten, sofern uns die Zuordnung zur Welt, der Dienst an ihr, wichtig ist. Im Wort der evangelischen und katholischen Kirche »Für eine

Zukunft in Solidarität und Gerechtigkeit« werden eine strukturelle und eine moralische Erneuerung der Freien und Sozialen Marktwirtschaft, eine den Sozialstaat tragende und ergänzende Sozialstruktur gefordert. Auf unseren Kongreß bezogen heißt das: Es wird ein Diakonieverlust festgestellt. Auch in unseren Gemeinden müssen wir in nicht wenigen Fällen einen Diakonieverlust beklagen. Man delegiert an die Caritas, an die Hilfswerke – gut, man spendet, das ist wichtig! –, aber daß Kirche ohne Diakonie, ohne das Tun der Liebe, nicht mehr Kirche ist, hat mancher, hat manche vergessen. Das Diakonat kann und muß die diakonalen Strukturen in Gemeinde und Gesellschaft stärken, kann und muß ein Zeichen setzen und den »Ernstfall des Miteinander« aufbauen. Will die Kirche glaubwürdig sein, werden oder bleiben, braucht sie das Diakonat.

Eines wurde in diesem Kongreß deutlich: es geht uns nicht zuerst darum, was man Frauen »gewähren« will oder worauf sie »Anspruch« hätten – so wichtig das ist – nein, unsere Leitfragen galten der Glaubwürdigkeit unserer Kirche und den Anforderungen, die die Menschen von heute an uns stellen.

Leider haben wir das Thema des Diakons, dann also auch der Diakonin mit Zivilberuf, das die männlichen Diakone, auch wegen des großen Unterschiedes in unseren Diözesen, sehr beschäftigt, kaum erörtert. Da wären sowohl die geringen »Kirchenkosten«, soll ich sagen, die »Preiswürdigkeit« dieser Mitarbeiter darzustellen, wie aber auch ihre (relative) Unabhängigkeit von kirchlichen Behörden, wie ihre den Arbeiterpriestern ähnliche Chance des Kontaktes mit der »Welt«. Ich hoffe, Sie spüren: dies Thema hat vielfältige Zusammenhänge.

Unsere Gesellschaft ist, um ein weiteres Merkmal zu nennen, nicht durch Bindungsbereitschaft gekennzeichnet. In der Weihe springe ich in ein Bündnis lebenslanger Treue, das durchaus mit dem Eheversprechen vergleichbar ist. Ich lasse mich in der menschlichen Unwägbarkeit auf ein Wagnis ein. Ich wage Vertrauen und Zuversicht. Das ist in der Tat ein Zeichen! Dabei ist für mich unerläßlich, daß es menschenwürdige Formen des Lebens geben muß, wenn ein solches Versprechen im Lebensprozeß an unüberwindliche Grenzen stößt.

Unsere Zeit ist von der gefährlichen Scheu vor Institutionen gekennzeichnet. Gewiß, eine Institution kann mißbraucht werden, aber sie hat auch eine schützende, tragende Kraft. Im Weihediakonat wird »Ja« zur Institution gesagt, die schon vor mir war, die ich nicht erst aufbauen muß, die mir auch die Ahnung eines Bleibenden vermittelt.

In dem mir von Professor Dr. Hünermann verordneten Thema heißt es: ein realistisches Projekt, keine Utopie. Diese Themenstellung führt zwingend zu der Frage nach dem Amt. Hier hat es, etwa durch das Einbeziehen der Beratungsergebnisse der Canon Law Society of America, erhellende Differenzierungen und Klärungen gegeben, die belegen, wie wichtig genaue Kenntisse sind, wie eben zwischen göttlichem Gesetz und göttlicher Absicht, law and intention arrangement, zu unterscheiden ist. Das hat uns mit Notwendigkeit auf die Frage nach der Einheit des Amtes geführt. Das Diakonat ist ein eigenständiges Amt, denn das Fundament der Einheit ist die Gnade. Jeder der einzelnen Dienste – von Bischof, Presbyter und Diakon – ist ergänzungsbedürftig, keiner hat alles. Der Bischof ist zwar – weltlich gesprochen – der Ranghöchste, aber alle sind auf Jesus Christus bezogen. Die Aufgabe, die Einheit neu zu bestimmen, ist nachdrücklich einzufordern. Es stellt sich die Frage, ob nicht die Argumente gegen das Priestertum der Frau eben die sind, die auch gegen deren Diakonat angebracht werden. Ebenso selbstverständlich gehört die Bemerkung dazu, daß die grundsätzliche Offenheit für das Priestertum doch gegeben sein müsse, und so wurde die Forderung des Weihediakonats der Frau von manchen als halbherzig kritisiert.

Lassen Sie mich in großer Gelassenheit und in tiefem Vertrauen darauf antworten: Ich bin eine gehorsame Tochter der Kirche, in bewundernder Verehrung für Teresa von Avila, Maria Ward lebend. Deshalb beuge ich mich dem Verbot Roms zur Priesterweihe der Frau. ABER ich bete mit der Kirchenlehrerin Teresa, daß der Tag kommen möge, an dem fähige und glaubende Menschen nicht mehr an der vollen Partizipation gehindert werden, nur weil sie Frauen sind. Ich fordere nüchtern und deutlich ein, daß endlich das Mögliche getan wird. Wer den fünften oder sechsten Schritt in Sache der Teilhabe der Frau verweigert, nur weil er fürchtet, daß daraus eines Tages der zehnte Schritt werden könnte, der hat kein Gottvertrauen. Ich halte es mit der gläubigen Aussage: Ist es von Gott, wird es kommen, ist es nicht von Gott, wird es nicht kommen. Aber da wir es als von Gott kommend ansehen, werden wir das Nachdenken darüber nicht beenden. Ich habe mich, an Teresa, Maria Ward, Teilhard de Chardin gewandt, gefragt: Was wäre aus unserer Kirche geworden, wenn sie geschwiegen hätten?

Durch das Diakonat der Frau werden die Ämter reicher, wird die Möglichkeit, Menschen anzusprechen, intensiviert.

Daraus ergibt sich eine weitere Einsicht in die Aufgaben und Dienste. Wir haben sehr oft LG Nr. 29 zitiert. Es ist wohl ein Ergebnis dieses Kongresses, daß wir die Möglichkeiten des Dienstes auf keinen Fall in einen frauenspezifischen und einen männerspezifischen Katalog aufteilen wollen. Selbstverständlich gibt es jeweils geschlechtsbezogene Schwerpunkte, persönliche Interpretationen der Aufgaben, aber eine fixierte Rollenzuordnung würde eben das aufheben, was in der Kirche durch ein Diakonat von Frauen und Männern bezeugt werden soll.

Doch keine festliche Stimmung führt an der Aussage vorbei, daß wir die Pflicht haben, die Einführung des weiblichen Diakonats zu nutzen, um endlich zu einem klaren Berufsbild der Diakonie – männlich und weiblich – zu kommen. Eine Tagung der männlichen Diakone hatte kürzlich eben dies als Leitthema gewählt, die Unsicherheit der Inhalte zu diskutieren, eben nicht Ersatzpriester zu sein, auch wenn einige Diakone das gern wollen, sondern durch Abgrenzung, durch die Zuordnung der Aufgabe und Kompetenz auch Selbstsicherheit zu gewinnen, die – von Arroganz abgrundtief unterschieden – DIE Voraussetzung für eine vertiefte Nächstenliebe ist. Klare Berufsbilder sind unerläßlich, wenn es nicht zu Unerträglichkeiten zwischen Diakon/Diakonin einerseits und Pastoralreferenten/innen, Gemeindehelferinnen andererseits kommen soll. Übrigens ist solche Berufsbildbeschreibung auch ein guter Anlaß, über Zusammenhang und Unterschied des gemeinsamen Priestertums der Gläubigen und des Priestertums des Dienstes (LG 10) nachzudenken.

Ich erlaube mir zu sagen: Für mich ist die größte Herausforderung in den letzten Jahren an unsere Priester gestellt worden. Sie mußten vom Gesellschaftsmodell des Patriarchen umsteigen auf das Modell des kooperationsbereiten und kooperationsfähigen Chefs, in nicht wenigen Diözesen sind sie zwar noch in einer Pfarrei voll verantwortlich, haben aber in zwei oder drei anderen nur noch die Wandlungskompetenz. Machen wir uns klar, was es für eine Herausforderung ist, dann immer noch voll engagiertes Priestertum zu leben. Deshalb noch einmal: Die Einführung des Diakonats der Frau muß der Hebel sein, der die schwerfällige Tür der Berufsbilderdefinition bewegt! Das sind wir der Kirche, das ist die Kirche ihren Mitarbeiterinnen und Mitarbeitern schuldig, umso mehr noch, als ich sonst fürchte, daß angesichts knapper Kassen der Diakon, die Diakonin, ganz besonders die mit Zivilberuf, dann, weil relativ preiswert, anstelle der Pastoralreferentin, des Pastoralreferenten eingesetzt werden. Ich bin zu lange politisch aktiv tätig gewesen, um nicht sagen zu müssen: Inhaltsstrukturen müssen festgelegt sein, sonst ersetzen Finanzdaten die Inhalte. Deutlich wird: Wer die Strukturen nicht klärt, macht sich schuldig an einer Fülle von menschlichen Verletzungen.

Unerläßlich ist, daß die Diakonin, der Diakon sich um die Unbehausten, die Leidgeprüften kümmert und der Gemeinde vermittelt, daß dies Aufgabe jedes Christen, jeder Christin ist. Ich zähle nun nicht die Leiden auf, die zu Werken der leiblichen Barmherzigkeit führen, sie sind wichtig und unerläßlich. Aber es geht nicht nur um das Heilen von Wunden, es geht auch um das Vermeiden von Wunden, also um strukturelle Korrekturen. Damit gehört zum diakonischen Amt auch eine politische Dimension im Sinne des Rechts der Armen. Und wehe uns, wenn wir die geistlichen Werke der Barmherzigkeit vergessen. Ich begegne nicht selten bei Reichen einer erschütternden Armut, einer fast hoffnungslosen Sehnsucht nach Erlösung, die wir nicht übergehen dürfen.

Und selbstverständlich sind die liturgischen Dienste nicht zu vergessen. Diakon und Diakonin sind eben nicht Ersatzpriester, sondern Produzent, Bewahrer, Vermittler von liturgischen Formen außerhalb der Messe. Die fast ausschließliche Konzentration auf die Eucharistie führt zur Verarmung; die Diakone können und müssen den Reichtum liturgischer Formen beleben, die wir in der Tradition unserer Kirche haben. Das ist mehr als ein Zuwachs an Formen, das bedeutet auch, die Gegenwart unseres Gottes vielfältiger erfahren zu dürfen.

Nachdem ich nun eine gute Zeit für den Appell an uns verwendet und Chancen der Kirche beschrieben haben, frage ich – nüchterne Hausfrau, nüchterne ehemalige Politikerin – mich, wie es denn um die Verwirklichung der Ziele steht. Auch wenn wir hier einstimmig Voten verabschieden, ist noch nichts verwirklicht. Hier haben unsere Bischöfe, vom Zweiten Vatikanum bestärkt und bestätigt, eine unersetzliche Funktion und Position. Sie sind verantwortlich für das geistliche Leben in unseren Diözesen, nicht in Afrika, in Italien oder Polen, sondern hier in Deutschland.

Ich bitte Sie, mit mir festzustellen, daß dieser Kongreß – kühn und gläubig – ein fast unglaubliches Vertrauen gegenüber unseren Bischöfen bekundet hat und bekundet. Wir trauen ihnen zu, daß sie sich für das Diakonat der Frau engagieren. Und ich bin sicher, daß sie wie wir auf die Zukunft der Kirche vertrauen.

RESOLUTION

Internationaler theologischer Fachkongreß »Diakonat – ein Amt für Frauen in der Kirche – ein frauengerechtes Amt?« Stuttgart 1.–4. April 1997. Veranstaltet von der Katholisch-Theologischen Fakultät der Eberhard-Karls-Universität Tübingen, der Akademie der Diözese Rottenburg-Stuttgart, dem Katholischen Frauenbund, der Katholischen Frauengemeinschaft Deutschlands und der Frauenkommission der Diözese Rottenburg-Stuttgart. Die Teilnehmerinnen und Teilnehmer des internationalen theologischen Fachkongresses haben die theologischen Grundlagen und pastoralen Aspekte der Zulassung von Frauen zum Diakonat diskutiert. Sie rufen zur Verwirklichung des Diakonats für Frauen auf. Die Kirche braucht den Diakonat der Frau.

1. Votum
Die Teilnehmerinnen und Teilnehmer ersuchen die Bischöfe nachdrücklich, ihre unvertretbare Eigenverantwortung in ihren Diözesen wahrzunehmen und beim Apostolischen Stuhl ein Indult* zu erwirken, das die Ordination von Frauen zu Diakoninnen in ihren Diözesen ermöglicht.

2. Begründung
Die moderne gesellschaftliche Entwicklung hat die geschlechtsspezifische Unterordnung der Frau als unvereinbar mit der gleichen Würde von Frau und Mann erwiesen und die Subjektwerdung der Frau gefördert. Darin hat die Kirche ein Zeichen der Zeit erkannt und ein Wirken des Geistes (Pacem in terris, 1963), das die Kirche in ihrer eigenen Sozialgestalt zur Umkehr herausfordert. Johannes Paul II. hat die Unterordnung von Frauen als »sündhafte Unordnung« gebrandmarkt (Mulieris dignitatem, 1988).

Die im kirchlichen Amtsverständnis früher gültigen Regeln, daß Frauen aufgrund ihres Geschlechtes nicht am Altar wirken und Vorsteherdienste in der Gemeinde wahrnehmen dürfen, sind als soziokulturell bedingte, heute aber als theologisch nicht mehr verantwortbare Leitsätze entlarvt.

---

* Ein Indult ist eine kirchenrechtliche Erlaubnis des Apostolischen Stuhls.

Die Würzburger Synode (1971–1975) hat mit den Stimmen der Bischöfe für die Zulassung von Frauen zum Diakonat votiert und eine Klärung der theologischen Argumentation erbeten. Die theologische Diskussion hat die Bedenken inzwischen ausgeräumt. Die Kirche muß heute um der Glaubwürdigkeit ihrer Heilssendung willen den Ausschluß der Frauen vom Diakonat aufheben. So setzt sie in ihrer Ämterstruktur ein notwendiges Zeichen für ein erlöstes Miteinander von Frauen und Männern.

3. Schritte zur Verwirklichung
Die Teilnehmerinnen und Teilnehmer des Kongresses wenden sich an die katholischen Organisationen und Bewegungen. Sie bitten

– die katholischen Frauenverbände und das Zentralkomitee der deutschen Katholiken, ihren Einsatz zugunsten des Diakonats der Frau fortzusetzen und zu intensivieren;

– die kirchlichen Verantwortlichen und die Diözesanräte, die in vielen Bistümern bestehenden Initiativkreise von Frauen zu unterstützen und die Vorbereitung der Frauen auf den Diakonat ideell und materiell zu unterstützen;

– das Netzwerk Diakonat der Frau, sich auf nationaler Ebene für die Koordination aller Kräfte für den Diakonat der Frau einzusetzen;

– das internationale Diakonatszentrum, Frauengruppen und Initiativen für den Diakonat der Frau auf internationaler Ebene zu vernetzen.

Die Teilnehmerinnen und Teilnehmer bitten insbesondere

– die Ordensleute, sich mit dem Diakonat der Frau auseinanderzusetzen und sich dafür zu engagieren;

- die ständigen Diakone, Priester und alle in der Pastoral Tätigen, sich mit der Öffnung des Diakonates für Frauen zu befassen und sich dafür einzusetzen;

- alle Frauen, die sich zum Diakonat berufen wissen, sich den bestehenden Initiativkreisen anzuschließen und mit der Vorbereitung auf den Diakonat zu beginnen.

Die Teilnehmerinnen und Teilnehmer des Kongresses bitten die Gemeinden und alle engagierten Christinnen und Christen, sich den diakonalen Herausforderungen unserer Zeit zu stellen und sich in diesem Zusammenhang für den Diakonat der Frau einzusetzen.

Ein wesentlicher Teil der Arbeit auf dem Kongreß spielte sich in den zehn Arbeitskreisen und den zwei abendlichen Foren ab. Die Beiträge und engagierten Diskussionen werden im folgenden in ihren wichtigsten Passagen dokumentiert. Da die Arbeitskreise zum Teil benachbarte Themen aufgegriffen haben, werden die Texte unter zusammenfassenden Überschriften gruppiert. Es wurden jeweils Verweise auf die Hauptvorträge eingebracht. Ebenso wird von den Hauptvorträgen aus auf die Arbeitskreise verwiesen. Die umfangreiche Übersicht über die jüngste Geschichte von Initiativen zugunsten des Diakonats der Frau ist im Anhang abgedruckt.

Wandel von Frauenrollen und das kirchliche Frauenbild

In diesem Abschnitt sind Beiträge und Diskussionsergebnisse des Arbeitskreises »Wandel von Frauenrollen und Frauenbildern in modernen westlichen Gesellschaften – soziologische Voraussetzungen der Diskussion um den Diakonat der Frau« und des Arbeitskreises »Die Stellung der Frau in der Kirche heute und die kirchlich propagierten Frauenbilder. Eine kritische Bestandsaufnahme« zusammengeführt. Sie ergänzen den Artikel von Marianne Heimbach-Steins, Frauenbild und Frauenrolle, S. 14.

Frauenrollen und Frauenbilder in gesellschaftlichen Veränderungsprozessen
Marita Estor

Frauen sind zunehmend Trägerinnen verschiedener Rollen. Sie sind verheiratet, sind Mutter und Partnerin. Sie übernehmen die meisten Arbeiten, die in und mit der Familie anfallen. Sie sind erwerbstätig und auch noch ehrenamtlich engagiert. Dabei wechseln die Beanspruchungen im Lebensverlauf. Allein Hausfrau und Mutter ein Leben lang sind die wenigsten Frauen. Dennoch bestimmt das traditionelle Frauenbild der Hausfrau und Mutter als dem »natürlichen Beruf« der Frau noch immer das Bewußtsein vieler Frauen, vor allem aber das Bewußtsein der Männer und darüber hinaus gesellschaftliche Strukturen, ganz besonders die Aufgabenteilung in der Familie und in der Arbeitswelt.

Ausgehend von der grundlegend veränderten Situation von Frauen und den damit verbundenen Konflikten und Lösungsansätzen soll die geschlechtsspezifische Arbeitsteilung problematisiert und als politische Herausforderung zur Überwindung von struktureller Gewalt dargestellt werden. Es soll nach den Notwendigkeiten und Chancen gesellschaftlicher Veränderungsprozesse gefragt und Ansätze frauengerechter und zukunftsfähiger Frauenbilder u. a. anhand von Aussagen der Weltfrauenkonferenz und des Gemeinsamen Wortes der Kirchen aufgezeigt werden.

Frauen brechen auf – aber traditionelle Frauenbilder wirken weiter

In den drei Lebensbereichen – Bildung, Arbeit, Familie – haben Frauen ihre Situation seit den 60er Jahren verändert. Ob aber die weitgehend angeglichenen Bildungschancen und -abschlüsse, ob die steigende Erwerbsbeteiligung von Frauen, der Geburtenrückgang und die zunehmende Instabilität der Ehe das tradtionelle Frauenbild überwunden haben, erscheint bei genauerer Betrachtung fraglich.

Nimmt man Hochschulen, Berufsausbildung und Berufsfachschulen zusammen, dann sind 43% der 1,75 Mio junger Menschen in qualifizierter Ausbildung Frauen.[1] Eindeutig hat das Interesse junger Frauen an einer qualifizierten Ausbildung zugenommen. Im allgemeinbildenden Schulwesen überwiegt die Zahl der Mädchen mit höheren Abschlüssen (z.B. Abiturientenanteil über 50%). Selbst an den Hochschulen sind 40% der Studierenden Frauen. Dies bedeutet einmal, daß junge Frauen andere Erwartungen entwickeln als nur die Schließung einer Ehe bzw. Gründung einer Familie. Zum anderen erwächst aus der gleichen Bildungsbeteiligung die Erwartung auf eine partnerschaftliche Beziehung zum anderen Geschlecht. Bei genauerem Hinsehen zeigen sich aber große Unterschiede in der Ausbildungs- und Studienfachwahl. In den Ausbildungsberufen gibt es typische Frauen- und Männerberufe, die sich nach Inhalt, Qualifikationsniveau, Aufstiegs- und Einkommenschancen zuungunsten der Frauenberufe unterscheiden. Männliche Auszubildende konzentrieren sich allerdings stärker auf geschlechtstypische Berufe als Frauen. 77% der jungen Männer, aber nur 63% der jungen Frauen werden in Berufen ausgebildet, in denen der Anteil ihres eigenen Geschlechtes mit über 60% überwiegt (Ende 1994)[2] An den Hochschulen sind Frauen in den sprach- und geisteswissenschaftlichen Lehramtsstudiengängen mit

65%, in den ingenieurwissenschaftlichen Fächern nur mit 16% vertreten.[3]

Der zunehmenden beruflichen Qualifizierung entspricht eine steigende Erwerbsbeteiligung der Frauen. In den alten Bundesländern stieg die Erwerbsquote von 46,2% (1970) auf 59,9% (1995). In der ehemaligen DDR lag die Frauenerwerbsquote bei etwa 80%, sank aber seit der Wende auf rund 74% (1995). Insbesondere hat die Zahl der erwerbstätigen verheirateten Frauen zugenommen. Von den 15,4 Mio erwerbstätigen Frauen hatten 5,4 Mio (34,8%) Kinder unter 18 Jahren; von den 35–45jährigen Müttern waren rund 53% erwerbstätig. 35% der verheirateten Frauen in Westdeutschland arbeiten in Teilzeit. Etwa 1,8 Mio Frauen sind geringfügig beschäftigt, d.h. sie arbeiten ohne Sozialversicherungsschutz (April 1992). Drei Viertel der Frauen waren 1995 im Dienstleistungssektor tätig (1990: 71%). Frauen arbeiten folglich schwerpunktmäßig (1993: 78%) in Dienstleistungsberufen. Die Arbeitslosenquoten von Männern und Frauen haben sich seit 1995 zugunsten der Frauen entwickelt (1995 Frauen 9,2%, Männer 9,3%; 1996 Frauen 9,9%, Männer 10,4%). Allerdings sind in Ostdeutschland die Frauen von Arbeitslosigkeit erheblich stärker betroffen; zwei Drittel der Arbeitslosen dort sind Frauen. Bereits ein Jahr nach Abschluß einer betrieblichen Ausbildung liegt das durchschnittliche Einkommen vollzeitbeschäftigter Frauen um 21% unter dem der Männer. Vollzeitbeschäftigte weibliche Arbeiterinnen und Angestellte verdienen im Durchschnitt bis zu einem Drittel weniger als Männer (1993).[4]

Schon diese wenigen Angaben zeigen,
- daß erwerbstätige Frauen auf dem Arbeitsmarkt in Bereichen tätig sind, die geringer entlohnt werden;

- daß Frauen überwiegend untergeordnete, assistierende und helfende Tätigkeiten ausüben;

- daß eine große Zahl erwerbstätiger Frauen nur Teilzeitarbeit oder geringfügige Beschäftigung mit der Familienarbeit verbinden kann;

– daß aber weder die Volkswirtschaft noch die Familien auf die Frauenerwerbsarbeit verzichten können.

Auch in bezug auf Familie hat sich seit den 60er Jahren vieles verändert. Innerhalb von fünf Jahren (1966–1971) halbierte sich die Geburtenzahl deutscher Kinder, eine Folge der raschen Durchsetzung der »Pille«, und ist seitdem eine der niedrigsten der Welt. Von den rund 8 Mio Ehepaaren mit Kindern (unter 18 Jahren) hatten 1993 47% ein Kind und 40,5% zwei Kinder; nur 2,6% hatten vier und mehr Kinder. Die Zahl der Alleinerziehenden stieg auf 1,58 Mio. Auf etwa drei Eheschließungen pro Jahr kommt eine Ehescheidung, dabei werden drei Viertel aller Ehescheidungen von Frauen eingeleitet. Die steigende Lebenserwartung – weibliche Neugeborene 79,0, männliche 72,5 Lebensjahre – macht deutlich, daß die Kindererziehungsphase nur eine begrenzte Zeit im Leben der Menschen darstellt. Es gibt eine Entwicklung zur Mehr-Generationen-Familie, in der vier bis fünf Generationen gleichzeitig leben.

Das Ergebnis: Frauen halten heute eine qualifizierte Ausbildung für unverzichtbar. Die meisten Familien wollen ein bis zwei Kinder, aber Frauen fordern auch gleiche Chancen im Erwerbsleben ein und erwarten von den Männern eine stärkere Beteiligung an der Familie, denn so, wie die Arbeit jetzt verteilt ist, werden zwei Drittel der in Haushalten und im Erwerbssystem anfallenden Arbeitsstunden von den Frauen und nur ein Drittel von den Männern geleistet.

Das Bewußtsein geschlechtsspezifischer Benachteiligung hat Frauen mobilisiert. Die Frauenbewegung hat seit 1960 Frauenprobleme thematisiert, erforscht und in die politische Diskussion eingebracht. Unterstützt wurde sie dabei durch die Internationalisierung der Frauenpolitik in der Europäischen Union und den Vereinten Nationen seit der ersten Weltfrauenkonferenz in Mexiko 1975.

Seit Ende der 70er Jahre erfolgte ein systematischer Aufbau von Gleichstellungsstellen auf kommunaler und Länderebene sowie auf Bundesebene. Heute gibt es ca. 1500 kommunale Gleichstellungsbeauftragte und 12 Frauenministerien in den Ländern. In vier Ländern ist die Gleichstellungsstelle in der Staatskanzlei angesiedelt. Seit 1986 gibt es auf Bundesebene ein eigenständiges Frauenministerium.

Ziel der Gleichberechtigungspolitik ist es,
– »auf die Beseitigung der Benachteiligung von Frauen in allen politischen und gesellschaftlichen Bereichen hinzuwirken;

– Frauen zu fördern, um ihnen eine gleichberechtigte Teilhabe am gesellschaftlichen, politischen und beruflichen Leben zu ermöglichen;

– darauf hinzuwirken, daß die Lebenszusammenhänge von Frauen und ihre spezifische Betroffenheit stärker Berücksichtigung finden«.[5]

Dabei geht die Bundesregierung nicht von einem einheitlichen Frauenbild aus, sondern will »Bedingungen schaffen, daß die bzw. der einzelne sein Leben im Rahmen der Gemeinschaft nach seinen Vorstellungen gestalten kann. Sie fördert Frauen, damit historisch begründete strukturelle Benachteiligungen überwunden werden«.[6] Gleichberechtigungspolitik wird dabei als »Kern moderner Gesellschaftspolitik« verstanden, »die Frauen, Männer und Kinder gleichermaßen umfaßt«.[7]

Die Frage bleibt, ob durch solche Maßnahmen die zugrundeliegende geschlechtsspezifische Arbeitsteilung überwunden werden kann. Dies setzt eine Klärung ihrer Ursachen und die Verständigung darüber zwischen den Geschlechtern voraus.

Geschlechterrollen: »Natürliche« oder patriarchalische Arbeitsteilung?

Frauen sind in der gesellschaftlichen und politischen Öffentlichkeit präsent, und damit ist die von ihnen verrichtete Arbeit sichtbar geworden. Sie stellen die Arbeitsteilung zwischen den Geschlechtern in Frage und fordern eine gesellschaftliche Anerkennung aller von ihnen geleisteten Arbeit. Die familiale Arbeitsteilung steht dabei in einem engen Zusammenhang mit der beruflichen Arbeitsteilung. Daß die Gleichberechtigung im Arbeitsleben ohne eine Veränderung der familialen Aufgabenteilung nur zu einer größeren Arbeitsbelastung der Frauen führt, hat die Entwicklung in der ehemaligen DDR belegt. Andererseits gab es auch in der DDR im beruflichen Bereich keine völlige Gleichberechtigung, insbesondere was die Beteiligung von Frauen an Führungs- und Leitungsfunktionen betrifft. Auch dort waren Frauen in frauentypischen Berufen überproportional vertreten (Büroarbeiten, Verkauf, soziale und pflegerische Berufe).

Gibt es eine »natürliche« Präferenz von Frauen, ein »spezifisches weibliches Arbeitsvermögen«[8], das Frauen für personenbezogene Tätigkeiten und haushaltsnahe Produktionsbereiche besonders befähigt? Oder sind Familie und Arbeitswelt so strukturiert, daß Männer von der Verfügbarkeit weiblicher Arbeitskraft profitieren? Moderne Berufe sind $1^1/_2$ Personenberufe, d. h. die arbeitende Person wird von der Erwerbsarbeit so beansprucht, daß eine weitere Person zur Hälfte für die Reproduktion zur Verfügung stehen muß. Das ist das Modell für die Aufgabenteilung der Geschlechter: Der Mann ist voll erwerbstätig und trägt durch sein Einkommen zum Unterhalt von Frau und Kindern bei, die Frau ist für die Familienarbeit zuständig. In diesem Bereich entwickelt sie ein spezifisches Arbeitsvermögen, welches dann auch in den spezifischen Frauenberufen verwertet werden kann. Erst recht in diesen Berufen werden Frauen überbeansprucht, »denn Frauen sind immer dort eingesetzt, wo die Arbeitsplätze schwieriger oder schlechter, die Arbeitsanforderungen diffuser oder maßloser und die Bezahlungen schlechter sind als in vergleichbaren Männerbereichen«.[9] Die »sich laufend erneuernde Teilung der Berufe nach Geschlecht« stellt sich »nicht als Folge funktionaler Arbeitsteilung oder als notwendige Reaktion auf weibliche Defizite in bezug auf Erwerbsarbeit oder Beruf dar, sondern als Frage gesellschaftlicher Macht bei der Durchsetzung bzw. Tradierung sozialer Ungleichheit«.[10]

Frauen erfahren in der familialen wie in der beruflichen Aufgabenteilung Unterordnung und Diskriminierung, letztlich als Ausdruck struktureller Gewalt. Sie lehnen sich dagegen auf, indem sie z. B. auf Kinder verzichten oder sich von ihrem Ehepartner trennen. Sie haben erkannt, daß Veränderung nur durch politische Macht möglich sein wird.

Darüber hinaus erfordert Chancengleichheit zwar auch berufliche Qualifizierung, ebenso dringend ist aber eine Veränderung des Bewußtseins und Verhaltens von Männern, eine Neudefinition der Männerrolle, d.h. ein neuer Geschlechtervertrag, der auf die gemeinsame Verantwortung für die Familie und die gleichberechtigte Teilhabe von Frauen und Männern an Gesellschaft und Arbeit zielt. Welches politische Gewicht diese Aufgabe hat, zeigt die Ergänzung des Grundgesetzes 1994, Artikel 3 Abs. 2 »Männer und Frauen sind gleichberechtigt« um folgenden Satz 2: »Der Staat fördert die tatsächliche Durchsetzung der Gleichberechtigung von Frauen und Männern und wirkt auf die Beseitigung bestehender Nachteile hin.«

Notwendigkeit und Chancen frauengerechter Arbeitsteilung – Ansätze neuer Frauenbilder

Der Konflikt zwischen Familie und Beruf, der für Frauen zur Minderung ihrer Berufschancen, zu Diskriminierung und Benachteiligung auf dem Arbeitsmarkt und vielfach zu Abhängigkeit und vor allem im Alter zu Armut führt, macht zugleich den Konflikt zwischen unterschiedlichen Arten von Arbeit sichtbar, die alle grundlegend und unabdingbar für Wirtschaft und Gesellschaft sind. Die Erwerbsarbeit, die auf die Produktion von Gütern und Dienstleistungen zielt, findet Beachtung in Wirtschaft und Politik, in Wissenschaft und gesellschaftlicher Praxis. Die anderen Arten von Arbeit, deren Inhalt die soziale Reproduktion von Menschen ist und ohne die individuell und gesellschaftlich Erwerbsarbeit gar nicht möglich wäre, wird dem privaten Lebensbereich zugeordnet, nicht bezahlt und als ökonomisch irrelevant abgetan. In einer Zeit der Massenarbeitslosigkeit geraten die sozialen Sicherungssysteme infolge geringerer Beiträge und eines höheren Leistungsbedarfs in die Krise. Sollen Frauen deshalb auf eine gleichberechtigte Teilhabe am Erwerbsleben verzichten? Sollen sie ihr Recht auf Arbeit aufgeben? Sollen Frauen wieder die Opferrolle übernehmen und sich aus der Öffentlichkeit zurückziehen? Dies würde zwar den Erwartungen konservativer Männer und Politiker, nicht aber den Erwartungen der Frauen entsprechen. Es wäre auch keine Lösung der Probleme.

Voraussetzung hierfür ist eine Erweiterung des auf Erwerbsarbeit verkürzten Arbeitsbegriffs um die »sorgende Arbeit« (care work), die Familien- und sog. ehrenamtliche Arbeit. Hinzukommen muß die gerechte Verteilung der verschiedenen Arten von Arbeit. Frauenarbeit kann zum Modell für demokratische und aktive Gesellschaften werden, die für unterschiedliche Schwerpunktsetzungen im Lebenslauf Voraussetzungen schaffen. Frauen leben und arbeiten in einer Form, die Männer erst für sich zu entwickeln haben. Denn Frauen setzen ihre Fähigkeiten flexibel in verschiedenen Lebensbereichen ein, ihr Leben ist multidimensional geprägt. Mit Familie und Beruf, produktiver und reproduktiver Arbeit, sind in unterschiedlichen Lebensphasen unterschiedliche Bedürfnisse und jeweils eigene Entwicklungsmöglichkeiten verbunden. Wenn diese Verbindung verschiedener Arten von Arbeit beruflich nicht ins Abseits führt, wie es derzeit der Fall ist, könnten Frauen und auch Männer leichter entscheiden, wann und in welcher Weise sie ihre Kräfte einsetzen. Dies könnte in einer Zeit sich drastisch verringernder Erwerbstätigkeit zu mehr Lebensqualität und Wohlstandsmehrung beitragen, die sich nicht mehr allein durch Profitmaximierung und hohe Wachstumsraten definieren lassen.

Die Erweiterung des Arbeitsbegriffs erfordert die Integration der Frauenarbeit in die Arbeits- und Sozialpolitik. Dies zielt auf strukturelle Veränderungen der Arbeitswelt und Gesellschaft, die auch die Männer einbeziehen muß. Denn Familienarbeit ist dabei als Elternarbeit zu verstehen. Sogenannte Frauenberufe sind durch Qualifizierung und Differenzierung aufzuwerten und gleichzeitig neben die produzierenden Berufe zu stellen. Männerarbeitsbereiche, insbesondere in Entscheidungsfunktionen, sind für Frauen zu öffnen, damit diese verantwortliche Gestaltungsaufgaben übernehmen können.

Wenn sich aus den genannten Entwicklungen Ansätze für neue Frauenbilder erkennen lassen, dann werden diese durch Vielfalt der Lebenssituationen und Flexibilität in bezug auf unterschiedliche Anforderungen gekennzeichnet sein. Vereinbarkeit von Familie und Beruf wäre dann für Frauen und Männer eine befriedigende Möglichkeit und nicht wie derzeit eine mit hohem Preis erkaufte Notlösung für Frauen. Partnerschaft meinte dann gemeinsame Lebensgestaltung und nicht Abhängigkeit und Unterordnung, die Frauen heute vielfach in Kauf nehmen müssen. Gleichberechtigung im öffentlichen Leben wäre dann das aktive Zusammenwirken von Frauen und Männern im demokratischen Prozeß und nicht die faktische Begrenzung der Frauen auf Minderheitenpositionen.

Gesellschaftliche Veränderungsprozesse erfordern neuen Grundkonsens über das Verhältnis der Geschlechter

Für Millionen Frauen ist die Forderung nach Gleichberechtigung eine Frage des Überlebens. Das haben vor allem die UN-Konferenzen der letzten Jahre der Weltöffentlichkeit bewußt gemacht. Trotz aller Unterschiede haben Frauen gemeinsam ihre Forderungen, ihre Erfahrungen und ihre Kompetenzen zur Sprache gebracht. Vor allem haben sie ihre Rechte als Menschenrechte von den Regierungen eingefordert: das Recht auf Erziehung und Bildung, auf körperliche Unversehrtheit und sexuelle Selbstbestimmung, auf Arbeit und Gesundheitsdienste, auf Schutz vor Gewalt, auf Teilhabe an Macht- und Entscheidungspositionen. Die Aktionsplattform der Weltfrauenkonferenz in Peking (1995)[11] enthält strategische Ziele, die zu deren Erreichung notwendig sind. Alle Regierungen sind verpflichtet, im Hinblick auf die Erreichung dieser Ziele nationale Strategien festzulegen. Die Bundesregierung hat diese im Januar 1997 veröffentlicht.[12] Ob allerdings die vorgeschlagenen Maßnahmen hinreichen, die Ziele zu verwirklichen, wird insbesondere von den Frauenverbänden und Nichtregierungsorganisationen bezweifelt.

Auch das Gemeinsame Wort der Kirchen »Für eine Zukunft in Solidarität und Gerechtigkeit«[13] fordert unter dem Stichwort »Solidarität in der Gemeinschaft stärken«, die Chancengleichheit zwischen Frauen und Männern zu verwirklichen. Danach »ist die dominierende Arbeitsteilung zwischen den Geschlechtern ursächlich für die weithin noch fehlende Chancengerechtigkeit für Frauen«. Um diese zu überwinden, sollte u. a. bezahlte und unbezahlte Arbeit unter Männern und Frauen aufgeteilt, Vereinbarkeit von Familie und Beruf für Männer und Frauen, Väter und Mütter, ermöglicht und die Familienarbeit aufgewertet werden. Die eigenständige Sicherung der Frauen sei schrittweise zu verwirklichen. Berufe, in denen überwiegend Frauen tätig sind, sollten in finanzieller und gesellschaftlicher Hinsicht aufgewertet und die geschlechtsspezifische Spaltung des Arbeitsmarktes überwunden werden. Frauen sollten stärker an den Gestaltungsaufgaben und Entscheidungen in Wirtschaft, Gesellschaft und Politik teilhaben. Als Arbeitgeber sehen sich die Kirchen u. a. gefordert, »den Grundsatz der Gleichstellung von Frauen und Männern zu beachten« (Ziffer 245).

Abschließend sei auf das Schwerpunktthema der kfd (1995 bis 1998) hingewiesen »Bevollmächtigt, Zukunft zu gestalten«, in dem unter gesellschaftspolitischen Aspekten gefordert wird: »Die Hälfte der Macht den Frauen, die Hälfte der Arbeit den Männern«.[14] Allerdings wird unter Macht das verstanden, was Frauen des Südens als »empowerment« bezeichnen, nämlich »die Befähigung, die eigene Lage als Unrechtssituation zu erkennen, sich auf eigene Werte als Frau und vor allem auf die ganz spezifische weibliche (Lebens-)Kraft und Energie zu besinnen und die Isolation aufzugeben in Richtung kreativer Solidarität mit anderen Frauen, die gesellschaftsveränderndes Handeln erst möglich macht«.[15] Der neue Grundkonsens über das Verhältnis der Geschlechter übersteigt die individuelle Frau-Mann-Beziehung. Ihn zu erreichen setzt voraus, daß auch die Männer ihre Rolle und ihr Bild reflektieren. Dies ist nicht nur im Hinblick auf die veränderten Rollen der Frauen, sondern auch im Hinblick auf die Situation der Männer und deren nicht minder dramatische Veränderung notwendig.

Anmerkungen

1. Zweiter und Dritter Bericht der BRD zum Übereinkommen der VN zur Beseitigung jeder Form von Diskriminierung der Frau, hg. v. Bundesministerium für Familie, Senioren, Frauen und Jugend, Bonn 1995, 11.
2. »Frauen: Ausbildung, Beschäftigung, Weiterbildung« (Ibv – Informationen für die Berufs- und Vermittlungsdienste der Bundesanstalt für Arbeit, Heft 4/1997), Nürnberg 217.
3. Ebd., 234.
4. Ebd.
5. Zweiter und Dritter Bericht der BRD, 21–22.
6. Frauen in der Bundesrepublik Deutschland, hg. v. Bundesministerium für Frauen und Jugend, Bonn 1992.
7. Ebd.
8. Elisabeth Beck-Gernsheim, Das halbierte Leben: Männerwelt Beruf – Frauenwelt Familie, Frankfurt 1980, 68ff.
9. Ursula Rabe-Kleberg, Frauenberufe – Zur Segmentierung der Berufswelt, Bielefeld 1987, 19. Vgl. hierzu auch: Angelika Willms-Herget, Frauenarbeit. Zur Integration der Frauen auf dem Arbeitsmarkt, Frankfurt/New York 1985.
10. Ebd., 20.
11. Aktionsplattform der 4. Weltfrauenkonferenz in Peking 1995, hg. v. Bundesministerium für Familie, Senioren, Frauen und Jugend, Bonn 1995.
12. Nationale Strategien zur Umsetzung der 4. Weltfrauenkonferenz, Bonn 1997.
13. »Für eine Zukunft in Solidarität und Gerechtigkeit. Wort des Rates der Evangelischen Kirche in Deutschland und der Deutschen Bischofskonferenz zur wirtschaftlichen und sozialen Lage in Deutschland« (Gemeinsame Texte 9), hg. v. Kirchenamt der EKD, Herrenhäuserstr. 12, 30419 Hannover und vom Sekretariat der Deutschen Bischofskonferenz, Kaiserstr. 163, 53113 Bonn, 1997.
14. Katholische Frauengemeinschaft Deutschlands (Hg.), Arbeitshilfe zum Schwerpunktthema der kfd 1995–1998, Düsseldorf 1995, 17.
15. Maria Hörnemann, »Empowerment«, in: ebd., 29.

Konstitution und Wandel von Geschlechterverhältnissen

Doris Knab

Widersprüchliche Sozialisationserfahrungen

Jungen und Mädchen sehen von klein auf vielfältige Lebensmöglichkeiten von Männern und Frauen, und sie halten es auch für selbstverständlich, daß im Leben die Person zählt und nicht das Geschlecht. Zugleich erfahren sie jedoch immer wieder nachdrücklich, daß man von Mädchen anderes erwartet als von Jungen.

So heißt z. B. schon im frühesten Kindesalter Selbständigkeit für Mädchen etwas anderes als für Jungen. Bei Jungen wird raumgreifendes Verhalten unterstützt, bei Mädchen gilt es als plump. Über all den Anforderungen an die harmonische Stilisierung ihres Körpers geraten sie nicht selten in ein problematisches Verhältnis zu eben diesem Körper. Spricht ein Mann laut und erregt, ist das Ausdruck von Zorn und Wut, bei einer Frau gilt es als Zeichen von Hysterie. Es gibt also für das gleiche Verhalten unterschiedliche Bewertungsmaßstäbe, und das prägt sich ein.

Die Familie bietet einen ähnlich zwiespältigen Anschauungsunterricht. Die im alten Sinne patriarchalische Familie gibt es kaum noch. Kinder sehen partnerschaftlichen Umgang der Eltern miteinander, spüren auch beim Vater emotionale Wärme. Ebenso erleben sie Trennungen und alleinerziehende Väter und Mütter. Sie erleben, daß die Mutter zwar berufstätig sein kann wie der Vater, daß sie aber in jedem Fall die Verantwortung für den reibungslosen Ablauf des Alltags trägt. Die Väter sind »Freizeitväter«. Jungen wie Mädchen bilden sich deshalb ihre Männlichkeitsvorstellungen weithin über Phantasien – zumal sie es auch in der Grundschule fast nur mit Frauen zu tun haben.

Auch die Gleichaltrigengruppe – ein besonders starker Einflußfaktor – wirkt ambivalent. Dem Ausprobieren neuer Geschlechtsrollen ist sie nicht besonders günstig. Weil mit dem Beginn der Pubertät die Anerkennung durch das andere Geschlecht wichtig wird, geraten vor allem die Mädchen in ein Dilemma. Sie lehnen das traditionelle Weiblichkeitsmuster ab, müssen sich aber »weiblich« verhalten, wenn sie von den Jungen akzeptiert werden wollen. Die Jungen wiederum sind verunsichert, wenn man ihre hergebrachte Rolle in Frage stellt.

Befragt man Jungen und Mädchen nach ihren Zukunftsvorstellungen, dann erscheint das Hochglanzbild der unbegrenzten Möglichkeiten. Bei genauerer Betrachtung zeigt sich: Mädchen sehen einen breiteren Radius insbesondere beruflicher Möglichkeiten. Für die Jungen hat sich trotz moderneren Auffassungen von Partnerschaft und Erziehung im Grunde nichts verändert. Wenn also beide Geschlechter davon sprechen, sie wollten Beruf und Familie, dann meinen sie Verschiedenes:

Jungen sehen ihre Familienverantwortung in erster Linie im Geldverdienen. Sie werden unsicher, wenn ihre Selbstdefinition über den Beruf und dessen Bedeutung für die privaten Lebensmöglichkeiten in Frage gestellt wird. Mädchen sehen sich ernsthaft in einer Doppelrolle, sehen das, was man »doppelte Vergesellschaftung« nennt. Sie beziehen sich auch subjektiv auf die Verantwortung in beiden Bereichen, dem beruflichen und dem familiären.

Daß Mädchen von klein auf anderes lernen als Jungen, führt dazu, daß sie auch das für beide Geschlechter formal gleiche Lernangebot anders aufnehmen. Das spiegelt sich in der Fächerwahl, im Leistungs- und Sozialverhalten. Der große Schulerfolg der Mädchen – auch beim Abitur ist ihr Anteil auf über 50% gestiegen – ist also durchaus ambivalent. Mehr und mehr richtet die Schule jedoch ihre Aufmerksamkeit auf den »heimlichen Lehrplan« der Geschlechtererziehung, der ihren offiziellen überlagert und in dem Geschlechtertypologien des 19. Jahrhunderts fortwirken. Beim Eintritt in die Arbeitswelt sehen sich die Jugendlichen dann aber wieder mit deutlichen Geschlechtergrenzen konfrontiert.

Zweigeschlechtliche Kodierungen der Arbeitswelt

In der Arbeitswelt machen sich nicht nur die im 19. Jahrhundert ausgeprägten Arbeitsteilungen zwischen den Geschlechtern bemerkbar, es entstehen neue geschlechtsspezifische Typisierungen, welche die Geschlechterhierarchie erhalten.

Althergebracht ist der Zirkel, der sich aus vorweggenommenen Familienpflichten ergibt. Mädchen gehen in schlechter bezahlte, (vermeintlich) familien- und hausarbeitsnahe Berufe. Sie geben den Beruf auf oder nehmen Teilzeitarbeit an, wenn Kinder oder alte Familienangehörige zu versorgen sind. Ihr Lohn ergänzt nur das vom männlichen Partner verdiente Haupteinkommen der Familie. Sie erwerben geringe Rentenansprüche und sind abhängig von einer Versorgung, die an die Haltbarkeit einer Ehe geknüpft ist.

Im Blick auf die Zukunft aber sind neue, nicht unmittelbar auf das tradierte Familienmodell bezogene Kodierungen von »männlich« und »weiblich« in hochqualifizierten Berufen aufschlußreich. Sie sind ein Beispiel dafür, wie in Professionalisierungsprozessen und im beruflichen Alltag das Leistungsprinzip, das ja das Aufstiegsprinzip in der bürgerlichen Gesellschaft sein soll, durch »Vergeschlechtlichung« außer Kraft gesetzt wird. Formal stehen den Frauen alle beruflichen Arbeitsfelder offen. Innerhalb dieser Berufsfelder aber zeichnen sich Geschlechterreviere ab, die zugleich Hierarchien abbilden.

Im Lehramt z. B. repräsentieren Männer nach wie vor den Zugang vom Fach her, Frauen den vom Kind aus. So ist die Grundschule in Frauenhand, sind vor allem die Naturwissenschaften und die gymnasiale Oberstufe in Männerhand. Im alltäglichen Handeln verkörpern Lehrer stärker die objektiven Leistungsansprüche, Frauen die Schulkultur. Die Bewertung der als männlich und als weiblich geltenden Modellierungen der Berufsaufgabe spiegelt sich in der Bezahlung auf den verschiedenen Schulstufen. Die Leitungsfunktionen sind auf allen Schulstufen eine Männerdomäne. Sie werden auch so stilisiert, daß sie eine ununterbrochene Berufskarriere voraussetzen und nicht teilbar sind.

Interessant sind die Grenzverschiebungen zwischen Männer- und Frauenberufen, wenn in einem Bereich neue Aufstiegschancen winken. So bringen z. B. die Pflegewissenschaften plötzlich Männer in Pflegeberufe, die dann Wert darauf legen, sich in ihrer Aufgabenwahrnehmung von den Frauen zu unterscheiden. Auch das Programmieren, zunächst eine weibliche Dienstleistung, ist als technischer Aufstiegsberuf zum Männerberuf geworden. An solchen Beispielen wird sichtbar, wie prekär die Verbindung geschlechtsspezifischer Segmentierungen des Arbeitsmarktes zu den Geschlechtsunterschieden ist, als deren natürlicher Ausfluß sie erscheinen.

Wenn Frauen in Berufe eindringen, in denen vorwiegend Männer tätig sind, wirken sie dort als Störfaktor. Sie passen nicht ohne weiteres in die gleichgeschlechtliche Sozialisation, die sich an männlichen Lebensperspektiven orientiert. So verschränken sich z. B. in der Mentorenbeziehung, in der wissenschaftliche Karrieren angebahnt werden, gegenüber Frauen qualifikationsbezogene und geschlechtsbezogene Erwartungshaltungen. Das auffallendste Indiz dafür ist die Beanspruchung der als weibliche Stärke angesehenen interpretativen und kommunikativen Fähigkeiten in der Lehre und in der Beratung. Frauen können auf diese Weise die berühmte »geistige Mütterlichkeit« in der Universität in einer Weise repräsentieren, die sie als Wissenschaftsproduzentinnen nicht in Erscheinung treten läßt und zur Dauerdienstleisterin prädestiniert. Ähnliche Mechanismen lassen sich in den Chefetagen der Wirtschaft beobachten.

Deshalb wirkt das den Frauen zugeschriebene spezifisch »weibliche Arbeitsvermögen« (Beck-Gernsheim, Ostner) durchaus ambivalent. Zwar ist die vorwiegend weiblich konnotierte Sozialkompetenz, erworben in der intensiven »doppelten Vergesellschaftung«, in der ständigen Verschränkung von privatem und beruflichem Lebensstrang, inzwischen als Innovationspotential erkannt. In den neuen Managementformen spielt sie unter Stichworten wie lean management und Unternehmenskultur eine große Rolle. Aber Frauen in Führungspositionen laufen unter solchen Überschriften in die Falle der Erwartung, alles anders und zugleich besser zu machen. Vor allem: Die neue Wertschätzung als weiblich geltender Qualitäten zahlt sich für die Frauen nicht ohne weiteres aus.»Männer erlernen ›weibliche‹ Stile durch zertifizierte Zusatzkurse, d. h. ihre Kenntnisse schlagen als Investition in Weiterbildung zu Buche; bei Frauen werden sie dagegen als Bestandteil ihrer ›Natur‹ vorausgesetzt.«[1]

Immer von neuem läßt sich also beobachten, daß Hierarchien, die bestimmten Interessen entsprechen, in Geschlechterdifferenzen übersetzt werden, auch wenn der Bezug des Unterscheidungskriteriums zu Naturkonstanten oder zum weiblichen Lebenszusammenhang noch so prekär ist. Dabei profitieren Männer vom Aufrechterhalten der Differenz, Frauen müssen die Geschlechterdifferenz minimieren, wenn sie die Koppelung von weiblicher Kodierung und Entwertung durchbrechen wollen.

Geschlechterverhältnisse und gesellschaftlicher Wandel

Das immer neue »doing gender«, mit dem das Geschlecht in vielfältiger Weise umgemünzt wird für gesellschaftliche Differenzierung und Hierarchisierung, darf nun nicht selber als unentrinnbare Gesetzmäßigkeit durchgehender binärer Kodierung aller Gesellschaftsbereiche gelesen werden. Im Gegenteil: Die Prozesse der »Vergeschlechtlichung« zwingen uns zu prüfen, wo das Geschlecht unkontrolliert und unnötig Rollen zuweist, Lebens- und Arbeitsmöglichkeiten bestimmt.

Die Kernfrage lautet nicht, welche neuen Frauen- und Männerrollen es gibt, sondern welche Rolle die Kategorie Geschlecht in unserer Gesellschaft spielt und spielen soll. Führt unser Weg nur zur Rollenmodernisierung in einem durchgehend binären System, in dem das Geschlecht als Ressource für Rollen- und Statuszuweisungen dient, oder führt er zur Individualisierung? In der gegenwärtigen Unübersichtlichkeit der Geschlechterverhältnisse stecken beide Möglichkeiten.

Die gesellschaftliche Arbeitsteilung ist nicht mehr fest vorgegeben. Auch dringt immer stärker ins Bewußtsein der Öffentlichkeit, daß die Unterschiede zwischen einzelnen Frauen und einzelnen Männern größer sind als durchgehende Geschlechtsunterschiede. Wir können deshalb nur noch im Plural von Geschlechterverhältnissen, von Frauen- und Männerbildern und -rollen sprechen. Arbeitsteilungen werden zunehmend Gegenstand individueller Aushandlungsprozesse, zumindest im Privatbereich. Der Faktor Geschlecht wirkt auch nicht immer und in allen Situationen in gleicher Stärke. Frauen »erfahren kontextabhängig Differenz und Gleichheit, Diskriminierung und Ebenbürtigkeit«.[2] Die physischen und psychischen Kosten der auf Konkurrenz und Dominanz angelegten Männerrolle werden bilanziert. Nicht mehr jeder Mann sieht im Beruf sein Lebenszentrum und hält das Zusammenleben eines kinderlosen Vaters mit einer berufslosen Mutter für den Inbegriff von Familie.

Diese Bewegungen in der Arbeitsteilung werden verstärkt durch andere Prozesse gesellschaftlichen Wandels. Neue Formen des Zusammenlebens treten an die Stelle des Ehe- und Familienmodells. Die längere Lebenserwartung verändert den Stellenwert der verschiedenen Lebensphasen. Zugleich wird die Erwerbsarbeit immer knapper und damit die herkömmliche männliche Berufsbiographie brüchig. Welche Rolle Erwerbstätigkeit im Lebenszusammenhang spielt, muß neu bestimmt werden. Der einseitig am Produktionsbereich, am beruflichen Lebensstrang orientierte Arbeitsbegriff, der selbst Ausdruck einer geschlechtsspezifischen Arbeitsteilung ist, läßt sich nicht länger halten.

Der Wandel, der in der Soziologie unter Stichworten wie Enttraditionalisierung, Individualisierung, Pluralisierung der Lebenslagen beschrieben wird, drückt sich auch in der Labilisierung von Frauen- und Männerrollen aus. Die Einsicht, daß die Ausformungen des Geschlechterverhältnisses im Wechselspiel von Natur und Kultur entstehen, macht sich auch politisch geltend. Das alles hat Konsequenzen für die Wahrnehmung des Auftrags der Kirche und für den Zuschnitt kirchlicher Berufe, die ja ebenfalls eine Geschichte des »gendering« hinter sich haben.

Einfache Deduktionen von Frauen- und Männerrollen aus obersten Werten und Normen oder aus Naturkonstanten sind nicht länger möglich. Das Verhältnis von Ich und Geschlecht, ebenso das von Geschlecht und Gesellschaft ist unter wechselnden Bedingungen stets neu zu klären. Es geht dabei um individuelle und gesellschaftliche Integrationsleistungen, für die es kein ein für alle Mal gültiges Muster gibt. Für solche prinzipiell zukunftsoffenen Konstitutionsprozesse ist eine theologische Hermeneutik und Ethik der Geschlechterverhältnisse zu entwickeln, die den Primat der Person vor interessengeleiteten Geschlechtertypisierungen zur Geltung bringt.

Anmerkungen

[1] Gudrun-Axeli Knapp, Segregation in Bewegung. Einige Überlegungen zum »GENDERING« von Arbeit und Arbeitsvermögen, in: Karin Hausen/Gertraude Krell (Hg.), Frauenerwerbsarbeit. Forschungen zu Geschichte und Gegenwart, München 1993, 25–86; 38.

[2] Christine Roloff/Sigrid Metz-Göckel, Unbeschadet des Geschlechts... Das Potentiale Konzept und die Debatten der Frauenforschung, in: Angelika Wetterer (Hg.), Die soziale Konstruktion von Geschlecht in Professionalisierungsprozessen, Frankfurt a. M. 1995, 263–286; 265.

Diakonat – eine Chance für Frauen?
Diskussionsbericht

Eva-Maria Dennebaum

Die Teilnehmerinnen des Arbeitskreises waren einhellig der Meinung, daß es aus soziologischer Sicht keine Gründe gibt, Frauen vom Diakonat auszuschließen. Die Kirche darf aus ihrem Verständnis von der Würde des Menschen nicht hinter der Gleichberechtigungspolitik des Staats oder auch von Wirtschaftsunternehmen zurückbleiben. Sie muß Frauen bei der Mitgestaltung kirchlicher Aufgaben eine gleichberechtigte Teilnahme ermöglichen und dabei die spezifischen Lebenssituationen von Frauen berücksichtigen.

Im Arbeitskreis ging es darum, ob die Zulassung von Frauen zum Diakonat diesem Ziel dienen könne. Die Chancen hierfür wurden unter geschlechterspezifischen und berufssoziologischen Aspekten eher skeptisch beurteilt:

- Trotz der Aufwertung der Laien durch das letzte Konzil, gilt weiterhin noch der Priester (bzw. der Bischof und der Papst) als das maßgebliche Subjekt der Kirche. Demgemäß spielt sich Kirche vor allem in dem ab, was Priester schwerpunktmäßig tun: Gottesdienste feiern, verkünden, Sakramente spenden. Was die Laien tun – und dazu zählen auch die Berufe in den karitativen/diakonischen Arbeitsfeldern und die theologischen Laienberufe wie Pastoralreferent(inn)en und Gemeindereferent(inn)en –, kommt in seiner Bedeutung an das, was den Priestern vorbehalten ist, nicht heran.

- Aufgrund einer ideologischen Absonderung von Heildienst (Aufgabe des Priesters) wird das karitative/diakonische Wirken dem Weltdienst (Aufgabe von Laien) zugeordnet. Durch diese Konzentration des »Eigentlichen« auf das Priesteramt hat die Wiedereinführung des Diakonats als eigenem Amt nicht zu einer Aufwertung der Diakonie unter den kirchlichen Grundfunktionen geführt, sondern eher zu einem »Quasi-Priesteramt«. So trägt das Diakonenamt nicht zur diakonischen Verlebendigung der Gemeinden bei, sondern läuft Gefahr, eine diakonische Durchdringung und Strukturierung aller kirchlichen Grundvollzüge zu verhindern.

– Soziologisch gesehen kennzeichnen den Diakonat zwei gravierende Defizite, die für eine professionelle Anerkennung entscheidend sind: Festschreibung auf der untersten Hierarchie-Ebene der Ämter und damit Ausschluß von höheren Leitungsfunktionen sowie mangelnde Fachlichkeit und berufliche Kompetenz im Berufsprofil: Ein Amt, dem der Zugang zur höheren Leitungsverantwortung verschlossen ist, bleibt soziologisch hinter den gesellschaftlichen Rollenveränderung von Frauen in den Lebensbereichen Arbeit, Bildung, Familie zurück und verfestigt eher das traditionelle Frauenbild. In den sozialen und pastoralen Arbeitsfeldern ist in den letzten Jahrzehnten eine starke Professionalisierung erfolgt. Angesichts der komplexer werdenden materiellen, psychischen und geistig-seelischen Notlagen, in die eine zunehmende Zahl von Menschen in unserer Gesellschaft heute gerät, benötigen die Mitarbeiter/innen in der kirchlichen Sozialarbeit neben solidarischem Verhalten eine fundierte Fachlichkeit, um kurativ, präventiv und politisch-anwaltlich zur Veränderung dieser Notlagen beizutragen. Das berufliche Profil des heutigen Diakonats bleibt hinter diesen Anforderungen weit zurück. Es bedarf deshalb neben einer Überprüfung der theologischen Voraussetzungen auch einer Klärung der professionellen Anforderungen für den Diakonat.

Die Stellung der Frauen in der Kirche heute und die kirchlich propagierten Frauenbilder

Gabriele Miller

»Viele, insbesondere der jüngeren Katholikinnen, haben den Eindruck, daß die Veränderungen der Lebenssituation und des Selbstverständnisses von Frauen von der Kirche nicht wahrgenommen oder zwar registriert, aber nicht gebilligt werden. 45 Prozent aller Katholikinnen, 64 Prozent der 30 bis 44jährigen, vermuten bei der katholischen Kirche ein bestimmtes, festgefügtes Frauenbild, das die eindimensional familienorientierte, aufopfernde, sich dem Mann unterordnende Frau zum Leitbild erklärt.« Die Allensbach-Studie bietet ein Musterstück von Kurzbeschreibung des kirchlich propagierten Frauenklischees.

Anmerkungen zur Allensbach-Studie

Die Allensbach-Studie zu bewerten, das ist jetzt nicht unsere Aufgabe. Sie hat empfindliche Mängel. Hätte man sie vermieden, wäre wohl das Ergebnis noch alarmierender gewesen. Nur ein paar Hinweise dazu:

– Die Studie stützt sich in ihrer qualitativen Untersuchung in besonderer Weise auf kirchlich engagierte Frauen. Was aber ist mit jenen Frauen, die sich innerlich von der Kirche distanziert haben, und doch ihre Kinder zur Erstkommunion schicken?

– Es wäre interessant gewesen, auch jene Frauen zu befragen, die in den letzten Jahren der Kirche den Rücken gekehrt haben.

– Die Allensbach-Studie berücksichtigt nicht einen biographischen Ansatz, obwohl heute jeder weiß, wie wenig heute die Lebensgeschichte von einzelnen einer Standardbiographie entspricht.

Nicht Standard- sondern Wahlbiographie

Lassen wir die kritischen Anmerkungen. Die letztgenannte Kritik tangiert wohl kirchlich propagierte Frauenbilder am meisten.

An die Stelle der Standardbiographie – vorgegebene Lebensentwürfe, von denen es schwer war abzuweichen – ist die Wahlbiographie getreten. Vieles ist für Frauen möglich geworden, was früher undenkbar gewesen wäre. Am deutlichsten herauskristallisiert hat sich die Frauenfrage am Problem, wie Familie und Beruf zu vereinbaren sind. Die Tatsache, daß Frauen heute vor die Wahl gestellt sind: Beruf und/oder Familie, gehört sicher zu den großen Veränderungen in den Lebenssituationen von Frauen.

Methoden der Familienplanung machten dies möglich. Zur Berufsausübung trug vor allem bei, daß Frauen ihren Bildungsrückstand aufgeholt haben. Frauen wollen ihre erworbenen Qualifikationen einbringen und eine Betätigung finden, die dem adäquat ist.

Möglichkeit der Selbstverwirklichung

Dazu kommt ein weiterer Aspekt: Arbeit ist für die meisten Frauen zu einer lebensumspannenden Kategorie der Selbstbestimmung geworden. Die Bestätigung im Beruf hat viele Funktionen übernommen, die früher von anderen Lebensbereichen abgedeckt wurden. Nachdem Nachbarschaft zur anonymen Größe geworden ist, die Großfamilie eher als lästig empfunden wird, sind die beruflichen Kontakte zu einem funktionierenden sozialen Netz geworden.

Die verschiedenen Lebensmodelle von Frauen, wie sie heute gelebt werden, dürfen nicht als Verfallsphänomene interpretiert werden (wie es von gewissen kirchlichen Kreisen nachhaltig geschieht), sie sind vielmehr Ausdruck eines tiefgreifenden gesellschaftlichen Wandels. Die Frauenfrage ist eine Kulturfrage, der die Kirche sich stellen muß.

Reaktion der Kirche

Wie reagiert die Kirche darauf? Es wäre ungerecht, die vielen Aktivitäten etwa zu Gunsten alleinerziehender Frauen zu verschweigen. Doch bei Licht besehen rangieren sie im kirchlichen Institutions-Bewußtsein unter der Rubrik »Soziale Arbeit für Außenseiterinnen«. Schaut man sich kirchliche Verlautbarungen, Hirtenbriefe etc. an, so entdeckt man viel Schönes über die Würde der Frau, über die wichtige Rolle der Frau und Mutter als Zentrum von Familie und Erziehung. Es fehlen hingegen kirchenamtliche Stimmen zur Rolle der Frau in Beruf und Familie, anerkennende, ermutigende Worte für jene Frauen, die in dieser Doppelrolle Wesentliches beitragen für das Wohlergehen unserer Gesellschaft. Es fehlen auch kritische Töne gegenüber Männern, die Frauen am liebsten zu Hause, bzw. in der Öffentlichkeit nur in den niederen Diensten sehen.

Überkommene Rahmenbilder

Frauen erwarten, daß die Kirche in Verkündigung und Pastoral die veränderten Bedingungen des Lebens wahrnimmt und allen Beteiligten nach ihren Möglichkeiten Unterstützung anbietet. Statt dessen fühlen sich Frauen auf überkommene Rollenbilder festgelegt. Dabei sollte sich gerade in der Kirche die Einsicht durchsetzen, daß eine Gesellschaft arm dran ist, die auf die aktive und verantwortliche Mitwirkung von Frauen verzichtet. Sie müßte daher alles tun, um diese Mitwirkung zu stärken. Andererseits ist eine Familie arm dran, die ohne die Mitwirkung des Mannes auskommen muß.

Wenn man dazu bedenkt, daß kirchenamtliche Aussagen, Ehe und Familie betreffend, sich mit erhobenem moralischem Zeigefinger vor allem auf das Thema Sexualität beschränken (und manch einer meint hier in Sonderheit Frauen ansprechen zu müssen!), dann darf man sich nicht wundern, wenn Frauen einer solchen Kirche den Rücken kehren.

Image der Kirche

Bis hierher habe ich den Begriff »Kirche« meist im Sinne der Institution Kirche gebraucht. Ihr Image ist nicht gut!

Bei manchen, ist dieses Image ein Konglomerat aus dem eben Ausgeführten, vermischt mit schlechten Erfahrungen am Ort. Dieses negative Bild wird festgeschrieben durch Schlagzeilen der Presse, durch oberflächliche Medienspektakel, durch oft langweilige Öffentlichkeitsarbeit der Kirche. Hier finden alle wohlerworbenen Urteile und Vorurteile ihre Bestätigung. Der Erfolg ist katastrophal; es fehlt jeder Boden, auf dem ein positives Samenkörnchen Wurzeln schlagen könnte. Denn es ist ja nicht so, als seien alle Erfahrungen mit Kirche, in der Kirche, als Kirche nur negativ. Das zeigt auch die Allensbach-Studie ganz deutlich.

In den Gemeinden vor Ort, in kirchlichen Gruppen und Gremien haben Frauen teil an Entscheidungsprozessen; sie tragen Verantwortung z. B. im Pfarrgemeinderat, in Ausschüssen, in der Katechese. In der Allensbach-Studie heißt es von Frauen: »59 Prozent sehen in ihrer Gemeinde keine Benachteiligung von Frauen, 71 Prozent haben persönlich noch nie das Gefühl gehabt, als Frau von der katholischen Kirche eingeengt oder nicht ernst genommen zu werden« (S. 181).

Es zeigt sich, daß in der Gemeinde von denen, die überhaupt noch mitmachen, Kirche überwiegend positiv erlebt wird als ein Ort, an dem Frauen sich zu Hause fühlen können, an dem sie ernst genommen werden. Wie sich das allerdings verhält, wenn plötzlich ein anderer Pfarrer als Gemeindeleiter vom Bischof bestimmt wird, einer mit einem total anderen Kirchenbild – davon können vielstrophige Lieder gesungen werden. Die Allensbach-Studie scheint dieses Problem nicht gesehen zu haben!

Das positive Ergebnis hinsichtlich der Frauen in den Gemeinden hat den Auftraggeber, die Deutsche Bischofskonferenz, sehr beruhigt. Man zog das Fazit: Jene Frauen, die sich in der Kirche engagieren, sie haben nicht jene Probleme, die für gewisse Leute Anlaß zum Dauerlamento sind. Merkwürdig, daß solche Teilaussage als Beruhigungspille goutiert wird. Vielleicht ist dieser Beruhigungseffekt der Grund, daß die Allensbach-Studie inzwischen in die untersten bischöflichen Schubladen abgerutscht ist.

Das eben skizzierte positive Bild aus der Allensbach-Untersuchung hat allerdings relativ wenig zu tun mit dem Bild von der Institution Kirche, der Männerkirche, die frauenfeindlich und lebensfern eingeschätzt wird – oft von den gleichen Frauen, die sich in ihrer Gemeinde engagieren. Sie blenden die Kirche als Institution einfach aus. Wenn Kirche im Nahbereich des eigenen Lebensumfeldes völlig anders wahrgenommen wird als im Fernbereich der Institution, führt dies zu einem gefährlichen Bruch: »In der Gemeinde fühle ich mich wohl, aber von der Kirche lasse ich mir nichts sagen, weil ich selber in ihr nichts zu sagen habe.« Solch eine Sicht, in der der Bruch verläuft zwischen Männern und Frauen, zwischen Laien und Amt ist auf die Dauer fatal.

Die falsche Stellung der Frauen in der Kirche

Hier ist zunächst nach der Stellung der Laien insgesamt zu fragen. Manchmal beschleicht einen der Verdacht, es gebe kirchliche Würdenträger, die im Wahne leben, die Laien (also das Volk Gottes) sei für den Klerus da – und nicht umgekehrt!

Pastorale Berufe

Schaut man sich die Situation an, so ergibt sich folgendes Bild: Die pastorale Arbeit erfolgt aufgrund des territorialen Prinzips. Das heißt, daß jeweils ein »Geweihter« als Hauptverantwortlicher für ein Gebiet zuständig ist. Aufgrund des dramatischen Rückgangs der Klerikerzahlen sitzen die Personalchefs mit dem Rechenschieber in ihren Diözesen und vergrößern beliebig die Territorien!

Man könnte meinen, daß in dieser Situation die neuen Berufe der Kirche (Pastoral- und Gemeindereferentin und Referent) Entspannung bringen; doch weit gefehlt. Der Vorgesetzte ist aufgrund seiner Weihe immer ein Priester; alle anderen Mitarbeiter sind nur beauftragt und dem Priester zugeordnet. Ich brauche die daraus erfolgenden Probleme nicht zu konkretisieren; sie sind hinlänglich bekannt. Im übrigen betreffen sie alle Laien im kirchlichen Dienst, die Männer ebenso wie die Frauen.

Und das Engagement der Getauften?

Gemeindemitglieder übernehmen ehrenamtlich Dienste, die sich inhaltlich mit denen der Kleriker oder der Laienseelsorger und Seelsorgerinnen decken. Wer von allen arbeitet in seiner Dienstzeit? Und wer ist bereit, seine freie Zeit zu investieren? Ein nicht zu unterschätzendes Konfliktpotential! Wie auch immer das Problem in der Praxis gelöst wird – wem wird die Hauptlast zufallen? Den Frauen natürlich – jenen, die bereit sind, die vielen Dienste auf sich zu nehmen, die notwendig sind, damit eine Gemeinde lebt. Hier stoßen wir wieder auf jene Gruppe von Frauen, die laut Allensbach-Studie – solange man sie an der Basis arbeiten läßt – verhältnismäßig wenig Probleme mit der Kirche haben. Doch es sei die Frage erlaubt: Wird das immer so bleiben? Ich frage mich, ob jene Frauen, die heute begonnen haben, den Spagat zwischen Familie und Beruf durchzuhalten, ob diese Frauen ebenso viel Zeit aufbringen können (vom »Wollen« spreche ich nicht), wie ihre älteren Schwestern.

Kirche als Arbeitgeber

Für die berufstätigen Frauen, die von der Diözese Rottenburg-Stuttgart angestellt sind (nur Diözesanebene nicht Pfarreiebene), gibt es eine professionssoziologische Studie, durchgeführt vom Institut der Soziologie der Universität Heidelberg.[1]
Die Studie fragt nach den Anstellungsarten und dem Einkommen der Frauen im kirchlichen Dienst, nach der Stabilität von Erwerbskarrieren, nach der Eigenart dessen, was man »Frauen-« und »Männerberufe« nennt und nach der Frage, in welchem Ausmaß verschiedene Berufe fast ausschließlich von Männern bzw. Frauen ausgeübt werden.

Das Stichwort: »Männerkirche« beschreibt nicht die quantitativen Verhältnisse der Anstellungen von Männern und Frauen, wohl aber belegt die Studie, daß Männer in leitenden und verantwortlichen Funktionen gegenüber Frauen weit überproportional vertreten sind. Frauen sind in weniger privilegierten Anstellungsarten überrepräsentiert. In der Geistlichen- und Beamtenbesoldung trifft man fast nur auf vollzeitbeschäftigte Männer. Dagegen sind bei Frauen teilzeitbeschäftigte weit stärker vertreten als Männer. Das ist auch deswegen prekär, weil Stellen in denen Leitungs- und Führungsaufgaben wahrgenommen werden, bislang nicht geteilt werden.

Die Studie zieht daraus den Schluß, daß die Mehrzahl der BAT-Beschäftigten der Diözese dem klassischen »Hausfrau-Ernährer-Modell« folgt. Die katholische Sozialdoktrin, die Frauen die Familienarbeit zuschreibt, zeige in der Beschäftigungsstruktur der Diözese Wirkung – eine Feststellung der Studie, die bei der Diözesanleitung nicht gerade auf freudige Zustimmung stieß! Schaut man sich einzelne Berufe und ihre Aufgabenbereiche an, so ergibt sich, daß z. B. die Eigenverantwortung der Gemeindereferentin (ein »Frauenberuf«, Anteil 90%) wesentlich mehr eingeschränkt ist als die des Pastoralreferenten (ein »Männerberuf«, Anteil 64%). Die Studie legt ziemlich ausführlich die Mechanismen einer Männergesellschaft dar. Der Begriff der »old boys networks«, daß nämlich neue Mitglieder der Leitungsebene nur durch die Mitglieder der oberen Leitungsebene ausgewählt werden – dieser Begriff (old boys networks) stieß, wie man sich vorstellen kann, in kirchlichen Männerohren auf Kopfschütteln und rief scharfen Protest hervor.

Die Studie ist ein Programm für alle, denen an einer Verbesserung der Lage von Frauen in der Kirche gelegen ist. Daß zentrale Bedingungen dabei nicht von einer einzelnen Diözese, erst recht nicht von einer Frauenkommission beeinflußbar und veränderbar sind, das hat die Rottenburger Frauenkommission inzwischen in harten Auseinandersetzungen mit der bischöflichen Verwaltung (wohlverstanden: mit Laien-Männern!) erfahren. Wenigstens ist die Stelle einer Frauenbeauftragten beschlossen. Sie wird alle sieben Gaben des Heiligen Geistes auf einmal brauchen, will sie auch nur einige der in der Studie angesprochenen Problemfälle einer Lösung zuführen.

Der große Stein des Anstoßes

Ich kann mein Referat nicht beenden, ohne den großen Stein des Anstoßes zu nennen, den Papst Johannes Paul II. am 22. Mai 1994 den Frauen (und nicht nur ihnen) in den Weg gelegt hat mit seinem Apostolischen Schreiben:»Ordinatio Sacerdotalis«.[2] Merkwürdig, wie wortwörtlich biblische Texte im Fall der Frauenordination zu nehmen sind! Warum sind dann – wenn es so genau auf den Wortlaut und die damalige konkrete Situation ankommt – die Nachfolger der Zwölf nicht verheiratet? Zumindest einer war es ganz sicher, nämlich der Erste in der Runde! Also – warum zieht er nicht die Konsequenz?! Man kann nur boshaft reagieren, wenn man die wieder aufgewärmten, angeblich theologischen Begründungen liest. Auch wem an der Frauenordination nichts liegt, der muß wütend werden, wenn ihm solche Argumentation vorgesetzt wird. Das Zentralwort des Evangeliums heißt nicht Macht-ausüben, sondern dienen.

Ich könnte mir denken, daß es so manch einen in den oberen Gemächern der Kirche gibt, der hier einhakt:»Jawohl, liebe Frauen, ihr macht es ganz richtig, wenn ihr bereit seid, in euren Gemeinden all die vielen Dienste zu verrichten.« Doch »Stop, lieber Freund, wenn wir dienen, dann dienen wir in der Nachfolge dessen, der gesagt hat: ›Der Erste unter euch sei euer aller Diener‹ (Mk 10,44), und: ›Ein Beispiel habe ich euch gegeben‹ (Joh 13,15).« Und das gilt nicht nur und nicht einmal zuerst den vielen Frauen, die sich in ihren Gemeinden abrackern – das gilt vorab jenen, die sich für die Ersten halten.

Ich habe mich in diesem Zusammenhang wieder an ein von mir sehr geliebtes Bild erinnert: Die Fußwaschung aus dem Purpur-Codex von Rossano, entstanden in Syrien um 550.[3] Dieser Jesus beugt sich eindrucksvoll hinab, um einem sich wehrenden Petrus die Füße zu waschen. Erstaunte Jünger im Hintergrund, ein Judas, die Hand zur Faust erhoben. Und hinter Jesus steht hoch aufgerichtet Jakobus. Petrus und Jakobus, die Säulen der Gemeinde.

Doch für die syrische Kirche hat Jakobus, der – wie man sagt – der erste Bischof von Jerusalem war, besondere Bedeutung. Er hat ein Buch in der Hand – ein Gesetzbuch vielleicht? Wenn man ihn so betrachtet, diesen Jakobus, dann wird ganz klar, was hier gesagt sein will: Der wichtige Mann – der Erste im östlichen Raum, er kann nicht so aufrecht stehen bleiben. Wenn er das Beispiel Jesu ernst nimmt – muß er sein Gesetzbuch aus der Hand legen – muß er sich hinabbeugen – wie Jesus. Diesen Jakobus und diesen Jesus würde ich gerne jedem, der in der Kirche ein Amt innehat, hinter den Spiegel stecken. Doch ich schau mir das Bild noch einmal an. Wenn dieser Jakobus, Bischof von Jerusalem, sich tatsächlich niederbeugt, muß dann auch er dem Petrus die Füße waschen? Aber wie war das doch? Wollte der nicht, daß ihm der Kopf gewaschen werde? (vgl. Joh 13,9).

Daten aus der berufssoziologischen Studie der Diözese Rottenburg-Stuttgart

(Erhebungsstichtag: 21. Juni 1993)
4072 Beschäftigte, davon 925 Kleriker; 3147 Laien
Von den Laien 2318 Frauen; 829 Männer
Also insgesamt 2318 Frauen; 1754 Männer

Von 177 Kirchenbeamten (Laien!) sind nur 13 Frauen.
Von 605 nach BAT bezahlten Männern sind nur 108 (= 17,9%) teilzeitbeschäftigt.
Von 2058 nach BAT vergüteten Frauen sind 1364 (= 66,3%) teilzeitbeschäftigt.
Neben 925 Kleriker-Seelsorgern sind es 506 Laien-Seelsorger (davon 63,4% Frauen).
Gemeindereferentin ein »Frauenberuf« (Frauenanteil 90%). Pastoralreferent ein »Männerberuf« (Männeranteil 64%).
Die Eigenverantwortung der Gemeindereferentin ist mehr eingeschränkt als die des Pastoralreferenten.

Anmerkungen

[1] Die soziale Lage der berufstätigen Frauen der Diözese Rottenburg-Stuttgart. Eine professionssoziologische Studie. Forschungsbericht von Christine Bender, Hans Gerstl, Heidrun Motzkau, Jan Schuhmacher, Institut für Soziologie der Ruprecht-Karls Universität Heidelberg, Sept. 1995.

[2] Der Tübinger Dogmatiker Peter Hünermann hat in einer am 14. Juni gehaltenen Vorlesung eine Analyse des Schreibens vorgenommen, in: Herderkorrespondenz 48 (1994) 406–410.

[3] Aufbewahrt im Erzbischöflichen Museum in Rossano/Kalabrien, Codex rossanesis oder Codex Purpureus. Zweispaltig geschrieben, mit seitenbreiten Illustrationen, Fragment eines Evangeliars (Matthäus und Markus), Format 30,7 x 26,0. Codex wird von einigen in das 4. oder 5. Jahrhundert datiert. Meist aber – wegen der fortgeschrittenen Ikonographie – mit größerer Berechtigung in das 6. Jahrhundert.

Zur Geschichte und Entwicklung des Diakonats der Frau

Dieser Abschnitt vereinigt Beiträge und Diskussionsergebnisse des Arbeitskreises »Die historische Entwicklung des Diakonats der Frau: Hintergrund der heutigen Diskussion« und des Arbeitskreises »Der Diakonat der Frau in den Kirchen des Ostens, der Reformation und der Altkatholischen Kirche«. Zu vergleichen sind die Ausführungen von Anne Jensen, S. 33 und die Beiträge zu »Katholische und ökumenische Initiativen«, S. 287.

Das Lehrverbot für Frauen im Rahmen der Altkirchlichen Oikos-Ekklesiologie
Rosemarie Nürnberg

Der historische Befund zeigt, daß Stand und Funktionen von Frauen, die im 1. Jahrtausend als »Diakonin« oder »Diakonisse« bezeichnet werden, sich wesentlich von denen des männlichen Diakons unterscheiden. Es gilt für sie z. B. das altkirchliche Lehrverbot. Was hat es mit diesem Verbot auf sich?

Der neutestamentliche Befund bezüglich des Lehrverbotes

Im pastoralen Alltag der paulinischen Gemeinden sind die Frauen mit ihren charismatischen Fähigkeiten ebenso engagiert wie die Männer. Paulus nennt Frauen »Mitarbeiterinnen« (Röm 16,3), ja sogar »Mitkämpferinnen für das Evangelium« (Phil 4,2f), die sich wie er in der missionarischen Arbeit »abmühen«.[1] Dieser »Dynamik des Anfangs«[2], die der Frau den Einsatz ihres Charismas zugesteht – allerdings, *ohne* strukturelle Änderungen bezüglich der Geschlechterrollen zu erreichen oder auch nur anzustreben – stehen Reglementierungen mit einem ausdrücklichen Lehrverbot für die Frau in der 3./4. Generation gegenüber. In 1 Tim 2,10–12 und der zeitgleichen Interpolation 1 Kor 14,33b–35 wird die Frau aus Gründen der Schicklichkeit zur Unterordnung aufgefordert. Sie soll im Gottesdienst schweigen, nicht lehren. Die Weisung ergeht 1 Kor negativ: »So gehört es sich nicht ...«, 1 Tim positiv: »So gehört es sich ...«.[3]

Die Unterordnung vor dem Hintergrund der antiken Ökonomielehre

Die antike Gesellschaft kann als »Oikos-Gesellschaft« bezeichnet werden.[4] Das heißt, das Haus bildet das Grundelement... (der) Gesellschaftsstruktur[5] und verlangt nach einer Ordnung, die sich in einer reichen Literatur der verschiedensten philosophischen Richtungen niederschlägt.[6] Das Haus ist auch für Mission und Organisation des frühesten Christentums von herausragender Bedeutung.[7] Erinnert sei an das Problem der »Hausgemeinden«[8]. Die Haustafeln spiegeln dabei die urchristliche Option für den »sittlich gemilderten... Herrschaftsgedanken«[9] wider. Diese Mittelposition wird aus dem breiten Angebot verschiedener ethischer Modelle, die die Antike bietet – konservativ-restruktiv (Peripatetik), progressiv-liberalisierend (Stoa)[10] – von der konservativ-gemäßigten Ökonomik-Ethik übernommen.[11] Die Hausordnung stellt den pater familias an die Spitze, dem haben sich Ehefrau, Kinder, Sklaven unterzuordnen.

Seit der ältesten Haustafel (im Kolosserbrief)[12] wird Unterordnung als das, was sich für die Frau geziemt, herausgestellt (vgl. Kol 3,18; Eph 5,24; 1 Petr 3,1f.). Die Einseitigkeit dieser Forderung, »Ihr Frauen ordnet euch euren Männern unter«, die im Kol *christologisch* begründet wird, »wie es sich im Herrn geziemt«, wird durch die Anweisung, »Einer ordne sich dem anderen unter«, mit der die Haustafel im Eph eingeleitet wird, keineswegs aufgehoben. Vielmehr erstarrt die gegenseitige Aufforderung in der einseitigen Aufgabe der Frau, wenn die Mann-Frau-Beziehung anschließend in Analogie zur Christus-Kirche-Beziehung beschrieben, also *ekklesiologisch* begründet wird. Denn hier existiert ja gerade ein unumkehrbares Unterordnungsverhältnis; es geht allein um die Frau, die »sich in allem unterordnen soll« (Eph 5,24).[13]

Durch die Kontinuität zur antik-ökonomischen Ehelehre – mit ihrer »liebespatriarchalisch« gemilderten Führungsrolle des Mannes[14] – kristallisiert sich für die christliche Familienethik die Idee des Schicklichen, das den Konventionen Entsprechende heraus. Der Theorie der Beschränkung der Frau auf das Haus mag wohl in der Praxis manchmal widersprochen worden sein.[15] Es ist verständlich, daß die am Haus orientierte frühe Kirche die vorgegebene traditionsreiche Lehre der Oikos-Ordnung gegenüber einer noch unbewährten und eher umstrittenen neueren Praxis favorisiert. Werden »Traditionsausbildung und Dauerhaftigkeit... gegenüber enthusiastischen Neuansätzen«[16] bevorzugt, so bietet sich die Chance, das traditionsreiche Schicklichkeitsargument apologetisch-missionarisch in Dienst zu nehmen. So können mögliche Einwände der Gesellschaft gegen die neue Religion abgewiesen werden; es wird gezeigt, daß die »Christen ein auch außerchristlich anerkannt ›gutes Leben‹ führen«.[17] Das wird besonders in der Haustafel des 1. Petrusbriefes deutlich (zwar nicht deuteropaulinisch, aber doch die paulinische Theologie fortsetzend).[18] Hier wird *pragmatisch* argumentiert. Es wird den Frauen geboten, sich ihren Männern unterzuordnen, um sie so, wenn sie noch Heiden sind, allein durch ihr *geziemendes Verhalten* – ohne Worte, ohne Belehrung also – für das Evangelium zu gewinnen.

Unterordnung und Schweigen als Momente des Lehrverbots in der Gemeindeordnung vor dem Hintergrund der Oikos-Ekklesiologie

Was sich im individuell häuslichen Bereich der Haustafeln abzeichnet, gewinnt auch auf der Ebene der wachsenden Gemeinde an Bedeutung, als in der 3./4. Generation die Hausordnung nicht mehr nur die Ethik in der Familie bestimmt, sondern als Metapher auch das Selbstverständnis der Gemeinde als »Haus Gottes« prägt. In 1 Tim 3,15 wird dem Bischof als dem Gemeindeleiter gesagt: »Falls ich länger ausbleibe, sollst du wissen, wie man sich im *Haus Gottes*, d. h. in der *Gemeinde des lebendigen Gottes* verhalten soll.« Hier werden Verhaltensregeln »im Haus Gottes« aufgestellt. Die Rolle des Mannes wird im Sinn der antiken Ökonomik akzentuiert. Gott ist zwar der eigentliche Hausherr, der den Bischof zur Verwaltung seines Hauses einsetzt. Aber das Bild vom bischöflichen Hausvater verfestigt sich immer mehr. Bei Ignatius von Antiochien, wird der Bischof zum Abbild Gottes, des Vaters, von dem der Bischof als Hausverwalter in sein Haus geschickt wird.[19] Ihm allein kommt es zu, die ihm zugeordneten Personenkreise in ihre angemessenen Aufgaben und Pflichten einzuweisen. So werden in 1 Klem 1,3 gar nicht mehr – wie noch in den Haustafeln von Kol, Eph und 1 Petr – die Frauen selber angesprochen, sondern allein die Männer. Als Herren des Hauses sollen sie die Frauen lehren, »ihre Männer in *geziemender* Weise zu lieben ..., im Rahmen ihrer *Unterordnung* den Haushalt würdig zu versehen ...« und sich besonders im Schweigen auszuzeichnen (21,7).[20] Der Mann ist der allein Lehrende, die Frau die in *Unterordnung* und *Schweigen* Hörende und Ge-Horchende; – was im Haus angebracht ist, das geziemt sich auch in der Gemeinde: »Die Frau soll sich in *Stillschweigen* und aller *Unterordnung belehren lassen*. Zu lehren gestatte ich Frauen nicht; auch nicht, über den Mann zu herrschen, sondern sie soll in *Stillschweigen* verharren«, so (1 Tim 2,11f). Diese Mahnungen lassen (in Verbindung mit dem Verbot in 1 Kor 14,33b–35) außer Zweifel: *Lehren* und *Herrschen* des *Mannes* ist das Gegenstück zu *Schweigen* und *Sich-Unterordnen* der Frau. In ihrem Selbstverständnis als Haus Gottes übernimmt die frühchristliche Kirche das im weltlich-gesellschaftlichen Bereich der Hausgemeinschaft *Schickliche*.

Die Entscheidung der Kirche für die Oikos-Ekklesiologie impliziert sozial-ethische wie organisatorische Konsequenzen.[21]

Wenn der Gemeindeleiter, der Bischof, als *pater familias* im Haus Gottes, gesehen wird, dann ist diese Rolle eindeutig dem Mann zugeordnet. Von ihm werden Fähigkeiten und Tugenden erwartet, wie sie die antike Ökonomik dem Hausvater abverlangt.[22] Er soll ein guter Familienvater sein, gut dem eigenen Hauswesen vorstehen, um auch die Gemeinde angemessen leiten zu können

(1 Tim 3,4f; 12). Andererseits verlangt der Bischof von der Gemeinde Unterordnung und Gehorsam wie der pater familias von seiner Hausgemeinschaft.[23] Verkündigung, Schutz und Verteidigung der »wahren Lehre« wird in den Pastoralbriefen als Hauptaufgabe des Gemeindeleiters beschrieben.[24] Bes. 2 Tim 4,2 fordert auf: »Verkünde das Wort, tritt dafür ein, ob man es hören will oder nicht; weise zurecht, tadle, ermahne, in unermüdlicher und geduldiger Belehrung.« Dies gilt besonders in der Auseinandersetzung mit gnostisierenden Irrlehren, die »sich in die Häuser einschleichen« (2 Tim 3,6) und dabei »ganze Häuser durch ihre unziemlichen Reden auf den Kopf stellen« (Tit 1,11). Angesichts dieser Umstände kann es keinen Platz für die Frau an der Spitze der Gemeinde geben. Diese Position ist, dem Vorbild des Hausvaters und Erziehers entsprechend, dem leitenden und lehrenden *männlichen* Amtsträger vorbehalten. In den Pastoralbriefen wird er an Timotheus und Titus dargestellt.[25]

Zwar wird auch die Frau zu lehren aufgefordert, doch beschränkt sich ihre Befugnis allein auf Kinder und jüngere Frauen, dazu noch auf die Lehre, die ihre geschlechtsspezifisch untergeordnete Stellung verfestigen soll, nämlich häuslich zu sein und ihren Männern gehorsam (Tit 2,5). Die sich unmittelbar anschließende Begründung für die im Rahmen der »gesunden Lehre« verlangte Unterordnung, »damit das Wort Gottes nicht in üblen Ruf gebracht werde« (2,5)[26], erhellt die konkrete Situation der Zeit der Pastoralbriefe, die Phase der Konsolidierung der Gemeinde, in der die »Betonung der allgemein anerkannten Ordnungen als für die Gemeinde gültig ... einen wesentlichen Faktor« bildet.[27] Innere Stabilisierung und äußere Anpassung verbinden sich dabei miteinander. Die Frau soll z. B. als junge Witwe wieder heiraten, um »dem Gegner keinen Anlaß zur Schmähung zu bieten« (1 Tim 5,14). Aber auch in bezug auf das Wort der Lehre in der Predigt wird vom Bischof verlangt, es so gut zu machen, daß »der Gegner beschämt werde, weil er uns nichts Übles nachsagen kann« (Tit 2,8).

»Christentum ist immer auch Antike« (J. Fontaine, K. S. Frank), d. h., die Christen bemühen sich um eine auch außerchristlich anerkannte Regelung der Lebensordnung, *um die Gemeinde vor Ver-*

leumdungen und der damit verbundenen Gefährdung, z. B. durch Verfolgung, Irrlehren, zu bewahren. So bleibt die soziale Position des einzelnen innerhalb der weltlichen Hausgemeinschaft auch für die Stellung in der Gemeinde relevant.[28] Umgekehrt wird die Glaubwürdigkeit der christlichen Gemeinde an der Beobachtung der außerchristlichen sozialen Gepflogenheiten gemessen – also am schicklichen, sich geziemenden Verhalten.

Die Rezeption durch die Kirchenväter

Das Zusammenspiel von innerer Stabilisierung und äußerer Anpassung prägt auch die Ordnung, die in der Didascalia Apostolorum zu Beginn des 3. Jahrhunderts das Leben einer christlichen Gemeinde in Syrien regeln soll. Als »Lehrer« und »nächst Gott euer Vater« wird hier der Bischof im Rahmen einer Oikos-Ekklesiologie charakterisiert (Didasc. 6.7.9).

Er soll sich als guter Haushalter bewähren, der über seine Haushaltsführung Rechenschaft abzulegen hat (8.14). Vor allem aber wird von ihm verlangt, in seinem eigenen Haus alles in bester Ordnung zu führen (4). In der Gemeinde, die immer wieder als »Haus Gottes« bezeichnet wird (9.12. u. a.), bleibt *ihm allein* die Aufgabe der *Lehre* vorbehalten. So sollen die Witwen, die auf Grund ihrer karitativen Aufgaben mit vielen Gläubigen wie Ungläubigen in Kontakt kommen, keinesfalls selber auf Fragen des Glaubens antworten, sondern den Betreffenden zum Bischof schicken. Die Begründung lautet: »Wenn nämlich die Heidenvölker, die bekehrt werden sollen, das Wort Gottes hören, ohne daß es ihnen ordnungsgemäß, *wie es sich schickt,* verkündet wird, ... zum Bau des ewigen Lebens, *zumal wenn ihnen von einer Frau vorgetragen wird,* wie unser Herr mit dem Leibe bekleidet war, und über das Leiden Christi, so würden sie das Wort der Lehre eher verlachen und verspotten, als es mit Lobsprüchen aufnehmen...« (15). Das Ansehen des Wortes Gottes steht also auf dem Spiel, wenn Frauen es vortragen!

Das führt zu dem klaren Verdikt: »*Es ist weder schicklich noch notwendig, daß Frauen lehren*« (ebd.). Das wird noch verstärkt begründet mit dem Verhalten Christi, der es auch nicht für notwendig hielt, zusammen mit den Aposteln auch Frauen zum Verkündigen auszusenden (ebd.).

Dieses scharf formulierte Verbot läßt sich von dem kirchendisziplinarischen Anliegen der Didaskalie her erklären: Seit Beginn des 2. Jahrhunderts hatte sich der Stand der Witwen durch ihr großes Ansehen, das sie bei den Gemeindemitgliedern besaßen, immer mehr quasi amtliche Aufgaben, wie Lehren, Taufen und Bußpastoral, angeeignet, die dem männlichen Klerus vorbehalten waren. Finanziell unabhängig, da sie individuelle Schenkungen annahmen, konnten sie sich der zentralen bischöflichen Versorgung entziehen. Infolge ihrer karitativen Tätigkeit in den Häusern lernten sie einzelne Gemeindemitglieder besser kennen, als dies dem Bischof, Presbyter oder Diakon möglich war, die zudem im Normalfall für den Lebensunterhalt ihrer Familien arbeiten mußten, also für langwierige und zeitraubende Seelsorgsaufgaben wie die Taufvorbereitung und Bußpastoral zeitlich nur begrenzt zur Verfügung standen. Sie hatten sich in ihrer Tätigkeit der bischöflichen Kontrolle mehr und mehr entzogen. Diese Aktivitäten sollen nun völlig beschnitten werden, indem ihre kirchlichen und liturgischen Aufgaben der neubenannten, dem Bischof unterstellten Diakonin zugeteilt werden.»Darum sagen wir, daß besonders der Dienst einer dienenden Frau nötig und erforderlich ist, denn auch unser Herr und Heiland ist von dienenden Frauen bedient worden, nämlich von der Maria von Magdala, und von Maria, der Tochter des Jakobus... Auch du bedarfst des Dienstes der Diakonisse in vielen Dingen, denn in die Häuser der Heiden, wo gläubige (Frauen) sind, muß die Diakonisse gehen, die Kranken besuchen und sie bedienen mit dem, was sie brauchen...« (16). Diese ist, abgesehen von Belehrung und Erziehung weiblicher Neugetaufter zur Bewahrung und Festigung der Taufgnade in einer christlichen Lebensführung, von der Lehre und Verkündigung sowie von der Spendung der Taufe oder anderer Sakramente ausgeschlossen. Hier wie in den »Apostolischen Konstitutionen«, die Ende des 4. Jahrhunderts, die Didaskalie fortschreiben, ist ihr Anteil an der Taufliturgie strikt auf die Salbung des Körpers des weiblichen Täuflings beschränkt;

alle übrigen Taufriten bis hin zur Salbung des Kopfes sind dem männlichen Klerus vorbehalten.[29]

Immer gilt das *Schicklichkeitsargument,* es ist nicht schicklich, oder das *Dringlichkeitsargument,* es ist nicht notwendig.[30] Diese beiden soziokulturellen Argumente bringen die Kirchenväter immer wieder ins Spiel. Aus zahlreichen Belegen möchte ich hier nur einige Beispiele auswählen.

Origenes († 253/4) lehnt die Lehrtätigkeit von Frauen strikt ab, weil in den Augen der hellenistischen Umwelt die Christen in schiefes Licht gerieten, wenn Männer sich niedersetzten, um sich von Frauen belehren zu lassen – als ob es nicht genügend Männer gäbe, die fähig seien, das Wort Gottes zu verkündigen.[31] Er sieht den Bischof in erster Linie in der Rolle des *Vaters* mit der Hauptaufgabe eines *Lehrers.* Frauen sollen in der Gemeindeversammlung schweigen. Zu Hause jedoch haben sie die Pflicht, die jungen Mädchen zu unterweisen, keineswegs jedoch die jungen Männer, »denn es ist ja unschicklich, wenn die Frau zur Magistra des Mannes wird«, was den Mann beherrschen zu wollen gleichkäme.[32]

Gregor von Nazianz (329/30 – um 390) ist weniger streng, wenn er das Verhalten seiner Mutter Nonna beurteilt. Er trennt zwischen der Öffentlichkeit der gottesdienstlichen Versammlung und dem häuslichen Bereich. Gerade hier gibt seine Mutter Anlaß zur Bewunderung. Im Gottesdienst hält sie sich streng an die Forderung von 1 Kor 14,34, sagt Gregor, so daß »ihre Stimme bei heiligen Versammlungen und Orten niemals zu hören war, außer wo dies notwendig war«. Zum notwendigen liturgischen Sprechen gehören das »Amen«, die Antwort »Und mit deinem Geist«, und das dreimal »Heilig«.[33]

Zu Hause aber wirkt sie »nicht nur als Gehilfin (für ihren Mann)..., sondern auch als Führerin, die ihn durch Wort und Tat zu seinem eigenen Besten leitete. Sie hielt es für das Passendste, in jeder Hinsicht den Gesetzen der Ehe entsprechend, ihrem Mann zu gehorchen, doch schämte sie sich nicht, sich ihm als Lehrerin in Fragen des Glaubens und der Frömmigkeit anzubieten... Doch«, so unterstreicht Gregor das Unkonventionelle dieses Geschehens »doch wahrlich noch größere Bewunderung kommt dem Ehemann zu, der ihr gerne nachgab«. Er bekehrte sich von der jüdischheidnischen Sekte der Hypsistarier zum Christentum, denn, so erklärt Gregor, sein Vater war »nicht von Anfang an im Haus Gottes, gepflanzt«[34] – also auch hier Oikos-Ekklesiologie.

Wenn schon Unterweisung seitens der Frau, dann nicht in der Öffentlichkeit, das ist auch für Johannes Chrysostomus im 4./5. Jahrhundert († 407) oberster Grundsatz. Er bestreitet nicht[35], daß die im 6. Kapitel des Römerbriefs von Paulus als »Apostel« bezeichnete Junia tatsächlich eine Frau war. Er räumt ein, daß sie *gelehrt* habe. Er beeilt sich aber richtig zu stellen, daß sie schicklich gehandelt habe, denn Junia leistete ihre Verkündigungsarbeit selbstverständlich *nicht* in *öffentlicher Versammlung.*[36] Mit Junia schätzt Johannes Chrysostomus die ebenfalls in der Grußliste des Römerbriefes erwähnten Frauen Phoebe, Prisca und Maria besonders wegen ihrer Mühen im missionarischen Dienst. »Es gab damals Frauen, die waren beherzter als Löwen, indem sie die Strapazen der Verkündigung teilten.«[37] Mit Blick auf die Frauen unter dem Kreuz fragt der Kirchenvater: »Hast du gesehen, wie mutig sie waren?« Und fordert auf: »Wir Männer, laßt uns diese Frauen nachahmen!«[38] Dies ist eine mutige Aufforderung des Bischofs von Konstantinopel. Er verschließt vor der patriarchalischen Einengung der Frauen nicht die Augen: »Weil dieses Geschlecht (gesellschaftlich gesehen) zu kurz gekommen ist, darum erfuhr die Frau sowohl bei der Geburt Jesu wie bei der Auferstehung als erste die Gnade.«[39] Der theoretisch-theologischen Aufwertung fehlt jedoch die praktische Verwirklichung. In der Theorie kann er die Frau der paulinisch-charismatischen Ordnung entsprechend als »Kollegin«, »συλλειτουργος« bezeichnen[40]; in der Praxis bleibt sie aber auch in seiner Gemeinde von offiziellen Leitungs- und Lehrfunktionen ausgeschlossen. Das gilt auch für die von ihm geachteten Diakoninnen, mit denen ihn freundschaftliche Beziehungen verbinden, (wir wissen dies aus Briefen u. a. an Salvina, Ampructe, Pendadia, Olimpias).

Auch im Bereich des *westlichen Christentums* finden wir zahlreiche Beispiele, die veranschaulichen, wie sich die am antik-heidnischen Oikos-Denken orientierende Ordnung in der Kirche durchgesetzt hat.

Für *Ambrosius von Mailand* († 397) gilt die ökonomische Ordnung, wenn er Maria Magdalena, die erste Zeugin der Auferstehung

Jesu, als »Botin nur für die Jünger bestimmt« sieht, die also nicht mit der universalen Verkündigung der Auferstehung beauftragt wird, sondern nur mit der für die »domestici«, also die zum Haus Gehörenden (vgl. 1 Kor 14,35). Denn »da die Ausdauer der Frau zum Predigen zu gering, das Geschlecht zur Ausführung zu schwach ist, wurde das Amt der Verkündigung den Männern anvertraut.[41]

Ganz ähnliche Argumentationen gibt es bei anderen Kirchenlehrern, z. B. *Ambrosiaster*[42], *Augustinus von Hippo*[43], *Hieronymus.*[44]

Im Gegensatz zum Verhalten »schicklicher« Frauen schildert Hieronymus die Häretiker in Begleitung demoralisierter Frauen – Simon Magus mit der Dirne Helena, Apelles mit Philomene, Montanus mit Prisca und Maximilla, Nikolaus von Antiochien mit ganzen Frauenkreisen, dazu noch Marcion.[45] Ihre Lehren führt Hieronymus allein aufgrund von deren unschicklichem Verhalten ad absurdum. Er setzt damit eine Tradition fort, die seit dem 2. Jahrhundert von den Kirchenvätern eifrig geübt wird. Gute Schützenhilfe leistet ihnen dabei die apostolische Autorität von 1 Kor 14,34f und 1 Tim 2,9/15, um die Unschicklichkeit der lehrenden, leitenden und aller priesterlichen Funktionen bei Frauen als Unrecht deklarieren zu können.[46]

In dieser Auseinandersetzung kommt bei *Epiphanius von Salamis* († 403) noch ein weiteres Moment hinzu: Er sieht weibliche Priester in gefährlicher Nähe zum Kult weiblicher Gottheit.

Er klagt die an sich völlig unbedeutende Sekte der Kollyridianer an. Sie erweisen Maria, der Mutter Jesu, göttliche Ehre, beten sie an, opfern ihr kleine Kuchen (kollyris), die sie »auf den Namen Mariens darbringen« und halten dazu einen von zu Priesterinnen ordinierten Frauen geleiteten Gottesdienst. In seiner Widerlegung dieses quasi-heidnischen Kultes – vielleicht wurde ein heidnischer Kult einer Göttin auf Maria übertragen, (z. B. Jer 7,18, 44,19 das Opfer von Kuchen an die Himmelsgöttin Astarte) – wendet sich Epiphanius gegen das weibliche Priestertum überhaupt und führt es mit einem Traditionsbeweis, »von Ewigkeit her«, noch vor Eva gründend, durch die Heilsgeschichte hindurch ad absurdum[47].

Weibliche Priester stehen in gefährlicher Nähe zum Kult weiblicher Gottheiten. Die Verbindung Priesterin-Göttin sehen auch die zeitgleichen *Apostolischen Konstitutionen* als Gefahr, der zu wehren ist: »Wenn wir im Vorhergehenden den Frauen nicht das Lehren erlauben, wie kann jemand zustimmen, daß sie – in Verachtung ihres Wesens – das Priestertum übernehmen? Denn es ist die unwissende heidnische Gottlosigkeit, die zur Ordination von Priesterinnen für weibliche Gottheiten führt, nicht aber das Gebot Christi.«[48] Die Existenz von Priesterinnen bei den Marcioniten oder im syrischen Heidentum bis ins 6. Jahrhundert hinein führt Manfred Hauke als Argument gegen das Priesteramt der Frau an. Die frühe Kirche hätte sich ohne weiteres der religiös-kultischen Praxis des heidnischen Umfeldes *anpassen* können[49], wenn sie gewollt hätte. Das kann nicht gelten gelassen werden: *absetzen* mußte sich die Kirche vielmehr von diesen Praktiken, da die Priesterin als solche, assoziiert mit weiblicher Gottheit, in sich eine heidnische Gottlosigkeit darstellt.

Fassen wir das bisherige Ergebnis zusammen:

Bei der Betrachtung der verschiedenen Momente, die die historische Entwicklung des männlichen Amtes bedingen, ist deutlich geworden, wie wesentlich dabei das in den Pastoralbriefen sich abzeichnende Verständnis der Kirche als »Haus Gottes« ist. In ihm herrscht entsprechend der profan-antiken Hausstruktur der Bischof als Hausvater. Leitung der Gemeinde und Verkündigung bzw. Lehre verbinden sich schnell mit dem Vorsitz bei der Eucharistie zu seinen Hauptaufgaben, denen durch seinen bevorzugten Platz auf der cathedra (ab dem 3. Jahrhundert sicher bezeugt) besondere Autorität verliehen wird. Hier kann den gesellschaftlichen Gepflogenheiten entsprechend kein Platz für die Frau als Gemeindeleiter sein, da sie nicht in der Öffentlichkeit lehren, geschweige denn Männer unterrichten darf. Auch die vielgerühmte Philosophin Hypateia in Alexandrien im ausgehenden 4. Jh. stellt keine Ausnahme dar, da sie ihrer neuplatonischen Philosophie zufolge nicht als Frau, sondern als geschlechtsloses Wesen auftritt, das schon den vollkommenen Zustand der Geschlechtslosigkeit erreicht hat.[50] Das gilt entsprechend von den verkündigend und sakramental tätigen Frauen in den gnostischen Zirkeln.[51]

Eindeutig sozio-kulturelle Gründe/Bedingungen führen also zum Ausschluß der Frau von der Lehr- und Leitungsaufgabe und damit von den Aufgaben, die dem männlichen Diakon zukamen, so z. B. Diakon Deogratias, der in der Gemeinde des Augustinus den Katechumenenunterricht leitet (vgl. De catechizandis rudibus), erst recht zum Ausschluß vom Priesteramt.

Entsprechend der Frage des Origenes:» Was sollen die Heiden denken, wenn bei den Christen sich Männer niedersetzen, um sich von Frauen belehren zu lassen«, kann der Historiker heute fragen: »Was sollen die (Neu-)Heiden heute denken, wenn bei den Christen Frauen von diesen Ämtern ausgeschlossen sind?«

Anmerkungen

[1] Vgl. dazu die exegetischen Untersuchungen von u. a. Adolf v. Harnack, Artur Weiser, Joachim Gnilka, Wolf-Henning Ollrog, Josef Hainz, zit. bei Rosemarie Nürnberg,»Non decet neque necessarium est, ut mulieres doceant«, in: JbAC 31 (1988) 57–73, bes. 58f, Anm. 10–15.

[2] Anton Vögtle, Die Dynamik des Anfangs. Leben und Fragen der jungen Kirche, Freiburg 1988.

[3] Vgl. dazu die Analyse von Gerhard Dautzenberg, Zur Stellung der Frau in den paulinischen Gemeinden, in: ders./Helmut Merklein/Karlheinz Müller (Hg.), Die Frau im Urchristentum, Freiburg 1983, 182–224, bes. 194f. Zum Einfluß einer frühjüdischen Exegese, vgl. Max Küchler, Schweigen, Schmuck und Schleier. Drei neutestamentliche Vorschriften zur Verdrängung der Frauen auf dem Hintergrund einer frauenfeindlichen Exegese des Alten Testaments im antiken Judentum = NTOAl, Freiburg/Göttingen 1986, 9–63.

[4] Vgl. Dieter Lührmann, Neutestamentliche Haustafeln und antike Ökonomie, in: NT Studies 27 (1980) 83–97, bes. 89; Hans-Josef Klauck, Hausgemeinde und Hauskirche im frühen Christentum, in: SBS 103, Stuttgart 1981, 21–56; Franz Laub, Sozialgeschichtlicher Hintergrund und ekklesiologische Relevanz der neutestamentlich frühchristlichen Haus- und Gemeinde-Tafelparänese. Ein Beitrag zur Soziologie des Frühchristentums, in: MThZ 37 (1986) 249–271.

[5] Vgl. Laub, ebd.

[6] Vgl. ebd.

[7] Vgl. ebd., 254.

[8] Vgl. Klauck, pass.

[9] Klaus Thraede, Zum historischen Hintergrund der »Haustafeln« des NT, in: Pietas. FS Bernhard Kötting, JbAC Erg.-Bd. 8, Münster 1980, 359–368, bes. 365.

[10] Vgl. Hinweise bei Nürnberg, 61, Anm. 30.

[11] Vgl. u. a. Plutarch, Moralia II; Seneca, De beneficiis 2,18,1f; dazu Karlheinz Müller, Die Haustafel des Kolosserbriefes und das antike Frauenthema, in: Dautzenberg/Merklein/Müller, 263–319, bes. 209–310; Thraede, Haustafeln, 360–365.

[12] Vgl. Müller, 263.

[13] Vgl. Thraede, Haustafeln, 364f.

[14] Vgl. ebd.

[15] Vgl. z.B die Klage Columellas, agr. 12, dazu Klaus Thraede, Immer Ärger mit der Freiheit. Die Bedeutung von Frauen in Theorie und Praxis der alten Kir-

che, in: Gerta Scharffenorth/Klaus Thraede, »Freunde in Christus werden ...«, Kennzeichen 1, Gelnhausen/Berlin 1977, 67–80, 79–85.
[16] Karl-Heinrich Bieritz/Christoph Kähler, Haus III, in: TRE 14 (1985) 485.
[17] Vgl. Norbert Brox, Der erste Petrusbrief, Ev.-Kath. Komm. 21, Einsiedeln/ Neukirchen-Vluyn 1979, 126f. zu 1 Petr 3,1f.
[18] Vgl. u. a. Ernst Dassmann, Der Stachel im Fleisch. Paulus in der frühchchristlichen Literatur bis Irenäus, Münster 1979, 68.
[19] Vgl. Eph 6,1; hier in der Vorstellung von Hausgemeinschaft mit einem Hausverwalter liegt die Wurzel für den Monepiskopat, so Ernst Dassmann, Hausgemeinde und Bischofsamt: Vivarium. FS Theodor Klauser, JbAC Erg.-Bd. 11, Münster 1984, 82–97; ders., Ämter.
[20] Vgl. einseitige Mahnung auch Pol. Phil 4,2; Did 4,9f; dazu Laub, 263.
[21] Vgl. Dassmann, Haus, 895; ders., Hausgemeinde, 96; Lips, 143; Ulrike Wagner, Die Ordnung im »Hause Gottes«. Der Ort von Frauen in der Ekklesiologie und Ethik der Pastoralbriefe, WUNT, 2. R., 65, Tübingen 1994.
[22] Vgl. Egbert Schlarb, Die gesunde Lehre. Häresie und Wahrheit im Spiegel der Pastoralbriefe, Marb. theol. Stud. 28, Marburg 1990, 321–356; Dassmann, Haus, 895; Lips, 138/43.149.
[23] Vgl. 1 Tim 2,11; Tit 2,5; I Klem 1,3.
[24] Vgl. 1 Tim 1,10f; 2,7; 3,2 u. a.; 2 Tim 2,24; 3,14 u. a.; Tit 1,9; 2,1 u. a.; dazu Lips, 149; Schlarb, 274–299.
[25] Vgl. Dassmann, Haus, 895; Lips, 138/43; 149.
[26] Vgl. ähnliche Argumentation Tit 2,8; 1 Tim 6; 1; 5,14.
[27] Lips, 160.
[28] Vgl. Lips, 140.
[29] Vgl. zum Ganzen Georg Schöllgen, Die Anfänge der Professionalisierung des Klerus und des kirchlichen Amtes in der Syrischen Didaskalie, Kap. IV, ersch. demn. als JbAC-Ergbd.
[30] Vgl. Nürnberg, 66–68.
[31] Vgl. hom. in 1 Cor. 14,35, 74,24.
[32] Vgl. hom. in Jes 6,3; vgl. dazu Hermann-Josef Vogt, Das Kirchenverständnis des Origines, B BKG 4, Köln 1974.
[33] Gregor von Nazianz, Über das Gebet 18,9.
[34] Ebd.
[35] Vgl. Valentin Fabrega Escattlar, War Junia(s), der hervorragende Apostel (Rom 16,7), eine Frau? in: JbAC 27/28 (1984/85) 47–64.
[36] Vgl. in Rom hom. 32,1–3 zu 16,5–16.
[37] Ebd. 31,2
[38] Mt. hom. 88,2f.
[39] Ebd.
[40] Vgl. in Rom hom. 30,3.
[41] Vgl. Comm. Lukas Ev. 10,157. 163–65.
[42] Comm. in 1 Tim. 3,11/13; auch Hieronymus äußert sich vorsichtig zu Diakonissen im Osten, vgl. comm. in Rom 16: »sicut etiam nunc in orientalibus diaconissae in suo sexu ministrare videntur in baptismo«.
[43] De Genesis contra Manichaeorum 11,15
[44] Comm. in 1 Cor 14; Comm. in 1 Tim 2,11: »Publice non permittit: nam filium aut fratrem debet docere privatim«.

[45] Vgl. 133,4.
[46] Vgl. u. a. Tertullian, bapt. 17,4; praescr. 41; allgemein das Verbot in adv. Marc. 5,8,11; virg. vel. 9,1; bapt. 1,3; Iren. haer. 1,13,2; Firmil. Cypr. ep. 75,11; Joh. Damasc. haer. 49; vgl. auch den Überblick bei Thraede, Ärger 149.
[47] Vgl. Panarion 49,1,1–4; 78,23,4; 79,2f.
[48] Vgl. Apostol. Konst. 3,9,3; dazu Nürnberg, 72.
[49] Vgl. Manfred Hauke, Die Problematik um das Priestertum der Frau vor dem Hintergrund der Schöpfungs- und Erlösungsordnung, Paderborn ³1992, 396–99. 410f.
[50] Vgl. Eusebius, Kirchengeschichte; vgl. Nürnberg, 73 mit Anm. 138.
[51] Vgl. Ulrich Neymeyr, Die christlichen Lehrer im 2. Jahrhundert, Suppl. Vig. Chr. 4, Leiden 1989, 207.

Frauenbilder im Mittelalter und der Zugang zu Ämtern in der Kirche[*]

Gisela Muschiol

Leitend für die Überlegungen in der Arbeitsgruppe war weniger die Suche nach Diakoninnen in der Geschichte, sondern die Frage, warum und auf welche Art und Weise Frauen von Ämtern ausgeschlossen wurden, warum sie qua Geschlecht kein Amt erreichen konnten.

Neben dem Ausschluß vom Lehramt läßt sich bereits seit dem 3. Jahrhundert in der Kirche vor allem ein Ausschluß vom »Heiligen« beobachten, von liturgischen Funktionen und Handlungen im Kontext dieses »Heiligsten«. Seit der Spätantike gibt es in den Texten von Theologen, in Konzilsentscheidungen und auch in Lehr- und Ordnungstexten für die Gemeinden ambivalente Äußerungen über die Rollen von Frauen in liturgischen Feiern. Neben der Feststellung selbstverständlicher Teilnahme der Frauen am Gottesdienst entwickeln sich mit der Zeit Verbote und Distanzierungen: Frauen sollen im Gottesdienst nicht bei den Männern stehen, Diakoninnen sollen nicht neben den Priestern sitzen, Frauen sollen den Altar nicht berühren, sollen den gesamten Altarraum nicht betreten. Nonnen haben seit der Karolingerzeit ihre Liturgie hinter einem Vorhang oder hinter einer Mauer zu feiern. Es ist zu vermuten, daß sie bei der Meßfeier keinen Blickkontakt zum Altar haben sollten. Alle Frauen, Nonnen und weltliche Frauen, sollen zu bestimmten Zeiten eine Kirche gar nicht betreten. Im Umfeld all dieser Einschränkungen und Verbote findet sich mit Regelmäßigkeit der Hinweis darauf, daß sie getroffen werden aus Sorge um die Reinheit des »Heiligen«. Das bedeutet: Frauen gelten als unrein, vor allem wegen ihrer Menstruation. Die »monatliche Unpäßlichkeit« erscheint sogar wörtlich in den Quellen. Selbst die Entscheidung Papst Gregors I. im 6. Jahrhundert, Frauen seien aufgrund ihrer monatlichen Regel weder vom Betreten der Kirche noch vom Empfang der Kommunion ausgeschlossen, kommt gegen eine offensichtlich tief verwurzelte Vorstellung von Unreinheit nicht an. Allerdings ist dieser Ausschluß von Frauen weder neutestamentlich noch urchristlich. Das Bewußtsein für einen solchen Ausschlußgrund wächst langsam in der alten Kirche und erlangt den eigentlichen Durchbruch erst in der Kirche des frühen Mittelalters, wohl vor allem im Westen, bei den Merowingern, den Karolingern und ihren Zeitgenossen. Die Forschung spricht für diesen Zeitraum von einer »Archaisierung« des Christentums, archaisch zu nennende Vorstellungen dringen in alle Bereiche christlichen Lebens ein: Auch Liturgie wird normiert, die Menschen treten zu Gott in ein Verhältnis von *do ut des* und müssen daher, so der leitende Gedanke, gewisse Bedingungen für einen ordnungsgemäßen Gottesdienst erfüllen. Zu dieser Vorstellung gehört die Idee von Reinheit des »Heiligsten«. Damit integriert das Christentum Verhaltensweisen, die von Religionswissenschaftlern für eine Vielzahl einfacher Religionen, aber auch für Hochreligionen beschrieben worden sind. Auch Züge von »Rationalisierung« oder »Ethisierung« des Gottesbildes, wie sie den Religionen der »Achsenzeit« gemeinsam sind, können in diesen Religionen die Vorstellung von Reinheit und Unreinheit der menstruierenden, also blutenden Frauen, nicht verdrängen. Unreinheit aber macht »kultunfähig« – um daher eine bei Gott wirkmächtige Liturgie zu gewährleisten, müssen Frauen weitgehend von liturgischen Vollzügen, damit von Ämtern, ausgeschlossen werden.

Eine der wenigen Ausnahmen von dieser Regel der Ausschließung in der Geschichte des Christentums findet sich in der Rolle der *famula Dei*, die von weiblichen Heiligen des Mittelalters überliefert wird. Diese Frauen führen selbst rituelle, liturgische Vollzüge aus: Ihre Berührung wirkt gerade nicht verunreinigend, sondern heilend. Durch Gebet, Segen, Handauflegung und ähnliche kultische Handlungen werden sie aus der Menge ihrer Geschlechtsgenossinnen herausgehoben, allerdings nicht durch ein Amt, sondern durch ihr Charisma; sie wirken gerade jenseits amtlich verfaßter, hierarchischer Strukturen.

Die Anthropologin Mary Douglas bietet für die Frage nach den Hintergründen und strukturellen Zusammenhängen der Ausschließung von Frauen vom liturgischen Amt einen Erklärungsansatz, der auch auf die christliche Geschichte übertragbar ist. Douglas geht davon aus, daß Unreinheit nie etwas Isoliertes ist, sondern nur dort auftreten kann, wo Vorstellungen systematisch geordnet sind. Gleichzeitig muß das System dieser Vorstellungen mit dem Gedanken verbunden sein, ihre Befolgung bringe Wohlergehen, ihre Übertretung bringe Gefahr. Wohlergehen oder Gefahr implizieren im Kontext der Organisationsmuster sozialer Gruppen weitere Fragen: Ist die gesellschaftliche Position derjenigen, die durch Menstruation gefährden oder gefährdet sind, gebilligt oder nicht? Wenn Frauen also durch Menstruation gefährden, welche Stellung im Gesellschaftsgefüge haben sie dann inne, und welche Stellung nehmen die »Gefährdeten« ein? Wenn nach Douglas Rituale soziale Beziehungen darstellen und sichtbar machen können, dann bedeutet das für den Ausschluß von Frauen von liturgischen Funktionen: Durch das symbolische Medium des physischen weiblichen Körpers wirken die Rituale auf den politischen und sozialen Körper, in diesem Fall auf die mittelalterliche Kirche. Was bedeutet es dann für die sozialen Beziehungen einer Kirche, die Liturgie als einen ihrer wesentlichen Selbstvollzüge versteht, wenn durch Jahrhunderte Frauen von liturgischen Funktionen und speziellen Ämtern ausgeschlossen werden?

Ämter repräsentieren soziale Beziehungen innerhalb des Christentums, repräsentieren Kräfteverhältnisse innerhalb des gesellschaftlichen Körpers Kirche, die, historisch und anthropologisch gedeutet, offensichtlich auf der Bewertung des physischen Körpers beruhen. Damit ist es letztlich die Frage nach den Geschlechterrollen in Religion und Ritus, die zu stellen ist, auch wenn historisch nach der Verortung eines Amtes gefragt werden soll.

---

[*] Eine ausführliche Fassung dieser Thesen, mit wissenschaftlichem Apparat, findet sich unter dem Titel »Reinheit und Gefährdung? Frauen und Liturgie im Mittelalter« in: Heiliger Dienst 51 (1997) 42–54.

Gab es Diakoninnen in der Geschichte der Kirche? Zusammenfassung der Diskussionsergebnisse

Heike Grieser

Die vielfältigen altkirchlichen Zeugnisse zu Ämtern und Funktionen von Frauen in christlichen Gemeinden veranlassen viele zu der Hoffnung, durch die positive Beantwortung der Fragen: »Gab es Diakoninnen in der Geschichte der Kirche?« ein schlagkräftiges Argument zur (Wieder)Einführung des weiblichen Diakonats zu finden.

Tatsächlich dokumentieren uns verschiedene Quellen, beginnend mit dem Neuen Testament, daß Frauen missionarisch und prophetisch wirken, sie leben asketisch, lehren, studieren Theologie, betreiben »Frauenseelsorge«, setzen sich karitativ ein und fördern nicht zuletzt durch ihr Vermögen und ihre Kontakte viele der heute so bekannten großen Theologen. Wir stoßen auf den Witwen- oder Jungfrauenstand und eine damit verbundene offizielle Beauftragung. Viele Texte bezeugen darüber hinaus die Existenz von Diakoninnen, deren Weihe in den Apostolischen Konstitutionen beschrieben ist. Diese Frauen reiht man in den Klerus ein und parallelisiert ihr Wirken mit dem des Heiligen Geistes. Haben wir damit genug Indizien für einen stichhaltigen »Beweisführungsprozeß« zur Etablierung eines Diakoninnenamtes?

Trotz dieses Befundes gestaltet sich die Beantwortung unserer Frage weitaus komplizierter und dies vor allem aus drei Gründen. Dazu gehört erstens der Hinweis darauf, daß unsere Kenntnis von der Entwicklung der frühen Kirche (aber nicht nur dieser!) auf Grund fehlender oder verloren gegangener Quellen nur lückenhaft ist. Zusätzlich ist es schwierig, den Lebensgeschichten von Frauen mit Hilfe einer von Männern verfaßten und tradierten Geschichtsschreibung nachzuspüren. Eine weitere »Hürde« ergibt sich zweitens dadurch, daß die uns heute vertrauten kirchlichen Ämter sich erst langsam entwickeln, in Anlehnung an das Vorbild jüdischer Gemeinden, des antiken Vereinswesens und der staatlichen Verwaltung. Das heißt vereinfacht gesprochen: Wir stoßen zwar schon im Neuen Testament auf die Bezeichnungen Episkopen, Presbyter und Diakone, doch nehmen diese Personen (auch) andere als die heute bekannten Funktionen wahr. Eine Gleichsetzung ist keinesfalls statthaft – das gilt analog ebenso für die Ämter und Funktionen von Frauen und vor allem für die Bezeichnung »Diakonin«. Dazu kommt drittens, daß wir bei der Betrachtung der Gemeindeorganisation auf unterschiedliche Modelle stoßen: Weil zentralisierende Institutionen zunächst fehlen, agiert man individueller. Grundsätzlich muß jede gewonnene historische Erkenntnis deshalb regional und zeitlich eingeordnet werden, sie eignet sich per se zunächst nicht als eine allgemeine Aussage.

Betrachten wir unter all diesen Einschränkungen den Quellenbefund: Frauen werden vor allem im Osten des Römischen Reiches unter verschiedenen Titeln »Jungfrau, Witwe, Diakonin oder Diakonisse« öffentlich beauftragt oder geweiht und damit in den Klerus eingereiht. Sie übernehmen Aufgaben, die hauptsächlich im karitativen Bereich angesiedelt sind, dazu können die Unterweisung von Frauen und Aufgaben in der Liturgie kommen. Vorherrschend ist eine enge Bindung an den Bischof, gefordert wird die Ehelosigkeit, teilweise nennt man nicht zu unterschreitende Altersgrenzen. Im Vergleich zu den männlichen Diakonen sind neben vielen Gemeinsamkeiten auch Aufgabentrennungen erkennbar, auffallend ist die strikte Zurückweisung der Frauen vom Altardienst.

Wie die Referate von Frau Muschiol und Frau Nürnberg deutlich zeigten, ist die fortschreitende Zurückdrängung der Frauen aus nahezu allen Lehr- und Leitungsfunktionen in erster Linie soziokulturell bedingt, wurde aber (zusätzlich) religiös begründet. Heute veränderte gesellschaftliche Rahmenbedingungen führen zu der Anfrage, wie das Faktum des Ausschlusses aufrechterhalten werden kann, ohne über das eigentliche Fundament seiner Begründung weiter zu verfügen.

Wie steht es nun um eine lückenlose und unangreifbare Beweisführung zur (Wieder)Einführung eines weiblichen Diakonats, um das Eingangsbild aufzugreifen? Überraschend viele Quellenaussagen berechtigen dies zu fordern, doch muß man um die

Begrenztheit ihrer Gültigkeit wissen. Gleichzeitig erscheint aus heutiger Sicht eine bloße Imitation des Rekonstruierten wenig sinnvoll: Alle kirchlichen Ämter unterliegen einem Entwicklungsprozeß, der auch den »Zeichen der Zeit« Rechnung trägt.

Das heißt für einen neuen weiblichen Diakonat: Auf der Basis eines guten historischen Fundaments darf auf der Grundlage veränderter soziokultureller Bedingungen und in der Freiheit des heiligen Geistes ein neues, modernes Profil entwickelt werden.

Frauen als Diakone in der Ökumene

Dorothea Reininger/Sabine Pemsel-Maier

Über der Diskussion um den Diakonat der Frau in der römisch-katholischen Kirche darf nicht vergessen werden, daß eine Reihe anderer christlicher Kirchen – nämlich die evangelische, die anglikanische und die altkatholische Kirche – diese Möglichkeit Frauen bereits eröffnet haben. Innerhalb der Orthodoxie gibt es verschiedene Bemühungen, das alte Amt der Diakonin wiederzubeleben; die theoretischen Voraussetzungen sind dabei weitgehend geklärt. Auch wenn sich die betreffenden Kirchen in ihrem Selbstverständnis von der katholischen Kirche mehr oder weniger stark unterscheiden, auch wenn die jeweilige Ausgestaltung des Diakonates unterschiedliche Profile aufweist, so können von den Erfahrungen der betreffenden anderen Konfessionen doch wertvolle Impulse für die Diskussion innerhalb der katholischen Kirche ausgehen.

Diakonat in der evangelischen Kirche

Ungewöhnlich und deshalb um so erfreulicher war es, daß in diesem Arbeitskreis auch über *Frauen in Diakonie, Diakonat und Diakonenamt der Evangelischen Kirche in Deutschland (EKD)* gesprochen wurde. Ungewöhnlich deshalb, weil üblicherweise dieser Thematik innerhalb der römisch-katholischen Diskussion um den Diakonat der Frau kaum oder gar keine Aufmerksamkeit geschenkt wird. Es heißt dann, daß aufgrund der großen Differenzen im Amtsverständnis zwischen den beiden Kirchen – vor allem in bezug auf die Sakramentalität der Ordination – eine solche intensive Auseinandersetzung keine neuen Erkenntnisse für die brennenden Fragen der eigenen Diskussion erwarten lasse. Damit ist dieser Punkt – mit einem kurzen Hinweis auf Diakonissen-Mutterhäuser – meist erledigt. Jenseits aller Fixierung auf die Diskussion, ob man Frauen heute zum sakramentalen Diakoninnenamt zulassen kann oder nicht, bietet jedoch gerade der Erfahrungsraum unserer evangelischen Schwestern und Brüder deshalb ein wertvolles Lernfeld, weil sich die beiden großen deutschen Kirchen im gleichen gesellschaftlichen Kontext bewähren und Formen finden müssen, die Botschaft des Evangeliums im heutigen Kontext zu leben und zu verkünden. Diese gemeinsamen Rahmenbedingungen haben ihrerseits wiederum Auswirkungen auf das Verständnis von Gemeinde und kirchlichem Amt, was sich am Beispiel des Diakonats besonders deutlich zeigt. In den evangelischen Kirchen in Deutschland gibt es *seit dem 19. Jahrhundert* zwei Zweige des Diakonats, die früher »Weibliche« bzw. »Männliche Diakonie« genannt wurden. In beiden Zweigen sind heute Frauen vertreten: Zur sogenannten »Weiblichen Diakonie« gehören die Diakonissen, deren erstes Mutterhaus 1836 in Kaiserswerth (bei Düsseldorf) von Theodor Fliedner (1800–1864) gegründet wurde. Fliedner suchte nach einer Lösung für die Frage, wie unverheiratete Frauen in gesellschaftlich anerkannter (Lebens-)Weise für eine sinnvolle Tätigkeit im sozialen Bereich zu gewinnen und einzusetzen seien. In der Lebensform der katholischen »Barmherzigen Schwestern« fand er ein Vorbild, das er mit dem biblisch-apostolischen Titel der »Diakonisse« verband.[1] Etwa zu gleicher Zeit gründete Johann Hinrich Wichern (1808–1881) die »Brüderhäuser« der »Männlichen Diakonie«, in denen junge Männer für die Arbeit im pädagogischen und sozialen Bereich ausgebildet wurden. J. H. Wichern wollte eine Erneuerung des Diakonenamtes in der Kirche erreichen und hat selbst wissenschaftlich theologisch intensiv dazu gearbeitet.[2] Da die Brüder seiner Gemeinschaften seinem Konzept vom Diakonenamt nicht entsprachen, vermied er den Namen »Diakon« zwar; im Laufe der Zeit hat sich der Name aber dennoch durchgesetzt. Mit Beginn dieses Jahrhunderts haben sich diese »Brüdergemeinschaften« zu einem Verband zusammengeschlossen, der heute »Verband der Evangelischen Diakonen- und Diakoninnengemeinschaften in Deutschland« (VEDD) heißt und seinen Sitz in Bielefeld hat. Etwa seit den siebziger Jahren nehmen diese Gemeinschaften auch Frauen auf, die – im Unterschied zu den Diakonissen – Diakoninnen genannt werden.[3]

Heute sind die Diakonissen meist bekannt durch ihre Tätigkeit v. a. in Krankenhäusern und äußerlich erkennbar durch ihre Tracht. Während diese in Lebensstil und Stellung innerhalb der Kirche nach wie vor eher mit römisch-katholischen Ordensfrauen vergleichbar sind, stehen die evangelischen Diakone und Diakoninnen den römisch-katholischen Ständigen Diakonen näher. Die Breite der Einsatzmöglichkeiten, der beruflichen Praxis und des Lebens der Diakoninnen und Diakone sowie die unübersehbare Vielfalt, die sich aufgrund der Eigenständigkeit der verschiedenen evangelischen Landeskirchen ergibt, zwingt dazu, auf einige *gemeinsame Merkmale* zurückzugreifen, um dem Amt der evangelischen Diakonin Konturen zu verleihen:[4]

1. Aufgrund der historischen Wurzeln und der weiteren Entwicklungen gibt es heute zwei Ausprägungen der beruflichen Praxis: Nach wie vor arbeiten die sog. »Anstaltsdiakone und -diakoninnen« vorwiegend in kirchlichen und kommunalen Einrichtungen wie den Diakonischen Werken der evangelischen Landeskirchen, auch in Beratungsstellen, in Krankenhäusern und Altenheimen. Daneben ist etwa ein Drittel als sog. »Gemeindediakone und -diakoninnen« in der Gemeinde – dort häufig in der Jugendarbeit – als Teil eines Teams von hauptamtlichen Mitarbeitern und Mitarbeiterinnen tätig.

2. Zum eigenen Profil der Diakone und Diakoninnen gehört vor allem ihre sog. »Doppelte Qualifikation«. Damit ist gemeint, daß die Diakoninnen und Diakone sowohl eine staatlich anerkannte fachspezifische Ausbildung erhalten (z. B. als Kranken- oder Altenpfleger/innen oder als Sozialpädagogen/innen oder -arbeiter/innen) wie auch einen diakonisch-theologischen Abschluß, der kirchlich anerkannt ist.

3. Ein drittes Kennzeichen bilden die Gemeinschaften, zu denen die Diakone und Diakoninnen gehören: In der Regel absolvieren die Diakoninnen und Diakone zumindest einen Teil ihrer Ausbildung in einer der Gemeinschaften bzw. Ausbildungsstätten. Nach ihrem Abschluß werden sie in die Gemeinschaft und in das kirchliche Diakoninnen-/Diakonenamt »eingesegnet«. Nach der Entsendung in das eigene Arbeitsfeld besteht die Verbindung mit der Gemeinschaft in einem eher lockeren Kontakt: Anders als die

Diakonissen sind die Diakoninnen und Diakone meist verheiratet und leben außerhalb der Gemeinschaft, treffen sich aber regelmäßig z. B. in regionalen Gruppen oder zu Fachtagungen.

Eine theologisch-dogmatische Diskussion um eine Zulassung von Frauen zum Diakonenamt wie in der römisch-katholischen Theologie hat es in den evangelischen Kirchen in Deutschland nie gegeben – zumal die Zulassung zum Pfarramt weitgehend vorher entschieden war. Die Aufnahme von Frauen in die Gemeinschaften ging so unspektakulär vor sich, daß man davon außer einigen Notizen am Rande in den Zeitschriften nichts finden kann. Da das kirchliche Amt weniger im ontologischen, sondern mehr im funktionalen Sinne verstanden wird, kann grundsätzlich jede und jeder in das »geistliche Amt« des Diakons/der Diakonin oder auch der Diakonisse »eingesegnet« werden. Hochinteressant sind für uns aber die etwa seit den sechziger Jahren einsetzenden theologischen Debatten um das Diakonen-/Diakoninnenamt – verbunden vor allem mit der Person des Diakoniewissenschaftlers Paul Philippi. Auf der Grundlage dieser Debatten gibt es heute in beiden Zweigen der diakonischen Gemeinschaften, vor allem aber bei den Diakonen und Diakoninnen, starke Bestrebungen danach, ihren Dienst als zweites kirchliches Amt neben dem Pfarramt anerkennen zu lassen, in das der Diakon/die Diakonin ordiniert werden soll analog zur Ordination ins Pfarramt. Diese Thematik ist inzwischen auch in den Gremien der EKD hochaktuell: Nach langen Vorarbeiten hat die EKD-Synode auf Borkum im November 1996 den Rat der EKD darum gebeten, einen »Entwurf einer Richtlinie für den Diakonat als geordnetes Amt der Kirche zu erarbeiten und auf eine möglichst einheitliche Regelung in den Gliedkirchen hinzuwirken.«[5]

Aus dieser Diskussion um den Diakonat als kirchliches Amt sowie aus den *Fragen und Problemen*, die aus der Praxis der evangelischen Diakone und Diakoninnen erwachsen, könnte die römisch-katholische Debatte vieles profitieren: Da ist zum einen die von den evangelischen Diakonen und Diakoninnen immer wieder gestellte Frage nach der eigenen Identität – die den römisch-katholischen Ständigen Diakonen nicht unbekannt ist. Angesichts der Vielfalt in der Ausgestaltung des eigenen Amtes und andererseits im Gegenüber zu Kollegen in gleichen Berufsfeldern, sei es zum Pfarrer in der Gemeinde oder auch zur Krankenschwester im Krankenhaus oder zur Eheberaterin in der Beratungsstelle, wird das eigene Profil als unscharf empfunden und um Lösungen gerungen.

Eine zweite Problematik ergibt sich daraus, daß Frauen erst seit wenigen Jahrzehnten in die sogenannte »Männliche Diakonie« integriert wurden: Was bedeutet es für die Frauen, in einen männlich geprägten Ausbildungsgang, in eine männlich geprägte Gemeinschaft und in ein männlich geprägtes Berufsbild aufgenommen zu werden? Diese Fragestellung muß auch im Blick auf eine eventuelle Zulassung von Frauen zum römisch-katholischen Ständigen Diakonat vor Augen sein. Sie wird gleichzeitig Herausforderung und Chance bleiben; die Chance nämlich, alte Fragen neu zu stellen.

Der wichtigste Bereich aber, der zum gemeinsamen Lernen einlädt, ist eng verknüpft mit der eingangs genannten gleichen gesellschaftlichen Situation, in der sich die beiden großen Kirchen in Deutschland bewähren müssen: es betrifft das *Verhältnis von Diakonie (bzw. Caritas) einerseits,* die heute weitgehend durch Diakonie-/Caritasstationen wahrgenommen wird, und *den Gemeinden andererseits.* Die Theologen fordern immer wieder energisch eine Integration beider Größen, doch will die Realität allen noch so schlüssigen theologischen Konzepten nicht entsprechen.[6] Wo sehen wir heute die diakonische Gemeinde, die erste Trägerin der Diakonie ist, die verkündigt im Wort *und* in der helfenden Tat, in der alle Gläubigen die Diakonie als ihre genuine Aufgabe als Christen sehen? Hier wäre einzuwenden, daß die Komplexität der Strukturen in zunehmendem Maße professionelle Hilfe notwendig mache, die heute so viel besser und kompetenter durch die Sozialarbeiter und -pädagogen der Diakonie- und Caritasstationen geleistet werden könne als durch unausgebildete ehrenamtliche Mitglieder der Gemeinde. Der Preis dafür aber ist hoch: er besteht in dem Nebeneinander von Gemeinde und diakonischer Hilfe. Ein realistischer Ansatz, beiden Ansprüchen gerecht zu werden – einerseits Diakonie als Wesensmerkmal der christlichen Gemeinde und gleichzeitig Professionalität – liegt in der »Doppelten Qualifikation« der evangelischen Diakone und Diakoninnen: Die Diakonin, der Diakon als ausgebildete Sozialarbeiterin, Sozialpädagoge, der/die eng mit kommunalen und kirchlichen Sozialstationen kooperiert und als Koordinator/Koordinatorin der Diakonie in der Gemeinde fungiert – das erschiene mir als ein tragfähiges Modell. Dafür böte das Konzept der »Doppelten Qualifikation« mit einerseits diakonisch-theologischer und andererseits fachspezifischer Ausbildung auch für römisch-katholische Diakone (und zukünftige Diakoninnen) eine entsprechende Grundlage.[7]

Diakonat bei den Anglikanern

Ähnlich wie in der evangelischen Kirche hat auch bei den Anglikanern der Diakonat der Frau seine Wurzeln im 19. Jahrhundert. Am 30. November 1861 schloß sich unter Führung von Elisabeth Ferard eine Gruppe von Frauen aus der Kommunität der Frommen Schwestern zusammen, um als Diakonissen ihrer Kirche in besonderer Weise zu dienen. Die Notwendigkeit, in der anglikanischen Kirche den alten Dienst der Diakonisse wiederzubeleben, war bereits damals von Bischöfen und Priestern intensiv diskutiert worden.

Als Vorbild diente den Frauen das Stammhaus der deutschen Diakonissen in Kaiserswerth. Grundlagen ihres Dienstes sollten das gemeinschaftliche Leben und die tägliche Andacht sein. Die Weihegebete wurden den Apostolischen Konstitutionen entnommen. Im Lauf der Zeit bildete sich so mit Zustimmung der Bischöfe ein pastoral ausgerichteter Dienst heraus. Vor allem Frauen und Kinder stellten Zielgruppen für die seelsorgliche Arbeit der Frauen dar.

1891 kamen die Bischöfe überein, daß es auf dem Hintergrund der positiven Erfahrungen auf jeden Fall empfehlenswert sei, das Engagement der Diakonissen sowie die Gründung von Diakonisseneinrichtungen in den Diözesen und Gemeinden zu unterstützen. Die Zulassung zum Dienst der Diakonisse, die Vorbereitung und die Beauftragung orientierten sich an den Bestimmungen für die männlichen Diakone. Daneben wurden eigene Regeln für das

Tragen einer bestimmten Tracht und die Gestaltung des spirituellen Lebens entwickelt. Im Lauf der Zeit nahmen die Diakonissen ihren Dienst nicht nur in ordensähnlichen Gemeinschaften wahr, sondern lebten zum Teil auch eigenständig ohne Kommunität, den Pfarrern vergleichbar, in den Gemeinden. In zunehmendem Maße wurden ihnen nun liturgische Aufgaben übertragen.

Als 1916 in der anglikanischen Kirche die Diskussion um das Priesteramt der Frau einsetzten, hatte dies entscheidende Konsequenzen für die Frage nach dem Diakonat: War die Tätigkeit der Diakonissen einfach ein spezifischer *Dienst?* Oder handelte es sich dabei um ein *Amt* im Sinne des männlichen Diakonates? Bis dahin war die Amtsfrage in dieser Form noch nicht gestellt worden. 1920 beschlossen die Bischöfe, daß der Diakonat der Frau formell und kanonisch wiedereingerichtet und in der gesamten anglikanischen Kirche anerkannt werden sollte. Allerdings wurde dieser Beschluß im nachhinein von einigen Bischöfen wieder zurückgenommen.

Die Entwicklung von der »Laien-Diakonisse« zur »Diakonin« verlief in der Folgezeit uneinheitlich. Immer wieder wurde der Vorschlag vorgebracht, den Diakonat der Frau nicht als eigenständiges Amt, sondern nur als Ausprägung des männlichen Diakonates zu verstehen. Einen wichtigen Schritt stellte schließlich die Empfehlung der Lambeth-Konferenz 1968 dar, die Bezeichnung »ein niederes Amt« für den Diakonat doch endgültig zu streichen. Dennoch dauerte es bis zum Jahr 1987, bis erstmals in der Kirche von England Frauen zu Diakoninnen geweiht wurden. Viele von ihnen waren zuvor Diakonissen gewesen.

Die Anerkennung des Diakonates der Frau als besonderes »Amt« führte nicht zu einer grundsätzlichen inhaltlichen Neukonzeption des Diakonates, wohl aber zu einer Veränderung seiner Praxis. All die Aufgaben, die die Diakoninnen bislang nur mit bischöflicher Erlaubnis wahrgenommen hatten, kamen ihnen nun kraft Amtes zu – und gewannen so einen ganz anderen Grad an Selbstverständlichkeit. Durch die notwendig gewordenen Änderungen des Kirchenrechts war es Diakoninnen nun auch möglich, höhere Positionen in ihrer Kirche zu erlangen. Sie stellten auch einen beachtlichen Anteil der Sitze im House of Clergy, in das sie rasch gewählt wurden. Verändert wurde die Praxis des Diakonates darüber hinaus durch die Erfahrungen der Diakoninnen selbst. 1991 gab es bereits knapp 700 hauptamtliche weibliche Diakone, 1994 über 1600. Die Hälfte von ihnen war verheiratet; nur noch 1 % gehörte nunmehr einer Ordensgemeinschaft an.

Die Zulassung von Frauen zum Priesteramt im Jahr 1994 hatte einen deutlichen Rückgang der Anzahl an *ständigen* Diakoninnen zur Folge. Einige der Frauen verzichteten jedoch ganz bewußt auf die Priesterweihe, um ganz spezifisch als Diakonin für ihre Kirche dazusein. Neben dem ständigen Diakonat kennt die anglikanische Kirche ebenso wie die katholische den Diakonat als Weihestufe auf dem Weg zum Priestertum.

Von Priestern und Priesterinnen werden die Diakoninnen hochgeschätzt. Sie nehmen die verschiedensten Dienste wahr, arbeiten in Gemeinden, in der zentralen Kirchenverwaltung, ebenso wie in der Schulverwaltung oder in Betrieben und anderen rein »säkularen« Bereichen. Etwa die Hälfte ist bei der Kirche angestellt, die andere Hälfte bezieht ihr Gehalt von unterschiedlichen Institutionen.

Ein einheitliches Berufsbild zu erstellen, ist praktisch nicht möglich; ebenso unterschiedlich sind die Ausbildungsgänge der Betreffenden. Gemeinsam ist ihnen die Verknüpfung von sozialen Aufgaben und liturgischem Dienst. Gemeinsam ist ihnen auch das Bestreben, Kirche und Welt miteinander zu verbinden: Sie wollen der Kirche die Bedürfnisse und Nöte dieser Welt vor Augen führen – und umgekehrt als Kirche in den verschiedensten Bereichen von »Welt« präsent sein, sei es im Erziehungsbereich, im Gesundheitswesen oder in allen Belangen des Gemeinschaftslebens.

Wenn im Juli 1997 die 2000. Diakonin geweiht wird, so wird damit ein Stück Kirchengeschichte geschrieben.

Die Einführung des Diakonates der Frau bei den Anglikanern vermag der Diskussion im katholischen Bereich insofern wichtige Impulse zu geben, als die anglikanische Kirche – wie die katholische Kirche – in der apostolischen Tradition steht.

Diakonat in der Orthodoxie

Die *theoretischen und praktischen Bemühungen um eine Wiederbelebung des altkirchlichen bzw. byzantinischen Diakoninnenamtes in den Orthodoxen Kirchen* sind in diesem Jahrhundert vielfältig. Bis heute kennt man in fast allen autokephalen Orthodoxen Kirchen Rudimente dieses Amtes, vor allem in Frauenklöstern. Doch wird von orthodoxen Autoren gerne betont, daß die Frage nach der Stellung der Frau in der Kirche und der Ordination der Frau zum kirchlichen Amt zunächst eine »unorthodoxe Fragestellung« ist, d.h. sie ist der Orthodoxie ursprünglich und eigentlich fremd. Chronologisch gesehen ist dieses Thema tatsächlich nicht »von innen« gewachsen, sondern sozusagen »von außen« an die Orthodoxen Kirchen herangetragen worden, d.h. daß zuerst nicht etwa orthodoxe Gläubige die Ordination von Frauen verlangt hätten, sondern daß die Beschäftigung mit der Thematik erwachsen ist aus der Notwendigkeit, im ökumenischen Dialog mit Kirchen, die Frauen ordinieren, über die eigene Überzeugung Rede und Antwort stehen zu wollen – so bereits Anfang der sechziger Jahre auf Ebene des Weltkirchenrates.[8] Seither hat eine Reihe interorthodoxer theologischer Konsultationen stattgefunden (1976 in Agapia/Rumänien, 1988 auf Rhodos, 1990 auf Kreta, 1996 in Damaskus, 1997 in Istanbul), die sich die Stellung der Frau in der Kirche und die Frage ihrer Zulassung zu den Ämtern zum Thema gemacht hatten. Alle haben in ihren Schlußdokumenten die Wiederbelebung des Diakonats der Frau in den Orthodoxen Kirchen dringend empfohlen.

In Bezug auf die Autorität, mit der gesprochen wurde, kommt dabei der Interorthodoxen Konsultation auf Rhodos besondere Bedeutung zu: Im Jahr 1988 kamen auf Einladung des Ökumenischen Patriarchen erstmalig 63 Repräsentantinnen und Repräsentanten aller orthodoxer Kirchen (sowohl der chalkedonensischen als auch der vorchalkedonensischen Orthodoxie) zusammen, darunter 13 Vertreter der Hierarchie, um über die »Stellung der Frau in der Orthodoxen Kirche und die Frage der Ordination von Frauen« zu debattieren.[9] In ihren »Schlußfolgerungen« empfahlen die Delegierten – nach einer ausführlichen Begründung der Unmöglichkeit einer Zulassung von Frauen zum Priestertum – »das apostolische Amt für Diakonissen... wieder aufleben« zu lassen, und zwar in Verbindung mit einer Wiederherstellung des Diakonats »im allgemeinen (von Männern und Frauen)«.[10] Aus dem Kontext und der nachfolgenden Deutung dieses Textabschnitts wird ersichtlich, daß ein zu den »höheren Weihen« gehöriges Diakoninnenamt gemeint ist. Dieses Dokument ist für alle weiteren Konferenzen und Diskussionen zu diesem Thema – innerorthodoxen wie ökumenischen – zur Grundlage geworden.

Hintergrund und Voraussetzung für diese – für viele Beobachter sensationelle – Empfehlung bilden vor allem die *Debatten innerhalb der wissenschaftlichen Theologie*. Hauptstreitpunkt ist die Frage, ob die Diakonin in der Geschichte der Kirche 1. eher zu den Laien gehörte und für ihre Aufgaben eine einfache Segnung erhalten hat oder auch geweiht war im Sinne einer »niederen« Weihe (»Cheirothesia«) oder ob 2. die altkirchlichen und byzantinischen Weiheformulare vielmehr im Sinne einer »höheren« Weihe (»Cheirotonia«) zu deuten sind.

In dieser theologischen Debatte gilt schon seit langer Zeit der griechisch-orthodoxe Theologe Evangelos Theodorou als mit den Quellen bestens vertrauter und engagierter Befürworter einer Weihe von Diakoninnen im Sinne der »Cheirotonia«. Sein Plädoyer beruht auf seinen liturgiewissenschaftlichen Studien über die byzantinischen Ordinationsformulare für die Diakoninnenordination, die er bereits in den fünfziger Jahren im Rahmen einer Dissertation angefertigt hatte. Seine Erkenntnisse hat er seither in zahlreichen Artikeln und Vorträgen – so auch in einem Referat auf o. g. Rhodos-Konsultation – immer wieder folgendermaßen vertreten:[11] Aus dem Vergleich der Weiheformulare östlicher wie westlicher Tradition lasse sich zweifelsfrei ablesen, daß es sich bei der Diakoninnenweihe um eine höhere Weihe gehandelt haben müsse, die formal identisch war mit der Weihe zum Diakon. Dies bestätige sich auch in der kanonischen Stellung der Diakonin, in der sie eindeutig dem Klerus zugeordnet sei und meist zwischen Diakon und Subdiakon genannt werde. Theodorou kommt insgesamt zu dem Schluß, daß das Diakoninnenamt den einzigen Typ einer Ordination von Frauen in der Kirche bildete, für die kein anderer Stand des Klerus zugänglich war. Man habe es also in der Tradition für möglich gehalten, eine Frau zum Diakonat zu weihen, ohne ihr damit Anteil am priesterlichen Amt zu geben.

Damit widerspricht Theodorou denjenigen, die – wie etwa der inzwischen verstorbene Athener Dogmatiker Ioannis Karmiris – die Diakonenweihe bereits als eine priesterliche Weihe verstehen. Interessant ist, daß keiner der Gegner einer »Cheirotonia« von Frauen zum Diakonat versucht, Theodorous liturgiewissenschaftliche Studien zu widerlegen. Karmiris nimmt statt dessen seinen Ausgangspunkt bei dem biblischen und historischen Nachweis dafür, daß Frauen grundsätzlich keine »Cheirotonia« empfangen können, wobei er die »Cheirotonia« mit der priesterlichen Weihe identifiziert. Da er den Diakonat ausdrücklich als dritte Stufe des einen priesterlichen Amtes versteht, folgert er, daß demnach die Diakonin in der Tradition daran nie Anteil gehabt haben konnte. Von daher könne die Weihe der Diakonin nur eine »Cheirothesia« gewesen sein, ebenso konnte ihre liturgische Funktion nie der des Diakons entsprechen, da sie ja im Laienstand verblieb.[12]

Ähnlich wie in der römisch-katholischen Diskussion spitzt sich die Debatte zu auf das Verständnis des Diakonats im ordinierten Amt: die Frage ist, ob es als eigenständiges Amt verstanden wird, zu dem man Frauen zulassen kann, ohne über das Priesteramt der Frau eine Vorentscheidung zu fällen, oder ob es zum einen »priesterlichen Amt« gezählt wird, das sich lediglich in drei aufeinanderfolgende Stufen auffächert.[13]

Die Texte der Konsultation von Rhodos (s. o.) zeigen, daß sich die Befürworter und Befürworterinnen eines sakramentalen Diakonats der Frau in der *Theorie* zwar durchgesetzt haben (man bedankte sich auf dieser Konsultation ausdrücklich bei Theodorou für seine Studien). Die *Praxis* in den Orthodoxen Kirchen legt jedoch andererseits Zeugnis dafür ab, daß es an der Umsetzung der Empfehlungen noch mangelt: obwohl es jedem orthodoxen Bischof aufgrund der kirchenrechtlichen Situation ab sofort möglich wäre, eine Frau per Handauflegung zur Diakonin zu weihen – das Institut der Diakoninnen ist von keinem im Osten anerkannten Konzil je abgeschafft oder verboten worden –, gibt es nur einige wenige orthodoxe Diakoninnen. Die Ansätze zur Wiederbelebung des Diakoninnenamtes, die im Laufe dieses Jahrhunderts in den Kirchen Rußlands und Griechenlands zu verzeichnen waren, führten zwar zu keinem durchschlagenden Erfolg, doch lassen sich in den neunziger Jahren nachdrückliche Versuche in den vorchalkedonensisch-altorientalischen Kirchen verzeichnen: So werden seit einigen Jahren in der Koptischen Orthodoxen Kirche Diakoninnen eingesetzt, die auch zum Klerus gehören, aber keine Weihe erhalten; in der Syrischen Orthodoxen Kirche werden zwar Diakoninnen geweiht – wohl auch mit einer Weihe, die der der Diakone entspricht – doch sind ihre Aufgaben noch unklar. Lediglich in der Armenischen Orthodoxen Kirche gibt es eine Diakonin, die nach dem gleichen Weiheformular wie die männlichen Diakone geweiht wird und auch die gleichen liturgischen Aufgaben übernimmt, und die seit 1990 im Libanon lebt. Man weiß von weiteren bischöflichen Bemühungen in der Armenischen Kirche, den weiblichen Diakonat wiederzubeleben.[14]

Wenn auch eine nachhaltige Rezeption der Empfehlungen der Rhodos-Konsultation in der Praxis der Orthodoxen Kirchen noch aussteht, bleibt dennoch die Feststellung interessant, daß neben der strikten Ablehnung einer Zulassung von Frauen zum Priestertum[15] eine ebenso vehemente Forderung nach dem sakramentalen Weihediakonat der Frau bestehen kann, die getragen wird durch das Fundament der Diakoninnentradition und der Überzeugung von der grundsätzlichen Verschiedenheit von Diakonats- und Priesterweihe. Die eigentliche – nicht allein mit wissenschaftlich-rationalen Argumenten beantwortbare – Frage scheint heute in der Orthodoxie nicht zuerst die Sakramentalität der Diakonatsweihe für Frauen zu betreffen, sondern vielmehr die Ausstattung dieses Amtes mit liturgischen Funktionen. Dabei darf der gesellschaftliche und politische Kontext der traditionellen Länder der Orthodoxie nicht vergessen werden, aufgrund dessen z. B. semitisch bzw. islamisch geprägte Vorstellungen liturgischer (Un-)Reinheit eine viel größere Rolle spielen – vor allem im Bewußtsein der Frauen selbst – als in den westlichen Kirchen.

Anmerkungen

1. Zu Fliedner vgl. vor allem Paul Philippi, Die Vorstufen des modernen Diakonissenamtes (1789–1848) als Elemente für dessen Verständnis und Kritik, Neukirchen-Vluyn 1966; ders., Diakonissenamt heute, in: ders., Das sogenannte Diakonenamt, Gladbeck 1968, 43–65.
2. Vgl. Johann Hinrich Wichern, Gutachten über die Diakonie und den Diakonat (mit einleitenden Bemerkungen), in: ders., Sämtliche Werke III/1, hg. v. Peter Meinhold, Berlin/Hamburg 1968, 128–184.
3. Die Entscheidung, auch Frauen in die Diakonengemeinschaften aufzunehmen, beruhte auf mehr pragmatischen Gründen: Ende der sechziger, Anfang der siebziger Jahre konnten die Seminare zur Ausbildung von Gemeindehelferinnen der evangelischen Landeskirchen aufgrund gesunkener Nachfrage nicht mehr im gewohnten Umfang aufrecht erhalten werden. Andererseits gab es in der Diakonie einen gestiegenen Bedarf an ausgebildeten Mitarbeitern, gerade auch an Frauen, die nicht mehr durch eine entsprechende Anzahl an Diakonissen abgedeckt werden konnten. Daraufhin wurden die Gemeindehelferinnenseminare nach und nach in die Diakonenanstalten integriert bzw. mit ihnen zusammengelegt: vgl. u. a. Ilse Ultsch, Aus der Geschichte des Gemeindehelferinnen-Berufs, in: Pth 57 (1968), 82–93.
4. Vgl. dazu z. B. Eberhard Seyfang, Praxis des evangelischen Diakons/der Diakonin. Entwicklung, Ausbildung, Status, Tätigkeit evangelischer Aspekte, in: Voneinander hören – miteinander lernen – gemeinsam handeln, Dokumentation der Jahrestagung 1996 der Arbeitsgemeinschaft Ständiger Diakonat in der Bundesrepublik Deutschland, hg. v. der Arbeitsgemeinschaft Ständiger Diakonat in der Bundesrepublik Deutschland, v. O. 1996, 42–48.
5. Vgl. epd-Dokumentation v. 25.11.1996, 15; vgl. auch den zuvor erarbeiteten Entwurf der Theologischen Kammer der EKD: Der evangelische Diakonat als geordnetes Amt der Kirche. Ein Beitrag der Kammer für Theologie der Evangelischen Kirche in Deutschland, hg. v. Kirchenamt der Evangelischen Kirche in Deutschland (EKD-Texte 58), Hannover 1996.
6. Vgl. ähnliche Beobachtungen von Heinrich Jürgenbehring, Aufgabenorientiert denken! Überlegungen und Anstöße zur Frage des Berufs-»Bildes«, in: VEDD-Forum 1994, 5, 14f. hier: 14.
7. Näheres zu den angesprochenen Sachverhalten und Überlegungen wird in einer in Arbeit befindlichen Dissertation von Dorothea Reininger nachzulesen sein.
8. Vgl. das ÖRK-Studienheft: Zur Frage der Ordination der Frau, hg. v. Ökumenischen Rat der Kirchen, Genf 1964.
9. Vgl. die Dokumentation dieser Interorthodoxen Konsultation mit allen Referaten und dem Schlußdokument: Ecumenical Patriarchate. The Place of the Woman in the Orthodox Church and the Question of the Ordination of Women, hg. v. Gennadios Limouris, Katerini 1992.
10. Vgl. die deutsche Übersetzung in: Orthodoxes Forum 3 (1989) 93–102, hier: 100.
11. Vgl. den leicht gekürzten Abdruck der Dissertation: Evangelos Theodorou, Η »Χειροτονια« η »Χειροθεσια« των Διακονισσων, in: Theologia 25 (1954) 430–469 576–601; 26 (1955) 57–76 (in unveröff. dt. Übersetzung von Anne Jensen); im folgenden stütze ich mich jedoch mehr auf die neuere und nahezu iden-

tische Aufarbeitung des gleichen Stoffs in seinem Vortrag bei der Rhodos-Konsultation: ders., in: Ecumenical Patriarchate (s. Anm. 9). In seinem Sinne argumentieren v. a. Kallistos Ware, Man. Woman and the Priesthood of Christ, in: Thomas Hopko (Hg.), Women and the priesthood, New York 1983, 9–37; Kyriaki Karidoyanes Fitzgerald, An Orthodox Assessment of Modern Feminist Theology, in: Ecumenical Patriarchate, 287–318 (s. Anm. 9) und dies., The Characteristics and Nature of the Order of the Deaconess, in: Thomas Hopko (Hg.), Women and the Priesthood, New York 1983, 75–95; Elizabeth Behr-Sigel, Le ministère de la femme dans l'Eglise, Paris 1987, bes. 153ff. 179–184; Archimandrit Augustin Nikitin, Die Stellung der Frau in der Kirche Christi, in: Stimme der Orthodoxie 21 (1981) 5, 45–59.

12 Vgl. z. B. Ioannis Karmiris, Η Θεσις και η Διακονια των Γυαικων εν τη Ορθο–δοξω Εκκλησια, in: Jahrbuch der Theologischen Fakultät der Universität Athen Bd. 22, Athen 1975, 471–527, bes. 510–517. Ähnlich argumentierten auch Nicolae Chitescu, Das Problem der Ordination der Frau, in: Zur Frage der Ordination der Frau, hg. v. Ökumenischen Rat der Kirchen, Genf 1964, 67–71 und George Khodre, Die Ordination der Frau, in: Zur Frage der Ordination der Frau, hg. v. Ökumenischen Rat der Kirchen, Genf 1964, 72–75 sowie auf der Rhodos-Konsultation Galeriu, Nazaria, Pheidas (vgl. deren Referate in Ecumenical Patriarchate, s. Anm. 9).

13 Vgl. etwa Fitzgerald, An Orthodox Assessment, 307f. (s. Anm. 11).

14 Näheres hierzu in der oben erwähnten Dissertation von Dorothea Reininger (s. Anm. 7). Zu der eigenständig verlaufenen geschichtlichen Entwicklung in der Armenischen Kirche (der weibliche Diakonat kam dort ab dem 17. Jh. in Frauenklöstern zur Blüte): vgl. Kristin Arat, Die Diakonissen der Armenischen Kirche in kanonischer Sicht, in: Hand Am (1987) (FS Handes Amsorya 1887–1987), 153–189.

15 Die Diskussion um das Priestertum der Frau reicht so tief in trinitätstheologische und soteriologische Grundlagen des orthodoxen Glaubens hinein, daß sich die Kontrahenten nicht selten gegenseitig der (monophysitischen, modalistischen oder christomonistischen) Häresie bezichtigen.

Frauen im Diakonat der Altkatholischen Kirche

Angela Berlis

Vorbemerkungen

Die altkatholischen Kirchen, die in der »Utrechter Union« zusammengeschlossen sind, bekennen sich zu den Lehren und Institutionen, die in der alten, ungeteilten Kirche des ersten Jahrtausends gegolten haben. Sie halten fest am dreifachen apostolischen Amt von Diakon, Priester und Bischof; die einmal erteilte Ordination hat sakramentalen Charakter und ist unwiderruflich und unwiederholbar.

Der Prozeß der Entscheidungsfindung

Die Diskussion über den Frauendiakonat und seine Einführung in der altkatholischen Kirche nach 1985 muß erstens vor dem Hintergrund einer innerkirchlichen Besinnung auf die Bedeutung und Eigenständigkeit des Diakonates innerhalb des dreifachen Amtes gesehen werden, die seit Ende der sechziger Jahre in den altkatholischen Kirchen einsetzte, sich zunächst aber nur auf den Diakonat des Mannes bezog. Gleichzeitig wurde der Wunsch nach einer verstärkten Einbeziehung von Frauen in den Dienst der altkatholischen Kirche hörbar. Obwohl weibliche Laien seit 1920 in die Synodalvertretung (zusammen mit dem Bischof das oberste Leitungsgremium der altkatholischen Kirche) gewählt werden können, geschah dies erst 1967. Die seit Ende des 19. Jahrhunderts bestehende »Altkatholische Schwesternschaft« hatte nach dem Zweiten Weltkrieg Nachwuchsmangel; viele Mitglieder der altkatholischen Kirche machten sich damals Sorgen über diesen Verlust an weiblicher Diakonie.

Zweitens spielte die ökumenische (v. a. orthodoxe, anglikanische und römisch-katholische) Positionsbestimmung hinsichtlich des Frauendiakonats eine wichtige Rolle für die Diskussion in der altkatholischen Kirche. Offizielle Stellungnahmen aus der römisch-katholischen Kirche und der Orthodoxie haben den Diakonat der Frau nicht ausgeschlossen; in beiden Kirchentraditionen ist er von namhaften Theolog(inn)en und Bischöfen befürwortet worden. Innerhalb der anglikanischen Kirchengemeinschaft, mit der die altkatholische Kirche in »full communion« steht, war die Frage des Diakonates für Frauen ebenfalls in Diskussion.

Drittens sind Frauen als Amtsträgerinnen im heutigen soziokulturellen Kontext denkbar geworden. Während in den sechziger Jahren eine Frau am Altar für viele Altkatholiken noch undenkbar gewesen wäre, hat seitdem ein Umdenkprozeß eingesetzt, der nicht zuletzt von den Erfahrungen mit evangelischen Pfarrerinnen vor Ort profitiert hat. Auch neuere wissenschaftlich-theologische Erkenntnisse über die Rolle von Frauen in der Bibel und in der Alten Kirche, die seit Mitte der siebziger Jahre einem größeren Publikum erschlossen wurden, haben für die Diskussion auf altkatholischen Theologenkonferenzen und Synoden eine »erweiterte Sicht« in bezug auf den Beitrag von Frauen bewirkt.

Die Entscheidungsfindung innerhalb der altkatholischen Kirche geschah vor diesem innerkirchlichen, ökumenischen und soziokulturellen Hintergrund.

Im Jahr 1976 erklärte die Internationale Altkatholische Bischofskonferenz (IBK) mit einer Gegenstimme, daß Frauen nicht zum dreifachen apostolischen Amt von Diakon, Priester und Bischof zugelassen werden könnten.[1] Sie begründete dies mit der Weisung Jesu und mit der Tradition der Kirche. Mit dieser Erklärung reagierte die IBK primär auf Entwicklungen in der Anglikanischen Kirchengemeinschaft.

Die Erklärung stieß in den westeuropäischen altkatholischen Kirchen auf Widerstand, der sich zunächst auf die Frage des Diakonats konzentrierte. 1981 sprachen sich die Synoden der schweizer und der deutschen altkatholischen Kirche für die Einführung des Diakoninnenamtes aus, da »die alte Kirche weibliche Diakone kannte«[2]. Auf diese Anfragen hin und »nach einer eingehenderen Beschäftigung mit den Zeugnissen der Tradition«[3] stellte die IBK 1982 nach einer Umfrage in den altkatholischen Kirchen der Utrechter Union sowie bei deren theologischen Lehranstalten fest, daß ein Ständiger Diakonat für Frauen ebenso wie für Männer grundsätzlich möglich sei.[4] Sie stellte den einzelnen altkatholischen Kirchen frei, diesen Diakonat einzuführen und beauftragte gleichzeitig die Internationale Altkatholische Liturgische Kommission (IALK), ein Weiheformular zu erarbeiten. 1985 verabschiedete die IBK den Weiheritus (für Männer und Frauen) und empfahl ihn den Mitgliedskirchen zur Verwendung. 1987 wurde die erste Diakonin in der christkatholischen Kirche der Schweiz geweiht; 1988 folgten die altkatholische Kirche in Deutschland, 1991 Österreich und 1996 die Niederlande.

Amtsverständnis und theologische Situierung des Diakonates

Bei der Einführung des Frauendiakonats war man darauf bedacht, einerseits – gemäß dem altkatholischen Antrittsgesetz – der altkirchlichen Überlieferung Rechnung zu tragen und andererseits den heutigen Bedürfnissen zu entsprechen.

Da der Diakonat der Frau im Laufe der Kirchengeschichte nie abgeschafft, sondern lediglich außer Gebrauch gekommen ist, kann die Einführung des Frauendiakonates als Wiederbelebung dieses Amtes verstanden werden. Jedoch ist die (Wieder-)Einführung keine Repristination.

Bei der Erarbeitung des Weiheformulars nahm die IALK das altkirchliche Amt der Diakonin zum Ausgangspunkt ihrer Überlegungen.[5] Der Hauptgedanke des altkatholischen Weihegebetes ist: Die besondere Aufgabe des Diakons/der Diakonin besteht darin, zu dienen, in Entsprechung des Dienstes Christi, der in der Kirche fortgeführt wird. Der Weiheritus für Männer und Frauen ist weitgehend identisch; lediglich im Weihegebet werden unterschiedliche biblische und urkirchliche Paradigmata genannt. Es besteht jedoch in den altkatholischen Kirchen, die den Diakonat der Frau eingeführt haben, Einverständnis darüber, daß es keinen wesentlichen Unterschied zwischen dem männlichen und weiblichen Diakonat gibt (lex orandi – lex credendi).

Nach der altkatholischen Position ist der Diakonat von Frauen und Männern als grundsätzlich gleich anzusehen: Diakoninnen gehörten erstens in alten Kirchen zum Klerus und ihre Ordination zum Ordo sacer[6]. Zweitens erweist sich die Unterscheidung zwischen einem »apostolischen Amt« für Männer und einem »nichtapostolischen Amt« für Frauen als nicht hilfreich, da jedes Amt der Kirche direkt oder indirekt »apostolisch« ist.[7] Drittens wird auf die Übereinstimmung von lex orandi – lex credendi hingewiesen: Die altkirchliche Weihehandlung ist bis auf wenige Unterschiede im Weihegebet für Männer und Frauen identisch; es geht nicht an, aus diesen unterschiedlichen Akzentuierungen ein anderes Amt für Frauen und Männer zu postulieren.

Eine gegensätzliche Ansicht – bei der Ordination der Frauen handle es sich um eine »Segnung« – vertreten die altkatholische Kirche in Polen (PKK) und die polnisch-amerikanische altkatholische Kirche (PNCC). Die unterschiedliche Beurteilung des Diakonates durch die westeuropäischen Kirchen einerseits und die PNCC und PKK andererseits hat im übrigen Folgen für die Beurteilung der IBK-Erklärungen aus den Jahren 1976 und 1982 (s. o.): während die PKK und PNCC die Erklärung von 1982 als Bestätigung der Erklärung von 1976 ansehen, wird in den anderen altkatholischen Kirchen die Erklärung von 1982 als Korrektur der Erklärung von 1976 in bezug auf den Diakonat der Frau angesehen.

Gemäß der altkatholischen Ekklesiologie ist die ganze Kirche am Prozeß beteiligt, der dazu führt, daß eine Person Diakon/in wird. Diese Beteiligung kommt u. a. darin zum Ausdruck, daß die Kirche vor und während der Weihe über eventuell vorhandene Einwände gegen den/die Kandidat/in befragt wird und die Gottesdienstgemeinde der Weihe per Akklamation zustimmt (»Diakonin soll sie sein...«).

Im Anschluß an die altkirchliche Praxis unterstehen Diakoninnen der Aufsicht und Betreuung des Bischofs; im Falle der Anstellung in einer Gemeinde teilt der Pfarrer die Aufsicht mit dem Bischof.

Die Praxis

Die konkreten Tätigkeitsfelder der Diakoninnen variieren in den verschiedenen altkatholischen Kirchen zwischen diakonisch-sozialen und seelsorgerlichen Aufgaben. Ihre Rolle in der Liturgie entspricht der (westlichen) katholischen Tradition. Neben der Austeilung der hl. Kommunion in der Liturgie und an Kranke, der Taufspendung, sowie der Assistenz bei Trauungen und Bestattungen sind die Diakoninnen und Diakone in der deutschen altkatholischen Kirche außerdem zur Spendung der Krankensalbung befugt, wodurch eine ganzheitliche Begleitung von Kranken und Sterbenden ermöglicht ist. Liturgie und Diakonia-Seelsorge gehören zusammen: Der Dienst am Nächsten ist Dienst an Gott, der im Gottesdienst, in der Verkündigung des Evangeliums, in den Fürbitten und im Altardienst seinen Ort hat. Die liturgischen Dienste der Diakonin (des Diakons) ergeben sich aus den karitativen, katechetischen und seelsorgerlichen Aufgaben, nicht umgekehrt.

Die Besoldung der hauptamtlichen Diakoninnen entspricht der aller anderen Geistlichen. Die Ausbildung ist in den einzelnen Kirchen unterschiedlich geregelt; in der Schweiz besteht ein besonderer Ausbildungsgang, in Deutschland, Österreich und den Niederlanden werden die Diakoninnen sowohl über ein universitäres Theologiestudium zum hauptamtlichen Dienst als auch über einen Fernkurs zum ehrenamtlichen Dienst ausgebildet.

Die bisherigen Erfahrungen der Diakoninnen sind fast durchweg positiv.[8] Für viele Mitglieder der Kirche ist die Einbeziehung von Frauen in das Amt der Kirche ein Zeichen für die Fülle des Amtes geworden.

Schluß

Die genannten christlichen Kirchen haben sowohl konkrete – positive – Erfahrungen mit dem Diakonat der Frau gemacht, als auch eine Fülle von theoretischer Vorarbeit und Reflexion geleistet. Diese in die Überlegungen innerhalb der katholischen Kirche einzubeziehen, ist nicht nur ein Gebot der Ökumene, sondern damit verbunden ist auch eine Bereicherung durch andere Traditionen.

Anmerkungen

[1] Angela Berlis, ›... Diakonin soll sie sein!...‹. Die Frauenordination im Gespräch der (altkatholischen) Kirche, in: Angela Berlis/Klaus-Dieter Gerth (Hg.), Christus Spes. Liturgie und Glaube im ökumenischen Kontext (FS für Bischof Sigisbert Kraft), Frankfurt – Berlin – Bern – New York 1994, 47–62 .

[2] Amtliches Kirchenblatt des Katholischen Bistums der Alt-Katholiken in Deutschland, Bonn, Nr. 1/15, Januar 1982, 3.

[3] Christian Oeyen, Was sagt die Tradition wirklich? in: IKZ 75 (1985) 97–118, v. a. 97–104.

[4] Der Beschluß der IBK ist abgedruckt in: AKKZ 27 (1983), Nr. 1, 2.

[5] Sigisbert Kraft, Die neugefaßte Weiheliturgie der altkatholischen Kirchen und ihre ekklesiologische Bedeutung, in: IKZ 79 (1989) 192–203.

[6] Martien Parmentier, De toelating van de vrouw tot het ambt van diaken als theologisch probleem, in: De Oud-Katholiek 96 (1981) 1–2.12–13.18; Oeyen, Tradition.

[7] Herwig Aldenhoven, Theologische Überlegungen zum Diakoninnenamt im Sinn der Erklärung der IBK vom September 1982 (masch.), Bern 1983; Oeyen, Tradition.

[8] Angela Berlist, Das Diakoninnenamt in der Altkatholischen Kirche: Entwicklungen und Erfahrungen, in: Diakonat der Frau – Chance für die Zukunft? Dokumentation zu den Tagungen am 18. Juni 1993 und 19. Mai 1995 in der Katholisch-Sozialen Akademie Franz Hitze Haus, hg. von Angela Urban, Münster 1995, 47–56; Fritz-René Müller/Doris Zimmermann, Zehn Jahre ständiges Diakonat – Erfahrungen und Ausblicke, in: Christkatholisches Kirchenblatt Nr. 16/20. August 1994, 243–245; Karin Schaub, ›Diakonin soll sie sein ...‹, in: Bibel und Kirche 50 (1995) 173f.

Dogmatische Fragen zum Diakonat der Frau

Die folgenden Beiträge wurden im Arbeitskreis »Das Amt der Diakonin: Ein sakramentales Amt?« vorgetragen und diskutiert. Sie ergänzen das Referat von Peter Hünermann, Theologische Argumente für die Diakonatsweihe von Frauen, S. 98 und die Ausführungen von Stefanie Spendel, Braucht die Kirche Diakoninnen? S. 78.

Das Amt der Diakonin: ein sakramentales Amt? Ein Zugang von der Gemeinde her
Bernd Jochen Hilberath

Klärung der Fragestellung

Vorbemerkung
Wird der differenzierte und nicht in jeder Hinsicht harmonisierbare exegetische und traditionsgeschichtliche Befund systematisch-theologisch reflektiert, so spricht er eher für als gegen ein sakramental verstandenes Diakonenamt der Frau. Weder das Beispiel Jesu noch das der Apostel, erst recht nicht eine – zumindest in Gemeinden und Kirchenprovinzen belegte altkirchliche Praxis lassen sich als Gegenargumente anführen.

Im folgenden gehe ich von der heutigen Gemeindesituation aus. Dieser Ansatz ist kein Ansatz »von unten«; er setzt nämlich das »von oben« als konstitutiv voraus: Christliche Gemeinde lebt nicht aus sich selbst, sondern aus dem Heilshandeln des dreieinigen Gottes, und sie lebt nicht für sich selbst, weil sie »als Zeichen und Werkzeug« Zeugnis ablegt für »das Licht der Welt« (LG 1). Alle Gaben sind Charismen des heiligen, d. h. unverfügbaren und heilenden, nicht als Selbstzweck sich schenkenden Geistes. Kirche lebt »von oben«, nicht im Sinne eines durchgehenden hierarchischen Aufbaus, der alle Macht und Vollmacht bei den Amtsträgern festmacht, sondern aus dem Heilshandeln Gottes, der als Dreieiniger Lebensprinzip der Kirche ist und damit auch – in analoger Weise – deren Struktur präformiert.

Der Diakonat im Konnex der Gemeinde

Grunddimensionen der Gemeinde

Gemeinde als communio existiert »nicht aus sich selbst – nicht für sich selbst«. Göttliche Gründung und Sendung, communio und missio, sind nicht bloß frommer Vorspann, sondern bleibendes Vorzeichen. Das gesamte Leben der Kirche, gerade auch die Ausgestaltung ihrer Ämter muß diesen Dimensionen entsprechen. Alles, was Kirche »besitzt«, ist Leihgabe, die sie treuhänderisch zum Wohle aller zu verwalten hat. Darin ist der quasi-sakramentale Charakter der Kirche (LG 1; 8) zu sehen: sie weist von sich weg auf Ihn. Und indem Kirche nicht bei sich selbst stehen bleibt, sondern ihrer Sendung nachkommt, realisiert sie in der Nachfolge Christi ihre diakonische Grundstruktur. Sakramentaler und diakonischer Aspekt sind die zwei wesensnotwendigen Seiten der Kirche, insofern das Sakramentale diakonisch und das Diakonische sakramental ist.

Die Beziehungen der Menschen wie der Gemeinden untereinander sind Beziehungen von prinzipiell Gleichen: Dies ist nicht von außen an Kirche herangetragen, sondern von innen heraus geschehende Realisierung ihres quasi-sakramentalen Charakters. Sakramental repräsentiert wird sowohl die unverfügbare Begründung wie die unantastbare Gleichberechtigung der Kinder Gottes und ihrer Gemeinwesen. Eine sakramentale Repräsentation des unverfügbaren Gegenüber Gottes, Jesu Christi und des Geistes vollzieht sich deshalb immer im Miteinander der gemeinsamen Berufung und Sendung. Amtliches Handeln geschieht im Konnex mit dem Handeln der Gemeinde als ganzer und ihrer vielfältigen Dienste.

Der Diakonat im Verbund der Grundvollzüge

Die jüngere Theologiegeschichte wie die Väter des II. Vatikanischen Konzils sprechen von drei Grundvollzügen der Gemeinde:

Leiturgia, Martyria, Diakonia. Alle drei Vollzüge sind gleichberechtigt, nicht aufeinander reduzierbar und ohne die jeweils anderen nicht sie selbst. Sie verhalten sich deshalb nicht ausschließlich gegeneinander: Auch die Liturgie ist Verkündigung und Diakonie, das Zeugnisgeben ist Gottes- und Menschendienst, Diakonie ist Liturgie und Zeugnisgeben. Jeder Grundvollzug repräsentiert auf *seine* Weise die *anderen*. Diakonie ist *als Diakonie* Martyria und Leiturgia.

Dies bedeutet, daß jene, die im Bereich der Diakonia tätig sind, immer auch liturgisch und evangelisierend-katechetisch handeln – und doch nicht dasselbe tun wie diejenigen, die im Bereich der Liturgia oder der Martyria tätig sind. Konkret: Wer sich als Diakon in der Rolle des verhinderten Priester sieht, wem Liturgie wichtiger ist als diakonische Sozialarbeit, hat seine Berufung verfehlt. Umgekehrt: Wer als Sozialarbeiter zum Diakon ordiniert wird und einen weiten Bogen um den liturgischen Raum macht, drückt sich eine Hauptschlagader ab.

Der Diakonat in der communio der Ordinierten

Die drei Grundvollzüge werden in unterschiedlichen Funktionen realisiert. In unserem Zusammenhang ist nach dem Spezifikum der Wahrnehmung von Leiturgia, Martyria und Diakonia durch ordinierte Presbyter und Diakone zu fragen.

Die Aufgabe des ordinierten Presbyters

Dem amtlichen Priestertum kommt m. E. die Aufgabe zu, den ersten Aspekt der communio-Dimension, das »nicht aus uns selbst«, zu repräsentieren und im Leben der Gemeinde, zur Geltung zu bringen. Die römisch-katholische Tradition nennt dies »agere in persona Christi«. Die neuerdings bevorzugte Beschreibung »Christus als Herrn und Haupt repräsentieren« stellt *eine* Metapher dar und beschreibt *einen* Aspekt dieses Dienstes. Umfassender wäre von der Repräsentation des extra nos des Heils zu sprechen, das uns von Gott her durch Christus im Heiligen Geist wirksam zugesagt wird. Entsprechend formuliert der Amtstext von Lima: »Um ihre Sendung zu erfüllen, braucht die Kirche Personen, die öffentlich und ständig dafür verantwortlich sind, auf ihre fundamentale Abhängigkeit von Jesus Christus hinzuweisen, und die dadurch innerhalb der vielfältigen Gaben einen Bezugspunkt ihrer Einheit darstellen. Das Amt solcher Personen, die seit früher Zeit ordiniert wurden, ist konstitutiv für das Leben und Zeugnis der Kirche.« (Nr. 8)

Diese Perspektive teilt das Zweite Vatikanische Konzil, insofern es bevorzugt die Verkündigung des Evangeliums als primäre Aufgabe des Bischofs und des Priesters nennt. Das »von sich weg« verweisen auf Ihn hin geschieht am unmißverständlichsten in der Sprachhandlung des Zeugnisgebens und Verkündigens. Die Differenz zwischen unserem schwachen Glauben und Seiner starken Zusage, zwischen unserer fragmentarischen, bisweilen verzerrten Realisierung der Nachfolge und seinem konsequenten Dasein für andere kann überhaupt nur im Wort artikuliert werden. Die Zusage des Heils an den einzelnen in der Gemeinde erfolgt im Wort und dem verbum visibile des Sakraments, beides glaubwürdig nur im diakonischen Kontext, ohne gnadentheologisch gesehen – von dessen menschlicher Realisierung abhängig zu sein.

Eigens angesprochen werden muß das Verhältnis von Martyria und Leiturgia in bezug auf den Presbyterat. Die Neubesinnung des Zweiten Vatikanischen Konzils legt es – vor dem Hintergrund des neutestamentlichen Befundes und in kritischer Würdigung der altkirchlichen Entwicklung nahe, die Aufgabe des Priesters in der Liturgie als Ausformung seines oben beschriebenen Verkündigungsdienstes zu sehen. Von dieser Funktion her ist er der »geborene« Vorsteher bei den liturgischen Feiern der Gemeinde, allen voran bei der Eucharistie, wo in der Funktion des Vorsteherdienstes das »extra nos« des Heils und seine konkrete Zusage besonders deutlich repräsentiert wird. Ebenso muß sein Anteil an der Gemeindeleitung von hierher bestimmt werden, was an dieser Stelle nicht ausgeführt werden kann.

Die Aufgabe des ordinierten Diakons
Es erscheint stimmig, den ordinierten Diakon (die ordinierte Diakonin) in besonderer Weise dem diakonischen Grundvollzug der

Gemeinde zuzuordnen. Presbyter und Diakon realisieren auf ihre Weise den liturgischen Aspekt des jeweiligen Grundvollzugs. In der feierlichen Liturgie der Gemeinde kommen sie zusammen, was eine Kooperation beider ordinierten Dienste im gottesdienstlichen Handeln nahelegt.

Was stellt das Spezifikum des ordinierten Diakonates dar? In Ergänzung des priesterlichen Dienstes ist es Aufgabe des ordinierten Diakons (der ordinierten Diakonin), das »nicht für sich selbst«, den zweiten Aspekt der Grunddimension der Gemeinde zu repräsentieren. Während der Presbyterat das »extra nos« des Heiles wachhält und im Verkündigungshandeln (einschließlich der Sakramente) repräsentiert, ruft der Diakonat das pro nobis et pro omnibus des Heilshandelns Gottes in Erinnerung und sorgt für seine Realisierung in aller Gebrochenheit und Vorläufigkeit. Auch hierbei handelt es sich um ein »in persona Christi agere«, nämlich im Blick auf das pro nobis et pro omnibus. Diakon und Diakonin kommen primär vom diakonischen Dienst her in die liturgische Versammlung, in welcher je neu Zusage und Aussendung geschieht. Das Diakonat ist kein Durchgangsstadium zum Presbyterat, keine verdünnte Form der Martyria und keine Ersatzfunktion bei der Liturgie, sondern ein eigenständiger Dienst, näher beim sozialarbeiterisch-caritativen Aufgabenfeld als beim liturgisch-katechetischen (im ausdrücklichen Sinne!). Gerade so aber handelt es sich um einen Dienst, der für das Sorge trägt, was allen aufgetragen ist. Weil es sich um die Repräsentation der zweiten Grunddimension – des nicht für sich selbst – handelt, wird zu diesem Dienst wie zum Presbyterat ordiniert.

Sind Frauen diakonatsfähig?

Geistbegabung und Christusrepräsentation im Diakonat

Jesus hat Männer und Frauen in seine Nachfolge gerufen. Den Dienstcharakter der Nachfolge haben gerade Frauen gelebt. Weil sie zum Dienst an ihm »und seinen Brüdern« bereit waren, wurden sie zu den ersten Zeugen seiner Auferstehung. Wer dient, repräsentiert Christus. Weil dies ein Grundvollzug des Christseins ist, hat er seinen Ort nicht nur verborgen und selbstverständlich im Alltag, sondern gemeindeöffentlich, auch in Verkündigung und Liturgie. Selbst die Vertreter einer bestimmten symbolistischen Theologie, welche Frauen vom ordinierten Amt ausschließen wollen, da sie Christus nicht als »Herrn und Haupt der Kirche« repräsentieren könnte, müssen zugeben, daß die Repräsentation Christi als des Dieners aller geschlechtsunspezifisch ist. Und da es beim diakonischen Handeln wesentlich darauf ankommt, daß es den Menschen konkret erreicht, erscheint der Ausschluß der Frau geradezu als Beeinträchtigung des diakonalen Grundvollzugs der Gemeinde Jesu Christi.

Was in christologischer Perspektive gilt, bestätigt die pneumatologische. Der Geist ist es, der alle Charismen, auch die der ordinierten Dienste (Ämter) verleiht. Dem Geist selber kommt so die Funktion des Diakonos zu: Schon im Leben des dreieinigen Gottes dient er, indem er Raum gibt und öffnet, Selbstand ermöglicht und verbindet. Im Geist öffnet sich der beziehungsfähige und beziehungswillige Gott auf seine Schöpfung hin. Wiederum ist es der heilige-heilende Geist, der dem Leben dient, indem er zur Freiheit befreit und zur Gemeinschaft verbindet. In der Alten Kirche, z. B. bei Ignatius, wurden die Diakone als Repräsentanten Christi angesehen. Lassen sie sich nicht ebenso als Repräsentanten des heiligen-heilenden Geistes verstehen, gerade wenn es darum geht, die Ganzheitlichkeit des Heiles einzufordern und zuzusagen, indem sie für seine wenigstens fragmentarische Realisierung sorgen?

Daß der Geist als Diener des Lebens seit alters her vorzugsweise in mütterlich-weiblichen Bildern gezeichnet und mit entsprechenden Metaphern bezeichnet wird, ist kein zwingendes Argument, aber in dieser Hinsicht gewiß noch zu wenig gewürdigt worden.

Die Notwendigkeit einer sakramentalen Ordination
Die Begründung für eine sakramental verstandene Ordination kann grundsätzlich keine andere sein als für Presbyterat und Episkopat. Was die beiden ordinierten Dienste auf Gemeindeebene angeht, so haben wir sie von der Repräsentation der Grunddimensionen »nicht aus sich selbst – nicht für sich selbst« her zu be-

stimmen versucht. Presbyter und Diakone/Diakoninnen tun nicht etwas, was niemand sonst tut (verkündigen, diakonisch tätig sein), sondern sie tun amtlich, was Aufgabe der Gemeinde als ganzer ist. Die Ausrichtung des Gemeindelebens auf das extra nos wie das pro omnibus ist so grundlegend, daß sie »öffentlich und ständig«, also amtlich präsent gehalten werden muß. Sie kann nicht der spontanen prophetischen Erinnerung überlassen werden; Aufgabe der Prophetinnen und Propheten wäre vielmehr u. a. das Einklagen dieser amtlichen Aufgabe.

Weil diese Dienste des Prebyterats und Diakonats amtlich wahrgenommen werden müssen, müssen sie – theologisch gesehen – durch sakramentale Ordination übertragen werden. Sakramentale Ordination ist kein persönliches Privileg, keine fromme Überhöhung oder gar eine ontologische Persönlichkeitsveränderung. Durch die sakramentale Ordination bringt die Gemeinde samt ihren Vorstehern zum Ausdruck, daß nur in der Kraft des Geistes diese jeden Menschen überfordernde Aufgabe übernommen werden kann. »Weh mir, wenn ich das Evangelium nicht verkünde« – »Weh mir, wenn ich nicht dem Evangelium gemäß diene«: Dem »weh mir« kommt das »wohl dir« der Herabrufung des Geistes in der Ordination entgegen. Gewiß gilt diese pneumatologische Grundlegung für den gesamten Lebensvollzug der Gemeinde. Es machte aber offenbar von Anfang an einen guten Sinn, dies bei der Übertragung der amtlichen Dienste des Episkopats, des Presbyterats und des Diakonats sakramental zu feiern. In dieser pneumatologischen Perspektive, welche nicht gegen die christologische auszuspielen ist, sondern diese aktualisiert, ist m. E. weder ein theologisch relevanter Grund für den Ausschluß der Frau vom ordinierten Amt des Diakonats noch für eine nicht-sakramental verstandene Übertragung des Amtes der Diakonin zu erkennen.

Zur Sakramentalität des Diakonats der Frau

Dorothea Sattler

Zum Verständnis von »Sakramentalität«

Historische Entwicklung des Sakramentenbegriffs

Altlateinische Übersetzungen der Bibel (vor allem nordafrikanische Texte und die Itala) geben das Wort μυστήριον mit »sacramentum« wieder. Die Verwendung dieses Wortes zur Bezeichnung von Taufe und Eucharistie geht insbesondere auf das Wirken des Juristen und Theologen Tertullian (gest. 220) zurück. Im profanen Bereich des römischen Rechts- und Militärwesens hatte »sacramentum« zwei Bedeutungen: Zum einen bezeichnete dieses Wort das »Haftgeld« oder die Kaution, die Ankläger und Angeklagte vor Gericht hinterlegen mußten; der Verlierer eines Rechtsstreites erhielt sein Geld nicht zurück. Zum anderen wurde der »Fahneneid« der Soldaten »sacramentum« genannt. Die Vorstellung, durch Taufe und Eucharistie (wie bei der Opferung des »Haftgeldes«) die Versöhnung mit Gott zu suchen, und die Analogie zwischen der Selbstverpflichtung beim »Fahneneid« und beim Taufversprechen – der Katechumenen Christus Jesus gegenüber – lassen nach Tertullian die Benennung dieser Feiern als »sacramenta«, als begründet erscheinen.

Kennzeichnend für das christliche Altertum und für das Frühmittelalter ist ein »analoger« Sakramentenbegriff, d. h. eine weitere oder engere definitorische Erfassung des Gemeinten. Seit dem 3. Jahrhundert wurde es in der lateinischen Väterliteratur zunehmend üblich, insbesondere Taufe und Eucharistie als »sacramenta« zu bezeichnen; darüber hinaus galten viele andere kirchliche Handlungen (u. a. die Fußwaschung) als Sakramente. Auch Augustinus (gest. 430) spricht von verschiedenen Weisen einer möglichen Bestimmung des Sakramentenbegriffs. Im weitesten Sinne läßt sich nach Augustinus mit »sacramentum« jede Wirklichkeit bezeichnen, die im Raum der Geschichte sinnlich erfahrbar ist, deren Bedeutung die unmittelbare Wahrnehmung aber übersteigt und ins Transzendente verweist. Bei seiner engeren Bestimmung des Sakramentenbegriffs betont er die Bedeutung des wirksamen Wortes: »accedit verbum ad elementum et fit sacramentum« (In ev. Joh. tr. 80,3: ›Es tritt das Wort zum Element und es entsteht das Sakrament‹.). Das »Sakrament« ist demnach ein ein »sichtbares« Wort, durch das ein »elementum« (Wasser, Brot und Wein) zu einer neuen Wirklichkeit wird.

Die Zahl der Sakramente wurde im ersten Jahrtausend unterschiedlich bestimmt. Manche Theologen zählten bis zu 30 »Sakramenten«. Von den frühesten Zeiten an gilt die Frage nach dem Christusbezug als ein wichtiges Kriterium. Größere Klarheit über die Kriterien zur Bestimmung der Sakramentalität einer Feier erbringen Überlegungen von Hugo von St. Viktor (gest. 1141). Es gibt drei Konstitutiva eines Sakramentes: ein sinnliches Zeichen (elementum), die unsichtbare Gnade (gratia) und die Einsetzung durch Jesus Christus (institutio). Nach der Jahrtausendwende festigte sich – insbesondere infolge der Theologie des Thomas von Aquin (gest. 1274) – die Lehre von den sieben Sakramenten. Neben Taufe und Eucharistie gelten die Versöhnung (Buße) und die Ordination als eigenständige sakramentale Vollzüge. Nach der Etablierung der Säuglingstaufe entwickelte sich die Firmung zu einem selbständigen Feiergeschehen. Während die Krankensalbung angesichts des heilenden Wirkens Jesu und der Urkirche als apostolisches Erbe unbestritten ist, gilt die »Einsetzung« der Ehe durch Jesus Christus lange als schwer begründbar. Herausgefordert durch die Reformation wiederholt das Konzil von Trient (DH 1601) die bereits auf den Unionskonzilien von Lyon und Florenz gelehrte Siebenzahl der Sakramente. Die Zählung von Taufe und Firmung als zwei Sakramente im Gegensatz zur Zusammenfassung von Diakonenamt, Priesteramt und Bischofsamt zu dem einen sakramentalen Ordo zeigt, daß mit der Zählung von sieben Sakramenten eine symbolisch-theologische Intention verbunden ist: Gott (Symbolzahl »drei«) macht sein Wesen der Welt (Symbolzahl »vier«) kund.

Biblische und systematisch-theologische Bestimmung des Sakramentenbegriffs

Das biblische Zeugnis, die Norm kirchlicher Lehre, verwendet das Wort μυστήριον an keiner Stelle dazu, um mit diesem eine kultisch-liturgische Feier zu benennen, vielmehr meint μυστήριον den Heilsratschluß Gottes, den allein Gott selbst in Zeit und Geschichte offenbar gemacht hat. Gott hat sich in der Geschichte Israels als ein Gott erwiesen, der aus der Knechtschaft befreit, Weggeleit durch die Wüste schenkt und in Sicherheit wohnen läßt. So betrachtet, hat die gesamte Schöpfung Gottes und die in ihr erlebte und gedeutete Geschichte nach dem biblischen Zeugnis »sakramentale« Gestalt: Sie ist der Ort, an dem der verborgene Gott sich selbst zu erkennen gibt. Die neutestamentlichen Schriften konzentrieren die Rede von μυστήριον auf das Christusereignis: Als »Ebenbild des unsichtbaren Gottes« (Kol 1,15) ist Christus Jesus »jenes Geheimnis (μυστήριον), das seit ewigen Zeiten und Generationen verborgen war. Jetzt wurde es seinen Heiligen offenbart« (Kol 1,26; vgl. 2,2; 1 Kor 2,7–10; Eph 1,8–10; 3,3–7.8–12).

Kennzeichnend für die gegenwärtige Sakramententheologie ist es, daß der Sakramentenbegriff analog gefaßt wird. Die vorrangige Argumentationsbasis ist das biblische Zeugnis: Christus Jesus ist das eine und erste »Sakrament« Gottes, Gottes Selbstaussage (»Ur-Sakramentalität« Jesu Christi). Die kirchliche Gemeinschaft ist der primäre Ort geistlicher Gegenwart des Christus-Ereignisses und hat in diesem Sinne Teil an der Sakramentalität der Selbstoffenbarung Gottes (»Grund-/Wurzel-Sakramentalität« der Kirche). Die einzelnen in der kirchlichen Lehrtradition als »Sakramente« bezeichneten Vollzüge sind Feiergestalten des Christusgeschehens, deren größere oder weniger große Nähe zur Mitte dieses Ereignisses »Abstufungen« des Sakramentalen ermöglichen (Taufe und Eucharistie sind »große Sakramente«, »sacramenta maiora«, die weiteren fünf kirchlichen Handlungen werden »sacramenta minora«, »kleinere Sakramente« genannt).

Zur Sakramentalität des dreigestaltigen »einen« Ordo

Übersicht über die Geschichte des christlichen Amtsverständnisses

Seit dem christlichen Altertum wird das kirchliche Amt in seiner biblisch bezeugten dreigestaltigen Weise – des Episkopats und Diakonats und des Presbyterats (vgl. Phil 1,1; 1 Tim 3,1–13; Tit 1,6–9) – in den Sakramentenlisten geführt. Die Worte Jesu zur Aussendung der Jünger, die Abendmahlsüberlieferung und die in der neutestamentlichen Briefliteratur erwähnte Übertragung der Gemeindedienste durch Gebet und Handauflegung haben das Amt neben Taufe und Eucharistie weithin unbestritten als »sakramentale« Größe erscheinen lassen.

Im ersten Jahrtausend ist die Zuordnung des Diakons zum Bischof vorherrschend. Thomas von Aquin hingegen (vgl. Sth III qq 60–65) sieht – wie die gesamte scholastische Theologie – die wesentliche Aufgabe des Amtes in der Feier der Eucharistie. Diesem Verständnis entspricht die Vorstellung eines »gestufen« Aufstiegs zum Priesteramt durch die sogenannten »niederen Weihen« und durch Subdiakonat und Diakonat. Das Bischofsamt ist nach Thomas eine Würdebezeichnung und keine eigene Weihestufe. Das Trienter Konzil (vgl. DH 1764–1778) rezipierte die Ämtertheologie des Thomas. Das 2. Vatikanische Konzil machte sich erneut die altkirchliche Überzeugung von der Fülle des Amtes im Bischofsamt zueigen (vgl. bes. LG 21; 26; 28; CD 15). Priester und Diakone erscheinen als je spezifische »Helfer« des Bischofs bei der Ausübung seines Amtes, das vorrangig in der Verkündigung des Evangeliums besteht (vgl. LG 25; CD 12).

Biblische und systematisch-theologische Überlegungen

Bei der Frage nach der »Einsetzung« des Sakramentes des Ordo durch Christus Jesus setzt die gegenwärtige systematische Theologie die mit Hilfe der historisch-kritischen Methoden gewonnenen Erkenntnisse der Bibelwissenschaften voraus. Die bereits in neutestamentlicher Zeit verschränkten, ursprünglich verschiedenen Ordnungen der Ämter im Sinne einer episkopal-diakonalen Struktur einerseits und einer presbyteralen Struktur andererseits verbindet der Gedanke der Sendung zur Verkündigung des Evangeliums und zur Auferbauung der Gemeinden. Die Bezeugung des Evangeliums ist allen Glaubenden aufgetragen (»gemeinsames Priestertum« aller Getauften). Alle Getaufte sind »Gesandte an Christi statt«. Die sakramentale Ordination der Amtsträger stellt diese der christlichen Gemeinde gegenüber, ohne die durch die Taufe begründete Gemeinschaft mit ihr aufzulösen: Menschen versprechen, lebendige »Werkzeuge« des erlösenden Handelns Gottes zu sein. Zur Erfüllung dieser Aufgabe wird ihnen – durch Gebet und Handauflegung – der wirksame Beistand des Geistes Gottes zugesagt.

Ich übernehme an dieser Stelle das sogenannte »komplementäre« Modell einer Zuordnung der drei Gestalten des Ordo zueinander, d. h. ich gehe von einer gesonderten Hinordnung des Priester- und des Diakonenamtes auf das Bischofsamt aus. (Als Alternative wird von anderen vertreten: Diakone sind Helfer des Priesters bei der Erfüllung seiner Aufgaben). Auf der Grundlage der Wesensbestimmung des sakramentalen Amtes als eines umfassenden Dienstes zur Verkündigung könnte es gelingen, das Amt des Bischofs, des Priesters und des Diakons sowohl in ihrer Hinordnung aufeinander als auch in ihrer spezifischen Eigenart zu bestimmen: Der für die Verkündigung des Evangeliums in einer regional gegliederten Ortskirche verantwortliche Bischof hat Sorge zu tragen sowohl für das Glaubensleben der bereits Getauften als auch für die missionarische Weitergabe des christlichen Bekenntnisses. In diesen beiden Bereichen haben Priester und Diakone je eigenständige Aufgaben, die sich in folgender Weise konkretisieren ließen: Der Priester leitet die Gemeinde der Getauften; insbesondere durch seinen Vorsitz bei der Feier der Eucharistie macht der Priester zeichenhaft sichtbar, was der konstitutive Grund der Gemeinde ist, Gottes Tat der Erlösung im Leben, im Tod und in der Auferstehung Jesu Christi, die durch das Wirken des Geistes im Wort der Schrift und in der eucharistischen Mahlfeier gegenwärtig wird. Der Diakon (und die Diakonin) ist zu denen gesandt, die am Rand oder außerhalb der Gemeinde stehen. Seine (ihre) primäre Aufgabe ist es, Hörbereiten das Evangelium zu verkündigen, Umkehrwillige zu geleiten und Zweifelnde in ihrem Glauben zu bestärken. Dieser Dienst ist eine missionarische Sammlung, die Hinführung in die Gemeinde.

Zur Frage der »Sakramentalität« des Diakonats der Frau
Geschichtliche Erfahrungen mit dem Diakonat der Frau
Angesichts der historischen Forschung ist eine Kennzeichnung des von Frauen ausgeübten Diakoninnenamtes als »sakramental« weder auszuschließen noch als zwingend zu betrachten. Die Diskussion, ob den Diakoninnen ihr Amt durch Gebet und Handauflegung übertragen wurde, führt zu keinem schlüssigen Ergebnis: Das geschichtliche Faktum ist inzwischen unbestritten, es wird aber in den konziliaren Aussagen unterschiedlich bewertet und ist angesichts der Tatsache, daß auch andere Dienstämter früher durch Handauflegung übertragen wurden, kein hinreichender Grund für die positive Beantwortung der Frage nach der Sakramentalität der Diakoninnenweihe. Im Blick auf die Geschichte des Diakonats ist es wichtig, daß einzelne christliche Gemeinden (vor allem im Osten) es in bestimmten Situationen für nicht ausreichend erachteten, den Diakonat allein von einem Mann ausüben zu lassen. Der als Gottes Wille erfahrene Auftrag, zu allen Menschen zu gehen, das Evangelium zu verkündigen und sie zu taufen (vgl. Mt 28,19), veranlaßte die Gemeinden dazu, Frauen in diesen Dienst einzubeziehen.

Konkretisierungen angesichts der Anforderungen der kirchlichen Gegenwart
Es entspricht einer weit verbreiteten Erfahrung, daß Frauen zu manchen Gruppen von Menschen in jeweils spezifischen Situationen eher Zugang finden als Männer: Viele Frauen vermögen anderen lange zuzuhören; viele Frauen sprechen eher Worte rückwärtsgewandter Bilanzierung; viele Frauen fragen nach lebensnahen, im täglichen Miteinander der Menschen fruchtbaren Auswirkungen des christlichen Lebens, nach der Erfahrbarkeit der Erlösung. Angesichts der erforderlichen missionarischen »Werbung« für die Glaubwürdigkeit des christlichen Bekenntnisses wäre der amtlich-sakramentale Dienst der Verkündigung des Evangeliums durch Taten und Worte von Diakoninnen eine zeitgemäße Weise der Erfüllung der Pflicht der Kirche Jesu Christi, Gottes Evangelium denen zu verkündigen, die ihren Weg zu einem vertrauenden Glauben noch suchen.

Kirchenrechtliche Fragen zum Diakonat der Frau

Nachfolgende Beiträge wurden im Arbeitskreis »Das bestehende Kirchenrecht und der Diakonat der Frau« diskutiert. Ein Bezugspunkt der Arbeiten war die Studie der Canon Law Society of America, The Canonical Implications of Ordaining Women to the Permanent Deaconate.

Rechtliche Fragen in der Diskussion
Ida Raming

Im Anschluß an die Darstellung der geltenden Rechtslage (nach dem CIC/1983) im Hinblick auf den Diakonat der Frau wurde c. 1024, das grundlegende Hindernis für den Zugang der Frauen zum Diakonat, diskutiert; es müsse alles getan werden, daß diese Vorschrift differenziert bzw. geändert werde.

Von der Ekklesiologie her wurde argumentiert, daß die Kirche als Heilszeichen Christi für die Welt nicht zum Leuchten kommen könne, solange Frauen von den Weiheämtern der Kirche ausgeschlossen seien und damit in der sakramentalen und soziologisch faßbaren Struktur der Kirche nicht voll präsent seien. Die von Frauen bereits vollzogenen pastoral-diakonalen Dienste müßten durch die Änderung des c. 1024 (d. h. die Ermöglichung des Zugangs der Frauen zum Diakonat) besiegelt werden. Die Dienste von Frauen bedürften einer offiziellen Anerkennung durch die Kirche.

Die Frauen, die sich zum diakonalen Dienst berufen fühlten – auch unter den Teilnehmerinnen des Arbeitskreises befanden sich solche – wurden ermuntert, nicht aufzugeben und zu resignieren: der Dienst der Diakonin werde gebraucht, da er ein Dienst für andere sei.

Aufgrund ihrer Erfahrungen im kirchlich-pastoralen Dienst betonten mehrere Gemeindereferentinnen, daß sie in ihrer Arbeit immer wieder an (kirchenrechtliche) Grenzen stießen, z. B. auch in der Krankenseelsorge. Die dabei aufgeworfene Frage, warum z. B. die Spendung der Krankensalbung dem Priester reserviert sei (c. 1003), führte zur Erörterung der kirchenrechtlichen Regelungen für das Bußsakrament. Der Vorschrift, daß die Spendung des Bußsakramentes und damit die Absolutionsvollmacht (nach cc. 965, 966) an das Priesteramt gebunden sei, wurde der Hinweis auf eine andersartige Praxis in der Kirchengeschichte gegenübergestellt: Während des Frühmittelalters z. B. konnten Äbtissinnen die Beichte der ihnen untergeordneten Nonnen hören.*

Es wurde dafür plädiert, klare Berufsbilder für Diakone/Diakoninnen zu entwickeln, um auf diese Weise möglichst Kompetenzüberschneidungen und damit Konflikte zwischen den verschiedenen Amtsträgern (Priester, Diakone, Gemeindereferenten/-innen) zu vermeiden. Dadurch daß die Diakone und künftigen Diakoninnen – gleichrangig neben den Priestern – direkt dem Bischof, nicht aber den Pfarrern, unterstellt würden, könnte solchen Konflikten ebenfalls vorgebeugt werden.

Bei der Erörterung von verschiedenen Möglichkeiten, wie eine Gesetzesänderung (c. 1024) erreicht werden könnte, sprachen sich die Teilnehmer/innen des Arbeitskreises einstimmig für die Beantragung eines Indults beim Apostolischen Stuhl aus. Durch die Gewährung eines Indults könne den pastoralen Bedürfnissen der Lokalkirchen und ihren spezifischen soziokulturellen Voraussetzungen Rechnung getragen werden. In diesem Zusammenhang wurde darauf hingewiesen, daß Ausnahmeregelungen auch in anderen Fällen gewährt würden (z. B. die »Pastoral Provision« = Ausnahmeregelung für verheiratete Priester, die von der anglikanischen Kirche zur römisch-katholischen Kirche übertreten: sie erlangen Dispens vom Weihehindernis der Ehe [c. 1042 Nr. 1]).

---

* Vgl. Anm. 1 S. 234.

Das bestehende Kirchenrecht und der Diakonat der Frau

Ida Raming

Vorbemerkung

Die Frage nach dem Diakonat der Frau ist, von einigen Bestrebungen in den ersten Jahrzehnten unseres Jahrhunderts einmal abgesehen[2], vor allem während des Zweiten Vatikanischen Konzils (1962–1965) und in der nachkonziliaren Phase aufgebrochen. In den frühen sechziger Jahren richteten einige Frauen Eingaben an das Konzil, in denen sie für den Zugang der Frauen zu den Weiheämtern und damit auch zum Diakonat plädierten;[3] aber auch einzelne Bischöfe bzw. Konzilsväter sprachen sich während des Konzils für die Ordination von Frauen zu Diakoninnen aus.[4] In der nachkonziliaren Ära wurde dieses Anliegen von nationalen Synoden in vielen Ländern aufgegriffen; sie richteten diesbezügliche Voten an den Vatikan zwecks Wiedereinführung des in der frühen Geschichte der Kirche zweifelsfrei belegten Diakonats für Frauen.[5]

Um die Voraussetzungen für die Erneuerung des weiblichen Diakonats im Blick auf das kanonische Recht zu klären, wird das geltende Kirchenrecht im folgenden unter bestimmten Aspekten befragt.

Ausgangspunkt bildet dabei:

Die Frage nach der gegenwärtigen Rechtslage

Dem geltenden kanonischen Recht, das i.J. 1983 promulgiert wurde, liegt die Intention zugrunde, die Aussagen und Beschlüsse des Zweiten Vatikanischen Konzils »in anwendbares Recht zu transformieren«.[6] Danach gehört der Diakonat zum Weihesakrament (sacramentum ordinis), wodurch »kraft göttlicher Weisung (ex divina institutione) aus dem Kreis der Gläubigen einige« durch die Bezeichnung mit einem untilgbaren Prägemal »zu geistlichen Amtsträgern bestellt« werden (c. 1008 CIC/1983). Dieses Weihesakrament bzw. die Ordination umfaßt drei Stufen: Episkopat, Presbyterat, Diakonat, d. h. die Bischofsweihe, die Priesterweihe und die Diakonatsweihe (c. 1009 § 1).[7] C. 1009 § 2 besagt, daß die drei Weihen »durch die Handauflegung und das Weihegebet, welches die liturgischen Bücher für die einzelnen Weihestufen vorschreiben«, erteilt wird. Durch diese Weihehandlung werden die Empfänger dazu »geweiht und bestimmt, entsprechend ihrer jeweiligen Weihestufe die Dienste des Lehrens, des Heiligens und des Leitens in der Person Christi des Hauptes zu leisten und dadurch das Volk Gottes zu weiden« (c. 1008). Nach der Kirchenkonstitution des 2. Vatikanischen Konzils (LG Art. 29a) vermittelt die Diakonatsweihe sakramentale Gnade, allerdings »nicht zum Priestertum, sondern zur Dienstleistung«, die in Gemeinschaft mit dem Bischof und seinem Presbyterium erfolgt.[8] Dadurch wird zugleich die Rangordnung in der Trias Episkopat, Presbyterat, Diakonat betont, ohne das theologische Verhältnis der drei Weihestufen zueinander näher zu entfalten. (»Lediglich in VatII CD Art. 15a wird gesagt, daß die Diakone ›in exercenda potestate‹ von den Bischöfen abhängig sind.«[9])

Seit dem Erlöschen des frühkirchlichen ständigen Diakonates bildete der Diakonat bis zum Konzil nur eine Durchgangsstufe zum Priesteramt; durch die Kirchenkonstitution »Lumen Gentium« (Art. 29 Abs. 2) wurde die Möglichkeit geschaffen, auch in der lateinischen Kirche den ständigen Diakonat wiedereinzuführen, wobei »die Kompetenz dazu den verschiedenartigen territorialen Bischofskonferenzen mit Billigung des Papstes« eingeräumt wurde.[10] Der Konzilsbeschluß über die Erneuerung des ständigen Diakonats – neben der weiter bestehenden Form des Diakonats als Durchgangsstufe zum Priestertum – bezog sich allein auf Männer. Der revidierte Codex Iuris Canonici von 1983 setzt fest:

»*Die heilige Weihe empfängt gültig nur ein getaufter Mann.*« (c. 1024)

Das bedeutet, daß Frauen nach geltendem Kirchenrecht von allen drei Weihestufen (Episkopat, Presbyterat und Diakonat) *aufgrund des weiblichen Geschlechts* ausgeschlossen sind. Als Konsequenz daraus sind ihnen die mit den drei Weihestufen verbundenen Aufgaben, Dienste und Vollmachten in der Kirche vorenthalten. Wenngleich manche Tätigkeiten, die dem *Diakonat* zugeordnet sind, von Frauen bereits ausgeübt werden, liegt doch auf der Hand, was das im Hinblick auf die kirchliche Praxis für Frauen bedeutet!

Die Vorschrift des c. 1024 über die Voraussetzung des männlichen Geschlechts für die Gültigkeit der Ordination wird *nicht als »göttliches Recht«* (ius divinum) qualifiziert. Der kirchliche Gesetzgeber hat sich zwar generell und eindeutig, aber nicht »zukunftsverschließend« für eine nur Männern vorbehaltene Spendung des Weihesakraments ausgesprochen.«[11] Ferner ist bemerkenswert, daß die für diese Norm im CIC/1917 herangezogenen Quellen »sich nicht auf das Geschlecht (›vir‹), sondern ausnahmslos auf die Taufe (›baptizatus‹) als notwendige Voraussetzung für den Weiheempfang« beziehen.[12]

Im Hinblick auf den Diakonat ist festzuhalten, daß die »Ordination der Frau zur Diakonin« vom kirchlichen Lehramt nie »ausdrücklich als de iure divino ausgeschlossen definiert« wurde. Auch die »Qualifizierung, daß die Voraussetzungen des c. 1024 (z. B. männliches Geschlecht, d. Vf.) ›zur Gültigkeit‹ gefordert sind, ändert nichts am ›rein kirchlichen‹ Rechtscharakter dieser kodikarischen Norm, die damit immer grundsätzlich einer Modifizierung und speziellen Ausnahmeregelung zugänglich ist«.[13] Denn nach c. 841 ist es Sache der höchsten kirchlichen Autorität, »zu beurteilen oder festzulegen, was zur Gültigkeit (der Sakramente) erforderlich ist«.

Widersprüche im geltenden Recht und Probleme, die sich aus der gegenwärtigen Rechtslage ergeben

Das gravierendste Problem stellt c. 1024 durch die Beschränkung der sakramentalen Ordination auf den getauften Mann dar. Die Gültigkeit der Ordination *hängt damit allein vom männlichen Geschlecht ab;* denn das Personsein, das Getauft- und Gefirmtsein, religiöse Begabungen als Voraussetzungen für die Ordination haben Frauen mit Männern gemeinsam; sie verfügen oftmals über eine gute theologische Ausbildung, über berufliche Qualifikationen, die für die Übernahme von geistlichen Ämtern eine unerläßliche Voraussetzung bilden. Von daher stellt sich die Frage: Kann und darf der Geschlechtszugehörigkeit überhaupt eine derartig entscheidende Rolle im religiös-geistigen Bereich zugesprochen werden? Dagegen lassen sich selbst im kirchlichen Gesetzbuch (CIC/1983) ganz entscheidende Gründe aufzeigen:[14]

In c. 849 – innerhalb der Bestimmungen über die Taufe – steht die allgemein gültige Aussage: »Die Taufe ist die Eingangspforte zu den Sakramenten.« Es ist keine Rede davon, daß das im Hinblick auf die Ordination nur für den Mann gilt. Weiter heißt es dort: »Durch sie (die Taufe) werden die Menschen von den Sünden befreit, zu Kindern Gottes neu geschaffen und, durch ein untilgbares Prägemal Christus gleichgestaltet, der Kirche eingegliedert.« Dies alles gilt für die getaufte Frau ebenso wie für den getauften Mann; die Kategorie des Geschlechts hat »in Christus« ihre Bedeutung verloren, wie der Galaterbrief es unmißverständlich zum Ausdruck bringt: »Ihr alle, die ihr auf Christus getauft seid, habt Christus angezogen. Es gibt nicht mehr Juden und Griechen, nicht Sklaven und Freie, nicht männlich und weiblich; denn ihr alle seid ›einer‹ in Christus Jesus (3,27f.).« Diese Stelle aus dem Galaterbrief ist in die Kirchenkonstitution des Zweiten Vatikanischen Konzils »Lumen Gentium« eingegangen: »Eines ist also das auserwählte Volk Gottes: ›Ein Herr, ein Glaube, eine Taufe‹ (Eph 4,5); gemeinsam die Würde der Glieder aus ihrer Wiedergeburt in Christus, gemeinsam die Gnade der Kindschaft, gemeinsam die Berufung zur Vollkommenheit, eines ist das Heil, eine die Hoffnung und ungeteilt die Liebe. *Es ist also in Christus und in der Kirche keine Ungleichheit aufgrund von Rasse und Volkszugehörigkeit, sozialer Stellung oder Geschlecht...* (Gal 3,28; vgl. Kol 3,22).«[15] Die in diesem Konzilstext ausgedrückte Anerkennung einer fundamentalen Gleichheit aller Glieder des Volkes Gottes hat ihren Niederschlag auch im CIC/1983 gefunden, so z. B. in c. 208: »Unter allen Gläubigen besteht, und zwar aufgrund ihrer Wiedergeburt in Christus, eine wahre Gleichheit in ihrer Würde und Tätigkeit, kraft der alle je nach ihrer eigenen Stellung und Aufgabe am Aufbau des Leibes Christi mitwirken.« Da es sich bei c. 208 (wie auch bei c. 204 § 1) um Grundrechtsnormen handelt, die alle Glieder des »Volkes Gottes« betreffen, kommt ihnen die Funktion von Leitsätzen für die Interpretation der übrigen Bestimmungen des CIC zu. Aufgrund der inhaltlichen Rückkoppelung dieser Kanones an die Kirchenkonstitution des 2. Vatikanischen Konzils, näherhin an das Kirchenbild des »Volkes Gottes«, steht »der Gedanke der Gleichheit aller Kirchenglieder im Vordergrund«; deshalb sind »bestehende Ungleichheiten« unter ihnen »daraufhin zu befragen, ob sie mit dem Gleichheitsprinzip als vereinbar gedacht werden können, und dann zu beseitigen, wenn dies nicht der Fall ist.«[16] Auf dem Prinzip der fundamentalen Gleichheit aller Gläubigen (c. 208) basieren die Grundrechte der Kirchenglieder (cc. 212 § 2 u. 3; 213–220), die ihnen als »Kinder Gottes« zukommen. Sie »umschreiben eine ›geistliche Freiheit, welche dem einzelnen Gläubigen die aktive Teilhabe an der Sendung der Kirche sichern und es ihm ermöglichen soll, seiner Berufung und Begabung folgend am Leben der Communio teilzunehmen‹«.[17]

Eines dieser Grundrechte beinhaltet die freie Standeswahl; es lautet:

»Alle Gläubigen haben das Recht, ihren Lebensstand frei von jeglichem Zwang zu wählen.« (c. 219)

Der Begriff »Lebensstand« läßt sich so umschreiben: »Lebensstand ist der ... in freier Entscheidung als Antwort auf eine spezielle Berufung übernommene und durch einen äußeren Rechtsakt begründete ekklesiale Ort eines Gläubigen, ... dem der Charakter der Ganzheitlichkeit und der Dauerhaftigkeit eignet.«[18] In der Wahl eines Lebensstandes antworten die Gläubigen als Glieder der Kirche also auf ihre geistliche Berufung und konkretisieren ihre Teilhabe an der kirchlichen Sendung. Das kirchliche Grundrecht der freien Standeswahl ist insofern vergleicbar dem allgemeinen Menschenrecht auf freie Berufswahl im »profanen« Bereich. Zu den kirchlichen Lebensständen gehören z. B.: der Ehestand, der Klerikerstand und der Ordensstand. Wenngleich c. 219 zwar »kein subjektives Recht auf die Weihe (also auch nicht auf die Diakonatsweihe, Erg. d. Vf.) begründet, so setzt er doch voraus, daß jeder Gläubige als Träger des Rechtes auf Freiheit bei der Wahl des Lebensstandes grundsätzlich die *gleiche Wahlmöglichkeit* im Hinblick auf einen bestimmten Lebensstand – auch im Hinblick auf den Klerikerstand bzw. auf Zugang zu den Weiheämtern – hat. Diese Möglichkeit aber wird durch die Norm des c. 1024 für die Hälfte der Gläubigen radikal beschnitten.« Hier liegt also *eine rechtliche Ungleichheit aufgrund des Geschlechts vor* und damit eine schwerwiegende Verletzung des Grundsatzes von der *fundamentalen Gleichheit aller Gläubigen,* wie er in c. 208 ausgedrückt ist. Angesichts dieses Widerspruchs zwischen c. 208 und c. 1024 ist zu betonen: »Nicht die Kritiker der kirchlichen Praxis (des Ausschlusses der Frau von den Weiheämtern, Erg. d. Vf.) stehen unter Argumentationszwang, sondern diese Praxis selbst bedarf der theologischen Rechtfertigung. ... Der Vorbehalt des Weihesakramentes für den Mann in c. 1024 ist eine dem (auf der Gleichheit der Gläubigen [c. 208] aufbauenden) Grundrecht des c. 219 zuwiderlaufende Bestimmung, die unbedingt einer stichhaltigen theologischen Begründung bedarf.«[19]

So stellt sich die Frage: Hat die Kirchenleitung solche »stichhaltige theologische Begründung« für den Ausschluß der Frauen vom Weihesakrament – in unserem Zusammenhang: vom Diakonatsamt – je vorgelegt?

Diakoninnenweihe als theologisch-rechtliche Möglichkeit und als Erfordernis der Gerechtigkeit gegenüber den Frauen

Im Unterschied zu der definitiven Zurückweisung des Priesteramtes für Frauen (vgl. Apostolisches Schreiben »Ordinatio Sacerdotalis«[20] von Papst Johannes Paul II. von 1994 und »Responsum« der Glaubenskongregation[21] von 1995) hat sich die Kirchenleitung in der Frage des Diakonats der Frau völlig zurückgehalten. Auf das Votum der Gemeinsamen Synode der Bistümer in der Bundesrepublik (1971–1975) betr. Zulassung der Frau zum Diakonat wie auch auf ähnliche Voten aus anderen Ländern erfolgte bislang keine Antwort. In der Erklärung der Glaubenskongregation zur

Frage der Zulassung von Frauen zum Priesteramt (Inter insigniores) v. J. 1976 wird ebenfalls eine Stellungnahme gegen den Diakonat der Frau vermieden, während im offiziellen Römischen Kommentar zu *Inter insigniores* dazu bemerkt wird: »Immerhin handelt es sich hier um einen Fragekreis, der in seiner Gesamtheit ohne vorgefaßte Meinung, aber durch ein direktes Studium der Texte wieder aufgegriffen werden muß. Auch die Glaubenskongregation hat es für gut befunden, sich diese Frage noch vorzubehalten und im vorliegenden Dokument nicht zu erörtern.«[22] Diese vorsichtige Zurückhaltung ist darin begründet, daß es *in der frühen Kirche bekanntlich einen weiblichen Diakonat gab,* in ausgeprägterer Form in der Ostkirche, aber auch in der westlichen Kirche. In der Ostkirche wurde der weibliche Diakonat übrigens niemals offiziell aufgehoben; den ostkirchlichen Patriarchalkirchen stünde es daher frei, »das Amt der Diakonin innerhalb ihres Gebietes durch partikulares Recht (wieder) zu errichten.«[23] Daß die Ansätze zum weiblichen Diakonat in der Kirche des Westens sich nicht entfalten konnten, und dieses Amt in der Ostkirche unterging, hatte mit der Vorstellung vom seinshaft-biologischen und moralischen Minderwert der Frau wie auch mit ihrer kultischen Unreinheit[24] zu tun.

Aus dem oben Ausgeführten ergibt sich folgende Konsequenz: Es liegt nicht nur in der Verantwortung und Möglichkeit der Kirchenleitung, durch eine entsprechende Anordnung den Diakonat für Frauen wieder einzuführen, sondern dies ist auch ein Erfordernis der Gerechtigkeit gegenüber den Frauen. Darüber hinaus ist die Öffnung des Diakonats für Frauen aus geistlichen und pastoralen Gründen gefordert, und zwar aufgrund der möglichen bzw. bereits vorhandenen Berufungen von Frauen zum Diakonat. Diese Berufungen dürfen nicht (per Gesetz) zurückgewiesen werden; die kirchliche Gemeinschaft ist vielmehr auf sie angewiesen (vgl. 1 Kor 12,1–11.12–25; 1 Thess 5,19).

Nach c. 233 § 1 besteht für die ganze christliche Gemeinschaft sogar »die Pflicht«, geistliche Berufungen zu fördern, »damit in der ganzen Kirche für die Erfordernisse des geistlichen Amtes ausreichend vorgesorgt wird«. In besonderer Weise wird dem zuständigen Bischof die Verantwortung für die Förderung geistlicher Berufungen auferlegt (vgl. cc. 233 § 1; 385). Kein »kanonisch Geeigneter« darf nach c. 1026 vom Empfang der Weihe abgehalten werden. Und was macht nun diese kanonische Eignung aus – woran ist sie erkennbar? Als Kriterien gelten: die religiöse Berufung zum geistlichen Amt, d. h. der freie, religiös motivierte Wille zu dessen Übernahme, die Befähigung dazu und der kirchliche Bedarf.[25] Solange Frauen gegen das Grundrecht auf Freiheit bei der Wahl des Lebensstandes (c. 219) von den Weiheämtern ausgeschlossen bleiben, werden weder die Personwürde der Frau noch die Freiheit des Wirkens Gottes respektiert, dessen Geist »einer jeden/einem jeden zuteilt, wie er will« (1 Kor 12,11).

Anmerkungen

[1] Vgl. dazu u. a. Bernhard Poschmann, Die abendländische Kirchenbuße im frühen Mittelalter, Breslau 1930, 72; Matthäus Bernards, Speculum virginum. Geistigkeit und Seelenleben der Frau im Hochmittelalter, Köln 1955; Ida Raming, Der Ausschluß der Frau vom priesterlichen Amt – gottgewollte Tradition oder Diskriminierung? Köln – Wien 1973, 121f. Zur Beichte von Laien zusammenfassend: Ludger Körntgen, Laienbeichte, in: Lex MA Bd.5 (1991) 1618 (mit weiterführender Literatur).

[2] Vgl. dazu Ida Raming, Bestrebungen zum Diakonat der Frau im 20. Jahrhundert, in: Diakonat der Frau – Chance für die Zukunft? (hg. v. Angela Urban). Dokumentation der Akademie Franz Hitze Haus, Münster ²1996, 37–46, hier: 37f.

[3] Die gesammelten Eingaben sind in der von Gertrud Heinzelmann herausgegebenen (deutsch-englischen) Broschüre »Wir schweigen nicht länger! Frauen äußern sich zum II. Vatikanischen Konzil, Zürich 1964, veröffentlicht; s. ferner Raming, Bestrebungen, 39–46.

[4] Vgl. dazu Gertrud Heinzelmann, Die getrennten Schwestern. Frauen nach dem Konzil, Zürich 1967.

[5] Mehrere Belege dafür in Raming, Bestrebungen, 41–44; ferner in: Ida Raming, Frauenbewegung und Kirche. Bilanz eines 25jährigen Kampfes für Gleichberechtigung und Befreiung der Frau seit dem 2. Vatikanischen Konzil, Weinheim ²1991, 41–43.

[6] Heribert Schmitz, Der Codex Iuris Canonici von 1983, in: Handbuch des katholischen Kirchenrechts, hg. v. Josef Listl/Hubert Müller/Heribert Schmitz, Regensburg 1983, 36f.

[7] Nach Hubert Müller, Die Ordination, in: Handbuch des katholischen Kirchenrechts S. 717 spricht das II. Vatikanum in bezug auf den Diakonat weder von einem »character indelebilis noch von einer mit der Weihe gegebenen potestas sacra, sondern wählt mit Rücksicht auf entgegengesetzte frühere Lehrmeinungen eine derart vorsichtige Formulierung, daß die Sakramentalität der Diakonenweihe, die vor dem Konzil von den meisten Theologen vertreten wurde, zwar vorausgesetzt wird, aber die theologische Qualifikation dieser Lehre als sententia certa keine Veränderung erfährt«.

[8] Vgl. Müller, 716.

[9] Müller, 717 Anm. 17.
[10] Motu Proprio »Sacrum diaconatus ordinem« v. 18.6.1967 (Allgemeine Richtlinien für die Erneuerung des ständigen Diakonates in der lateinischen Kirche) mit einem Kommentar von Herbert Vorgrimler, Trier 1968, 12.
[11] Vgl. Klaus Lüdicke, Die Stellung der Frau in der Liturgie nach geltendem Kirchenrecht, in: Teresa Berger/Albert Gerhards (Hg.), Liturgie und Frauenfrage. Ein Beitrag zur Frauenforschung aus liturgiewissenschaftlicher Sicht, St. Ottilien 1990, 369–383. Vgl. auch 723.
[12] Müller, 723 mit Anm. 65.
[13] So Severin Lederhilger, Diakonat der Frau – kirchenrechtliche Konsequenzen, in: THPQ 144 (1996) 362–373, hier 365 mit Anm. 22.
[14] Zum folgenden: Ida Raming, Ungenutzte Chancen für Frauen im Kirchenrecht. Widersprüche im CIC/1983 und ihre Konsequenzen, in: Orientierung 58 (1994) 68–70.
[15] Lumen Gentium Nr. 32; Karl Rahner/Herbert Vorgrimler, Kleines Konzilskompendium, Freiburg 1966, 162.
[16] Richard Puza, Katholisches Kirchenrecht, Heidelberg ²1993, 199. So auch Christian Huber, Das Grundrecht auf Freiheit bei der Wahl des Lebensstandes. Eine Untersuchung zu c. 219 des kirchlichen Gesetzbuches, St. Ottilien 1988, 149: »Der Grundsatz von der wahren Gleichheit der Gläubigen hindert zwar nicht, daß es einen rechtlichen Unterschied je nach Stellung und Aufgabe gibt, zum Beispiel zwischen Klerikern und Laien. Er verbietet aber nach Ausweis der dogmatischen Kirchenkonstitution ... ›Lumen Gentium‹, welche die unmittelbare Quelle von c. 208 darstellt, jede ›Ungleichheit von Rasse und Volkszugehörigkeit, sozialer Stellung oder Geschlecht‹.«
[17] Huber, 53 mit Anm. 52; vgl. auch Matthäus Kaiser, Die rechtliche Grundstellung der Christgläubigen, in: Handbuch des katholischen Kirchenrechts, Regensburg 1983, 174.
[18] Huber, 25.
[19] Huber, 148–153.
[20] Verlautbarungen des Apostolischen Stuhls Nr. 117, S. 3–7.
[21] KNA Dokumentation 39 v. 21. Nov. 1995.
[22] Inter insigniores (Verlautbarungen des Apostolischen Stuhls Nr. 3), 30.
[23] Lederhilger, 364 mit Anm. 13 (Berufung auf Eva Maria Synek). – In dem Dekret über die katholischen Ostkirchen (»Orientalium Ecclesiarum«, Nr. 6) des 2. Vatikanischen Konzils wird empfohlen, an überliefertes Erbgut, wozu auch der weibliche Diakonat gehört, wieder anzuknüpfen: »Wenn sie aber wegen besonderer Zeitumstände oder persönlicher Verhältnisse ungebührlich von ihren östlichen Gebräuchen abgekommen sind, sollen sie sich befleißigen, zu den Überlieferungen ihrer Väter zurückzukehren« (Rahner/Vorgrimler, Kleines Konzilskompendium, 208).
[24] Belege u. a. bei Ida Raming, Der Ausschluß der Frau vom priesterlichen Amt – gottgewollte Tradition oder Diskriminierung? Köln – Wien 1973; ferner: Walter Groß (Hg.), Frauenordination. Stand der Diskussion in der katholischen Kirche, München 1996. Franz Kohlschein, Die Vorstellung von der kultischen Unreinheit der Frau. Das weiterwirkende Motiv für eine zwiespältige Situation? in: Berger/Gerhards, 269–288.
[25] Vgl. Huber, 69.

Über die kirchenrechtlichen Mittel zur Veränderung der gegenwärtigen Praxis, nur Männer zu Ständigen Diakonen zu weihen

Lucy Blyskal

Um die Erörterung der Mittel zur Veränderung der kirchlichen Praxis, nach der nur Männer zu Diakonen geweiht werden, in einen angemessenen Kontext zu stellen, ist es notwendig, die Einsetzung des Diakonats, die Vollmacht der Kirche über die Sakramente und die Rolle des partikularen und allgemeinen Rechtes in der Kirche zu diskutieren.

Die Einsetzung des Diakonates als göttliches oder kirchliches Recht

Nach einem Rückblick auf die historische Entwicklung des Diakonats für Frauen und Männer im ersten Jahrtausend der Kirche kommt der Bericht der *Canon Law Society of America* über den Diakonat der Frau[1] zu dem Schluß, daß die Beschränkung der Diakonenweihe auf Männer ein »rein kirchliches Gesetz«[2] nach Can. 11 sei. Das heißt, daß die Kirche die Autorität hat, es zu verändern.

Wie unterscheidet man zwischen kirchlichen Gesetzen, die nur eine menschliche, veränderbare Bestimmung ausdrücken, von den kirchlichen Gesetzen, die auch Ausdruck des unveränderbaren, göttlichen Rechtes sind? Genauer: Ist der Diakonat Teil des Weihesakramentes aufgrund göttlichen Rechtes und daher unveränderbar? Oder gehört der Diakonat zum Weihesakrament aufgrund kirchlicher Gesetzgebung, die verändert werden kann?[3] Diese Frage weist auf die grundsätzliche Tatsache hin, daß das gegenwärtige Kirchenrecht über die Weihe[4] völlig von der Lehre abhängt.

Wo findet man die kirchliche Lehre von der Einsetzung des Diakonats? Obwohl das Zweite Vatikanische Konzil vom Diakonat als Weihe sprach, war es kein Konzil, das definieren wollte, sondern eher ein pastorales Konzil. Um eine mögliche Antwort auf die Frage nach göttlicher oder menschlicher Einsetzung zu erhalten, ist daher ein Blick auf *das* Lehrkonzil der Kirche, das Konzil von Trient (1545–1563) sinnvoll, auf dem die kirchliche Lehre von den Sakramenten formuliert wurde. Während Trient nicht den ständigen Diakonat, wie wir ihn heute kennen, diskutiert, weil er zu der Zeit noch unbekannt war, erwähnt Trient den Diakonat nur einmal (zusammen mit dem Subdiakonat) als Teil der höheren Weihen, die Kleriker empfangen müssen auf dem Weg zur Pricstertum.

Ein möglicher Schlüssel zur Frage nach göttlicher oder kirchlicher Einsetzung des Diakonats ist Kanon 6 von Trient, der besagt: »Wer sagt, in der katholischen Kirche gebe es keine durch göttliche Anordnung eingesetzte *(divina ordinatione institutam)* Hierarchie, die aus Bischöfen, Priestern und Dienern besteht: der sei mit dem Anathema belegt«.[5]

Der Schlüsselbegriff *divina ordinatione institutam* könnte wie folgt übersetzt werden: eingesetzt aufgrund göttlicher Disposition, Absicht, Anordnung oder Bestellung. Diese Formulierung ist ein Kompromiß und eine Veränderung des ursprünglichen Entwurfs, in dem es hieß, die Hierarchie sei *ex jure divino* eingesetzt, nach göttlichem Recht oder Gesetz. Die Mehrheit der Konzilsväter votierte für »eingesetzt nach göttlicher Disposition, Intention oder Anordnung«, denn sie bezweifelten, daß der Episkopat göttlichen Rechts sei, da er, anders als Taufe oder Eucharistie, erst nach Jesu Himmelfahrt eingesetzt wurde.

Erst recht hat Trient den Diakonat, eine viel niedrigere Weihe als Episkopat oder Presbyterat, und eine, die nicht auf Christus zurückgeht, nicht als durch göttliches Gesetz eingesetzt erklärt. Da es also keine eindeutige Lehre der göttlichen Einsetzung des Diakonats gibt, steht die Tür einen Spalt weit offen, um weiter zu untersuchen, ob der ständige Diakonat möglicherweise nach kirchlichem Gesetz eingesetzt wurde. Damit könnte er verändert werden von einer Kirche, die die Macht hat, Frauen zu dieser Weihe zuzulassen.[6]

Die Vollmacht der Katholischen Kirche über die Sakramente

Die Sakramente sind göttlich eingesetzt, insofern Christus die Kirche gegründet hat durch sein gottmenschliches Leben, sein Leiden und seine Auferstehung, und weil die Sakramente absolute Vollzüge dieser siegreichen Gnadenpräsenz für alle Personen in den entscheidenden Situationen ihres Lebens sind. Da die Sakramente Handlungen Christi und der Kirche sind, hat die Kirche die Vollmacht zu bestimmen, was für ihre gültige und rechtmäßige Feier wesentlich ist.

Historisch betrachtet kennt die Lateinische Kirche die sieben Sakramente erst seit dem 11. Jahrhundert, und von da an wurden nach und nach die konkreten Einzelheiten eines gültigen Ritus oder die verschiedenen Stufen der Teilhabe an *einem* sakramentalen Handeln bestimmt.[7]

Angesichts der frühkirchlichen Tradition, Männer und Frauen zu Diakonen zu weihen, liegt es in der Kompetenz der höchsten kirchlichen Autorität (nach Can. 841, z. B. der Papst, ein ökumenisches Konzil) zu bestimmen, wer zum ständigen Diakon geweiht werden darf. Das Zweite Vatikanische Konzil stellte den Diakonat für Männer als eine ständige Weihestufe wieder her. Entsprechend liegt es in Anbetracht dessen, daß Frauen in der Vergangenheit zu Diakonen geweiht wurden, in der Kompetenz der höchsten kirchlichen Autorität zu beschließen, daß Frauen zum ständigen Diakonat geweiht werden dürfen.

Die Rolle des partikularen und des allgemeinen Rechtes

In der frühen Kirche stellten Ortsbischöfe und regionale Bischofssynoden Regeln (canones) für ihre jeweiligen Gebiete auf und formulierten pastorale Richtlinien und Vorschriften für das christliche Leben der Menschen. Diese partikulare Gesetzgebung ging der allgemeinen und universalen Gesetzgebung, die nun vom Apostolischen Stuhl ausgeht, voraus.[8]

In der Lateinischen Kirche wird das partikulare (z. B. das von einer Bischofskonferenz erlassene) Recht gebraucht, um das allgemeine Recht auf die pastorale, kulturelle Situation der Kirche an verschiedenen Orten anzuwenden. Can. 447 besagt, daß die Bischofskonferenz ihre pastorale Funktion ausübt »besonders durch Formen und Methoden des Apostolates, die den zeitlichen und örtlichen Umständen in geeigneter Weise angepaßt sind.«[9]

Als ein klassisches Beispiel für Vielfalt und pastorale Adaption ist die Erneuerung des Diakonats ein einmaliges Phänomen in der Geschichte der Kirche. Während der Diakonat für Männer in einigen Teilen der Kirche angenommen wird, ist er in anderen Gegenden nicht so verwurzelt. Entsprechend der Entwicklung des Diakonats für Männer in den letzten dreißig Jahren könnte auch der Diakonat für Frauen an einigen Orten eingeführt werden und an anderen nicht.

Das kanonische Indult

Eine besondere Ausnahme bezüglich der Heiligen Weihen bildet die »*Pastoral Provision*« (in den siebziger Jahren) ein Prozeß, der entwickelt wurde für die Aufnahme, die priesterliche Bildung und die Weihe von verheirateten anglikanischen Priestern in der Römisch-Katholischen Kirche. Sie behandelt die Zulassung von Männern zur Priesterweihe, die verheiratet sind, was nach Can. 1042,1 ein Weihehindernis ist. Die *Pastoral Provision* ist nur anwendbar in dem Gebiet der Bischofskonferenzen, die darum gebeten haben. Wie Richard Hill bemerkt, ist es die Pastoral Provision wert, untersucht zu werden, denn die Bischöfe sollten darauf vorbereitet sein, in der Zukunft analogen Situationen gegenüberzustehen.

Eine mögliche analoge Situation könnte die Weihe von Frauen zum ständigen Diakonat sein. Um die Einführung des Diakonats der Frau zu verwirklichen, würde die Bischofskonferenz das naheliegendste kirchenrechtliche Mittel benutzen, nämlich ein Indult vom Apostolischen Stuhl zu erbitten und zu erhalten, das die Beschränkung der Weihen auf getaufte Männer nach can. 1024 modifiziert. Ein Indult ist ein spezielles Gesetz oder eine Ausnahme vom Gesetz, die von der zuständigen Autorität gewährt wird, und die eine partielle Modifikation des allgemeinen Gesetzes aus einem pastoralen Grund in einer besonderen Situation ist.

Das Indult würde nur Anwendung finden im Hinblick auf den Diakonat in jenen Teilkirchen, die der Bischofskonferenz unterstehen, die das Indult erhalten hat. Bevor jedoch der Diakonat für Frauen wiederhergestellt und dieses Indult gewährt wird, müßte die höchste Autorität der Kirche kompetente Kirchenhistoriker, Theologen und Pastoral-Fachleute (Gemeinde-Praktiker) beauftragen, die Notwendigkeit eines Diakonats der Frau zu studieren und sich mit der nötigen Ausbildung und Vorbereitung dafür zu befassen.[10]

Wenn der Apostolische Stuhl solch ein Indult erlassen hat, müßte die Bischofskonferenz ein partikulares Gesetz erlassen, das den Bischöfen erlaubt zu bestimmen, ob sie den ständigen Diakonat für Frauen in ihren Diözesen einführen, ähnlich wie jenes partikulare Gesetz, das ihnen erlaubte, den ständigen Diakonat für Männer in ihren Diözesen einzuführen.

Die diakonischen Aufgaben nach dem Kirchenrecht

Nach dem Codex von 1983 ist der Diakon zu gewissen Handlungen berechtigt, die Teil der Lehr-, Heiligungs- und Leitungsdienste der Kirche sind.[11] Im Rahmen des Dienstes des Lehrens besitzt der Diakon die Erlaubnis zu predigen (can. 764 und can. 767,1).

Abhängig von den Befugnissen, die der Diakon vom Bischof erhält, und von der Erlaubnis des Pfarrers (can. 530) darf der Diakon als ordentlicher Spender verschiedener Sakramente und Sakramentalien handeln, einschließlich der Taufe (can. 861,1) und der Heiligen Kommunion (can. 910,1). Der Diakon darf bei der Eheschließung assistieren (can. 1108; 1111; 1116,2; 1121,2). Nach can. 943 ist es Aufgabe des Diakons, das Allerheiligste auszusetzen und den eucharistischen Segen zu erteilen. Darüber hinaus darf der Diakon Trauergottesdienste halten und beerdigen, sowie Sakramentalien spenden (can. 1168; 1169,3).

Mit der Weihe zum Diakonat würden Frauen »Kleriker nach dem Gesetz«, die vom Diözesanbischof für kirchliche Ämter/Dienste ernannt werden könnten, die Jurisdiktionsvollmacht verlangen, aber nicht die Priesterweihe benötigen. Zum Beispiel darf ein Diakon als Kleriker mit der Seelsorge für eine Pfarrei betraut werden (can. 517,2), und ihm kann eine größere Rolle in der Leitung einer Diözese übertragen werden, z. B. als Kanzler, als Einzelrichter etc. Daher wäre diese neue Art der sakramentalen Teilhabe und der daraus folgenden rechtlichen Ermächtigung, die sich aus dem Sakrament der heiligen Weihe ergibt, ein sehr wichtiger Schritt für die Frauen in der Kirche.

Schluß

Während die Geschichte belegt, daß Männer und Frauen im ersten Jahrtausend der Kirche zu Diakonen geweiht wurden, hat das Phänomen der Erneuerung des ständigen Diakonats durch das Zweite Vatikanische Konzil nur die Hälfte des Diakonats, wie man ihn zuerst kannte, wiederhergestellt, da er nur männliche Diakone betrifft. Nun stellt sich die Frage der Wiedereinführung des Diakonats für Frauen.

Obwohl der gegenwärtige Codex alle Weihen, einschließlich derjenigen zum Diakonat, auf getaufte Männer beschränkt, kann die höchste Autorität der Kirche entscheiden, Frauen zum ständigen Diakonat zu weihen, indem sie eine partielle Aufhebung dieses Gesetzes erlaubt. Das geschieht entweder durch Gesetzgebung (ein neues Gesetz) oder durch einzelne Indulte, die jene Bischofskonferenzen erhalten, die sie erbitten.

Über den Erhalt des zusätzlichen Beistands sakramentaler Gnade hinaus, könnten Frauen, die zu ständigen Diakonen geweiht würden, Dienste tun und Ämter ausüben, von denen sie jetzt ausgeschlossen sind. Mit der Ordination von Frauen zu Diakonen wäre das Phänomen der Erneuerung des Diakonats vollständig – zum Wohle der Kirche und des Wachstums der Sendung Christi in der Welt.

(Übersetzung: Reinhild und Thomas Fliethmann)

Anmerkungen

1. Das theologische und kirchenrechtliche Material über den Diakonat der Frau verdanke ich dem Ad-Hoc-Commitee der Canon Law Society of America, The Canonical Implications of Ordaining Women to the Permanent Diaconate (Washington, DC; Canon Law Society of America, 1995); zur Geschichte des Diakonats vgl. 5–21.
2. Ebd. 38.
3. Diese zentrale Frage sowie die anschließende Diskussion kamen während eines Interviews der Autorin mit Pater Ladislas Orsy SJ, JCD, an der Fordham University, New York City, USA, am 13. Dezember 1996 auf.
4. can. 1008 besagt: »Durch das Sakrament der Weihe werden kraft göttlicher Weisung (ex divina institutione) aus dem Kreis der Gläubigen einige ... zu geistlichen Amtsträgern bestellt«.
   can. 1009 lautet: »Die Weihen sind Episkopat, Presbyterat und Diakonat.«
5. DH 1776.
6. Es gibt einige daran anknüpfende Fragen, die aber den Rahmen dieses Aufsatzes sprengen würden, wie z. B.: Ist der ständige Diakonat wesensmäßig verschieden vom Diakonat des Übergangs zur Priesterweihe? Ist der ständige Diakonat ein Kirchenamt im Sinne von can. 145, nämlich ein Dienst, der durch göttliche oder kirchliche Anordnung auf Dauer eingerichtet ist und der Wahrnehmung eines geistlichen Zweckes dient?
7. Vgl. Karl Rahner/Herbert Vorgrimmler, Art. »Sakrament« in: Kleines Theologisches Wörterbuch, Freiburg/Br. [14]1983, 366ff.
8. Die Bedeutung der partikularen Gesetzgebung wird in der Kirche heute durch die Promulgation von zwei Codices hervorgehoben: einen für die lateinische Kirche (1983) und einen für die Ostkirchen (1994); darüber hinaus muß jede der Ostkirchen weitere partikulare Gesetze verabschieden, durch die sie den allgemeinen Codex auf ihre jeweilige Situation anwendet.
9. Der Codex von 1983 führt mindestens 29 Fälle auf, in denen er die Konferenzen autorisiert und bisweilen sogar auffordert, allgemeine Dekrete zu erlassen, die die pastorale Adaption für die Kirchen innerhalb der Bischofkonferenz betreffen.
10. Der erste Internationale Kongreß zum Diakonat der Frau (mit 300 Teilnehmenden), fand vom 1.–4. April 1997 in Stuttgart statt und verfaßte die folgende Resolution: »Die Teilnehmerinnen und Teilnehmer ersuchen die Bischöfe nachdrücklich, ... beim Apostolischen Stuhl ein Indult zu erwirken, das die Zulassung von Frauen zum Diakonat in ihren Diözesen ermöglicht.«
11. Diakone sind von einigen sakramentalen Handlungen ausgeschlossen, die zum Kern des Priesteramtes gehören, wie z. B. die Firmung (can. 882), die Feier der Eucharistie (can. 900,1), das Vortragen des eucharistischen Hochgebetes (can. 907) bei der Feier der Eucharistie, das Bußsakrament (can. 965) und die Krankensalbung (can. 1003).

Zum Profil und zur Spiritualität des Diakonats der Frau

Die nachfolgenden Beiträge dokumentieren die Arbeit im Arbeitskreis »Diakonat – ein eigenständiges Amt in der Kirche. Mögliche Impulse für die Entfaltung des Diakonats in der Kirche« und im Arbeitskreis »Spirituelle Grundlagen des Diakonates der Frau«. Die Texte ergänzen die Artikel von Albert Biesinger, Diakonat – ein eigenständiges Amt in der Kirche, S. 53 und Stefanie Spendel, Braucht die Kirche Diakoninnen? S. 78.

Mögliche Impulse für die Entfaltung des Diakonats

Regina Radlbeck-Ossmann

Impulse, die aus dem Selbstverständnis der Kirche erwachsen

Paulus belehrt die galatischen Christen über eine wesentliche Eigenschaft der Kirche: »Denn ihr alle, die ihr auf Christus getauft seid, habt Christus (als Gewand) angelegt. Es gibt nicht mehr Juden und Griechen, nicht mehr Sklaven und Freie, nicht mehr Mann und Frau; denn ihr alle seid einer in Christus Jesus« (Gal 3,27). Es muß also zum *Selbstverständnis* von Kirche gehören, daß soziale und Standesunterschiede, selbst dann, wenn sie in weltlichen Bereichen noch Geltung haben, gerade in der Kirche irrelevant werden.

Was die Repräsentation der Frau in der römisch-katholischen Kirche anbelangt, so sind wir mit dem *umgekehrten Bild* konfrontiert: Außerkirchliche Institutionen gewähren Frauen eine zunehmend größere Teilnahme am öffentlichen Leben, bemühen sich also, der traditionellen Benachteiligung der Frauen entgegenzuwirken, unsere Kirche hingegen scheint in dieser Hinsicht wenig Aktivität zu entfalten. Andere christliche Konfessionen haben in dieser Hinsicht Großes gewagt: Die evangelisch-lutherische Kirche, die anglikanische Kirche und die Altkatholiken weihen Frauen zu Priesterinnen.

In der römisch-katholischen Kirche wird dies u. a. deshalb abgelehnt, weil man sich nicht dazu befugt fühlt, der Tradition neue Formen hinzuzufügen. Dies ist ein bedenkenswertes Argument. Da jedoch die Forderung nach einer geschwisterlichen Kirche den neutestamentlichen Vorgaben entspricht und darüber hinaus ein großes Verlangen unserer Zeit wiederspiegelt, ist es um so wichtiger, nach *anderen Möglichkeiten einer angemessenen Repräsentation von Frauen* in der Kirche zu suchen. In dieser Situation scheint die Öffnung des Diakonats für Frauen ein unentbehrlicher Schritt zu sein. Mit der Wiedereinführung des Diakonats könnte man der geschwisterlichen Kirche ein Stück weit näher kommen, ohne daß dazu Neuerungen an der Tradition nötig wären. Man würde eine alte kirchliche Tradition wiederbeleben.

Impulse, die aus der pastoralen Situation heute erwachsen

Die diakonalen Aufgaben der Gegenwart sind überaus vielfältig. Die zunehmende Anonymisierung unserer Gesellschaft läßt erwarten, daß das diakonale Arbeitsfeld sich in der Zukunft eher vergrößert als verkleinert. Ist aber die Arbeit im »Weinberg des Herrn« so groß, dann stellt sich die Frage nach qualifizierten Mitarbeitern um so dringender. Grundsätzlich gilt: 100% der Charismen konzentrieren sich nicht auf 50% der Bewerber, d. h. auf die Bewerber männlichen Geschlechts. Man muß also bedenken, daß auch Frauen große Fähigkeiten mitbringen, die für den Aufbau der Gemeinde unverzichtbar sind. Darüber hinaus gibt es bestimmte Bereiche etwa in der Frauenseelsorge (Unerwartete Schwangerschaft, Alleinerziehende ...), der Krankenseelsorge (gynäkologische Fälle) oder der Altenseelsorge, in denen Frauen aufgrund ihrer spezifisch weiblichen Lebenssituation bzw. aufgrund ihrer Sozialisation nicht nur eine ebenso große, sondern vermutlich sogar eine größere Eignung mitbringen als ihre männlichen Kollegen.

Tatsächlich wäre die pastorale Versorgung der Gemeinden ohne die Mitarbeit von Frauen heute undenkbar. Frauen engagieren sich in der Sakramentenkatechese, erfüllen einen großen Teil der Besuchsdienste und sind im gesamten Bereich der Caritas unverzichtbar. Darüber hinaus gestalten und leiten sie Wortgottesdienste, sind Lektorinnen und teilen die Kommunion aus. Damit erfüllen sie schon seit langer Zeit Aufgaben klassisch diakonischer Art. Leisten Männer eben diesen Dienst, so steht ihnen seit dem II. Vatikanum die Weihe zum Diakon offen. Es ist schon eine Forderung der Gerechtigkeit, *den Dienst von Frauen und Männern in gleicher Weise zu würdigen.* Von noch größerem Gewicht ist jedoch ein zweiter Aspekt: Das Sakrament der Weihe verleiht den Männern, die sich für den Dienst des Diakons entscheiden, *die sakramentale Gnade,* die sie für ihre Aufgabe stärkt. Frauen, die faktisch bereits einen Großteil der diakonischen Dienste leisten, wird diese *Stärkung durch den Heiligen Geist* bislang jedoch vorenthalten. Dieses *Mißverhältnis* läßt nur zwei mögliche Schlüsse zu: Entweder man betrachtet die Verleihung der sakramentalen Gnade als für den Dienst nicht zwingend notwendig, dann würde es sich auch erübrigen, Männer zu Diakonen zu weihen. Oder aber, man betrachtet die Stärkung durch den Heiligen Geist als notwendig, dann muß diese Stärkung jedem Menschen angeboten werden, der diesen Dienst erfüllt, sei er nun Mann oder Frau...

Die pastorale Situation in den Gemeinden spricht also unbedingt für eine Entfaltung des Diakonats.

Impulse, die sich aus dem gewandelten Selbstverständnis der Frau heute ergeben

Frauen haben heute in wesentlich stärkerem Maße als früher Zugang zu Bildung. Dadurch erweitern sie nicht nur ihre Kenntnisse und Fähigkeiten, sie werden sich derer auch in zunehmendem

Maße bewußt. Die moderne Gesellschaft öffnet sich dieser Entwicklung und bietet den Frauen immer mehr Möglichkeiten, ihre Fähigkeiten einzubringen.

Was das Wirken von Frauen außer Haus anbelangt, so zeigt sich, daß Frauen sich aufgrund der spezifisch weiblichen Sozialisation *besonders häufig für Aufgaben im sozialen Bereich* interessieren. Wird ihnen nun – im Unterschied zum sonstigen gesellschaftlichen Umfeld – eine gleichberechtigte Teilnahme an den sozialen Diensten der Kirche verwehrt, so empfinden Frauen sich als Person nicht ernst genommen. Sie fühlen sich abgewiesen und es besteht die *Gefahr, daß Frauen sich* aus der Erfahrung der Ablehnung heraus *ihrerseits von der Kirche abwenden*. Dies wäre für unsere Kirche in mehrfacher Hinsicht ein großer Verlust:

– Sie verliert mögliche hochmotivierte Mitarbeiterinnen.

– Sie verliert damit u. U. zugleich engagierte Christinnen.

– Und sie verliert möglicherweise die Personen, welche die Grundlage der religiösen Erziehung der Christinnen und Christen von morgen legen sollen.

Würden Frauen in gleicher Weise wie Männer in ihrem diakonischen Wirken anerkannt, so wäre dies *ein gewichtiges Zeichen für Geschwisterlichkeit, Partnerschaft und Gleichberechtigung*. Frauen hätten die Möglichkeit, *ihre* Berufung ausgestattet mit der sakramentalen Gnade der Diakoninnenweihe zu *leben*. Dadurch gestärkt könnten sie die Lebenswirklichkeit und Spiritualität von Frauen auch besser in das Glaubensleben und die Liturgie einbringen. Schließlich könnte auch das *Erscheinungsbild des kirchlichen Amtes* insgesamt vom Diakonat der Frau profitieren: Da dieses Amt bislang nur Männern offensteht, scheint es ein einseitig männliches Gottesbild widerzuspiegeln. Werden auch Frauen am kirchlichen Amt beteiligt, so würde das Amt die *Fülle des christlichen Gottesbildes* eher sichtbar machen. Auf diese Weise würden Diakoninnen auch andere Frauen und Männer davon überzeugen, daß das Christentum Mann und Frau als Ebenbild Gottes betrachtet und Kirche sich der Geschwisterlichkeit verpflichtet weiß.

Die genannten Entwicklungen sprechen sehr dafür, den *Reichtum der kirchlichen Tradition* wieder zu beleben und den Diakonat auch für Frauen zu öffnen.

Grundsätze für die Entfaltung des Diakonats
Benedikta Hintersberger

1. Die Kirche als sakramentales Zeichen der Liebe Gottes in dieser Welt macht das Amt in seiner ganzen Fülle nur dann transparent und glaubwürdig erfahrbar, wenn Frauen *und* Männer daran ihren Anteil haben. Es geht also beim Diakonat der Frau nicht um eine zusätzliche Verteilung von Aufgaben, die anders nicht (mehr) zu bewältigen wären, auch nicht um eine Ergänzung zum Diakonat der Männer. Die Kirche »braucht« als Zeichen der Zeit im Kosmos kirchlicher Ämter ein eigenständiges Diakoninnenamt und die entsprechende sakramentale Bevollmächtigung von Frauen für dieses Amt.

2. Grundbedingung für die Entfaltung des Diakoninnenamtes ist das communio-Modell. Die bisherigen Erfahrungen berechtigen zu der hoffnungsvollen Erwartung, daß sich mit den Mustern des Zusammenarbeitens von Männern und Frauen auch Muster von Macht, Leitung, Dienst, Spiritualität, Pastoral, Sprache, ... verändern, daß sich die Ämterstrukturen in unserer Kirche stärker zu communio-Strukturen entwickeln.

3. Für die konkrete Gestaltung des Diakoninnenamtes bedarf es der gleichen Ausgangsbedingungen wie für Männer. Es widerspräche der Vielfalt der Charismen, unterschiedlichen Lebensformen und Lebenswelten, Fähigkeiten und Biographien von Frauen, aufgrund von festgelegten Rollen und Verhaltensmuster allgemein frauenspezifische Aufgabenbereiche und Dienste für den Frauendiakonat vorzusehen bzw. zu erwarten. Von vornherein sind deshalb genug Freiräume für einen kreativen Entfaltungsprozeß der je eigenen Charismen und Begabungen zu eröffnen.

4. Bisher vorliegende Forschungsergebnisse zum ehrenamtlichen und hauptamtlichen diakonalen Dienst von Frauen weisen nicht primär auf Wesensunterschiede zwischen Männern und Frauen hin, sondern deuten auf geschlechtsspezifische Gewohnheiten und Vorlieben. Vielleicht nicht einfach von Natur aus, sicher

aber aufgrund der Sozialisation kommt durch Frauenerfahrungen ein großer Schub an Erdung, Konkretion, an Leib- und Sinnenhaftigkeit, an Beziehung in die Theologie, Diakonie, Verkündigung und Liturgie.

5. Mit großer Sorgfalt, Sensibilität und Verantwortung sind Auswahlkriterien für das Diakoninnenamt zu entwickeln. Die konkrete Personenauswahl der »ersten« Diakoninnen ist eine besonders wichtige pastorale Aufgabe. Daß Frauen hier wesentlich mitberaten und mitentscheiden, muß als selbstverständlich vorausgesetzt werden.

6. Seit Jahrhunderten übernehmen Schwesterngemeinschaften, weibliche Kongregationen und Frauenorden kirchliche Dienste in der Erziehung, Katechese, Verkündigung, in allen Bereichen der Diakonie und Caritas sowie in der geistlichen Begleitung.

Durch die offizielle Anerkennung ihrer Lebensregel und die Annahme der Gelübde durch die kirchliche Autorität nehmen diese Gemeinschaften korporativ den diakonischen Dienst in der Kirche wahr. Auch die einzelnen Schwestern und Ordensfrauen werden so beauftragt, in je spezifischer Weise die Sendung der Kirche zu vollziehen. Dieser reiche Schatz an Tradition und Erfahrung ist bei der Gestaltung des Diakonats für Frauen zu nutzen: Er gestattet, wenn auch begrenzt, Vorhersagen und Schlußfolgerungen über mögliche und wahrscheinliche Entwicklungen (Chancen und Gefährdungen, Gewohnheiten, Vorlieben, Spiritualitätsmodelle, ...). Auch für die konkrete Personenauswahl sind diese Erfahrungen zu berücksichtigen. Es entspräche aber nicht der Vielfalt fraulicher Charismen und Lebenswelten, für die »ersten« Diakoninnen besonders Schwestern und Ordensfrauen auszuwählen.

Die einführenden Statements wurden von den Diskussionspartnerinnen allgemein geteilt. Das durch sie angestoßene Gespräch konnte deshalb einen Schritt weitergehen und die Realisation eines Diakonates der Frau ins Auge fassen. Dabei konzentrierten sich die Redebeiträge auf die Frage nach dem spezifischen Profil dieses Amtes.

Diskussionsergebnisse: Das Profil des Diakoninnenamtes

Regina Radlbeck-Ossmann/Benedikta Hintersberger

Spricht man vom diakonischen Dienst, so denkt man dabei vor allem an die Werke der tätigen Nächstenliebe. Die Diakonie der Kirche umfaßt jedoch neben den Werken der Caritas auch den Dienst am Wort, also den Bereich der Verkündigung, und den Dienst am Tisch, die Liturgie. Diese drei Bereiche diakonischen Arbeitens sind nicht willkürlich zusammengruppierte Zuständigkeiten, sie gehören von ihrem Wesen her zusammen und verweisen aufeinander.

So ist etwa die Wortverkündigung nicht denkbar ohne eine Verkündigung der Tat und umgekehrt. Jesus selbst hat den Menschen nicht nur vom Reich Gottes erzählt, sondern in seinem Handeln dieses Reich auch erfahrbar werden lassen. Mt 11,5 charakterisiert er sein Programm mit den Worten: »Blinde sehen wieder und Lahme gehen; Aussätzige werden rein, und Taube hören; Tote stehen auf, und den Armen wird das Evangelium verkündet.« Die Sorge um das leibliche Wohl der Menschen steht nicht nur gleichberechtigt neben der Verkündigung des Evangeliums, sie geht dieser sogar voraus. Diese Anordnung macht deutlich, daß man inmitten der Erfahrung von Unheil nur dann glaubwürdig vom Heil reden kann, wenn man für dieses Heil auch tatsächlich aktiv wird. Andernfalls geraten selbst fundamentale Glaubenssätze wie die Erwartung einer zukünftigen göttlichen Gerechtigkeit in die Nähe einer billigen Vertröstungsideologie, welche die Religionskritik des 19. und 20. Jahrhunderts zu Recht angegriffen hat.

Desgleichen würde der Tatverkündigung eine wichtige Dimension fehlen, bliebe sie ohne das deutende Wort. Christliche Zuwendung zu dem in Not geratenen Bruder und der leidenden Schwester unterscheidet sich von jeder rein humanitär begründeten Sozialarbeit darin, daß Engagement für den Mitmenschen in dem je größeren Rahmen der Zuwendung Gottes zu den Menschen geschieht, durch diesen getragen wird und hoffen darf, daß

Gott vollendet, was menschlichem Bemühen u. U. auf Dauer versagt bleibt. Aus diesem Grund verweisen die Werke der Nächstenliebe nicht nur auf die gute Gesinnung derer, die sie ausführen, sondern auch auf die Liebe Gottes, der seinen Geschöpfen zum Heil werden will. Die Diakonin nimmt sich dieser Verbindung einer Verkündigung im Wort und deren Bekräftigung durch die Tat im besonderen an. In ihrem helfenden und heilenden Handeln gibt sie sich als treue Jüngerin Jesu zu erkennen, der alle Mühseligen und Beladenen zu sich ruft, um sie an Leib und Seele mit neuem Leben zu erfüllen.

Eine solche Zuwendung kann nicht stumm bleiben. Die Diakonin wird deshalb von der Hoffnung reden, die sie beseelt, wo Menschen nach dem Motiv ihres Handelns fragen und die Kraft würdigen, mit der sie sich einsetzt. Selbst in den Stunden, in denen sie angesichts der Größe des Elends an ihren eigenen Möglichkeiten zweifelt und den Erfolg ihrer Bemühungen in Gottes Hände übergibt, legt sie noch ein beredtes Zeugnis ihres Glaubens ab: Sie bekennt, daß Gott Zukunft eröffnen kann, wo Menschen fürchten müssen, daß jeder mögliche Ausweg bereits verstellt ist.

Die Diakonin versteht ihren Dienst am Mitmenschen als Ausdruck der Teilhabe am Heilshandeln Gottes und verweist mit ihrem Dienst in Wort und Tat auf das nahe gekommene Reich Gottes. Aus diesem Grund kommt ihr auch innerhalb des gemeindlichen Gottesdienstes ein wichtiger Platz zu. In der Person der Diakonin werden die Nöte der leidenden Menschen vor Gott getragen, der versprochen hat, sich ihrer anzunehmen. Durch ihre Teilnahme am Gottesdienst wird augenfällig, daß der Einsatz für die Mitmenschen einen wesentlichen Grundvollzug von Kirche darstellt, die nach dem Vorbild Jesu Christi selbst den Menschen zum Heil werden will.

Um die Vielzahl der Aufgaben, vor die die Kirche sich heute gestellt sieht, bewältigen zu können, ist es notwendig, daß in jeder Gemeinde die Fülle der Gnadengaben aktiviert wird, die ihr geschenkt sind. In diesem Sinne ist zu hoffen, daß viele Frauen sich mit den diakonischen Aufgaben der Kirche identifizieren. Dabei kann nicht erwartet werden, daß eine Bewerberin sich allen drei bereichen diakonischen Arbeitens mit gleicher Intensität widmet.

Vielmehr soll die Möglichkeit gegeben sein, daß sie sich angesichts der konkreten Bedürfnisse, welche sie in ihrer Gemeinde wahrnimmt, selbst dahingehend erforscht, womit sie persönlich zur Erfüllung der anstehenden Aufgaben und zur Auferbauung der Gemeinde beitragen kann. Freilich bleibt zu wünschen, daß trotz ihrer individuellen Schwerpunktsetzung die Bezogenheit der drei Aufgabenbereiche aufeinander nicht aus dem Blick gerät.

Der Dienst am Nächsten

In Jesus Christus, der den Menschen als der barmherzige Samariter begegnet ist, erkennt die Kirche, daß auch sie Menschen zum Heil werden soll. Sie lebt ihre Berufung, indem sie versucht, die vielfältige Not der Menschen zu lindern. Als Glied der Kirche fühlt sich die Diakonin durch diese Not besonders herausgefordert. Ihr Dienst am Nächsten läßt Christus selbst in den Räumen noch erfahrbar werden, die kirchliche Verkündigung in Wort und Schrift nicht mehr erreicht. Es darf freilich nicht übersehen werden, daß es heute genug Notsituationen gibt, wo der gute Wille zum Dienst am Nächsten nicht mehr ausreicht. Qualifizierte berufliche Ausbildung ist darum zusätzlich gefragt, z. B. als Sozialarbeiterin, Therapeutin, Krankenschwester, Eheberaterin, Seelsorgerin...

Der Dienst am Nächsten ist so vielfältig wie die Not der Menschen: Zu ihm gehört es,

– Menschen in den Wechselfällen des Lebens zu begleiten.

– sich insbesondere der Menschen anzunehmen, die sich in schwierigen Lebenssituationen befinden oder gar in gesellschaftliche Randbereiche abgedriftet sind.

– diesen Menschen Ansprechpartnerin zu sein und ihnen zuzuhören.

– nach Möglichkeiten zu suchen, die ihre konkrete Not lindern.

- Strukturen zu kritisieren, die Menschen ins Elend stürzen.

- durch ihren Dienst auf Jesus Christus zu verweisen, der allen Menschen zum Bruder geworden ist.

- im Raum der Kirche denen eine Stimme zu geben, die selbst nicht wagen, das Wort zu ergreifen.

- die Gemeinde für die Not der Menschen in ihr und um sie herum sensibel zu machen.

- die Mitarbeiterinnen und Mitarbeiter verbandlicher Caritas spirituell zu begleiten und sie zu unterstützen.

- die Charismen anderer Christinnen und Christen zu wecken, auf daß auch sie für das diakonische Wirken der Kirche fruchtbar werden.

- das eigene diakonische Wirken als Mitarbeit am Heilswirken Jesu Christi und seiner Kirche zu verstehen.

Der Dienst am Wort

Die Diakonin findet ihren Ort im Dienst am Wort als einem Grundvollzug von Kirche. Eingebunden in das gelebte Glaubenszeugnis ihrer Gemeinde leistet sie den unverzichtbaren Dienst einer Glaubensvermittlung, die ihr Ziel hat in der Mündigkeit von Christinnen und Christen.
Ihr persönliches Charisma findet vielfältigen Ausdruck

- indem sie bestrebt ist, ihren eigenen Glauben lebendig zu erhalten.

- indem sie Menschen, die sich in Glaubensnöten befinden, als Ansprechpartnerin zur Verfügung steht.

- indem sie den Glaubensfragen der Menschen aufmerksam zuhört und Raum läßt für das Gespräch über persönliche Glaubenshemmnisse.

- indem sie mit den Menschen Glaubensgespäche führt.

- indem sie selbst durch ihr beherztes Glaubenszeugnis den Menschen etwas von der frohmachenden Botschaft des Christentums übermittelt.

- indem sie am Wortgottesdienst der Gemeinde aktiv teilhat bzw. diesen leitet.

- indem sie bei der Eucharistiefeier das Wort Gottes in der Predigt (Homilie) verkündet. Dabei berücksichtigt sie besonders die Lebenswelt ihrer Bezugsgruppen.

- indem sie andere Gläubige dazu ermutigt, selbst zu Multiplikatoren des Glaubens zu werden und sie darin unterstützt.

Der Dienst am Tisch, der Dienst in der Liturgie

Die Sakramente gewinnen als Knotenpunkte menschlicher Existenz und als feierliche Ritualisierung von Lebenserfahrung für viele Menschen wieder an Bedeutung. Im Auftrag der Kirche und kraft ihres Amtes ist es der Diakonin darum aufgegeben, den Zusammenhang von Leben und Liturgie in den Bezugsgruppen, die ihr anvertraut sind, erfahrbar zu machen: den Kranken und Sterbenden, den Alleingelassenen und Obdachlosen, den Gefangenen, Außenseitern, Arbeitslosen... Wenn die Sakramente der Kirche wirklich etwas mit dem Heil und dem Leben der Menschen zu tun haben, dann hat auch die Spendung von Sakramenten ihren Platz innerhalb dieser diakonischen Gemeinden. Die Diakonin ist darum als Leiterin solcher diakonischer Gemeinden für die Feier der Taufe, Trauung, Krankensalbung und Versöhnung sakramental zu ermächtigen.

Die Sorge um die Einheit von diakonischer Glaubenspraxis, Glaubensverkündigung und Glaubensfeier ist eine ihrer wichtigsten Aufgaben.

Für den liturgischen Dienst in der Ortskirche, vor allem in der diakonischen Gemeinde, sind folgende Aufgaben besonders bedeutsam:

- Die Diakonin bemüht sich, die Anliegen der Menschen, denen sie dient, in den Gottesdienst mit einzubringen. Sie trägt mit bei, die Liturgie zu »erden«.

- Sie ist mitverantwortlich für das Umfeld, die Atmosphäre, die Kultur der Liturgie.

- Sie leitet Wortgottesdienste und Segnungsfeiern, besonders in ihren Bezugsgruppen.

- Sie fördert und unterstützt bei andern die Charismen und Begabungen für liturgische Dienste, begleitet die GottesdiensthelferInnen.

- Sie trägt (qua Amt) Sorge für die vielfältigen Gottesdienste in allen Umbruchsituationen des Lebens (z. B. Pubertät, Berufseinstieg, Kinder gehen aus dem Haus, Lebensmitte, Trennungen, Krankheit...)

- Sie macht sensibel für inklusive Sprache, Bilder, Symbole, Gottesvorstellungen und fühlt sich mitverantwortlich für inhaltliche Veränderungen und Neuschöpfungen.

- Die Diakonin soll Mitglied im Liturgieausschuß sein.

- Sie begleitet Menschen in Krankheit und Sterben. Und weil sie so auch deren Beziehungsumfeld kennt, beerdigt sie die Verstorbenen, die sie beim Sterben begleitet hat und feiert mit der Trauergemeinde den Gottesdienst bzw. gestaltet die Eucharistiefeier mit.

– Sie müht sich mit andern, die Vielfalt von Versöhnungs- und Vergebungsformen für die Gemeinde/für einzelne fruchtbar zu machen.

– Bei der Begleitung der Gemeinde (Bezugsgruppe) hat sie in bezug auf die Unterscheidung der Geister eine helfend-kritische Funktion. Ermutigung und Offenheit sind dabei entscheidende Kriterien.

Offene Fragen des Arbeitskreises

1. Die Weihe zur Diakonin darf nicht als »Dank« für das bisher geleistete ehrenamtliche Engagement verstanden werden. Wie jedes kirchliche sakramentale Amt ist der Diakonat der Frau eine Antwort auf die persönliche Berufung von Gott, die von der Gemeinde (Ortskirche) zu bestätigen ist. Dafür sind mit großer Sorgfalt, Sensibilität und Verantwortung Auswahlkriterien für das Diakoninnenamt zu entwickeln. Daß Frauen hier wesentlich mitberaten und mitentscheiden, wird als selbstverständlich vorausgesetzt. Der konkreten Personenauswahl der »ersten« Diakoninnen kommt eine besonders wichtige pastorale Aufgabe zu. Die Vielfalt fraulicher Charismen und Lebenswelten sollte dabei berücksichtigt werden.

2. Schwierig scheint eine klare Abgrenzung des diakonalen Dienstes zum Dienst der Pastoral- bzw. GemeindereferentInnen zu werden. Die Lösungsmöglichkeiten, die sich aus den bisherigen Erfahrungen der Aufgabenbereiche von Diakonen anbieten, befriedigen kaum. Da viel von den *situativen* Bedingungen (Fähigkeiten, Charismen der Frauen; Bedürfnisse und Notsituationen der Gemeinde) abhängt, sollten zwar allgemeine Leitlinien als Entscheidungshilfen zur Verfügung stehen. Die konkrete Klärung muß in der Kompetenz der Gemeindeleitung vor Ort liegen.

3. Unsicherheit zeigte sich im Arbeitskreis bezüglich der Frage, welche Bedeutung dem Theologiestudium für den diakonalen Dienst zukommt. Einige Teilnehmerinnen gingen davon aus, daß

eine »theologisch verkopfte« Diakonin in konkreten Notsituationen wohl wenig Hilfe anbieten könnte. Großen Wert legten die meisten auf eine »geerdete« Theologie.

4. Es wäre sehr bedenklich, aufgrund von festgelegten Rollen- und Verhaltensmustern allgemein frauenspezifische Aufgabenbereiche und Dienste für den Frauendiakonat vorzusehen bzw. zu erwarten. Bisherige vorliegende Forschungsergebnisse zum ehrenamtlichen und hauptamtlichen diakonalen Dienst von Frauen weisen nicht auf Wesensunterschiede zwischen Männern und Frauen hin, sondern deuten eher auf geschlechtsspezifische Gewohnheiten und Vorlieben. Für diese und für die je eigenen Charismen und Begabungen der Diakoninnen sind deshalb neben den gleichen Ausgangsbedingungen wie beim Diakonat der Männer genug Freiräume für einen kreativen Entfaltungsprozeß zu eröffnen.

Thesen zur sozial-caritativen Diakonie der Frauen

Heinrich Pompey

1. These

Frauen leisten in der gemeindlichen Caritas wie in der verbandlichen Caritas im wesentlichen die sozial-caritative Diakonie der Kirche. Das ehrenamtliche Engagement der gemeindlichen Caritas geschieht mit Zustimmung der Gemeinde (wenn auch nicht mit einer ausdrücklichen Sendungsfeier). Die hauptamtliche Unterstützung der drei Grunddienste der Gemeinde – also auch der sozial-pastoralen Diakonie – erfolgt in der Regel durch Pastoral- und Gemeindereferenten/assistentInnen. Sie werden durch eine Beauftragung, die durch die bischöfliche Behörde (Anstellungsgespräche, Arbeitsverträge, öffentliche Vorstellung als neue MitarbeiterIn) bzw. analog durch die kirchlichen Träger bei MitarbeiterInnen der Einrichtungen und Dienste der Fachcaritas bestellt. Obwohl diese Dienste somit kirchenamtlich erfolgen, geschehen sie ohne Teilhabe am Amt der Kirche (Ordo) und ohne die Bestärkung durch das Sakrament (Gnade).

2. These

Wenn es Auftrag der Kirche und der Christen ist, die Güte und Menschenfreundlichkeit unseres Gottes, d. h. sein liebendes Mitsein, allen Menschen in Wort und Tat kund zu tun und erfahrbar zu machen, und wenn zudem die Liebe in Grenzsituationen ihre größte Herausforderung erfährt, dann bedarf insbesondere die Vergegenwärtigung der »Diakonia Caritatis Dei« in der Lebensteilung und Begleitung von körperlich und sozial Leidenden und Armen die besonderen Gnaden des dazu bestimmten Sakramentes. Wenn überwiegend Frauen diesen Sendungsauftrag der Kirche realisieren, kann ihnen die sakramentale Gnade nicht vorenthalten werden. Ebenfalls ist nicht verständlich, warum dieses kirchliche Handeln in persona Christi nicht durch Teilhabe am diakonischen Amt der Kirche geschehen soll.

3. These

Wenn der Mensch Weg der Kirche ist und die Kirche sich wie Jesus insbesondere zu den Leidenden und Armen gesandt weiß, »damit sie das Leben haben und es in Fülle haben« (Joh 10,10b), dann kann der Weg der Kirche nicht nur männlich sein. Leid und Not sind weiblich wie männlich zu sehen, zu hören und anzusprechen. Das Helfen ist männlich wie weiblich zu gestalten, damit die Kirche volles Werkzeug und Zeichen des Heils sein kann. Nur männlich wie weiblich kann das Leben erfüllt gelingen.

4. These

Wenn der gemeindliche Gottesdienst (Leiturgia) ein Zusammenwirken des gemeinsamen Priestertums aller Gläubigen mit dem besonderen Amtspriestertum darstellt und wenn die Gemeinde – unterstützt durch pastorale MitarbeiterInnen – aktiv diesen Gottesdienst mitgestaltet, kann analog eine qualifizierte und grundlegende »Diakonia Caritatis Dei« der Gemeinde nur geschehen, wenn die allgemeine diakonische Sendung der Gläubigen durch das besondere Diakonenamt der Kirche unterstützt wird. Der Nächstendienst hat neben dem Gottesdienst eine Gleichwertigkeit durch die Erlösungstat Jesu Christi erfahren.

5. These

Dieses Zeugnis der »Diakonia Caritatis Dei« und damit der Vollzug des dritten Grunddienstes der Gemeinde bzw. der Kirche ereignet sich in der gemeindlichen wie verbandlichen Caritas der heutigen Kirche weitgehend ohne den Zeichencharakter des Sakramentes. Das sakramental verliehene Durchgangsdiakonat der Priester vermittelt lebenspraktisch den sozial-caritativen Aspekt der »Wirk«-lichkeit der »Caritas Dei« nicht.

6. These

Der Dienstcharakter der Sendung Jesu Christi wie die besondere helfende und heilende Zuwendung Gottes zu den leidenden und suchenden Menschen sollten als Elemente der Verkündigung des Reiches Gottes ihre sakramentale Verdeutlichung und Bezeugung durch Frauen und Männer finden. Eine Reduzierung der »Diakonia Caritatis Dei« – in der amtlichen Sendung der Kirche – auf die männliche Lebens- und Leidensteilung ist schöpfungs-theologisch wie erlösungs-theologisch nicht begründbar. Da in der amtlichen wie in der Laienkirche vorwiegend Frauen die »Diakonia Caritas Dei« vergegenwärtigen, legt dies die Not-wendigkeit und Sinnhaftigkeit des weiblichen Diakonats nahe.

7. These

Der Diakonat der Frau sollte neben der Diakonie in Liturgie und Verkündigung entsprechend der karitativen Tradition der Kirche besonders die großen Bereiche des *sozialen, psychischen und materiellen* Helfens[1] wie des *psychisch-physischen* Pflegens umfassen, sei es primär in der Gemeinde, sei es in den Organisationen der Kirche (Dienste und Einrichtungen der Verbände und anderer Träger).

8. These

Als MitarbeiterInnen in Einrichtungen und Diensten der Fachcaritas können DiakonInnen als Ferment, als AnimatorInnen wirken und die Ziele der neuen Grundordnung hinsichtlich der spirituellen Stützung und Entlastung der MitarbeiterInnen der Fachcaritas unterstützen.²

9. These

Diakoninnen und Diakone können die *Leitung der Diakoniedienste der Gemeinde* (Sozialstationen, Kindergärten, Besuchsdienste, offene Caritasarbeit der Gemeinde usw.) wie die *Leitung von Facheinrichtungen und -diensten* der Caritas übernehmen, was faktisch durch Frauen in den Gemeinden geschieht und in der Fachcaritas bis hin zum Amt der Diözesancaritas-Direktorin praktisch umgesetzt wird. Zur jeweiligen Fachkompetenz (als Jurist/in, Psycholog/in, Mediziner/in, Sozialarbeiter/in, Theolog/in usw.) sollte eine zusätzliche Qualifikation erworben werden, die eine wissenschaftliche und fachlich vertretbare Integration von Glaubenswissen und sozial-karitativer Praxis ermöglicht. Kirche würde so deutlicher erkennbar Zeichen und Werkzeug des Heiles.

10. These

Ist Gemeinde nicht vom Gottesdienst, sondern vom Nächstendienst her aufzuerbauen (Neubaugebiet, Missionsgebiet etc.), dann sollte eine Diakonin oder ein Diakon Leiter dieser Gemeinde sein, wie dies in der Dritten Welt durch Diakone und KatechetInnen bereits geschieht. In vielen Gemeinden Deutschlands geht der Weg nicht mehr vom Gottesdienst zum Nächstendienst. Heute sind viele Gemeinden vom Nächstendienst her aufzuerbauen und dann für den Gottesdienstbereich zu öffnen.

Zusammenfassende Option

Glaube und Liebe – Wesenselemente des gelebten Christseins und der Kirche – sowie Welt und Kirche wieder zusammenzuführen, ist dem Diakon und der Diakonin heute besonders aufgegeben.³ Die

Diakone und Diakoninnen sind aus den Lebensräumen der Menschen genommen und für die Menschen bestellt (vgl. Hebr 5,1)[4]. Evangelisation in der Nachfolge Jesu heißt, in die Leidens- und Todes-Welt der Menschen unserer Zeit hinabzusteigen. Dort stellt sich realistisch und radikal die Frage nach dem Glauben an das Gutsein des Lebens, nach der Hoffnung auf eine noch lebensvolle Zukunft und nach dem Geliebtsein in einer ausbeutenden und lieblosen Welt, so wie es im Erlösungsereignis Jesu geschah.

Nur wenn die Kirche, die Gemeinden, die Basisgemeinschaften und die dazu ausdrücklich von der Kirche gesandten DiakonInnen das Hinabsteigen in die Leidensexistenz der Menschen als Königsweg der Evangelisation erkennen, wird die Evangelisation vorangebracht, d. h. Koinonia für die Menschen und dadurch Koinonia mit Gott ermöglicht.

Anmerkungen

[1] Dabei sollte sie nicht nur das helfend/pflegerisch-therapeutische Aufgabenspektrum im Blick haben, sondern ebenso auch das pädagogisch-prophylaktische.

[2] Sekretariat der Deutschen Bischofskonferenz (Hg.), Grundordnung des kirchlichen Dienstes im Rahmen kirchlicher Arbeitsverhältnisse, in: Die Deutschen Bischöfe – Erklärung Nr. 51 v. 22. 9. 1993, 9.

[3] Vgl. Johannes Paul II., Die Aufgaben des Diakons in der Gemeindeseelsorge, in: L'Osservatore Romano – Wochenausgabe in deutscher Sprache, Nr. 42 vom 22. 10. 1993, 2f.; ders., Diakonat heißt Gleichgestaltung mit Christus, in: L'Osservatore Romano – Wochenausgabe in deutscher Sprache, Nr. 43 vom 29. 10. 1993, 2.

[4] Vgl. Johannes Paul II., ebd.

Die Qualität des Dienens.
Zur Spiritualität einer Diakonin

Andrea Tafferner

Der Dienst der Diakonin vollzieht sich in zweifacher Richtung: Sie nimmt Anteil am Leben von Menschen, die in Not bzw. von der bürgerlichen Gesellschaft ausgegrenzt sind. Aber sie ist Diakonin auch dort, wo sie der Gemeinde und der Gesellschaft hilft, eine Solidargemeinschaft zu werden. Die Diakonin darf also niemand sein, an die die Gemeinde karitative Tätigkeiten delegiert und sich damit dieser Aufgabe entledigt. Sondern umgekehrt: Die Diakonin ist »Lehrerin« für Diakonie, die anderen das learning by doing ermöglicht, sie zu solidarischem Handeln ermutigt, sie dabei gerade auch geistlich begleitet. Gemeinschaftsfähigkeit aller müßte die Zielperspektive diakonaler Arbeit sein.

Etwas zur Spiritualität einer Diakonin zu sagen, erfordert in dem hier vorgegebenen Rahmen notwendig eine Beschränkung. Zunächst sei ganz allgemein formuliert, daß Spiritualität im christlichen Kontext einen Lebensvollzug aus dem Geist Gottes und die Reflexion darauf bezeichnet. Spiritualität setzt also ein bewußtes Verhältnis zur christlichen Botschaft voraus: den Glauben. Daß zu diesem Lebensvollzug auch das Reflektieren konstitutiv dazugehört, meint hier nicht in erster Linie die Gewissenserforschung am Ende eines Tages (so sehr die auch von Bedeutung ist), sondern den lebendigen Austausch in der Gemeinschaft der Glaubenden, den öffentlichen Diskurs in der Gesellschaft, Lernen und Bildung. Ich möchte im folgenden auf zwei Bereiche der Spiritualität einer Diakonin eingehen: auf Fragen einer Spiritualität des Dienens und auf Aspekte einer Frauenspiritualität.

Spiritualität des Dienens?

Schon von ihrer Bezeichnung her wird deutlich, daß die Diakonin »Dienerin« ist (das griechische Wort »diakonos« steht für Männer und für Frauen, z.B. Phöbe, Röm 16,1!). Sowohl das Verb »dienen« als auch das Substantiv »Diener/Dienerin« nimmt im Neuen Testament eine ganz zentrale Bedeutung ein. Denn als »Diakonos« bezeichnet Jesus sich selbst: Er sei nicht gekommen, um sich bedienen zu lassen, sondern um zu dienen (Mk 10,41–45). Kein anderes Wort könnte so plastisch vor Augen stellen, worum es hier geht. Schließlich bezeichnet diakonein »die Arbeitsleistung von SklavInnen und Hausfrauen im patriarchalen Haushalt, die niemand außer ihnen tun will und tun wird, wenn er nicht gezwungen wird.«[1] Jesus kann das »diakonein« den Zehn, die sich über Jakobus und Johannes entrüsten (Mk 10,41), nur deshalb als ein *neues* Leitbild vorgeben, weil sie alle freie Männer sind. Sowohl Jesus als auch die Zwölf waren keine »Diener«, aber nun heißt es: »Bei euch aber ist es nicht so!« (Mk 10,43). Für die frühen christlichen Gemeinden war diese Dienstbeziehung ein Kriterium der »Christlichkeit«. Die »Versorgungsarbeit für die Gemeinde und für solche außerhalb, die in Not sind«[2], ist Aufgabe aller. »Leitungsfunktionen entbinden nicht von dieser Arbeit. Freie Männer haben keine Sonderrolle gegenüber Frauen und SklavInnen.«[3]

Was in dieser gegenseitigen Dienstbeziehung passiert, stellt das Zusammenleben von Menschen auf eine neue Grundlage, weil gesellschaftliche Grenzen überwunden werden. Solche Grenzziehungen waren ja nicht nur irgendwelcher theoretischer Art, sondern hatten ganz konkrete Auswirkungen, wie etwa die Zuweisung niedriger Arbeiten an bestimmte gesellschaftliche Gruppen. Diakonale Spiritualität hat daher zuallererst mit der Freiheit des Füreinanderdaseins zu tun. Nicht Unterwürfigkeit der einen unter die andern ist Ziel des Dienens, sondern die Gemeinschaftsfähigkeit aller.[4] Diese Gemeinschaftsfähigkeit wird in der Sicht Jesu dadurch erreicht, daß die Privilegierten und Höhergestellten den Rang von Sklavinnen, Sklaven und Frauen einnehmen. Von daher ist insbesondere Frauen zu sagen: »Das Maß des rechten Dienens besteht nicht darin, immer mehr und noch mehr zu ›dienen‹, sondern die Qualität des Dienens wird dadurch bestimmt«[5], inwieweit das Dienen in der eigenen Freiheit begründet ist und das Geflecht von Rivalitäten, Abhängigkeiten, Hierarchien, Privilegien zu durchbrechen vermag. In einer Gemeinschaft von vielen die einzelnen »zu je mehr Freiheit und Selbststand zu befreien: Das muß die Frucht des Dienens sein. Eine lebendige Beziehung gewinnt so Gestalt.«[6]

Das »diakonein« steht nicht nur zur Zeit Jesu in einem bestimmten sozialgeschichtlichen Kontext. Was von der feministischen Exegese als patriarchaler Haushalt benannt wird, hat seinen Grund in einer geschlechtsspezifischen Arbeitsteilung, die zu einer einschneidenden Verschiedenheit der Lebenswirklichkeit von Frauen und der Lebenswirklichkeit von Männern geführt hat. Da diese geschlechtsspezifische Arbeitsteilung bis heute fortbesteht – nicht zuletzt, weil sie im Europa des 19. Jahrhunderts durch das bürgerliche Familienideal verstärkt wurde –, gibt es eine eigene Problematik des Dienens von Frauen, die analysiert werden muß, damit der Diakonat die Bezeichnung »ein frauengerechtes Amt« auch wirklich verdient.

Zur Problematik des Dienens von Frauen

Die Problematik des Dienens von Frauen besteht darin, daß Frauen aufgrund der geschlechtsspezifischen Arbeitsteilung
 1. ihren Ort vornehmlich in Haus und Familie sehen mußten. Die Tätigkeiten, die mit dem Wort »dienen« im Zusammenhang mit Frauen assoziiert werden, sind daher vor allem Versorgungsarbeit und Pflegedienste, d. h. Formen menschlicher Zuwendung, die alltäglich, selbstverständlich, unauffällig, (meist) unbezahlt sind und stärker eine praktische als eine theoretisch-intellektuelle Ausbildung erfordern. Diese pflegerisch-hauswirtschaftlichen Dienste von Frauen sind vornehmlich in unseren Köpfen, wenn wir an das Dienen von Frauen denken. Die feministische Exegese hat herausgearbeitet, wie sehr dieses Vorverständnis die Interpretation von neutestamentlichen Texten geprägt hat, in denen vom Dienen von Frauen sowohl in Beziehung zu Jesus als auch im bezug zur Gemeinde die Rede ist. Wenn bei Frauen von der »Bedienung der Gäste«[7] – so bei der Schwiegermutter des Petrus (Mk 1,30f.) – oder von der »materiellen Unterstützung«[8] – so bei den Frauen, die Jesus folgten und ihm dienten (Mk 15,40f.) – die Rede

ist, so erscheint uns dies zunächst ebenso plausibel wie die Ausblendung von Frauen beim »Dienst am Wort«, der nach gängigen Interpretationen Aufgabe von Männern war. Entgegen dieser Lesarten mit Hilfe des Musters geschlechtshierarchischer Arbeitsteilung ist zu beachten, daß »diakonein« im Neuen Testament sowohl für Männer als auch für Frauen *Nachfolge Jesu* bedeutet (die Frauen, die ihm dienten, zogen mit ihm nach Jerusalem hinauf: Mk 15,40f.) und einen *vielfältigen Dienst* für die Gemeinde in »Missionsarbeit, Verkündigung, kultischer Mitwirkung, Liebestätigkeit und Versorgungsarbeit«[9] bezeichnet.

2. meines Erachtens selbst diesen Dienst der Versorgungsarbeit zu wenig spirituell ausschöpfen konnten, da es für sie – im Unterschied zum Mann – als ihrer »weiblichen Natur« entsprechend angesehen wurde, unauffällige (oft unbezahlte) Versorgungsarbeit und Pflegedienste zu leisten. Was also für den Mann, dem auch ganz andere Möglichkeiten der Selbstverwirklichung offenstehen, eine *besondere* Lebensentscheidung sein kann, ist für die Frau eine traditionell vorgegebene. Welche Konsequenzen hatte und hat dies für die diakonale Spiritualität vieler Frauen? M. E. zuallererst, daß ihre Spiritualität sich weniger als eine *geistige* Herausforderung dargestellt hat. Spiritualität ist aber notwendig auch geistige Arbeit, *Reflexion* über mein Leben, Reflexion über den Glauben. Zur intellektuellen Reflexion bedarf es aber des »kulturellen Ansporns«, des gegenseitigen Austausches in der Öffentlichkeit – ein Austausch, der Frauen, die »von Natur aus« mehr dem häuslichen Bereich zugeordnet wurden, nur in geringem Maße zur Verfügung stand.[10] Es ist keine Frage, daß der Dienst am Mitmenschen eine eigene spirituelle Qualität hat. Solche Menschen sind immer wieder Vorbilder des »Ausharrens« bei Jesus (vgl. Mk 8,2 »…schon drei Tage harren sie bei mir aus und haben nichts zu essen«). Dennoch frage ich mich, ob so manche Frau in ihrem Dienst von Versorgung und Pflege anderer nicht zugleich einer intellektuellen Verkümmerung ausgesetzt war, die meines Erachtens nicht sein muß und nicht sein darf! Wenn ich die Diakonin als »Lehrerin für Diakonie« verstehe, dann möchte ich eben dies vermeiden, daß Frauen durch ihren Dienst im Stillen und Verborgenen vom öffentlichen Diskurs ferngehalten werden.

Eine weitere Konsequenz ergab sich aus der Nähe von Frauen zu diakonalen Aufgaben: Sie waren stärker als Männer der Gefahr der Ausnutzung ihrer Arbeitskraft ausgesetzt. Dies ist zum einen bis heute daran zu sehen, daß Berufe im Umgang mit Menschen (ausgenommen die von Männern geprägten Berufe wie Arzt/Ärztin etc.) schlechter bezahlt werden als technisch-naturwissenschaftliche Berufe. Zum andern gibt es bis in die jüngste Zeit Bereiche, wo Frauen gearbeitet haben (und noch arbeiten! siehe Familienarbeit), ohne eine Altersvorsorge und d. h. den ihrer Leistung entsprechenden ökonomischen Gegenwert zu erhalten. So z. B. bei den Bäuerinnen, die erst seit 1.1.1995 Anspruch auf eine eigenständige Alterssicherung haben, aber auch im kirchlichen Dienst.[11] Es gibt keine Spiritualität des »Ausgenutztwerdens«, auch wenn mancherorts die Ausnutzung weiblicher Arbeitskraft »spiritualisiert« und dadurch von den Frauen ertragen wurde – auf Kosten von Selbstachtung und Bildung. Die Überlegungen zu einer Spiritualität der Diakonin müssen also berücksichtigen, daß die Diakonie von Frauen aufgrund ihrer sozialisationsbedingten Dispositiertheit stärker der Ausnutzung ausgesetzt ist.

3. dahingehend disponiert wurden (und noch werden), *Männer* zu versorgen und zu unterstützen. D. h. gerade der Dienst von Frauen im Versorgungsbereich hat Männern Vorteile für ihre persönliche und berufliche Entfaltung gebracht. So gesehen muß die geschlechtsspezifische Arbeitsteilung als geschlechtshierarchische angesehen werden. Daß so viele Ehefrauen die Erwerbs- und ehrenamtliche Arbeit ihrer Ehemänner unterstützen, ist für mich Ausdruck dieses Selbstverständnisses vieler Frauen.[12] Die Unterstützung der Männer geschieht dabei vor allem dadurch, daß sie von alltäglicher Versorgungsarbeit (kochen, waschen, bügeln, putzen), Erziehungsarbeit von Kindern und familiärer Beziehungsarbeit (Was schenken wir dem Onkel zum 60. Geburtstag und was dem Patenkind zu Weihnachten?) zum großen Teil entlastet werden. Diese noch immer die meisten Ehen und Familien prägende Arbeitsteilung kann kaum hoch genug eingeschätzt werden, weil sie nicht nur die faktische Entlastung vieler Männer von aufwendigen Arbeiten bedeutet, sondern zugleich die existentiell wichtige, emotionale Zuwendung gewährleistet, die wiederum wichtig

ist, um außerfamiliär leistungsfähig und belastbar zu sein. Es ist eben etwas anderes, ob ich mir selber eine Tiefkühl-Pizza in den Ofen schiebe und sie allein verspeise, oder ob mir ein anderer Mensch ein Essen zubereitet hat und ich mich am Tisch mit ihm/ihr austauschen kann.[13] Diese Arbeitsteilung hat im umgekehrten Verhältnis – der Entlastung der Frauen durch ihre Männer – m. E. kein Pendant, so daß man nur selten Ehefrauen begegnet, die sich – trotz Ehe und Familie – beruflich, kulturell und spirituell in einer Weise fortbilden können, wie dies Männern möglich ist. Frauen, die dies dennoch tun, sind meist der Doppelbelastung von Hausarbeit und Erwerbsarbeit ausgesetzt. Ich denke, es wäre gerade auch in spiritueller Hinsicht ein Gewinn, hätten wir die verheiratete Diakonin mit Kindern, die uns vielleicht Neues mitteilen könnte über ihre inner- und außerfamiliäre Diakonie (so manche Pastoralreferentin könnte ihr dabei helfen).

Frauenspiritualität

Die Spiritualität der Diakonin ist *Frauenspiritualität,* sofern sie von weiblicher Körpererfahrung geprägt, von geschlechtsspezifischen Lebenserfahrungen beeinflußt und durch die Sozialisation als Frau mitbestimmt wird. Diese Prägung aufgrund des Frauseins muß jedoch als individuell verschieden verstanden werden. Eine Idealisierung und (positive wie negative) Typisierung von Weiblichkeit ist unzulässig, da sie daran hindert, Frauen als Personen mit einer individuellen Lebensgeschichte wahrzunehmen. Jede normierende Typisierung widerspricht der Würde der einzelnen Person.

In welchem Maß *Körpererfahrungen* die Spiritualität der einzelnen Frau (hier: der Diakonin) prägen, ist keineswegs biologisch determiniert, sondern eine Frage der Kultivierung. Es ist eine Frage, inwiefern Körpererfahrungen bewußt reflektiert, in Form von Körperarbeit (z. B. einer ganzheitlich ansetzenden Meditationstechnik) eingeübt und in diesem Sinn spirituell gepflegt werden. Eine Frau, die ein Kind zur Welt gebracht hat, wird zu mütterlichen Gottesbildern womöglich eine andere Beziehung haben als Frauen, die keine Schwangerschaft erlebt haben – aber: dies sicher auch nur dann, wenn sie die Möglichkeit erhält, diese Körpererfahrung religiös zu reflektieren. Hier muß m. E. deutlich gesagt werden, daß das, was seitens unserer kirchlichen Verkündigung kein Angebot einer religiösen Interpretation erhält, auch nicht die Chance erhält, religiös erlebt und fruchtbar gemacht zu werden. So gesehen wird noch einmal deutlich, welch große Bedeutung die Diakonin zum einen für Frauen hat, indem sie zwar in begrenzter, aber doch stellvertretender Weise Erfahrungen von Frauen repräsentiert, und zum andern für die ganze Kirche, weil sie dazu beitragen könnte, den religiösen Schatz der einen Hälfte der Menschheit sichtbar zu machen, dessen Licht bisher unter den Scheffel gestellt ist. Die Bibel selbst und die Zeugnisse von Mystik und Spiritualität von Frauen bergen eine Fülle von Interpretationsangeboten für Lebenserfahrungen von Frauen. Aber: Nur was aus der Bibel und aus dieser Tradition bekannt ist und bekannt gemacht wird, kann für das religiöse Leben Bedeutung erhalten.

Das Gleiche gilt für *geschlechtsspezifische Lebenserfahrungen* und die *Sozialisation als Frau*. Daß es hier, in diesem nicht mehr biologisch, sondern nur mehr kulturell-gesellschaftlichen Bereich Unterschiede zwischen Frauen und Männern gibt, wird durch zahlreiche Studien belegt. So führt die traditionelle geschlechtsspezifische Arbeitsteilung nach wie vor zu unterschiedlichen Lebenserfahrungen von Frauen und Männern, selbst dann, wenn diese Arbeitsteilung im individuellen Fall nicht übernommen wird. So wird auf dem Arbeitsmarkt eine Frau mit Familie anders bewertet als ein Mann mit Familie, selbst dann, wenn sie durch ihre Bewerbung für eine Vollzeitstelle deutlich macht, daß sie sich ganz dieser Stelle zur Verfügung stellt. Oder: Daß Frauen im Durchschnitt wesentlich weniger Geld zur Verfügung haben als Männer bzw. vielfach in ökonomischer Abhängigkeit vom Mann leben, ist eine eigene Lebenserfahrung von Frauen, die auf der geschlechtshierarchischen Arbeitsteilung und dem damit zusammenhängenden System sozialer Absicherung beruht. Auch die Sozialisation als Frau ist überwiegend so orientiert, daß Frauen wesentlich stärker als Männer die faktische oder potentielle Familiengründung in ihren Lebensentwurf (Berufswahl) einbauen, was sie z. B. trotz einer qualifizierten Schulausbildung und eines qualifizierten Studienabschlusses zu einer ihrer Qualifikation nicht entsprechenden Berufswahl führt.

Als Frauenspiritualität ist die Spiritualität der Diakonin außerdem *feministisch,* sofern die Reflexion über die Diskriminierung von Frauen im Licht des Glaubens zu befreienden Impulsen führt und so in den Dienst der Diakonin an Männern und Frauen einfließt. Feministisch kann die Spiritualität der Diakonin auch dort sein, wo die Diakonin spezielle Dienste für Frauen übernimmt. In den uns noch zur Verfügung stehenden geschichtlichen Quellen zum Diakonat der Frau kommt meist zum Vorschein, daß die Diakonin z. B. im Bereich der Erwachsenentaufe Aufgaben speziell für Frauen übernommen hatte. Dieser Aspekt des *Dienstes an den Frauen* ist heute keineswegs überholt, sondern vielmehr ein wichtiges pastorales Argument für den Diakonat von Frauen. Bei der Nächstenliebe geht es um die Fähigkeit zur Anteilnahme am Leben anderer. Dieses Gebot der Nächstenliebe ist in der Bibel durch das »wie dich selbst« näher charakterisiert. Mit dem »wie dich selbst« ist lediglich und doch sehr anspruchsvoll die Fähigkeit gemeint, sich in die Situation des anderen/der anderen hineinzuversetzen. »Mit der Forderung, den Nächsten zu lieben ›wie dich selbst‹ (vgl. Lk 10,27), ist ... nicht gemeint, daß das Maß der Selbstliebe zum Maß der Nächstenliebe werden solle, sondern daß man fähig werden solle, sich in die Situation des anderen hineinzuversetzen.«[14] Entscheidend ist also, »von der Situation des anderen aus zu urteilen«[15]. Daß Frauen sich in die Situation von Frauen besser hineinversetzen können, liegt auf der Hand. Erfahrungen aus der Praxis verweisen auf die Bedeutung gleichgeschlechtlicher Vertrauenspersonen in vielen Situationen. Daß es sich dabei um eine spirituelle Fähigkeit handelt, zeigt sich darin, daß mit dem »wie dich selbst« eben nicht die Selbstliebe gemeint ist. »Wer glaubt, hat es im Grunde gar nicht mehr nötig, ›sich selbst zu lieben‹, weil er sich längst in der Liebe Gottes geborgen weiß und sich in diesem Sinne selber angenommen hat.«[16] Die Selbstannahme aus der Gewißheit der Liebe Gottes heraus macht die Diakonin zu einer wichtigen Glaubenszeugin nicht nur, aber sicher gerade für Frauen, die in Not, Leid und Konflikten zu Gottesvertrauen und neuer Lebenskraft finden sollen.

Anmerkungen

1. Luise Schottroff, DienerInnen der Heiligen. Der Diakonat der Frauen im Neuen Testament, in: Gerhard K. Schäfer/Theodor Strohm (Hg.), Diakonie – biblische Grundlagen und Orientierungen, Heidelberg 1990, 222–242, hier 234.
2. Ebd.
3. Ebd.
4. Siehe dazu: Andrea Tafferner, Gewonnene Freiheit bewahren. Zur biblischen Intention der Fremdenliebe, in: Entschluß 48 (1993) Heft 6, 9–12.
5. Paul Imhof, Gott glauben. Grundkurs Ignatianischer Spiritualität mit Werken von Max Faller, Bd. 1, St. Ottilien 1992, 171. Imhof führt den Satz so weiter: »...wird dadurch bestimmt, inwieweit das Dienen den anderen befreit. Wirkt es wie Lösegeld? Kommt der andere so aus den vielfältigen Formen von Abhängigkeit und Versklavung heraus?«
6. Ebd.
7. Joachim Gnilka, Das Evangelium nach Markus (EKK II/1), Zürich-Einsiedeln-Köln und Neukirchen-Vluyn 1978, 84.
8. Joachim Gnilka, Das Evangelium nach Markus (EKK II/2), Zürich-Einsiedeln-Köln und Neukirchen-Vluyn 1979, 326.
9. Schottroff 235.
10. Ich erinnere mich hier an Gespräche mit (meist) älteren Ordensfrauen, deren aufopferungsvolle Hingabe an ihre pflegerische oder hauswirtschaftliche Aufgabe mir sehr deutlich wurde, die aber über Bewegungen und Veränderungen in Theologie und Kirche kaum informiert waren und daher auch kein eigenes Urteil dazu hatten.
11. Theresia Hauser erzählt davon, wie sie sich bei der Würzburger Synode dafür eingesetzt hat, daß der Beruf der Pfarrhaushälterin als kirchlicher Dienst qualifiziert wurde und dadurch eine gerechte Bezahlung und Absicherung im Alter erhielt (vgl. 25 Jahre Arbeitsgemeinschaft Frauenseelsorge. Ein Reader mit Texten aus der Geschichte und Interviews von Zeitzeuginnen und Zeitzeugen, Düsseldorf 1997, 11). Das Beispiel ist deshalb so treffend, weil es sich bei den Pfarrhaushälterinnen eben genau um die Tätigkeit der Versorgungsarbeit handelt.
12. Dies ist auch ablesbar an Begriffen wie »Arztfrau«, »Pfarrfrau«. Hier ist nicht mehr wichtig, ob die Ehefrau vielleicht auch eine eigene Berufsausbildung hat, sie wird über den Beruf des Mannes definiert. Daß dieses Frauenbild zwar im Schwanken, aber keineswegs überholt ist, zeigt die kürzlich im Fernsehen ausgestrahlte Werbung für »Perlweiß«, in der eine »Zahnarztfrau« (der Titel wurde eingeblendet!) einer Patientin ihres Mannes Perlweiß« empfiehlt, die darüber wiederum sehr glücklich ist (es ist schließlich ein Rat von Frau zu Frau und zugleich aus kompetenter Hand!). »Perlweiß« würde nicht mit solchen Klischees arbeiten, wenn mit ihnen nicht auch die Realität erreicht würde.
13. Vgl. Christof Arn, Männer an den Herd! Umverteilung von verschiedenen Formen von Macht, Müdigkeit und Befriedigung, in: Schritte ins Offene 27 (1997) Nr. 1, 15–17.
14. Peter Knauer, Der Glaube kommt vom Hören, Bamberg ⁴1984, 163 (in der aktuellen Ausgabe des Buches »Der Glaube kommt vom Hören«, Freiburg 1991, ist diese Passage leicht verändert, vgl. 204).
15. Ebd.
16. Knauer, hier: Freiburg 1991, 204.

Beiträge zum Ausbildungskonzept

Nachfolgende Beiträge wurden im Arbeitskreis »Ausbildungskonzepte für Diakonatsbewerberinnen« vorgetragen und diskutiert.

Eine Ausbildungsstruktur und mögliche Perspektiven

Bernd Strohmaier

Zum Ausgangspunkt

»Im Diakonat wird ein Dienst der ganzen Kirche gesehen, die auf Christus den Diener gründet und von ihrem Wesen her dienende Gestalt hat. Das Diakonat wird zum Heil der Menschen errichtet. Es erwächst aus den konkreten Fragen und Nöten der Menschen in den Gemeinden. Die Bewerber für das Ständige Diakonat benötigen eine Verwurzelung in der Pastoral, um geeignet zu sein für die Ausbildung.« (Ratio fundamentalis für die diakonische Ausbildung, 1995.)

Die konkreten Nöte und Fragen der Menschen zu erfassen und zu beschreiben ist schwer und an dieser Stelle nicht leistbar. Man kann jedoch Tendenzen beschreiben. Eine Studie des Lehrstuhls für Caritaswissenschaften der Universität Freiburg weist auf, daß immer mehr Menschen unserer Gesellschaft leidend sind, hineingeraten in materielle, soziale und seelische Verarmung und Verelendung.

Bewerberinnen und Bewerber für den Dienst einer Diakonin/eines Diakons sollten sich hineinspüren können in die Lebens- und Leidensrealität von Menschen. Sie sollten den Menschen nahe sein, um etwas zu erahnen von dem, was Menschen umtreibt.

Weil das Diakonat eine Antwort auf die Fragen und Nöte der Menschen im Kontext unserer gesellschaftlichen und kirchlichen Wirklichkeit sein soll, liegt der Ausbildungsschwerpunkt in der Diözese Rottenburg-Stuttgart auf der Diaconia. Sie ist der Blickwinkel, aus dem auch die anderen Grunddienste – Martyria und Leiturgia – zu gestalten sind. Gelegentlich wirft man uns deshalb vor, den sozial-caritativen Aspekt allzusehr zu betonen und das Diakonat in die Nähe der Sozialarbeit zu rücken. Die Vorbemerkungen sind notwendig, um das Konzept zu verstehen. Es ist kein statisches Konzept sondern Ergebnis eines Prozesses, der noch immer andauert. Viele Ausbildungselemente sind ausgehend von Lebenserfahrungen und -wirklichkeiten gewachsen. Die Methode des Lernens ist induktiv, d. h. sie geht von dem aus, was die Bewerber selbst erfahren und erlebt haben.

Eine gemeinsame Ausbildung mit Frauen, die das Diakonat anstreben, bedeutet für die Diakonatsbewerber die Chance den Blick zu weiten, Menschen in ihrer Lebenswirklichkeit anders wahrzunehmen und im gemeinsamen Prozeß Antworten zu crarbeiten.

Strukturen der Ausbildung

1. Voraussetzungen für die Zulassung in die diözesane Ausbildung sind:

– abgeschlossene theologische Ausbildung – siehe Beiblatt;

– Voten der Gemeinde;

– Nachweis einer diakonischen Praxis/Erfahrung;

2. Diözesane Ausbildung im Kurssystem über drei Jahre.
Im Anschluß an die drei Jahre folgt die 2. Dienstprüfung, anschließend der Weihekurs.
Die strukturelle Gliederung der Ausbildungsjahre umfaßt Ausbildungsetage, Wochenenden, Vertiefungskurse und Exerzitien.

- Jahr 1: diakonische Arbeitsfelder; Diakonie und Gemeinde; eigenes diakonisches Handeln; Klärung der Motivation; biblische Begründungen.

- Jahr 2: Verkündigungssituation; Selbst-, Fremdwahrnehmung und Predigterarbeitung.

- Jahr 3: Liturgie; Sakramente und Sakramentalien, Gesang.

- Weihekurs: Spirituelle Vorbereitung auf die Weihe an vier Wochenenden mit Familie, in einer Exerzitienwoche nur für die Bewerber.

- Praktika: sind durchgängig. Bewerber sind 4–6 Stunden praktisch tätig. Das Praktikum hat verschiedene Schwerpunkte – je nach Ausbildungsjahr.
  Mentoren: begleiten die Praxis, reflektieren die Arbeit mit dem Bewerber-Leitfaden, verfassen schriftliche Voten, die entscheidend sind für die

- 2. Dienstprüfung: in Pastoraltheologie; Homiletik; Kirchenrecht und Diözesanrecht.

- Diakonat im Zivilberuf – Diakonat im Hauptberuf.

Die Diözesan-Ausbildung für Diakone im Zivilberuf und im Hauptberuf ist gleich.
Zusätzlich ist für den Diakon im Hauptberuf eine professionelle Ausbildung notwendig: Sozial-caritativer Beruf (Kranken-, Altenpfleger,...); Studium in Benediktbeuren oder Studium der Caritaswissenschaften.
Die Entscheidung über Hauptberuflichkeit fällt frühestens in der Mitte des 2. Ausbildungsjahres.

3. Entscheidungsprozesse innerhalb der diözesanen Ausbildung:

- Zulassung zur diözesanen Ausbildung;

- Zulassung zur weiteren Ausbildung am Ende des ersten Jahres (Probejahr);

- Admissio in der Mitte des zweiten Jahres;

- Entscheidung über Hauptberuf in der Mitte des zweiten Jahres;

- Voten der Mentoren und Zulassung zur 2. Dienstprüfung am Ende des dritten Jahres;

- Aufnahme in den Weihekurs;

- Skrutinien;

- Diakonatsweihe.

Geistliche Begleitung: »auf Christus den Diener gegründet sein« Die spirituelle Ausbildung, sowie geistliche Begleitung ist Fundament unserer Ausbildung. Bewerber sollen ihre Lebens- und Berufungsgeschichte im Geist des Evangeliums deuten lernen, aber auch lernen, mit den Nöten, Ängsten, Fragen der Menschen geistlich umzugehen. Ein gemeinsames Anliegen aller pastoralen Berufsgruppen ist die Schaffung von Stellen für Spirituale.

Ziele

Neben der Vermittlung von Wissen und Kompetenz für pastorales Handeln geht es in der Ausbildung darum, Menschen zu einer dienenden Grundhaltung zu befähigen. Diakonat verwirklicht sich überall dort, wo Menschen in dieser Haltung miteinander umgehen, Konflikte lösen, gangbare Wege suchen.

Vernetzungen

Es gibt deutliche Bemühungen, die Ausbildung der Ständigen Diakone mit der anderer pastoraler Berufe zu vernetzen. So finden gemeinsame Kurse statt.

Es sind gemeinsame Gespräche mit den Ausbildungsverantwortlichen mehrerer Diözesen institutionalisiert, um die Diakonatsausbildung zu verzahnen und vergleichbar zu machen.

Fragen zur Weiterarbeit

– In einer gemeinsamen Ausbildung von Diakoninnen und Diakonen lassen sich Lebensbereiche und Fragen von Menschen in einer neuen Weise analysieren und thematisieren: Situation von Frauen in unserer Gesellschaft und Kirche; Familiäre Nöte und Konflikte; Probleme von Alleinerziehenden.

– Gemeinsam lassen sich Lebensthemen finden, die bislang nicht vorkommen.

– Der Diakonat in Zivilberuf und Alltag erhält eine neue Bedeutung.

– Die spirituelle Basis des Diakonats wird erweitert und bereichert.

– Theologische Fragen zur Klärung des Berufsprofils können deutlicher in der Ausbildung verortet werden.

Benötigen Diakoninnen und Diakone unterschiedliche Ausbildungskonzepte?

Godehard König

Eine erste schnelle Antwort könnte lauten: Nein, denn es handelt sich um ein und dasselbe Amt. Es wäre darauf zu verweisen, daß Pastoralreferenten/innen, Gemeindereferenten/innen auch keine unterschiedliche Ausbildung durchlaufen, und der Blick auf unsere Schwesterkirchen macht deutlich, daß es dort ebenso ist. Evangelische Pfarrerinnen und Pfarrer durchlaufen die gleiche Ausbildung. Würde, falls es je zur Zulassung von Frauen zum Priesteramt käme, von den Bischöfen auch die Überprüfung eines Berufsbildes und einer eigenen Ausbildung gefordert werden, wie es jetzt gelegentlich bei der Diskussion um das Diakoninnenamt geschieht? Warum sollte eine Diakonin anders ausgebildet werden als ein Diakon?

Eine zweite Antwort könnte lauten: Nein, aber. Grundsätzlich handelt es sich um ein und dasselbe Amt, aber vielleicht bringen Frauen andere Voraussetzungen mit und können später andere Schwerpunkte setzen.

Daß es überhaupt zu dieser Fragestellung kommt, liegt an der grundsätzlichen Überlegung: Woraufhin soll überhaupt ausgebildet werden? Es ist nicht die Aufgabe dieses Arbeitskreises, die theologischen Positionen im Hinblick auf das Amt noch einmal zu wiederholen oder zu vertiefen. Doch die Vielfalt dieser Positionen macht es schwierig, auf dieser Grundlage eine Ausbildung zu konzipieren. Woraufhin wird eine Bewerberin, ein Bewerber ausgebildet? Auf das *Dienstamt*, auf das *komplementäre* Amt, auf die Vergegenwärtigung des *dienenden* Christus?

Anhand der Rahmenordnung für Ständige Diakone in den Bistümern der Bundesrepublik Deutschland (1994) und der Ausbildungsordnung von Rottenburg-Stuttgart möchte ich ein mögliches Ausbildungsmodell vorstellen. Meines Erachtens, ich folge hier Hünermann und Vorgrimler und kann mich auf unseren Diözesanbischof Walter Kasper stützen, liegt die wesentliche Begründung des Diakonats als Amt in seinem Dienstcharakter, der zwar dem gesamten Amt zugrundeliegt, hier aber besonders verdeutlicht wird.

»Von der theologischen Systematik her mag man sich fragen, warum, wenn die spezifische Aufgabe des Amtes die Gemeindeleitung ist, ein solches Amt, das eben nicht gemeindeleitend sein soll, überhaupt nötig ist. Im Hinblick auf die uns hier beschäftigende Frage muß außerdem deutlich bleiben, daß das Profil des Diakons eben nicht das des Ersatzpfarrers sein kann. Der Dienst der Diakone hat meines Erachtens nur dann eine Zukunft in der Kirche, wenn man seine Aufgaben, wie es die gemeinsame Synode getan hat, auch die in der Verkündigung und in der Liturgie von seinem Bruderdienst herleitet. Dann kann man sich zwar immer noch fragen, ob für etwas, was die vielen in der Caritas tätigen Laien auch ohne Weihe tun, ein Weiheamt benötigt wird. Aber der Diakonat wäre theologisch einleuchtender zu begründen, wenn man ihn konsequent von seinem Dienstcharakter an den Armen (im weiteren Sinn verstanden) und nicht von einem unbestimmten Dienen her motivierte. Daß die Zuwendung zu den Armen, die in der Verkündigung und dem Handeln Jesu einen solch hohen Stellenwert hatte, gleichsam amtlich der Struktur der Kirche eingeprägt ist, dürfte zumindest in der katholischen Sicht der Kirche eine hohe theologische Plausibilität besitzen.« (Peter Walter, unveröffentlichtes Manuskript)

In dem einen Ordo hat der Bischof die volle Weihegewalt. Er entsendet in die Pfarreien seiner Diözese Priester zur Leitung derselben und Diakone, die in den Gemeinden Verantwortung für die Diakonie übernehmen. Beide, Priester wie Diakone sind dem Bischof für ihre Aufgaben verantwortlich. Die sogenannte Letztverantwortung für die Pfarrei liegt beim Bischof. Es geht also nicht um ein vorkonziliares hierarchisches Denken, sondern um ein dem Konzil entsprechendes Amtsverständnis, nachdem der Priester wie der Diakon in den Gemeinden vor Ort dem Bischof gegenüber Verantwortung für ihre jeweiligen Aufgaben tragen. Somit ist der Diakon nicht einfach der Helfer des Priesters und ihm untergeordnet, sondern primär Helfer des Bischofs und diesem zugeordnet. Diese Arbeit gelingt nur, wenn vor Ort kooperativ gearbeitet wird.

Bevor ein konkretes Ausbildungsmodell und eventuell noch weitere Modelle diskutiert werden können, müssen weitere Vorfragen geklärt werden. Zur Zeit gibt es den Diakon mit Zivilberuf und den hauptberuflichen Diakon. Bei der Einführung der Diakonin muß geklärt werden, ob es diese beiden Lebensformen auch in Zukunft geben soll, denn die Ausbildung muß auf die jeweilige Lebensform eingehen. Der Diakon mit Zivilberuf ist weitgehend unbekannt und manch ein Pfarrer und Bischof, ebenso manche Gemeinde wissen mit diesen Diakonen mit Zivilberuf wenig anzufangen. Er wird als Hobbydiakon beschrieben oder als nebenamtlicher Diakon, wobei doch klar sein sollte, daß es kein Amt neben dem Amt gibt. Auch die Bezeichnung »nebenberuflich« ist irreführend. Der Diakon ist nicht *neben* dem Beruf Diakon, sondern und vor allem *in* seinem Beruf. Bischof Kasper umschreibt diese Form des Diakonates folgendermaßen:

»Er bleibt in seinem bisherigen Lebensbereich, in der Familie und in seinem Beruf. Durch das Mitleben des Diakons mit Zivilberuf mit den Menschen, in der Familie, in der Nachbarschaft, in der Arbeitswelt gewinnt das kirchliche Amt eine neue und zusätzliche Form der Nähe zum Leben der Menschen. Da der Diakon mit Zivilberuf Mitglied in der Gemeinde ist und durch seine Ehe und Familie in der Gemeinde verwurzelt ist, ist er in besonderer Weise vertraut mit den Problemen der Menschen und befähigt, diese Probleme etwa in den Gremien der Gemeinde zur Sprache zu bringen. Im liturgischen Dienst des Diakons mit Zivilberuf wird zeichenhaft deutlich, daß Arbeitswelt und Glaube keine gegensätzlichen Welten sind. Menschen aus seiner Umwelt sehen im Diakon das Beispiel eines Mannes, der Alltag und Glaube mit seiner ganzen Existenz in Einklang zu bringen sich bemüht und der als normaler Bürger von der Kirche ernstgenommen und in das Amt aufgenommen ist. In Predigten und Fürbitten kann und soll der Diakon mit Zivilberuf Fragen, Nöte und Probleme der Menschen überzeugend einbringen und vom Glauben her Hilfen anbieten. Besonders wichtig erscheint mir, deutlich zu machen und die Diakone mit Zivilberuf auch darin zu bestätigen, daß sie selbstverständlich auch dann Diakone sind, wenn sie ihren Beruf ausüben.«

Meines Erachtens können hier vor allem Frauen Entscheidendes einbringen. Frauen, die zu Hause bewußt die Familien*arbeit* übernommen haben. Als Diakonin könnten sie ein Sakrament für andere Frauen in der Gemeinde sein und sie bestärken. Ihr Zivilberuf ist Hausfrau. Ähnliches gilt für Frauen in den Sozialdiensten der Gemeinde. An dieser Stelle würde ich einen typisch weiblichen Akzent des Diakonats sehen. Das Diakonat mit Zivilberuf wäre tiefer verwurzelt in der Familie und in den Gemeinden. Der Diakon/die Diakonin mit Zivilberuf wird als gleicher/gleiche unter gleichen in Beruf, Ehe und Familie die Möglichkeit haben, Orientierungspunkt für Menschen zu sein, die gleichfalls ein Leben aus dem Glauben gestalten wollen. Daß es Diakone mit Zivilberuf und hauptberufliche Diakone gibt, hat auch Folgen für die Ausbildung. Der spätere hauptberufliche Diakon wie der Diakon mit Zivilberuf bleiben während der Ausbildung in ihrem Beruf. Die Ausbildung muß also berufsbegleitend geschehen.

In der Rahmenordnung für Ständige Diakone in den Bistümern der Bundesrepublik Deutschland (1994) werden die Voraussetzungen für den Dienst eines Diakons festgelegt. Es sind religiöse, kirchliche, menschliche und fachliche Voraussetzungen. Selbstverständlich gehört zu den religiösen und kirchlichen Voraussetzungen die Bereitschaft zur Nachfolge des Herrn, der Diener aller geworden ist, die Übereinstimmung mit der Glaubenslehre und der Lebensordnung der katholischen Kirche. Zu den menschlichen Voraussetzungen gehört die körperliche und seelische Gesundheit, wobei hier schon erste Probleme auftreten. Wer stellt die seelische Gesundheit fest? Was ist überhaupt unter diesem Begriff zu verstehen? Ebenso problematisch ist die nächstgenannte Voraussetzung, nämlich Bewährung in Ehe und Familie. Wann ist jemand in Ehe und Familie bewährt? Nach 2, nach 3, nach 5, 10 oder 20 Jahren, wenn er ein oder zwei oder keine Kinder hat? Viele Diözesen haben sich auf einen bestimmten Zeitpunkt, nämlich 5 Jahre festgelegt, die jemand verheiratet sein sollte, ehe er mit der Ausbildung zum Diakon beginnen kann. Mir scheint dieser Zeitpunkt relativ willkürlich zu sein.

Nicht minder problematisch ist der Nachweis der Berufsbewährung. Von Bedeutung scheint die geforderte Voraussetzung zu sein, auf leibliche und seelische Nöte der Menschen zugehen zu können. Der Bewerber muß kooperativ, kontaktfähig sein. Meines Erachtens bringen Frauen auf diesem Gebiet weitaus größere Fähigkeiten mit als viele Männer. Sie sind es gewohnt, auf leibliche und seelische Nöte eines Menschen eingehen zu können.

Eine weitere Voraussetzung wird häufig schlicht und einfach übersehen. Es wird nämlich vom Bewerber ein einfacher Lebensstil gefordert. Mir begegnen häufig verbürgerlichte Bewerber, wie späterhin auch Diakone, die in einer solchen Form wohl kaum den dienenden Christus repräsentieren. Bei der Einführung der Diakonin sollte ganz bewußt darauf geachtet werden. Es könnten die Akzente neu gesetzt werden. Es scheint mir an der Zeit zu sein, sich auf diese Voraussetzung intensiv zurückzubesinnen.

Die fachlichen Voraussetzungen werden an anderer Stelle von Bernd Strohmaier dargestellt werden. Wichtig ist, daß der Bewerber drei Jahre Mitglied eines Diakonatskreises sein muß. Weitere Voraussetzungen sind durch das Kirchenrecht gegeben: verheiratete Bewerber müssen zur Weihe mindestens 35 Jahre alt sein. In Einzelfällen kann der Bischof das Weihealter um 12 Monate herabsetzen, der Papst um weitere 12 Monate. Man kann darüber streiten, ob dieses Alter glücklich ist. Früher habe ich über dieses hohe Alter geklagt, bin aber heute froh darüber, weil die Familie dann einigermaßen gefestigt ist, eine berufliche Stabilisierung stattgefunden hat, so daß der Diakonat nicht in eine unsichere Lebensphase hineingerät. Beim Diakonat der Frau wäre zu hinterfragen, ob diese Altersgrenzen bestehen bleiben sollen. Für unverheiratete Bewerber, die sich zur Ehelosigkeit verpflichten, ist das Mindestalter auf 25 Jahre festgelegt.

Ein verheirateter Diakon darf, wenn er Witwer wird, nicht ohne Dispens des Papstes neu heiraten. Diese Dispens wird neuestens unter drei Bedingungen gegeben, wobei jeweils eine Bedingung erfüllt sein muß: Es müssen noch minderjährige Kinder im Hause sein; es müssen pflegebedürftige Angehörige im Hause sein; es muß aufgrund der spezifischen diakonischen Aufgaben des Verwitweten angemessen sein. Vielleicht ist es für einige neu, daß die

Ehefrau eines Diakons in das Amt ihres Ehemannes mit einbezogen wird. Aus dieser Sicht ist es einsichtig, daß die Bischofskonferenz das schriftliche Einverständnis der Ehefrau für das Diakonat ihres Mannes als Voraussetzung für die Weihe Verheirateter sieht. Dies müßte auch im umgekehrten Fall gegeben sein.

Die Ausbildung zum Diakon geschieht in der Regel in einem Diakonatskreis. Der vom Bischof bestellte Bischöfliche Beauftragte ist verantwortlich für die Anlage der Ausbildung und muß dem Bischof gegenüber die Eignung des Bewerbers für den Diakonat beurteilen. Der Bischöfliche Beauftragte ist insofern vergleichbar mit dem Regens des Priesterseminars. Wünschenswert wäre es, wenn in Zukunft mehr geeignete Diakone zu Bischöflichen Beauftragten bestellt werden würden und in Zukunft selbstverständlich Diakoninnen. Die Diakonatskreise haben ein vierfaches Ziel: Einführung in das geistliche Leben, Klärung der Berufung, Austausch von Erfahrungen, Hilfe bei der Ausbildung. In den Diakonatskreisen geschieht in der Regel die diözesan-pastorale Ausbildung. Die theologische Ausbildung muß mindestens dem Grund- und Aufbaukurs von Theologie im Fernkurs der Domschule Würzburg entsprechen.

Nach der erfolgreichen Ausbildung steht nun nicht ohne weiteres gleich die Weihe zum Diakon an, sondern es sind weitere Schritte erforderlich. Zunächst muß der Bewerber in die Dienste des Lektors und Akolythen eingewiesen werden. Inwieweit dies in Zukunft bei der Weihe von Diakoninnen noch sinnvoll ist, wäre zu überlegen. Am Ende des zweiten Jahres steht in der Regel die Admissio, d. h. die Zusage des Bischofs, den Bewerber zum Diakon zu weihen aufgrund der Bitte an den Bischof, Diakon werden zu können. Direkt vor der Weihe steht dann noch das sogenannte Skrutinium an, d. h. ein Gespräch des Bischofs mit dem Bewerber unter vier Augen, in unserer und anderen Diözesen auch unter sechs Augen, d. h. die Ehefrau ist mit einbezogen. Hier kann der Bischof den Bewerber noch einmal in einem persönlichen Gespräch prüfen und eine letzte Entscheidung pro oder kontra fällen.

In einem weiteren Schritt möchte ich kurz den Status des katholischen Diakons, wie er dienstrechtlich aussieht, darstellen: Das Dienstverhältnis des Ständigen Diakons ist ein Klerikerdienstverhältnis, d. h. er ist in eine Diözese inkardiniert und untersteht dienstrechtlich dem Diözesanbischof. Diese Sachlage war lange Zeit auch in der Dienstrechtskommission nicht ganz unumstritten. Ebenso war in Rom nicht immer klar, daß der Diakon der Kleruskongregation zugeordnet sein muß. In der Regel hat der Diakon wie der Priester keinen Dienstvertrag, sondern ist direkt dem Bischof unterstellt. Der Diakon mit Zivilberuf hat keinen Anspruch auf Gehalt. Das Dienstverhältnis des Diakons beginnt mit der Diakonenweihe. Er kann seine Diakonatstätigkeit entweder im Zivilberuf oder hauptberuflich ausüben. Im Einverständnis mit dem Diakon kann der Diözesanbischof einen hauptberuflichen Diakon auch wieder in den Stand eines Diakons mit Zivilberuf zurückversetzen. Nach diözesaner Regelung kann der Bischof auch festlegen, daß bestimmte Berufe mit dem Diakonat nicht vereinbar sind. Diese Berufe sind im Dienstrecht nicht ausdrücklich genannt.

In der Regel wird der hauptberufliche Diakon mit 65 Jahren in den Ruhestand versetzt. Wechselt ein Diakon die Diözese, kann er dies nicht ohne Zustimmung seines Diözesanbischofs tun, auch nicht der Diakon mit Zivilberuf. Legt es sein ziviler Beruf aber nahe, daß er die Diözese wechseln muß, so hat er in der neuen Diözese keinen Anspruch darauf, seinen Dienst als Diakon ausführen zu können. Für den Diakon im Hauptberuf gibt es keine festgelegten Arbeitszeiten. Es heißt im Dienstrecht, daß der Eigencharakter des geistlichen Dienstes ein hohes Maß an Disponibilität und Flexibilität verlangt. An diesen Formulierungen wird deutlich, daß auch im dienstrechtlichen Bereich der Diakon als Kleriker, sprich Ordinierter angesehen wird.

Zur Tätigkeit des Ständigen Diakons

Die Einsatzfelder sind normalerweise die Gemeinde, der kategoriale Bereich und die diözesane Verwaltungsebene. Die Diakone mit Zivilberuf üben ihren Dienst zunächst im Beruf aus und bringen ihre Erfahrungen aus dem Beruf in die Gemeinde mit ein. Zunehmend problematisch wird der Einsatz des Diakons in der Gemeinde für mich, vor allem, wenn es neben dem hauptberuflichen

Diakon nur noch den Pfarrer als hauptberuflichen Mitarbeiter gibt. Der Diakon kommt so sehr schnell, gewollt oder nicht gewollt, in die Rolle des Ersatzpfarrers, des Statt-Pfarrers. Deshalb gibt es in unserer Diözese die Regelung, daß normalerweise ein Diakon nur dann in einer Gemeinde stellenplanmäßig vorgesehen ist, wenn alle anderen pastoralen Dienste auch vorhanden sind, oder ein ausgewiesener diakonischer Schwerpunkt in der Gemeinde vorhanden ist, so daß der Diakon seinen diakonischen Dienst auch wirklich wahrnehmen kann. Im kategorialen Bereich werden die Diakone vorzugsweise in den Bereichen der Krankenhaus-, Gefängnis-, Altenheim-, Behindertenseelsorge eingesetzt. Es sollte für die Zukunft überlegt werden, ob es nicht sinnvoll ist, daß Diakone – wohl an eine Gemeinde angebunden – für eine Stadt, ein Stadtgebiet, eine Region, zuständig sein sollen als Diakone für die Armen der Stadt, die in Koordination mit den Stadtgemeinden die Arbeit an den Obdachlosen, Asylanten, Drogenabhängigen und anderen wahrnehmen, die auch die Arbeit zwischen der Caritasstelle und den Gemeinden verdichten, d. h. dafür Sorge tragen, daß Caritas und Pastoral enger verzahnt werden. Wichtigstes Ziel müßte bleiben, daß es nicht nur einen Priester je Gemeinde geben sollte, sondern auch einen Diakon. Hier denke ich an Diakone mit Zivilberuf.

Viele Gemeinden sehen im Diakon immer noch einen Ersatz- und Hilfsgeistlichen, während viele Pfarrer im Diakon einen noch nicht fertig ausgebildeten Geistlichen sehen. Sie haben vielerorts noch nicht erkannt, daß es sich um einen selbständigen Dienst in der Kirche handelt. Nur durch eine gute Ausbildung und durch gute Menschen, die ihre Arbeit in der Nachfolge Jesu tun, kann hier Überzeugungsarbeit geleistet werden. Ich hoffe, daß bei diesen Überlegungen auch deutlich wurde, daß im Grunde genommen viele Frauen diesen Dienst schon längst tun und daß das Diakonat der Frau überreif geworden ist.

Ausbildungskonzepte:
kritische Anmerkungen und Diskussionsergebnisse

Marlies Mittler-Holzem

1. Es wurden die Zugangsvoraussetzungen, wie sie in der »Rahmenordnung für die Ständigen Diakone in den Bistümern der Bundesrepublik Deutschland« (Die Deutschen Bischöfe, Februar 1994, Heft 50) festgelegt sind, ausführlich diskutiert. Den meisten Mitgliedern war nicht verständlich, welche Bedeutung die schriftliche Einverständniserklärung des Ehepartners (ebd. S. 12) für das Bistum hat und weshalb dieser innerhalb der Ehe notwendige Entscheidungsprozeß öffentlich gemacht werden muß.

Als nicht mehr zeitgemäß werteten die meisten Teilnehmer und Teilnehmerinnen die Einschränkungen für Diakonatsbewerber aus konfessions- und religionsverschiedenen Ehen in den »Richtlinien über persönliche Anforderungen an Diakone und Laien im pastoralen Dienst im Hinblick auf Ehe und Familie« (Die Deutschen Bischöfe, September 1995, Heft 55, S. 6). Als schwierig erachtet wurde auch die Verpflichtung, nach dem Tod des Ehepartners zölibatär zu leben.

2. Den Diakonen fehlt bisher weitgehend ein klar umrissenes Berufsbild. Die bisherige Negativ-Abgrenzung zum Priester (»Der Diakon darf nicht Beichte hören und Eucharistie feiern«) reicht nicht aus. Dabei erschien es dem Arbeitskreis sinnvoll, eine unnötige Hierarchisierung (Bischof – Priester – Diakon – in der Pastoral tätige Laien) zu vermeiden, sondern von der Notwendigkeit aller Dienste in der Gemeinde auszugehen.

Würde der Ständige Diakonat für Frauen geöffnet, müßten die durch falsch verstandene Hierarchisierung entstehenden Probleme noch sensibler betrachtet werden unter der Rücksicht auf bestehende Geschlechterverhältnisse.

Die Mitglieder des Arbeitskreises würden es begrüßen, wenn ein solches Berufsbild einheitlich für alle deutschen Diözesen entworfen würde. An einem so erarbeiteten Berufsbild müßte sich auch die Ausbildung zum Ständigen Diakon orientieren.

Die Teilnehmerinnen und Teilnehmer des Arbeitskreises sahen sowohl für männliche wie für weibliche Bewerber große Schwierigkeiten bei denjenigen Zugangsvoraussetzungen, die oben unter 1. thematisiert sind.

3. Für Bewerberinnen müßte die »Berufsbewährung« um die Familientätigkeiten erweitert werden. Denkbar wäre dann eine Diakonin, deren Zivilberuf ihre Familientätigkeit ist. Würde die Ausbildung für Frauen zugänglich gemacht, müßte auch Raum geschaffen werden für die besonderen Erfahrungen von Frauen, für die Entwicklung einer eigenen weiblichen Spiritualität und die Beschäftigung mit der bisher eher männlich geprägten Theologie und Kirche.

Das Fazit des Arbeitskreises lautete: Nur die grundsätzlich gleiche Ausbildung von Männern und Frauen gewährleistet auch die Gleichbewertung von Diakonen und Diakoninnen im Dienst der Gemeinde. Eine solche gemeinsame Ausbildung unter Einbeziehung der Erfahrungen von Frauen, die häufig stärker in diakonalen Feldern arbeiten, könnte für die beteiligten Männer und Frauen wie für die gesamte Kirche eine Bereicherung sein.

Katholische und ökumenische Initiativen – Die Beiträge der Foren

In zwei abendlichen Foren wurde über Initiativen zugunsten des Diakonates der Frau und diakonale Erfahrungen berichtet. Vgl. ferner die Beiträge »Zur Geschichte und Entwicklung des Diakonates der Frau«, S. 172.

Bewegungen und Bestrebungen in Dänemark

Eva Nordentoft

In Dänemark gehören nur etwa 2% der Bevölkerung anderen Konfessionen als der Lutherischen Volkskirche an. Von ca. 5 Mio. Dänen sind ca. 30000 Katholiken. Innerhalb der katholischen Kirche befinden sich Menschen sehr verschiedener Herkunft. Die 3000 Katholiken in der Gemeinde Århus z.B. stammen aus etwa 54 Nationen! Die drei größten und ungefähr gleich starken Gruppen sind Dänen, Vietnamesen und Polen. Diese Menschen haben durch den verschiedenen historischen Hintergrund ihres Geburtslandes einen verschiedenen theologischen und sozialen Ausgangspunkt samt sehr verschiedenen Forderungen und Erwartungen, was ihre Kirche betrifft.

Alle Christen in Dänemark erleben, daß die Lutherische Volkskirche Frauen im Amt hat. Das ist für die »Dänen« unter den Katholiken eine positive Herausforderung, für die Vietnamnesen oft gleichgültig, und für manche Polen ein Ärgernis. Seit den 50er Jahren werden Frauen ordiniert und man hat gute Erfahrungen mit den ordinierten Frauen. Sie sind nicht besser als Männer, aber auch nicht schlechter, und sie bringen neue Erfahrungsbereiche mit, die die Kirche bereichern.

Bis etwa 1990 war die Zahl der Frauen und Männer, die sich für das Amt der Frau in der Kirche stark machten, in der Minderheit;

aber jetzt zeigt sich eine positive Mehrheit. Auch unter den katholischen Priestern sind es gut 50%, die sich Frauen im Amt vorstellen könnten.

Argumente und Positionen, die in der Debatte oft wiederkehren sind folgende:

Von der Anthropologie her ist es nicht einzusehen, warum Gleichberechtigung oft als Gleichmacherei vorgestellt wird. Anthropologisch sind Mann und Frau als Menschen zu betrachten. Der Tradition nach aber sind Frau und Mann in der katholischen Kirche nicht gleichberechtigt. Damit hat man bisher gelebt. Aber weder anthropologisch noch theologisch gibt es für diesen Zustand Argumente, die stichhaltig sind.

In Staat und Volkskirche sind die Dänen an Gleichberechtigung, Toleranz, Anti-Gewalt gewöhnt. Ein Dialog ist immer offen. Hier hat die katholische Kirche nach Meinung vieler dänischer Katholiken ein Einholproblem. Wenn man über ein Problem nicht mehr reden darf, dann wird das als Gewaltanwendung empfunden.

Soziologisch und von pastoralen Gesichtspunkten aus wären Frauen im Amt positiv zu sehen. Bei der weltweiten Generalversammlung der katholischen Frauen 1996 in Canberra (Australien) wurde beim Vatikan angefragt, ob Frauen nicht Beichte hören könnten. Die Frage wurde primär aus pastoralen Gründen gestellt: Da Frauen in Gefängnissen einerseits oft Erfahrungen hätten, über die sie kaum mit einem Mann sprechen könnten, andererseits in manchen Ländern nur Ordinierte Zugang zu diesen Gefängnissen haben. Hier wäre eine Frau als Beichtvater notwendig.

Verkündigung, Mission und Diakonie sind Aufgaben der Kirche. In Dänemark arbeiten Frauen in der Praxis als Diakone, aber sie haben kein Amt. In Lumen Gentium heißt es wörtlich: »Auf einer tieferen Stufe der Hierarchie stehen die Diakone, denen die Hände ›nicht zum Priestertum, sondern zum Dienst‹ aufgelegt werden.« Die Diakonenweihe wird Männern im reifen Alter gespendet, selbst wenn sie im Ehestand leben, und auch jüngeren Männern, die dazu geeignet sind, die aber dann verpflichtet sind, im Zölibat zu leben.« Warum nicht Frauen? Jedoch selbst wenn Frauen zum Diakonat zugelassen werden, dann müßte weiterhin der Inhalt des Diakonates als Amt diskutiert werden.

In der Lutherischen Volkskirche in Dänemark gibt es Diakone, die dafür auf Diakonatshochschulen in Krankenpflege, Seelsorge und Sozialarbeit ausgebildet werden. Diese Ausbildung ist kein Einstieg in das Priestertum. Pfarrer werden auf den theologischen Fakultäten der Universitäten ausgebildet. Dann gibt es Diakonissen. Diese Frauen gehören einem protestantischen Orden an. Bis vor wenigen Jahren waren alle Diakonissen unverheiratet. Seit kurzem ist es möglich, als Diakonisse verheiratet zu sein oder zu heiraten, was nicht ohne scharfe und gefühlsgeladene Debatten abging.

In der dänischen Kirche untersucht man heute in genereller, ökumenischer Weise, was der Unterschied von christlichem Diakonat und weltlichem Dienst im Wohlfahrtsstaat sei. Der Wohlfahrtsstaat beruht ja offensichtlich auf christlichen Werten: »sich der Schwachen annehmen«, jeden »Menschen ohne Ansehen der Person, Rasse oder des Geschlechts« wertzuschätzen.

Zeichnet sich der Dienst auf kirchlicher Basis dadurch aus, nicht aus Angst sondern aus Hoffnung zu handeln, und aus dem »mehr« der Liebe? Eine Bearbeitung der Spiritualität des Diakonates, eine Bearbeitung der Spiritualität der Laien, wären sehr notwendig. Bis jetzt hat man in der katholischen Kirche Spiritualität immer an der Klosterspiritualität gemessen. Klosterspiritualität und die anderen Formen christlichen Lebens würden jedoch lebendiger und attraktiver erscheinen, wenn die notwendig zu machenden Unterscheidungen herausgehoben würden. Frauen würden nicht nur entweder als Jungfrauen oder Mütter gesehen, sondern als Menschen. Der Dialog über das Amt der Frau in der Kirche darf nicht abbrechen. Das verlangte eine Petition an den Heiligen Vater aus der Vollversammlung katholischer Frauen in Canberra.

Nicht die Zulassung von Frauen zu den Weiheämtern muß begründet werden, sondern deren Ausschluß

Hanna Furtwängler-Strub

Der Schweizer katholische Frauenbund SKF hat sich seit der Schweizer Synode 1972 in verschiedenen öffentlichen Verlautbarungen für die Gleichstellung der Frauen in der Kirche eingesetzt.

Grundsätzlich befürwortet er die Zulassung der Frauen zu *allen* Weiheämtern. Verschiedene Tatsachen haben die Verantwortlichen aber veranlaßt, nach neuen Wegen zu suchen, wie die Auseinandersetzung mit der Ämterfrage neu angegangen werden könnte. Erstens sind es nicht wenige Theologinnen, die nicht mehr bereit sind, in die bestehenden männlich dominierten Kirchenstrukturen einzusteigen. Sie sind nicht gewillt, einfach als weibliche Priester und Diakone Ämter, die von einem männlichen Leitbild geprägt und ausgestaltet sind, zu bekleiden. Zweitens haben das Apostolische Schreiben »Ordinatio Sacerdotalis« vom 22. Mai 1994, der endgültige Entscheid gegen die Zulassung von Frauen zur Priesterweihe und das »römische« Verbot der Diskussionen rund um die Frauenordination, wie dies faktisch in der Vollversammlung der Weltunion der Katholischen Frauenorganisation im Februar 1996 in Canberra durchgesetzt worden ist, herausgefordert, die Frage der Weiheämter aus einer ganz anderen Perspektive anzusehen. Im Bewußtsein, daß die Kirche in einer Strukturkrise steckt, beschäftigen sich die verantwortlichen Frauen des SKF mit den Fragen: »Welches Amt, welche Ämter entsprechen der Botschaft des Evangeliums? – Welches Amt, welche Ämter brauchen wir heute?« – Dies sind die weiterführenden Grundfragen.

Im Anschluß an diese vertiefte Auseinandersetzung ist ein sogenanntes Thesenpapier entstanden, das eine breite, grundsätzliche Diskussion initiieren will, zur Ausgestaltung der Dienstämter, bei denen Frauen und Männer gleichberechtigt ihren Berufungen, Charismen, Talente leben und einbringen können.

Das Diskussionspapier »Neues Ämterverständnis in der Kirche« stelle ich Ihnen anhand von acht Thesen kurz vor:

1. Ein zeitgemäßes Ämterverständnis muß grundsätzlich an der Existenz des Amtes festhalten, denn die biblischen Zeugnisse lassen gewisse Gemeindestrukturen erkennen, die sich auf eine Autorität abstützen. Daraus läßt sich schließen, daß die Kirche bereits im Neuen Testament eine gegliederte Gesellschaft war. In ihr haben verschiedene Personen verschiedene Aufgaben oder Dienste wahrgenommen.

2. Ein zeitgemäßes Ämterverständnis muß sich heute wie damals die Frage stellen: Was dient dem Aufbau der Gemeinde und dem Auftrag in der Kirche? Es muß im Blick auf das Neue Testament und die kirchliche Tradition alte Inhalte neu entdecken und im Hinblick auf die Erfordernisse unserer Zeit neue Ämter entwickeln. Insbesondere das Diakonen- und Diakoninnenamt muß wieder wie in der frühen Kirche als eigenständiges Amt – nicht länger als Vorstufe zum Priesteramt – neu gefüllt werden.

3. Ein zeitgemäßes Ämterverständnis muß nach neuen Wegen und Strukturen suchen, damit der Gedanke des gemeinsamen Priestertums aller Gläubigen auch in der kirchlichen Praxis Wirklichkeit werden kann.

4. Ein zeitgemäßes Ämterverständnis darf nicht exklusiv sein. Es muß offen sein für die Möglichkeit, daß der Geist auch außerhalb der bestehenden Strukturen und Gegebenheiten Wesentliches und Neues wirkt.

5. Ein zeitgenössisches Ämterverständnis muß wieder neu auf die Botschaft der grundlegenden Gleichheit aller Menschen setzen, wie sie in Gal 3,28 formuliert ist. D. h. wenn jede Ausgrenzung von Menschen aufgrund ihres Geschlechtes, ihrer Rasse und ihrer sozialen Stellung durch das Jesusereignis überholt ist, widerspricht auch jede Ausgrenzung vom Amt aufgrund des Geschlechtes oder der Lebensform der ursprünglichen Botschaft des Evangeliums.

6. Ein zeitgenössisches Ämterverständnis muß die Vielfalt des Ämterverständnisses in der jungen Kirche zur Kenntnis nehmen und die eigene Sicht auf das Amt kritisch darauf hinterfragen, wo sie neue Möglichkeiten ausgrenzt.

7. Ein zeitgenössisches Ämterverständnis darf sich nicht nur an der Entwicklung der Ämter in den letzten Jahrhunderten orientieren. Es muß im Blick auf die frühere Zeit der Kirche und auf die Bedürfnisse der Gegenwart Mut haben, sich zu korrigieren, zu entwickeln und zu verändern.

8. Ein zeitgenössisches Ämterverständnis muß dazu führen, daß bestehende Ämter immer wieder kritisch darauf hinterfragt werden, ob sie dem Menschen und der Schöpfung dienen und ob sie ihren Beitrag dazu leisten, die befreiende Botschaft vom Reich Gottes für die heutigen Menschen und die ganze Schöpfung erfahrbar zu machen.

Ein neues grundlegendes Ämterverständnis darf nicht nur an der Frauenfrage aufgehängt werden, es geht auch um die Gleichstellung zwischen Geweihten und anderen Fachpersonen. Dem SKF als Frauenverband geht es aber vor allem um die Vertiefung der Forderung nach Gleichstellung der Frauen in der Kirche und so kommt er aufgrund der Geschichte des Amtes und der frühchristlichen Evangelisation zur Schlußfolgerung:

Nicht die Zulassung von Frauen zu den Weiheämtern muß begründet werden, sondern deren Ausschluß!

D. h. es geht um eine Umkehr der Beweislast: Unter Berücksichtigung von heute allgemein anerkannten Erkenntnissen läßt sich der Ausschluß der Frauen von Weiheämtern weder historisch noch theologisch relevant begründen.

Das Thesenpapier und die dazugehörende Arbeitshilfe hat in weiten Kreisen Gehör gefunden und positive Rückmeldungen gezeigt. Auf allen Ebenen innerhalb des SKF wie auch in der Kirche bis hin zur Schweizerischen Bischofskonferenz hat das Papier Aufsehen erregt. Der SKF hofft damit einen Impuls zu kritischen, weiterführenden Diskussionen gegeben zu haben.

Zum Selbstverständnis der Diakoninnen in der evangelischen Kirche

Anette Seehase

Die Frage nach dem Selbstverständnis des Diakonats der Frau im Gegenüber zum Mann stellt sich heute nicht mehr. Unsere gemeinsamen Überlegungen, Fragen nach unserem Selbstverständnis, entstehen an anderen Stellen:

- In den Landeskirchen im Verhältnis zu den Pfarrern: Wie kann das Amt der Diakonin neben dem des Pfarrers »gleichberechtigt« ausgestaltet werden?

- In den diakonischen Einrichtungen im Verhältnis zu den anderen Mitarbeitern: Was unterscheidet die Diakonin von einem Mitarbeiter mit derselben Fachausbildung? Was bringt die Diakonin zusätzlich ein?

- Wie kann das von Wichern ausgedachte kirchliche Amt innerhalb diakonischer Einrichtungen gestaltet werden? Wie kann dieser Fehlentwicklung der Trennung von (Landes-) Kirche und Diakonie (Innere Mission) heute begegnet werden?

Diakoninnen bringen ihre eigenen, speziellen Frauenthemen in den Gemeinschaften und im Verband ein:

- Spiritualität: Den Diakoninnen ist die theologische Arbeit ein wichtiges Anliegen. In engem Zusammenhang damit steht das Wiederentdecken weiblicher Spiritualität und die Entwicklung eines eigenen spirituellen Lebens.

- Umgang mit Gefühlen: Frauen bringen einen anderen, vielleicht neuen Umgang mit Gefühlen ein. Das Zulassen von Trauer und Freude, Enttäuschung, Wut und Hilflosigkeit wie auch Nähe und

Zuwendung ermöglicht neue Formen im gemeinsamen Arbeiten, im Gespräch, im Entscheiden und Handeln.

– Frauenthemen werden zu gemeinsamen Themen: Ein aktuelles Thema, das von Diakoninnen verstärkt in den Verband eingebracht wird, ist die Frage nach unseren Arbeitsbelastungen, bzw. nach unserer Arbeitsorganisation. Ein spezielles Problem primär der berufstätigen Frau ist die Koordination von Beruf, Familie und Gemeinschaft. Heute wird es zunehmend als eine gemeinsame Fragestellung erlebt. Dahinter stehen die Erfahrungen, daß es z. T. sehr schwer ist, Schwestern und Brüder zur Mitarbeit in Gremien zu gewinnen. Und diejenigen, die es tun, arbeiten oft an der Grenze der Belastbarkeit.

– Diakoninnen sind unterschiedlicher Meinung, welchen Stellenwert die Frauenfrage in den Gemeinschaften und im Verband einnehmen soll. Dahinter stehen unterschiedliche Erfahrungen. Das Spektrum bewegt sich von Erlebnissen der »Unterdrükkung« bis hin zu gelebter »Gleichberechtigung«. Die sich daraus ergebenden Forderungen stehen oft in Spannung zueinander und lösen, auch unter Frauen, kontroverse Diskussionen aus.

Anglikanische Diakone – Männer und Frauen – heute

Teresa Joan White

In meinem Beitrag konzentriere ich mich auf Frauen und Männer im kirchlichen Amt des Diakonats, wie wir es in England seit 1987 kennen.

In den ersten Jahren waren die Diakone und Diakoninnen eher in der Gemeindearbeit tätig, doch allmählich sahen sie ihre Aufgabe mehr in übergemeindlichen Tätigkeiten. Die Church of England bildet Menschen zu Geistlichen aus und bietet die gleichen Kurse – vor Ort und überregional – für Diakone und Priester an. Die Diözese von Portsmouth (GB) und viele Diözesen der ECUSA (Episcopal Church in den USA) entwickelten spezielle Fernkurse. Doch es gibt auch einige Diakone, die in Seminaren ausgebildet wurden. Bevor die anglikanische Kirche Frauen zu Priesterinnen weihte, legten einige Frauen ihren Schwerpunkt auf pastorale Arbeit in den Gemeinden. Andere Frauen hingegen kümmerten sich mehr um spezielle diakonische Aufgaben und entwickelten Dienste, die sich über die Gemeinde hinaus der Gesellschaft zuwenden. Die vorhergehende Entwicklung des Amtes der Diakonissen in einigen Diözesen und Provinzen hat im allgemeinen zu einer breiter angelegten Ausbildung beigetragen, gemeindeorientiert, mit spezifischen Diensten und ehrenamtlichen Posten.

Das Fehlen eines vorgegebenen Rollenmodells und der Freiwilligkeitsstatus gewährte Diakoninnen die Freiheit, ihre eigenen Dienste zu entwickeln. Kongresse und Netzwerke von Diakonen und Diakoninnen haben zu einem Ideenaustausch hinsichtlich der Besonderheit des diakonischen Dienstes geführt. Da die Diakoninnen langjährig in ihren Gemeinden verwurzelt waren, wurden sie oft gebeten, Hochzeiten vorzustehen.

Das »Anglican Consultative Council« 3 (1976) erwiderte auf gewisse Kritik: »Unserer Auffassung nach wird eine Ausweitung des Diakonats nicht dazu führen, daß die Laien sich ihrer Verantwortung zu dienen und zu beten enthoben fühlen. Wir möchten daher, daß der Diakonat auf Männer und Frauen übertragen wird, die eine tiefe Verbindung zu Christus in der Kirche haben und die im Namen Christi einen Dienst der Liebe und der Hingabe in der Welt tun.«

Das »Anglican Consultative Council« 6 (1984) empfahl »den Diakonat als Amt des Dienstes insbesondere an den Armen, den Entrechteten, den Kranken, den Schwachen und Einsamen. In der Erneuerung des Diakonats würde jede Person in diesem Amt gebeten werden, erstens dieses Amt in einem bestimmten Bereich auszuüben (Krankenhaus, Gefängnis, Hospiz etc.) und zweitens bereit zu sein, Laien für die Ausübung desselben Dienstes auszurüsten.« Nach der Lambeth-Konferenz von 1988 gehört es darüberhinaus zur Rolle des Diakons, die sozialen und ethischen Fragen der Welt in die Kirche zu vermitteln.

Diakone sind herausgefordert, Wege zu finden, in denen sich ihre sozial-karitative und ihre liturgische Rollen sichtbar und organisch gegenseitig ausdrücken.

Einige kirchliche Diakone und Diakoninnen üben ihren Dienst in so unterschiedlichen »weltlichen« Bereichen aus wie in der Arbeitssicherheit, der Schulverwaltung oder in Künstlerwerkstätten, aber auch in traditionellen Arbeitsfeldern wie der zentralen Kirchenverwaltung. Die englische Diözese, die für die Entwicklung des Diakonats am meisten getan hat, beginnt nun, Diakone für Dekanate zu ernennen und nicht mehr für Pfarreien.

(Übersetzung: Reinhild und Thomas Fliethmann)

Diakonales Zusammenarbeiten von Männern und Frauen

Norbert Plogmann

Das Franziskanerkloster Pankow liegt im ehemaligen Ostteil von Berlin. Bis zum Mauerfall waren die Franziskaner beansprucht von priesterlichen Diensten in Liturgie und Verkündigung. Nach dem Mauerfall hat sich unsere Ordensleitung bewußt die Frage gestellt, welche Aufgaben sich uns in einer veränderten Großstadt, die wir im Osten als entkirchlicht und entchristlicht erfahren, aus franziskanischer Spiritualität neu stellen. Dabei wurde auch ein gemeinsames Leben und Arbeiten zusammen mit Franziskanerinnen ins Auge gefaßt. Zwei Bereiche schälten sich sehr bald heraus, die ein vereinzeltes Engagement von Brüdern und Schwestern bündeln würden:
    1. Menschen im Umfeld von HIV und AIDS.
    2. Nichtseßhafte, Obdachlose und Menschen in Armut.

Das Franziskanerkloster Pankow wurde gemäß dieser Akzentuierungen mit den entsprechenden Brüdern und Schwestern neu besetzt, damit sie ihr Leben und Arbeiten gemeinsam gestalten konnten. Heute gehören zu unserem Haus vier Franziskanerinnen und sechs Franziskaner, nur noch drei von uns sind Priester. Die Schwestern und Brüder leben in Konventsgemeinschaft.

Menschen im Umfeld von HIV und AIDS

Im Bereich von HIV und AIDS arbeiten vor allem zwei Schwestern und ich selbst. Wir wurden von Betroffenen und ihren Angehörigen zum weitergehenden und stärkeren Engagement in diesem Bereich ermutigt. Beide Schwestern sind von Beruf Krankenschwester und arbeiten jetzt bei einem privaten häuslichen Pflegedienst für AIDS-Kranke, nicht als Angestellte der Kirche oder der Caritas also, was sich für die Arbeit in diesem Bereich als äußerst sinnvoll erweist. Die Erfahrungen in der häuslichen Pflege zeigen, daß die neuen Abrechnungsmodalitäten keinen Spielraum mehr lassen für menschliche Präsenz am Krankenbett. Deshalb bauen wir als Konsequenz daraus z. Zt. einen eigenen ambulanten Hospizdienst für AIDS-Kranke auf, der zukünftig mit Ehrenamtlichen unentgeltlich in der häuslichen Betreuung arbeiten wird. Dieser ambulante Hospizdienst, unter der Leitung unserer Schwestern, wird von unseren beiden Ordensgemeinschaften gemeinsam getragen und ausschließlich aus Spenden finanziert.

Ich selbst stehe außerdem zusammen mit einer ordinierten evangelischen Kollegin in einer mehr kirchlich akzentuierten AIDS-Arbeit. Wir beide verantworten in Berlin die von uns gegründete »Ökumenische AIDS-Initiative Kirche positHIV«. Meine evangelische Kollegin hat dafür jetzt eine eigene Anstellung und Beauftragung seitens der evangelischen Kirche erhalten, weil der Franziskanerorden der evangelischen Kirche die Finanzierung ihrer Stelle zugesagt hat.

Bei unserer Arbeit im Bereich von HIV und AIDS kommen wir mit Infizierten und Kranken, mit ihren Freundinnen und Freunden, mit ihren Familien und mit vielen Mitarbeiter/innen anderer Organisationen im AIDS-Bereich in Berührung. In Berlin gibt es etwa 6000 AIDS-Kranke, jährlich etwa 400 Todesfälle und eine gleiche Anzahl von Neuerkrankungen. Wir sehen uns durch die Menschen, auf die wir bei unserem Dienst treffen, herausgefordert, uns den Themen zu stellen, die sie bedrängen: Sexualität und Homosexualität, Drogengebrauch, Auflösung familiärer Bindungen, Sinn des Leidens, Krankheit und Schuld, die Frage nach dem Suizid, Trauer und Trauerrituale, etc. Diese Themen prägen auch unsere Informations- und Bewußtseinsarbeit in Schulen, Vereinen und Gruppen. Es tut uns gut, daß wir uns bei schwirigen Fragen in unserer Hausgemeinschaft austauschen und uns in unserer Ordensgemeinschaft beheimatet wissen können. Denn bei unserem Dienst – in Loyalität zur Kirche und zu den Betroffenen – erleben wir von beiden Seiten Vorbehalte. Ein Kranker: »Zuerst meidet mich die Kirche wegen meiner Sexualität und predigt mir dauernd von Schuld und Sünde. Jetzt bin ich krank und dann kommt sie mit Barmherzigkeit.« Oder ein anderer: »O Gott, jetzt habe ich schon AIDS und dann kommt auch noch eine Nonne.« Die Leitung unserer Ortskirche bejaht zwar deutlich die Sorge um die Kranken, aber unsere Berührung und Auseinandersetzung mit ihren Lebensthemen, besonders mit der homosexuellen Lebensweise, sieht sie mit deutlichen Vorbehalten.

Aversionen von manchen Betroffenen »der Kirche« gegenüber sind uns schon selbstverständlich geworden. Sie verkehren sich bei näheren Begegnungen und konkreten Begleitungen oftmals ins Gegenteil. Denn Menschen mit HIV und AIDS, ihre Freundinnen und Freunde, egal welcher sexuellen Präferenz, sind in unserem Hause und in unserer Kommunität selbstverständliche Gäste. In unserem kleinen Gästehaus am Kloster können Freunde und ihre Familienangehörigen in Berlin eine Heimat finden, wenn sie von weither zu einem Krankenbesuch anreisen.

Als Seelsorger werde ich bei meiner Arbeit von Betroffenen direkter mit meiner Kirche identifiziert und muß mich bei Erstkontakten zunächst dem geballten »Kirchenfrust« stellen.

Unsere Schwestern haben dagegen einen selbstverständlichen Zugang über ihre pflegerische Tätigkeit. Sie erfahren es als wohltuend, nicht mehr in einem ordenseigenen Krankenhaus zu arbeiten, wo die Ordensschwester selbstverständlich ist und sie mit ihrem eigentlichen Anliegen in einem straffen Wirtschaftsbetrieb zu kurz kommt. In ihrer jetzigen Aufgabe erfahren sie sich viel bewußter in ihrer Identität als Ordensfrau und werden als solche stärker herausgefordert.

Nichtseßhafte, Obdachlose und Menschen in Armut

In der Arbeit mit Nichtseßhaften, Obdachlosen und Menschen in Armut arbeiten eine Ordensschwester, die Erzieherin gelernt hat, und zwei Ordensbrüder, die von Beruf Sozialarbeiter sind. Die Schwester leitet die Suppenküche des Franziskanerklosters, ein Bruder die dazugehörige Kleiderkammer und Hygienestation, ein anderer Bruder arbeitet in der Medizinischen Ambulanz für Wohnungslose, die Obdachlose ohne Krankenschein behandelt. Täglich kommen etwa 350–500 Personen zur Suppenküche, um sich morgens im Warmen aufzuhalten und mittags zwischen 13.00 und 15.00 Uhr eine warme Mahlzeit zu erhalten. Etwa 14 000 Obdachlose sind in Berlin registriert, hinzu kommt die Dunkelziffer. Die Zahl steigt ständig, weil die Stadt Berlin auf bedürftige Menschen aus dem gesamten Umland eine starke Sogwirkung ausübt und gleichzeitig ein Veränderungsprozeß in unserer Stadt immer mehr sozial Schwache trifft. Unsere Suppenküche mit der Kleiderkammer, der Hygienestation und der Medizinischen Ambulanz ist für viele Gäste ein Raum des Vertrauens geworden. Manche Obdachlose möchten gern das TAU, das Zeichen der franziskanischen Bewegung, tragen. Einer sagte dazu: »An Gott glaub' ich nicht, aber wenn ich dieses Zeichen trage, bedeutet das für mich: Ich gehöre zu dieser Gemeinschaft (er meinte die Suppenküche), ich bin nicht mehr allein.« In diesem Raum des Vertrauens werden ohne große Schwellenängste persönliche Nöte und Probleme geäußert: Beziehungsprobleme, Suchtprobleme, Schuldenfragen, Gesetzeskonflikte, Meldefragen, Wohnungsnot, Anträge bei Behörden, etc. Erste Anlaufstellen sind dabei die ihnen vertrautesten Personen in den verschiedenen Bereichen, unsere Schwestern und unsere Brüder, die nach Möglichkeit weiterhelfen. Sie nehmen auch vorrangig die vielen Termine wahr, wenn Vereine, Gruppen, Schulklassen etc. Informationen wünschen. Bei ihrer beruflichen Tätigkeit ist ihre Identität als Ordensfrau/-mann, »die mit der Kirche zu tun haben«, selbstverständlich, und sie werden auch danach befragt.

Die Nähe zu den Menschen

Die Nähe zu den Menschen im Umfeld von HIV und AIDS und im Umfeld unserer Suppenküche bestärkt uns Schwestern und Brüder, unsere Gesellschaft und unsere Kirche aus dem Blickwinkel ihres Lebens wahrzunehmen und diesem Blickwinkel in unserer Gesellschaft und unserer Kirche eine Stimme zu geben. Das verbinden wir mit einer »Option für die Armen«. Unsere Konstitutionen ermutigen uns, daß wir uns »von den Armen evangelisieren lassen«. »Die Armen sind unsere Lehrmeister.« Diese Ermutigung führt in unserem Umfeld unausweichlich zu einer stärkeren diakonalen Präsenz. Dabei sind unsere Schwestern und Brüder mit ihrer Erfahrung gleichermaßen gefordert und gefragt: Bei der Verkündigung und in der Liturgie, bei Informationsveranstaltungen oder in der Bewußtseinsarbeit. Diese Option führt gleichzeitig dazu, daß die Kleriker in unseren Gemeinschaften die diakonische Dimension ihres priesterlichen Dienstes neu entdecken, eine Dimension, die durch das Zusammenleben von Brüdern und Schwestern mit anderen Berufen gefestigt wird. Diese Entwicklung zu einer stärkeren diakonalen Präsenz unseres Hauses war und ist für unser kirchliches Umfeld gewöhnungsbedürftig, da sie Einschnitte bei den altbekannten Diensten auf den Gebieten von Liturgie und Verkündigung erforderte, die wegen fehlender Weihe bei Brüdern und Schwestern nicht mehr geleistet werden konnten. »Option für die Armen« mit ihren Konsequenzen für die diakonale Präsenz ist für uns nicht lebbar »unter Beibehaltung bisheriger Aufgaben« als Ergänzung des Bisherigen. Sie bedeutet für uns Veränderung.

Für die diakonale Akzentuierung unserer Arbeit in den beiden genannten Bereichen ist uns nicht zuletzt das 16. Kapitel der nicht bullierten Regel des Franz von Assisi Wegweisung. Dieses Kapitel hat er damals für die Brüder geschrieben, die »unter die Sarazenen und andere Ungläubige gehen wollen«. Dort heißt es: »Die Brüder aber, die hinausziehen, können in zweifacher Weise unter ihnen geistlich wandeln. Eine Art besteht darin, daß sie weder Zank noch Streit beginnen, sondern ›um Gottes willen jeder menschlichen Kreatur‹ (1 Petr 2,13) untertan sind und bekennen, daß sie Christen sind. Die andere Art ist die, daß sie, wenn sie sehen, daß es dem Herrn gefällt, das Wort Gottes verkünden.«

Abschließend zitiere ich drei Worte aus der Gesprächsrunde zur Vorbereitung auf diesen Abend:

– »Ich erlebe den Dienst mancher Diakone so, als seien sie verhinderte Priester, die vor allem liturgisch zu ihrem Recht kommen wollen. Einen Dienst in dieser Art kann und will ich mir für mich nicht vorstellen.«

301

- »Als Diakonin stünde ich im Dienst der jeweiligen Ortskirche. Das könnte für unbequeme Neuaufbrüche – je nach Einstellung der Ortskirche – hinderlich sein.«

- »Für *meine* Existenz brauche ich das Amt der Diakonin nicht, aber die Kirche braucht vielleicht mein Amt als Diakonin für *ihre* Existenz.«

Der Anhang umfaßt einen

– Überblick über katholische Initiativen zugunsten des Diakonats der Frau vor und nach dem Zweiten Vatikanischen Konzil;

– wichtige historische Texte aus der Patristik, dem Mittelalter und der Neuzeit zum Diakonat der Frau und der Stellung der Frau in der Kirche;

– eine Literaturliste zum vertieften Studium der einschlägigen Sachfragen.

Der Streit um den Diakonat der Frau – Zur Geschichte vor und nach dem Zweiten Vatikanum

Zur Entwicklung vor dem II. Vatikanischen Konzil

Friederike Kukula

Die Anfänge der Emanzipationsbewegung der Frauen liegen schon 200 Jahre zurück: Die industrielle Umgestaltung der Gesellschaft, das Ideengut der Aufklärung und der französischen Revolution auf der einen Seite, auf der anderen Seite aber auch eine Differenzierung des christlichen Menschenbildes (Persönlichkeitsgedanke, das Ideal der Gewissensfreiheit und der Verantwortung jedes einzelnen Menschen vor Gott) ließen die Frage nach der Stellung der Frau in der Kirche aufkommen.[1]

Bereits 1848 versammeln sich hundert Amerikanerinnen in Seneca Falls. Da sich Menschenrechte und christlicher Glaube nicht getrennt voneinander behandeln lassen, fordern sie die gleiche Stellung in Kirche und Staat, freie Berufsausübung und politisches Stimmrecht aufgrund der Tatsache, »daß alle Männer und Frauen gleich geschaffen sind; daß sie von ihrem Schöpfer mit gewissen anererbten Rechten ausgestattet sind«.[2]

Während im Lauf des 19. und zu Beginn des 20. Jahrhunderts die Forderungen nach der Gleichstellung der Frauen in der Gesellschaft immer klarer und offensiver werden (Zulassung zum Universitätsstudium, politisches Stimmrecht), ist in der Kirche der Versuch zu beobachten, die säkulare von der innerkirchlichen Frauenbewegung zu trennen. Während sich jene auf dem »Weg des Irrtums« befinden, werden die katholischen Frauen auf das klassische Bild der Ehefrau und Mutter, die sich sozial, aber nicht politisch engagiert, festgelegt.[3]

Dennoch rückt das Thema »Diakonat der Frau« bzw. die Diskussion um eine Wiederbelebung des frühchristlichen Dienstamtes von Frauen – neben der Frage der Ordination – zunehmend in den Mittelpunkt. Aus der Reihe der Arbeiten, die von Frauen zur Diakonatsthematik veröffentlicht wurden, seien genannt:

- Ilse von Stach: Die Frauen von Korinth. Breslau 1929. Ein Drama in Dialogform, das, von biblischen Texten (u. a. 1. Korintherbrief) ausgehend (Verschleierung, Schweigegebot), sich kritisch mit dem Frauenbild in der Kirche auseinandersetzt.[4]

- Hildegard Borsinger: Rechtsstellung der Frau in der katholischen Kirche. Leipzig 1930. Die wohl erste einschlägige Dissertation einer Frau (im rechtswissenschaftlichen Bereich). Ein Kapitel ist der kirchengeschichtlichen Entwicklung und dem Niedergang des frühchristlichen Diakoninnenamtes gewidmet.[5]

- Oda Schneider: Vom Priestertum der Frau. Wien 1934.[6] Sie lehnt das Amt der Frau in der Kirche ab, da die Frau dazu ungeeignet sei.

Die wesentliche Literatur[7] von männlicher Seite spiegelt ebenfalls das – zumindest geschichtliche – Interesse am Diakonat der Frau wider:

- Leopold Zscharnack: Der Dienst der Frau in den ersten Jahrhunderten der christlichen Kirche. Göttingen 1902.

- Karl Heinz Schäfer: Kanonissen und Diakonissen (Röm. Quartalschrift 24), 1910.

- Adolf Kalsbach: Die altchristliche Einrichtung der Diakonissen bis zu ihrem Erlöschen. Freiburg 1926.

- Michael Faulhaber: Charakterbild der biblischen Frauenwelt.[8]

– Weiterhin ist die Sammlung von Reden »Zeitfragen und Zeitaufgaben« von Kard. Michael Faulhaber zu nennen, der im Zuge seiner neutestamentlichen Forschungen ausführlich die Dienste biblischer und frühchristlicher Frauen als Diakoninnenämter beschreibt.[9]

Die Philosophin und Ordensfrau Edith Stein hat sich mehrfach zum Thema geäußert. In Anknüpfung an die Dissertation von Hildegard Borsinger (Leipzig 1931) stellte sie fest, daß »der heutige Stand eine Verschlechterung gegenüber den Frühzeiten der Kirche ist, in denen Frauen amtliche Funktionen als geweihte Diakonissen hatten. Die Tatsache, daß hier eine allmähliche Umbildung erfolgt ist, zeigt die Möglichkeit einer Entwicklung in entgegengesetztem Sinn.«[10] Für Edith Stein ist demnach die Wiedereinführung des Diakonats der Frau eine konsequente Folge der gesamten zu beobachtenden Entwicklung.

Nicht vorstellen kann sie sich das Priestertum für die Frau, wenn sie es auch für möglich hält.[11] 1932 schreibt sie: »Die neueste Zeit zeigt einen Wandel (im Hinblick auf die Stellung der Frau, d. Vf.) durch das starke Verlangen nach weiblichen Kräften für die kirchlich-caritative Arbeit und Seelsorgehilfe. Von weiblicher Seite regen sich Bestrebungen, dieser Betätigung wieder den Charakter eines geweihten kirchlichen Amtes (gemeint ist: Diakonat, d. Vf.) zu geben, und es mag wohl sein, daß diesem Verlangen eines Tages Gehör gegeben wird. Ob es dann der erste Schritt auf einem Wege wäre, der schließlich zum Priestertum der Frau führte, ist die Frage«.[12]

Auch amtliche Vertreter der Kirche sprechen von einer Berufung der Frau zu sozialen, seelsorgerlichen und lehrenden Tätigkeiten,[13] und berufen sich dafür auf die weiblichen Eigenschaften. Eine solche Zuordnung »von Natur aus« erfordere aber keine Konsequenzen für die Amtsfrage, wie sie von Edith Stein formuliert wurden.

Josephine Mayer, die den Diakonat befürwortet, nimmt 1938 Stellung zur Veröffentlichung Oda Schneiders (1934), die das Amt der Frau aufgrund der weiblichen Natur ablehnt. Josephine Mayer bekennt sich zwar zu demselben Frauenbild wie Schneider, kehrt aber die Argumentation um: »Gerade ›weil nach ihrer besonderen Wesensart das Lebensunmittelbare, Fließende, Werdende (der Frau) eigenstes Gebiet ist, sowie das Abgerückte, Bestimmte, Gestaltete eigenstes Gebiet des Mannes‹, gerade deshalb ist (die Frau) schon durch ihr Wesen bewahrt vor Verknöcherung, vor der Gefahr der Erstarrung, der ausgehöhlten, schematischen Gebärde. Sie ist dazu berufen, ›mütterliche Blutwärme‹ in die ›festgefügten Formen‹ des Amtes strömen zu lassen«.[14]

Aufgrund der noch mangelnden theologischen Bildung (erst ab 1946 sind Frauen zum Studium der Katholischen Theologie zugelassen) und der zeitlichen Umstände ebben die Anfragen zunächst ab.

Die Bestrebungen, die nach dem Krieg der Einführung des Diakonats des Mannes gelten, lassen die Frage nach der Stellung der Frau wieder neu aufblühen.

1951 lädt das Seelsorgeamt der Diözese Rottenburg-Stuttgart anläßlich einer Priesterfortbildung Vertreterinnen des Katholischen Deutschen Frauenbundes (KDFB) ein, über Frauenseelsorge, ihre erweiterte Form (Frau in der Gemeinde, Diakonat der Frau) und über die Frauenbewegung zu sprechen.[15]

In der Folgezeit finden immer wieder Erörterungen zum Thema Diakonat in den Verbandszeitschriften des Katholischen Frauenbundes statt. So äußert sich Franziska Werfer, erste Volltheologin Deutschlands und in der katholischen Erwachsenenbildung tätig 1954 zunächst ablehnend,[16] später änderte sie ihre Meinung.

Hilde Vérène Borsinger vom Schweizer Katholischen Frauenbund plädiert 1954 für eine Diakoninnenweihe[17]. Elisabeth Adam argumentiert 1958, daß weder die Schöpfungs- noch die Erlösungsordnung eine Benachteiligung der Frau in der Kirche rechtfertige. Sie hält die Teilhabe von Frauen am Amt aber für nicht notwendig, da Frauen seit je her als Charismenträgerinnen in der Kirche den Amtsträgern gleichgestellt seien. Es gehe daher viel mehr darum, die gleiche Wertschätzung von Charisma und Amt einzufordern.[18]

In Frankreich äußern Frauen zu Beginn der international entstehenden Diakonatsbewegung 1959 ihren Wunsch, in den Kreis der (männlichen) Diakonatsbewerber mitaufgenommen zu werden.[19]

Eine andere Perspektive zeigt sich im Umgang der Seelsorgehelferinnen mit der Diakonatsthematik. Sie fassen ihren Beruf als besonderes Apostolat innerhalb des Laienapostolates auf,[20] und sehen sich als echte Mitarbeiterinnen parallel zum Priestertum.[21] Daher sind bis in die siebziger Jahre unter den Seelsorgehelferinnen Vorbehalte zu spüren, der Berufsstand könnte durch den Diakonat vereinnahmt werden und eine völlig neue Ausrichtung bekommen.

Kurz vor Beginn des Zweiten Vatikanums reagiert die katholische Juristin Gertrud Heinzelmann, unterstützt vom Frauenstimmrechtsverein Zürich, auf die fehlende Erörterung der Frauenfrage in den Vorbereitungen zum Konzil.»Es ist das gute Recht der religiös interessierten Frau, von ihrem Standpunkt aus das im theologischen und philosophischen Schrifttum aufgespeicherte Material zu sichten und zu beurteilen. Sie wird auf Schritt und Tritt mit Erschütterung feststellen, wie sehr die Theologie während fast zweitausend Jahren ohne die Frau gemacht wurde«.[22]

Die St. Joans Alliance, ein aus der englischen Stimmrechtsbewegung hervorgegangener internationaler Verband katholischer Frauen und Non-Governmental-Organisation (NGO) der UNO befaßt sich 1963 anläßlich seiner Delegiertenversammlung in Freiburg i. Br. mit der Frage der Stellung der Frauen in der katholischen Kirche. In der Resolution »bestätigt die St. Joan's Alliance ihre Ansicht, wonach die von so vielen Frauen für die Kirche geleistete Arbeit stärker fundiert wäre, wenn diesen Frauen ein äußerliches Zeichen der offiziellen Unterstützung und des Segens der Kirche zukommen würde.« Die St. Joan's Alliance schlägt vor, »daß das Diakonat sowohl für Männer als auch für Frauen offen stehen soll, sofern dasselbe in Zukunft als selbständiges kirchliches Amt auch Laien anvertraut wird.« Außerdem drückt sie ihre Überzeugung aus, »daß Frauen gewillt und eifrig bereit wären, sich dem Priestertum zu widmen, wenn die Kirche in ihrer Weisheit zu gegebener Zeit beschließen sollte, diese Würde auf die Frauen auszudehnen.[23]

Almanach über die Initiativen für den Diakonat der Frau nach dem Konzil

Ilse Schüllner

1967
International
Der 3. Weltkongreß für das Laienapostolat in Rom fordert, daß »der Frau alle Rechte und Verantwortlichkeiten des Christen innerhalb der kath. Kirche zugestanden« werden müßten und »daß eine ernsthafte theoretische Untersuchung über den Platz der Frau im sakramentalen Ordo« in Angriff genommen werden müßte.[24]

1969
International
Die Gründungssitzung des Internationalen Diakonatszentrums IDZ findet im Oktober 1969 in Freiburg statt. Schon während des Konzils ist diese Initiative geplant worden und wurde vom Papst befürwortet. Das IDZ versteht sich als eine freie Initiative: »Zweck der Vereinigung ist das Studium des Diakonates, der Austausch von Informationen und Anregungen über theoretische und praktische Fragen des Diakonates und die Förderung seiner Verwirklichung in der Katholischen Kirche. Die Vereinigung arbeitet mit gleichgerichteten ökumenischen Bestrebungen zusammen.«[25] Von Anfang an ist der Diakonat der Frau ein wichtiges Thema, das der Vorstand durch Tagungen und die Zeitschrift ›Diaconia Christi‹ unterstützt.

Niederlande
Das Holländische Pastoralkonzil fordert: »Es ist wichtig, daß die Frau in nächster Zeit weiter zu all den kirchlichen Aufgaben hinzugezogen wird, bei denen ihr Einsatz nicht oder wenig problematisch ist. Die weitere Entwicklung muß sich darauf richten, daß sie alle kirchlichen Funktionen, die Leitung der Eucharistie nicht ausgeschlossen, erfüllen kann. Für die Fälle, in denen das heutige kirchliche Recht eine ausdrückliche Verbotsbestimmung kennt,

muß die vollständige Aufhebung derselben mit Nachdruck gefordert werden.«[26] Die Gruppe ›Zusammenarbeit des Mannes und der Frau in der Kirche‹ hat sich in dieser Frage sehr engagiert.

Deutschland
Die Aktionsgemeinschaft für verantwortliche Mitarbeit der Frau in der katholischen Kirche (AFK) wird gegründet mit den Ziel, jegliche Förderung der Frauen in der Kirche zu initiieren und zu unterstützen. Sie ist in der Frage »Diakonat der Frau« von Anfang an engagiert, sendet Voten für die Zulassung der Frau zu den Ämtern an Bischöfe und nach Rom und macht eine Eingabe an die Synode.[27]

1970
Niederlande
Das Holländische Pastoralkonzil befürwortet mehrheitlich die Ordination von Frauen.[28]

Deutschland
Die AFK stellt bei Kardinal Döpfner den Antrag auf Zulassung der Frauen zum Diakonat.[29]

1971
Kanada
Die kanadischen Bischöfe sprechen sich für den Diakonat der Frau aus und treten auf der 2. ordentlichen römischen Bischofssynode für eine fundamentale Reform der Stellung der Frau in der Kirche und die Einbeziehung der Frau ins Amt ein. Sie fordern die Einsetzung einer Studienkommission über die Frage der Ordination der Frau. Sie werden von den Bischöfen der USA unterstützt.[30]

USA
Das Bischofskomitee für den Ständigen Diakonat der US-amerikanischen Bischofskonferenz betont im Nachwort der Richtlinien zum Amt des Diakons: »168. Viele Frauen, Laien und Ordensschwestern, haben sich bereit erklärt, im geweihten Amt zu dienen

und stellen das Recht in Frage, durch das sie davon ausgeschlossen werden. Unter den Diakonatskandidaten und Leitern von Ausbildungsprogrammen wächst die Überzeugung, daß Frauen das diakonale Amt unermeßlich bereichern würden.«[31]

- Eine von der US Bischofskonferenz einberufene Kommission kommt zu dem Schluß: Es gibt keine biblischen und dogmatischen Argumente gegen die Weihe der Frau, theologische und pastorale Gründe sprechen dafür.

Von der Bischofskonferenz der USA wird eine Umfrage initiiert. Sie erbringt 1976 als Ergebnis die Empfehlung, sowohl Frauen als auch verheiratete Männer zum Priestertum zuzulassen.[32]

1972
Schweiz
Die Schweizer Pastoralsynode votiert für den Diakonat der Frau und empfiehlt das weitere Studium über das Priestertum der Frau.[33] Der Schweizerische Katholische Frauenbund tritt seither für den Diakonat der Frau ein.

Deutschland
Eine Arbeitsgemeinschaft der bischöflichen Arbeitsstellen für Frauen in der Bundesrepublik Deutschland kommt 1972 zu dem Ergebnis, daß keine theologischen Gründe gegen den Diakonat der Frau vorliegen.[34]

1973
Rom
Die päpstliche Studienkommission »Stellung der Frau in Kirche und Gesellschaft« wird eingesetzt. Auf Wunsch des Papstes wird von ihr das Thema der Weihe der Frau nicht behandelt.

- Der Präfekt der Glaubenskongregation Kardinal Franjo Seper stellt die Möglichkeit in Aussicht, daß Frauen zu weiteren kirchlichen Ämtern zugelassen werden.[35] Welche Ämter gemeint sind, wird nicht präzisiert.

International
(IDZ). Im Herbst 1973 findet eine Studientagung des IDZ (Internationale Diakonatszentrum) in Innsbruck statt. Ein Arbeitskreis behandelt das Thema Diakonat der Frau. Das Plenum stimmt dafür, daß künftig auch eine Frau im Vorstand des IDZ vertreten sein soll, die speziell die Bemühungen um den Diakonat der Frau fördern soll. Weiter wird vorgeschlagen, im IDZ einen ständigen Arbeitskreis ›Diakonat der Frau‹ einzurichten. Dem Arbeitskreis gehören Männer und Frauen an. Der Arbeitskreis sammelt veröffentlichtes Material zum Thema Frau und Amt legt eine Bibliographie an; pflegt Kontakte mit Instituten und Einzelpersonen, die am Diakonat der Frau interessiert sind; verbreitet Tagungsberichte und Voten an Bischöfe und Kontaktpersonen; arbeitet mit an Stellungnahmen, Veröffentlichungen, Tagungen etc.[36]

– Das internationale Forschungs- und Informationszentrum PRO MUNDI VITA in Brüssel unterstützt durch zahlreiche Veröffentlichungen zur Frage des Amtes der Frau ein Kolloquium »Neue Formen des Amtes in christlichen Gemeinschaften«, das vom 14. bis 19. 9. 1973 in Löwen (Belgien) tagt, das Anliegen: »Die Zulassung der Frau zu den Ämtern ist eine Frage kirchlicher Glaubwürdigkeit.«[37]

Niederlande
Die Holländische Bischofskonferenz initiiert eine breitangelegte Auseinandersetzung durch eine Studie zum Thema, die allen Interessierten zugängig gemacht wird. 1975 wird ein Resümee der daran anschließenden Diskussion veröffentlicht.[38]

Österreich
In Wien spricht sich Prof. Wolfgang Beilner (Salzburg) bei einer Studientagung für den Diakonat der Frau aus.[39] Ebenso befürwortet der Diözesanrat der Diözese Graz/Seckau im April 1973 die Zulassung der Frau zum Ständigen Diakonat.[40]

Deutschland
Bischof Tenhumberg erklärt, daß die Entwicklung der pastoralen Berufe auf den Diakonat der Frau zugehen kann.[41]

1974
Rom
Auf der römischen Bischofssynode schlägt der Vorsitzende der Päpstlichen Kommission zum Studium der Rolle der Frau in Kirche und Gesellschaft, Studien zu folgenden Fragen vor:
»1. Ausgehend von der Ekklesiologie des II. Vatikanums ist der Versuch zu machen, den ›nicht-geweihten Ämtern‹ einen besseren Platz im Verhältnis zu anderen Dienstformen in der Kirche einzuräumen und das gebräuchliche Vokabular ›Apostolat‹, ›Amt‹, ›Dienst‹ usw. genauer zu präzisieren.
2. Das Problem der Teilnahme von nicht-geweihten getauften Laien an der Jurisdiktion der Kirche ist eingehend zu erforschen.
3. Die in der Kirche aufkommende Frage nach der Zulassung von Frauen zum geweihten Amt macht die Aufnahme von Studien notwendig, damit sie motiviert beantwortet werden kann. Das Ziel muß sein, nicht nur eine kirchenrechtliche, sondern eine ekklesiologische Antwort zu geben, um die Praxis der Kirche entsprechend zu klären auf der Basis von biblischen, theologischen, historischen Studien und der lebendigen Tradition, nicht allein der lateinischen, sondern auch der orientalischen Kirche.«[42]

Die Studienkommission äußerte sich – trotz der Bitte des Papstes, das Thema Frauenordination nicht zu behandeln – zur Weihe und schließt jede Art von »heiliger Weihe, wie sie Priester empfangen« aus, hält aber einen neuen Segensritus für Frauen im diakonalen und pastoralen Dienst, durch den Frauen in ihren Aufgaben bestätigt werden, für möglich.[43] 1976 beendet die Kommission ihre Arbeit.

Österreich
Die Österreichische Synode gibt an die Österreichische Bischofskonferenz die Empfehlung, »bei den zuständigen Stellen dafür« einzutreten, daß »die Zulassung von Frauen zum Diakonat geprüft

wird. Im positiven Fall mögen Frauen auch tatsächlich zum Diakonat zugelassen werden«. (103 Ja, 18 Nein, 11 Enthaltungen). Die Kommission II kommt zu der Empfehlung: »Die Österreichische Bischofskonferenz möge sich dafür einsetzen, daß die Frage der Weihefähigkeit und Weihemöglichkeit der Frau von den zuständigen Gremien vorurteilsfrei geprüft wird.« (103 Ja, 13 Nein, 14 Enthaltungen).[44] Die Empfehlung wird aber von den Bischöfen bei einer Abstimmung von 8 zu 7 Stimmen nicht weitergegeben.

Frankreich
Im März 1974 findet eine Tagung zum Thema »Der Sinn der Diakonie und die Möglichkeit, Frauen zu ihr zu berufen« in Paris statt. Hundert Teilnehmer/innen aus acht Ländern nehmen teil. Es sprechen u. a. Annie Jaubert, Yves Congar, René Metz, und J. M. Aubert. Im Anschluß an die Tagung melden sich 12 Frauen als Diakonatsbewerberinnen bei ihren Bischöfen. Das Votum dieser Tagung wird an Bischöfe in aller Welt gesandt, mit der Bitte, anläßlich der Bischofssynode in Rom die Möglichkeit zu prüfen, ob Frauen zu Diakoninnen geweiht werden können. Die Bischofskonferenz Südafrikas läßt ihr volles Einverständnis wissen. Aus Belgien und Spanien kommen positive Stimmen. Der Erzbischof von Libreville (Gabun) steht der Frage sehr wohlwollend gegenüber. Kardinal Suenens, Erzbischof von Mecheln-Brüssel, nimmt öffentlich Stellung für den Diakonat der Frau. Andere teilen mit, daß sie die Frage prüfen wollen. Das Echo der französischen Bischöfe ist unterschiedlich.[45] – Im September 1974 findet ein Kolloquium »Weihe der Frauen zum Diakonat« in Fontenay-Sous-Bois statt, das die Gruppe »Groupe pour l' accession des femmes au diaconat« ausrichtet. Sie findet nicht den gewünschten Erfolg, so daß sie in ihren Arbeitsschwerpunkten zur Grundlagenforschung wechselt und ihren Namen ändert in »Groupe de recherche et d'action pour les ministères à venir« (Forschungs- und Aktiongruppe für die künftigen Ämter). Es folgt noch eine Tagung im November 1974 in Lyon.[46]

Belgien
Kardinal Suenens setzt sich für die Zulassung weiblicher Diakone ein. Es sei jedoch nicht angemessen, Frauen zum Priesteramt zu-

zulassen – auch wenn sich hierfür aus theologischer Hinsicht »wohl kein Hindernis ergebe«.[47]

Deutschland
Bischof Tenhumberg von Münster will sich dafür einsetzen, daß Frauen zum Diakonat zugelassen werden, da bereits 160 Frauen in seiner Diözese erfolgreich in der Seelsorge arbeiten.[48]

1975
International
Das 8. Kolloquium Europäischer Pfarrgemeinden in Lissabon spricht sich für den Diakonat für Männer und Frauen aus. Es sind 225 Teilnehmer/innen aus Belgien, Deutschland, Frankreich, Italien, Österreich, den Niederlanden, Polen, Portugal, Schweiz und Spanien anwesend.[49]

– Gründung der »Women's Ordination Conference« (WOC) in Detroit, USA. Dazu treffen sich 1200 Teilnehmerinnen, u. a. Vertreterinnen vom National Assembly of Women Religious, der Leadership Conference of Women Religious, der National Coalition of American Nuns, der Sisters Formation Conference, der Sisters Vocation Conference, der St. Joan's Alliance und der amerikanischen und kanadischen Gruppe von Association of Women Aspiring to the Presbyteral Ministry. Sie dokumentieren ihre Berufung zum Priestertum und sprechen den Wunsch aus, geweiht zu werden.[50] Seit etwa 1990 gibt es darin eine Untergruppe »RAPPORT«, deren Mitglieder sich für den Diakonat der Frau einsetzen.

USA
Der Bericht der zweijährigen CARA-Studie »The Sister as Campus Minister«, die von den »Knights of Columbus« gefördert und von etwa 100 Schwestern, die im »Newman-Apostolat« an der Universität tätig sind, durchgeführt wird, kommt zu folgendem Ergebnis: »Die gegenwärtige Entwicklung in Kirche und

Gesellschaft, die Zukunft des Apostolates der Kirche innerhalb höherer Bildungsgrade werden nicht allein von der zahlenmäßigen Zunahme der Schwesternschaft abhängig sein, sondern ebenso von der Zulassung der Schwestern zum Amt der Diakonin.«[51]

Schweiz
Die Schweizerische Synodalversammlung empfiehlt die Frage der Priesterweihe der Frau zu studieren und bittet die Bischofskonferenz, dies an die zuständigen Stellen weiterzuleiten. Die gesamtschweizer Synode fordert: »Die Bischofskonferenz möge sich dafür einsetzen, daß auch Frauen die Diakonatsweihe empfangen und so in einem kirchlichen Dienst als Diakone berufen werden können.«[52] Der Priesterrat des Bistums Basel stellt 1979 die Frage, ob der Diakonat nicht erst dann eingeführt werden solle, wenn es möglich sei, Frauen die Diakonatsweihe zu erteilen.

Deutschland
Der Kölner Erzbischof Kardinal Höffner erklärt: »Generell kann von der Theologie her nicht gesagt werden, daß die Weihe zum Diakon auf den Mann eingeschränkt ist. Die Entscheidung hierfür liegt aber bei der Gesamtkirche. Ich meinerseits möchte sagen, daß die Frau nicht bis zu einer Entscheidung in dieser Frage warten soll, sondern eine der vielen Möglichkeiten für sie schon jetzt wahrnehmen soll.«[53]

– Die Katholische Frauengemeinschaft kfd tritt bei ihrer Delegiertenversammlung für den Diakonat der Frau ein. Sie erneuert dies in den folgenden Jahren durch öffentliche Verlautbarungen.

– Die Bischöfliche Beauftragte für die Frauenseelsorge in Bayern, Theresia Hauser, fordert bei einer Veranstaltung des Katholischen Deutschen Frauenbundes zum »Jahr der Frau« die Möglichkeit der Übernahme von kirchlichen Ämtern für die Frau. Es gebe keine theologischen Gründe der Frau das Amt zu verweigern.[54]

– Die Würzburger Synode. Es werden zahlreiche Eingaben zum Thema Diakonat der Frau gemacht, aber es besteht zunächst Widerstand, dieses Thema zu behandeln. Dr. Sauer, Direktor des Freiburger Priesterseminars und späterer bischöflicher Beauftragter für den Diakonat, überzeugt die Kommission VII »Pastorale Dienste in der Gemeinde« von der Dringlichkeit dieses Themas und stellt einen Initiativantrag. Das Thema führt zu folgendem Synodenbeschluß:

»Viele Frauen üben in vielen Kirchenprovinzen, nicht nur in Missionsgebieten, eine Fülle von Tätigkeiten aus, die an sich dem Diakonenamt zukommen. Der Ausschluß dieser Frauen von der Weihe bedeutet eine theologisch und pastoral nicht zu rechtfertigende Trennung von Funktion und sakramental vermittelter Heilsvollmacht. Ein weiterer Grund liegt darin, daß die Stellung der Frau in Kirche und Gesellschaft es heute unverantwortlich erscheinen läßt, sie von theologisch möglichen und pastoral wünschenswerten amtlichen Funktionen der Kirche auszuschließen.

Schließlich läßt die Hineinnahme der Frau in den sakramentalen Diakonat in vielfacher Hinsicht eine Bereicherung erwarten, und zwar für das Amt insgesamt und für die in Gang befindliche Entfaltung des Diakonats im besonderen.«[55]

Um diese Forderung zu unterstützen, bittet die Sachkommission VII die Professoren P. Hünermann, H. Vorgrimmler und Y. Congar, Gutachten zu erstellen. Sie sprechen sich für den sakramentalen Diakonat der Frau aus.[56]

Dr. Karl Wittkemper legt ein Gegengutachten vor, das die neueren Forschungen nicht berücksichtigt. Von den Bischöfen wird Prof. Semmelroth beauftragt, ein weiteres Gutachten zu erstellen, zu dem Prof. Hünermann kritisch Stellung nimmt.

Das endgültige Votum der Synode lautet folgendermaßen:
»Die Synode bittet den Papst, die Frage des Diakonates der Frau entsprechend den heutigen theologischen Erkenntnissen zu prüfen und angesichts der gegenwärtigen pastoralen Situation womöglich Frauen zum Diakonat zuzulassen.« Die Bischöfe leiten die Empfehlung mit den Hinweisen weiter, daß es in der frühen Kirche Dia-

koninnen gegeben habe, der Diakonat funktional und theologisch verschieden vom Priesteramt sei, von der Kirche erwartet werde, die Gleichstellung von Mann und Frau zeichenhaft der Welt sichtbar zu dokumentieren. Von Rom kommt keine Antwort.

- In der Folge treten besonders Bischof Tenhumberg/Münster und Weihbischof Gutting/Speyer für den Diakonat der Frau ein.

- Auf Vorschlag der Pastoralkommission wird von der Deutschen Bischofskonferenz eine Studienkommission »Frau in der Kirche« eingerichtet. Teilnehmer sind u. a.: Weihbischof Gutting, Prof. P. Hünermann, Generalpräses A. Gordz, Frau M. Dirks, Prof. Fleckenstein, Prof. Flintrop, Frau Dr. Lissner und Sr. Corona Bamberg OSB.

1976
Rom

Die römische Studienkommission zum Jahr der Frau empfiehlt: »Wünschenswert wäre die allmähliche Ausweitung der Präsenz sachkundiger Frauen in verantwortlichen Stellen bei jenen Leitungsgremien des Hl. Stuhls, deren Aufgabenbereich das erfordert.« Weiter wünscht sie die Frage: »Zulassung der Frauen zu den Ämtern der Kirche ohne Weihecharakter«[57] zu vertiefen. Im Januar beendet die römische Studienkommission ihre Arbeit.

- Die päpstliche Bibelkommission, mit der Studie der Frauenordination beauftragt, kommt zu dem einstimmigen Urteil, daß die Frage nach der Ordination der Frau aufgrund der neutestamentlichen Textbefunde nicht abschließend zu beantworten sei. Fünf von 17 Mitgliedern sind der Meinung, es gebe Hinweise im NT, die eine Ordination ausschließen. Zwölf sind der Meinung, man könne den Frauen den Dienst der Eucharistie und der Versöhnung anvertrauen, ohne gegen die Intention Jesu Christi zu verstoßen. Die Glaubenskongregation berücksichtigt die Ergebnisse der Bibelkommission für ihre Entscheidungen nicht.[58]

– Papst Paul VI. warnt Erzbischof Coggan, daß die in der anglikanischen Kirche sich anbahnende Ordination von Frauen ein schweres Hindernis für die Wiedervereinigung sei.[59]

International
Etwa 120 Frauen aus 30 Nationen nehmen Anfang April am Kongreß der Weltunion katholischer Frauenorganisationen (UMOFC) in Maria Laach teil. Sie fordern eine Beteiligung der Frauen an kirchlichen Entscheidungsgremien und die Zulassung der Frauen zur Diakonatsweihe. Der Antrag auf Zulassung zur Priesterweihe wird abgelehnt.[60]

Südamerika
Das Instituto Pastoral del CELAM veröffentlicht eine Studie von Pater B. Kloppenburg OFM, in dem die Zulassung der Frauen zum Diakonat gefordert wird. Es weist auf die Tatsache hin, daß auf Grund der schwierigen pastoralen Situation Frauen in ordentlicher Form Funktionen ausüben, die bislang dem ordinierten Mann vorbehalten waren. Das Recht auf einen angemessenen Zugang zu den Sakramenten wird eingefordert und eine entsprechend veränderte Amtsstruktur, um dem dringensten Bedarf zu entsprechen.[61]
Der Text hat u. a. folgenden Inhalt:
1. Mentalitätswandel, theologische Redlichkeit und pastorale Notwendigkeit erfordern in Lateinamerika ein Umdenken.
2. Die Kirche hatte immer die Macht, all das festzulegen und zu verändern, was nicht von Christus selbst bestimmt worden ist.
3. Die historische Tatsache der gültigen Weihe von Frauen im Rang des Diakonates über mehrere Jahrhunderte beweist, daß die Auslegung des Kirchenrechts – das nur Männern eine gültige Weihe ermöglicht – nur eine Disziplinarbestimmung im veränderbaren kirchlichen Recht darstellt.
4. Die Diskussion wird zutiefst von nicht-theologischen Faktoren beeinflußt. Es ist eher eine Nicht-Tradition als eine Tradition.
6. Wandel der anthropologischen Auffassung in bezug auf die Frau.
8. Frauen üben bereits kirchliche Funktionen aus, die jahrhundertelang dem geweihtem Mann vorbehalten waren.

13. Die verschiedenen Stufen desselben Sakraments nehmen auf besondere Weise an dem einzigen Ministerium Christi teil, das in seiner globalen Einheit drei Dimensionen umfaßt: die prophetische, die priesterliche und die pastorale.
14. Graduelle Unterschiede betreffen die Stufen im Amt, nicht das Wesen.
15. Nach Anerkennung der gültigen Weihe der Frauen zum Diakonat, gibt es keinen Grund für den Ausschluß der Frauen von den anderen Stufen des Sakramentes.
19. Die Kirche hat die Macht neue Stufen des Sakramentes der Weihe zu schaffen.
20. Entweder müßte der Diakonat geändert werden oder eine Stufe zwischen dem Diakonat und dem Priestertum eingeführt werden mit der Vollmacht, die Krankensalbung und das Sakrament der Buße zu spenden.
21. Auch Frauen kann dieses neue Amt zugesprochen werden.
22. Die lateinamerikanischen Katholiken haben das Recht und die Pflicht zum Empfang der Sakramente.[62]

Asien
Die Pastoralkonferenz in Indien gibt, nachdem sie auf die entscheidende Mitarbeit der Frau im kirchlichen und öffentlichen Leben hingewiesen hat, folgende Empfehlungen: »Deshalb sollte die gegenwärtige Situation, in der die Frauen, nur weil sie Frauen sind, generell von kirchlichen Ämtern ausgeschlossen bleiben, verbessert werden.
Dieser Schritt sollte ohne Zögern erfolgen, weil
a) die theologische Forschung nachweist, daß keine stichhaltigen Gründe erhoben werden können, weder gegen die Übertragung von kirchlichen Laienämtern an Frauen, noch gegen die Diakonatsweihe (wogegen die Zulassung der Frau zum Priestertum noch zu diskutieren bleibt);
b) die indische Kirche in ihrer missionarischen Situation kann es sich nicht leisten, den natürlichen Reichtum der Frauen und ihre großen Fähigkeiten für viele Ämter nicht voll auszunützen;
c) heute wünschen die Frauen in der Kirche, daß ihre Teilnahme an der Sendung Christi klar definiert wird, und daß folglich die

kirchlichen Laiendienste und der Diakonat ihnen ohne weitere Verzögerung geöffnet werden.«[63]

Frankreich
Die französische Gruppe »Groupe de recherche et d'action pour les ministères à venir« veranstaltet am 13.–14. Nov. ein Kolloquium, an dem schwerpunktmäßig Frau und Amt positiv zur Sprache kommen.[64]

Deutschland
Der Bund Katholischer Deutscher Akademikerinnen (BKDA) beschließt bei seiner Jahrestagung sich für den Diakonat der Frau in der Kirche einzusetzen und wiederholt in der Folge die Forderung nach der Diakonatsweihe der Frau mehrmals.[65]

– Die Bundeskonferenz Frauenseelsorge erarbeitet ein Papier zur Frage der Stellung der Frau in der Kirche, in dem sie, ausgehend von der Synodenvorlage »Die pastoralen Dienste in der Gemeinde«, Fragen zur Diskussion und zur Praxis stellt und Überlegungen zur Strategie und Durchführung festlegt.[66]

– Bischof Tenhumberg verspricht wieder, sich für den Diakonat der Frau einzusetzen.[67]

– Bei der 50-Jahr-Feier der Berufsgemeinschaft kath. Frauen im pastoralen Dienst wird in den Festvorträgen der Diakonat der Frau öfter positiv erwähnt (A. Gramlich, G. Miller). Da der Beruf der Seelsorgehelferin von Anfang an als Laienberuf gesehen wurde, soll die Entwicklung nicht dahingehen, daß alle den Diakonat anstreben müssen. Dazu gehöre eine eigene Berufung.[68]

1977
Rom
Im Januar erscheint die Erklärung der Glaubenskongregation »Inter insigniores«, die eine Zulassung der Frauen zum Priestertum als nicht möglich ansieht. Die Ergebnisse der Bibelkommission

werden nicht berücksichtigt. Das frühere Argument der hierarchischen Unterordnung der Frau unter den Mann wechselt jetzt zur Verschiedenartigkeit der Aufgaben von Frau und Mann. Es gibt massive Proteste gegen dieses Schreiben, das weltweit eine vehemente Diskussion auslöst.

– Aus einem offiziösen Kommentar zu »Inter insigniores« geht hervor, daß die Glaubenskongregation sich ein eingehendes Studium der Frage der Zulassung der Frau zum Diakonat vorbehält.[69]

International
(IDZ). Bei einer Studientagung des IDZ im Juli wird das Votum formuliert: »Verschiedene europäische Synoden haben an die zuständigen römischen Stellen die Bitte gerichtet, die Zulassung von Frauen zum sakramentalen Diakonat zu prüfen. Ähnliche Voten wurden von anderen Synoden und kirchlichen Institutionen vorgetragen. Es gibt inzwischen eine Reihe von Frauen, die sich für diese Aufgabe in der Kirche vorbereiten und qualifizieren wollen, unabhängig von der Frage, ob sie diesen Dienst als Diakone mit oder ohne Ordination einmal ausüben werden.

Es wird von den Versammelten deswegen der Wunsch vorgetragen, solchen Frauen die Möglichkeit zu geben, an den Ausbildungskursen für Diakone teilzunehmen und sie nach Abschluß der Ausbildung in den gleichen Arbeitsfeldern wie Diakone arbeiten zu lassen. Voraussetzung zur Ausbildung ist selbstverständlich die Bereitschaft der Kandidatinnen, je nach römischer Entscheidung, auch ohne Ordination aus dem Geist Jesu Christi diakonale Funktionen wahrzunehmen.«[70]

Asien
In Hongkong findet vom 27.2.–5.3. ein Kolloquium über die Ämter in der Kirche statt. Es kommt u.a. zu folgenden Schlußfolgerungen: »91.... unsere asiatische Wirklichkeit erfordert die Anwesenheit und Aktivität der Frau in allen Bereichen. 92. Ihre Teilnahme an Entscheidungsprozessen der Kirche wird dem Leben der Kirche eine neue Dimension geben. Ihre Teilnahme an theologischer Reflexion wird das Verständnis für die christlichen

Geheimnisse in Beziehung zu den menschlichen Gegebenheiten bereichern. 93. Im Licht des bereits Gesagten erfordert die missionarische Situation der Kirche in Asien die Einbeziehung der Frau in das Amt. Deshalb müssen die Frauen, wenn man sich ihrer speziellen Charismen bewußt ist, als volle Partner anerkannt und ihre Teilnahme am Amt als Pflicht und Recht gesehen werden.«[71]

USA

Nach der vatikanischen Erklärung Inter insigniores stellen sich die amerikanischen Bischöfe zwar hinter die Aussagen des römischen Dokumentes, laden aber alle Theologen zu einem ernsthaften Studium der Argumente ein, auf die sich das Dokument stützt. Sie weisen auf die Notwendigkeit hin, für Frauen leitende Funktionen einzurichten.[72] 1978 werden die US Bischöfe wieder gebeten, sich für den Diakonat einzusetzen, was sie auch tun.

England und Wales

Der Pastoralkongreß der Katholiken von England und Wales spricht sich für den Diakonat der Frau aus. Der Zulassung von Frauen zum Ständigen Diakonat soll größere Aufmerksamkeit geschenkt werden.[73]

Deutschland

Die Arbeitsgemeinschaft katholischer Frauen im pastoralen Dienst tritt bei der Deutschen Bischofskonferenz dafür ein, Frauen zum Diakonat zuzulassen, »um die der Kirche von Christus gestellten Aufgaben nicht zu verkürzen«.[74] Die Befürchtungen, das schwer erkämpfte Berufsbild wieder zu verklerikalisieren, habe in dieser Gruppe nachgelassen.

1978

International

Die zweite »Women's Ordination Conference« findet im November 1978 in Baltimore statt. Von den 2000 Teilnehmern/innen aus Kanada, Südamerika, Europa, Asien, Indien und Afrika sind 62% Ordensfrauen. Es wird vereinbart, daß eine Gruppe von Delegier-

ten in Rom vorstellig werden soll, um die Frage nach dem Priestertum der Frau mit dem Papst zu diskutieren.[75]
- Internationale IDZ-Tagung Diakonat der Frau:
40 Frauen und Männer aus sechs Ländern nehmen im September an einer Tagung am Rande des Katholikentags teil. Prof. P. Hünermann geht im Hauptreferat auf die Diakonie als Wesensdimension der Kirche ein und Frau Schüllner aus dem IDZ Vorstand gibt einen Überblick über die internationalen Aktivitäten bezüglich des Diakonates der Frau. Die Teilnehmer/innen kommen in einem Votum an die Bischofskonferenzen der beteiligten Länder und an den Rat der Europäischen Bischofskonferenzen »zur einhelligen Überzeugung, daß die heutige Kirche den Diakonat der Frau brauche, damit sie auch in ihrem Amt noch ausdrücklicher als dienende Kirche in Erscheinung trete und damit die vielfältigen Dienste der Frauen in der Kirche noch wirksamer geleistet werden können.« Die Bischöfe werden gebeten, sich für die Wiedereinführung des Ständigen Diakonates der Frau einzusetzen. Es wird auch in einem Votum der Wunsch geäußert, den Frauen, die sich für den Diakonat vorbereiten wollen, die Möglichkeit zu geben, an den Ausbildungskursen für Diakone teilzunehmen.[76]

Dem Rat der Europäischen Bischofskonferenzen liegt bei seiner Sitzung am 18./19. Dezember das Votum der Tagung zum Diakonat der Frau vor. In einem Antwortschreiben des Sekretärs des CCEE Ivo Fürer vom 9. Januar heißt es, »daß sich das CCEE (Consilium Conferentiarum Episcopalium Europae) gegenwärtig nicht in der Lage sieht, sich mit dieser Frage zu befassen, da die Situation der Einführung des permanenten Diakonates in den einzelnen Ländern verschieden ist«. Es wird dann auf einzelne Bischofskonferenzen verwiesen, die hier den ersten Schritt tun müßten. Der CCEE könnte auf diese Frage dann zurückkommen, wenn dies von einer interessierten Bischofskonferenz gewünscht würde.[77]

USA
Bei einem Treffen der nationalen Vereinigung der Direktoren für den Ständigen Diakonat vom 28.2. bis 2.3.1978 in San Diego rich-

ten die 52 Teilnehmer eine Petition an die US-amerikanische Bischofskonferenz, beim Vatikan um die Genehmigung nachzusuchen, US-amerikanischen Frauen die Diakonatsweihe spenden zu dürfen.[78]

Niederlande
In Utrecht wird die Arbeitsgruppe »Frau und Kirche« gegründet.[79]

Deutschland
Im Anschluß an die Freiburger Tagung wird der erste Diakonatskreis für Frauen in Freiburg gegründet. Ziel ist es, sich gemeinsam auf den Diakonat vorzubereiten. Die Frauen dieser Gruppe wollen versuchen, durch ihr Leben und ihren pastoral-diakonischen und sozial-caritativen Dienst, in denen sie sich ganz der Kirche zur Verfügung stellen, die Diaconia Christi im Dienst an den Menschen zu verwirklichen.

Folgende Aufgaben werden wahrgenommen: Kontakt mit Interessierten; – Sammeln von Informationen und Herausgabe eines Informationsblattes; – Einbringen in Gremien und Sitzungen der verschiedenen Diakonatsgruppen; – Teilnahme an internationalen und nationalen Tagungen und Gesprächen zum Thema Diakonat der Frau; – Planung und Vorbereitung von Tagungen zum Thema; – Mitarbeit bei der Erstellung eines Synodentextes zum Diakonat der Frau; – Mitarbeit bei der ÖRK Studie über die Rolle der Alleinstehenden in Kirche und Gesellschaft; – Stellungnahme zur Studie »Stellung der Frau in der Kirche« der Studienkommission der DBK – Mitarbeit in der französischen Gruppe für den Zutritt der Frau zu den Ämtern; – Alle Veröffentlichungen zum Thema »Amt der Frau« werden gesammelt oder bibliographisch erfaßt.[80] Der Kreis trifft sich in regelmäßigen Abständen bis zum Frühjahr 1990.

– Die CDU-Bundestagsabgeordnete Roswitha Verhüldonk fordert am 12.11.1978 bei der Feierstunde zum 50jährigen Bestehen des Zentralverbandes der kfd auch Frauen als Diakoninnen einzusetzen.[81]

1979
International
(IDZ). Bei der Internationalen Diakonatstagung des IDZ in Kotrijk/Belgien vom 31.8. bis 2.9. fordern die 222 Teilnehmer/innen, darunter Diakone aus 14 Ländern, daß der Diakonat auch für Frauen möglich werden soll.[82] Frauen berichten, daß sie das Amt des Dienens anstreben.

– Die internationale Priestergemeinschaft Opus Spiritus Sancti plädiert für den Diakonat der Frau.[83]

Kanada
Die Kanadische Bischofskonferenz hat seit 1971 das Studium der Rolle der Frau vorangetrieben und Gruppen aus dem ganzen Land daran beteiligt. Zwanzig Punkte werden in den abschließenden Empfehlungen genannt. Acht dieser Punkte beschäftigen sich mit diskriminierenden Verhaltensweisen, Sprache oder Praxis; fünf beschäftigen sich mit der Beauftragung von Frauen zu kirchlichen Ämter mit beratendem oder administrativem Charakter; fünf weitere befassen sich mit einem weiter zu vertiefenden Studium zur Rolle der Frau und eine Gruppe bezieht sich in positiver Weise auf die Weihe der Frau zum Diakonat und/oder Priestertum.[84]

USA
Die Konferenz der National Association Permanent Diaconate Directors (NAPDD) verabschiedet im März eine Resolution, in der u.a. die Weihe von Frauen zu Diakoninnen verlangt wird.[85]

– In der Begrüßungsansprache am 7.10. vor Papst Johannes Paul II. in Washington fordert die amerikanische Ordensschwester Theresa Kane, Vorsitzende des Führungskomitees der amerikanischer Ordensschwestern, eine volle Teilnahme der Frauen in allen Ämtern. In tausenden von Briefen bekommt sie ein unterschiedliches Echo.[86]

Deutschland
Die Studienkommission, die nach der Würzburger Synode von der Deutschen Bischofskonferenz eingerichtet wurde, legt eine Studie mit folgenden Inhalten vor:
I. Grundlegende Aussagen des kirchlichen Lehramtes zur Stellung der Frau in der Kirche.
II. Zur Situation der Frau in der Kirche.
III. Perspektiven für die kirchliche Praxis – Aufgaben für die Pastoral und Bildungsarbeit.
IV. Voten zur Änderung der Bestimmungen des Kanonischen Rechts.
V. Zur Frage der Ordination von Frauen.

Nach einem Überblick über die Initiativen zum Diakonat der Frau stellt die Kommission fest, daß ein breiter Konsens besteht, der Frau einen angemessenen Platz im Bereich der pastoralen Dienste zuzugestehen, sowie Frauen zum sakramentalen Diakonat zuzulassen. »Darüber hinaus verstärkt sich offensichtlich die Tendenz, den Ausschluß der Frauen vom kirchlichen Amt einer grundsätzlichen Revision zu unterziehen.«

Das Dokument geht auf die Argumente von Rom ein, die in Zusammenhang mit der Frage um den sakramentalen Diakonat der Frau formuliert wurden.

Die römische Argumentation wird als unzulänglich angesehen und die Verwunderung zum Ausdruck gebracht, daß römische Texte neuere Forschungen nicht berücksichtigen.

Schlußfolgerungen und Empfehlungen der Kommission:[87]

»3.1 Die Ordination von Frauen in Kirchen der Ökumene, die Diskussionen auf den verschiedenen Synoden der lateinischen Kirche, die Verlautbarungen der Bischofskonferenz in den verschiedenen Ländern zeigen ebenso wie die breite theologische und pastorale Diskussion, daß die Frage nach der Ordination der Frauen ein Problem grundsätzlicher Art ist. Es spricht nichts dafür, daß es sich hier lediglich um eine vorübergehende Mode oder Trenderscheinung handele.

3.2 In bezug auf den Diakonat der Frau sind in Rechnung zu stellen:

> * die reiche Erfahrung von Frauen in der Kirche auf diakonalen Einsatzfeldern,
> * das aktive Interesse einer Anzahl von Frauen am Diakonenamt,
> * das Drängen gerade der jüngeren und mittleren Generation in den Gemeinden, den Frauen wenigstens den Zugang zum Diakonat zu eröffnen,
> * die Bereicherung und Diversifikation des Diakonates, welche mit einer Zulassung der Frau zum Amt des Diakons verbunden wäre.
>
> An konkreten Maßnahmen empfehlen sich:
> * Eine Einflußnahme in Rom, um den Entscheidungsprozeß in dieser Frage zu beschleunigen,
> * eine eindringliche Information der zuständigen römischen Stellen über die mit einer möglichen negativen Entscheidung sicherlich verbundenen schwerwiegenden Konsequenzen für den gesamten Bereich der Pastoral, insbesondere der Frauenpastoral,
> * die Zulassung der Frauen, die an diakonalen Diensten in den verschiedenen Einsatzbereichen interessiert sind, zu den überall eingerichteten diakonalen Ausbildungsgängen von Männern.«

Die Vorlage wird einem breiten Kreis zugänglich gemacht und es wird gebeten, die Themen mit Betroffenen zu beraten.[88]

Das Echo engagierter Personen und Gruppen zur Vorlage ist sehr positiv. Bischof Lehmann äußert sich gegenüber einem IDZ Vertreter am 12.2.80 vorsichtig: Die Vorlage hätte nur den untersten Grad der Verbindlichkeit für die Deutsche Bischofskonferenz. Die Tendenz wäre zwar gut, aber er sähe es für sich als unverantwortlich an, eine Ermutigung auszusprechen, bevor nicht neue Regelungen absehbar sind.

Die Vorlage wird mit den Anregungen, die als Echo kommen, noch einmal überarbeitet und der Pastoralkommission der DBK vorgelegt in der Hoffnung, daß die Frühjahrsvollversammlung der DBK das Arbeitspapier als Diskussionsgrundlage annimmt.

Die Bischofskonferenz verwendet die Vorlage und verabschiedet in der Herbstvollversammlung 1981 ihre Stellungnahme.

- Frauen aus dem Freiburger Diakonatskreis, die selbst den Diakonat anstreben, sprechen mit Erzbischof Dr. Oskar Saier. Der Bischof wirkt in der Frage zurückhaltend. Er hebt folgende Punkte als Voraussetzung hervor: theologische Übereinstimmung, Berufung und Zustimmung der Kirche.[89]

- Ein weiters Gespräch der Frauen aus dem Freiburger Diakonatskreis findet mit Bischof Moser statt. Er ist erfreut, daß Frauen in Diakonatskreisen sind. Wichtig ist ihm eine eigenständige Profilierung des Diakonates der Frau. Er begrüßt es, wenn Frauen in die Diakonatsausbildung integriert werden. Für wichtig hält er es, weiter mit den Bischöfen in Kontakt zu bleiben und noch weitere Professoren für dieses Anliegen zu gewinnen. Frauen sollten aber keine emanzipatorischen Postulate setzen, um nicht von vornherein abzuschrecken. Er empfiehlt eine Veröffentlichung zum Thema mit theologischen, pastoralen und praktischen Gesichtspunkten.[90]

- Vom Institut für den Ständigen Diakonat in der Diözese Freiburg wird am 26.11. in geheimer Abstimmung ein Antrag abgelehnt, eine Vertreterin der am Diakonat interessierten Frauen mit Gast- und Beobachterstatus in die Sprecher- und Mentorenkonferenz aufzunehmen.[91]

- Am 24.5. spricht sich die Delegiertenversammlung der Kath. Frauengemeinschaft Deutschland in Mainz mit überwältigender Mehrheit der rund 400 Delegierten dafür aus, sich verstärkt für den Diakonat der Frau einzusetzen.[92]

- Die Studientagung »Frau in der Kirche« in Mainz, an der führende Persönlichkeiten der Frauenseelsorge, Leiterinnen von Gruppen und Interessentinnen teilnehmen, klagt den Ausschluß der Frau von den geistlichen Ämtern als gravierend an. Es wird eine Resolution an die Bischöfe der Diözese Mainz, an die Deutsche Bischofskonferenz und die zuständigen Stellen im Vatikan entworfen, die sich an dem Papier der eingesetzten Studienkommission orientiert.[93]

- Bei einem Studientag der katholischen Akademie in München kommt Prof. Schelkle zu dem Schluß: »Für viele Aufgaben bedürfen wir des Dienstes der Frau (ursprünglich Diakonisse) in der Kirche. Galt dies damals, so gilt es gewiß auch heute.«[94]

- Auf der Akademietagung in Münster mit dem Thema »Die Frau: Leitbilder in Kirche und Politik« wird die Frage nach dem Diakonat der Frau positiv behandelt.[95]

- Auf der Tagung »Die Frau in Kirche und Gesellschaft« der Kath. Akademie Freiburg gibt ein Mitglied des Freiburger Diakonatskreises, die selbst Diakonin werden möchte, ein Statement »Diakonie und Diakonat der Frau«.[96]

- Die kfd gibt ein Orientierungs- und Arbeitsprogramm »Auf dem Weg in die Zukunft« heraus, in dem sie für gleichberechtigte und partnerschaftliche Zusammenarbeit auf allen Ebenen der Kirche eintritt. In diesem Zusammenhang setzt sie sich auch für den Diakonat der Frau ein.[97]

- Die Berufsgemeinschaft Katholischer Frauen im pastoralen Dienst äußert am 14.10. bei ihrer Jahresversammlung in Ellwangen den Wunsch, daß zumindest in naher Zukunft den Frauen der Diakonat ermöglicht werde.[98]

1980
Asien
Auf der All-Asia Conference for Women vom 9.–15. Nov., Singapur, treffen sich 68 Delegierte aus elf asiatischen Ländern, um durch Erfahrungsaustausch und Grundsatzüberlegungen in der Frage einer stärkeren Beteiligung der Frau in Kirche und Gesellschaft weiterzukommen. In bezug auf die Frage nach dem Priestertum der Frau macht das Grundsatzreferat von Marianne Katoppo (Indonesien) deutlich, daß sich eine Reihe von Gründen finden lasse, die Möglichkeiten für eine volle Beteiligung der Frau an allen Dienstämtern in der Kirche zulasse.[99]

Europa
Die europäischen Mitgliedorganisationen der Weltunion der katholischen Frauenorganisationen treffen sich zum Thema »Frau und Kirche« im Bildungszentrum Propstei Wislikofen in der Schweiz und formulieren Vorschläge zur Verbesserung der Situation der Frau in der Kirche in bezug auf Gleichberechtigung, Anerkennung, frauengerechter Sprache in der Liturgie. Sie fordern, daß der Erarbeitung der Grundlagen für die Diakonatsweihe der Frau volle Aufmerksamkeit geschenkt werde.[100]

– Beim Europatreffen der Delegierten der Priesterräte und ähnlichen Priestervereinigungen wird die Forderung nach dem Diakonatsamt der Frau in die Abschlußerklärung aufgenommen.[101]

England und Wales
In der Stellungnahme der Bischöfe zu den Beschlüssen des Nationalen Pastoral-Kongreß der Katholiken von England und Wales heißt es, daß sie in Hinblick auf die Zulassung der Frau zum Priesteramt nicht erneut in Rom vorstellig werden wollen, um nicht falsche Hoffnungen zu wecken. Sie sind aber der Meinung, daß der Zulassung der Frau zum Diakonat nun größere Aufmerksamkeit geschenkt werden kann.[102]

Deutschland
Im Bistum Mainz wird die zweite Akademietagung zum Thema Frau und Kirche abgehalten. Frau Prof. Dr.Willig klagt an, daß es in der Frage des Diakonates der Frau nicht weiter gehe und von Rom nach fünf Jahren immer noch keine Antwort gekommen sei. Die Erklärung der Glaubenskongregation zum Priestertum der Frau vom 27. 1. 77 verletze die Frauen zutiefst, außerdem sei sie nicht bibelfest und berufe sich hauptsächlich auf Traditionen. Wie es die Beseitigung des Sklaventums im 19. Jh. gezeigt hat, gebe es auch ungute Traditionen, die beendet werden müßten.[103]

– Weihbischof Dr. Augustinus Frotz argumentiert vor der Delegiertenversammlung des Katholischen Deutschen Frauenbundes: »Mit dem Diakonat wird der Empfänger in den ordo presbyteralis aufgenommen. Es ist nicht ersichtlich, wie das ohne bedenkliche Konsequenzen geschehen kann, wenn hinsichtlich der Frau der Diakonat genau so konzipiert wird wie der des Mannes... Es solle ein Diakonat der ›manus admotio et benedictio‹ sein... und könne so bald realisiert werden.«[104]

- Die Katholische Akademie der Diözese Rottenburg-Stuttgart veranstaltet eine Fachtagung zum Thema »Ein Amt der Diakonin«. Das Treffen wird auf Wunsch des Bischofs von Rottenburg Dr. Moser und mit Unterstützung des IDZ veranstaltet. Prof. Lohfink gibt in seinem Referat »Zum Beispiel Diakon Phöbe und Apostel Junia« einen Rückblick in die Geschichte der Kirche. Seine Schlußfolgerung: die Kirche sei auch heute berechtigt, neue Ämter einzuführen. Prälat Weitmann betont, daß es heute wichtigere Gründe gibt, den Diakonat der Frau einzuführen als die Gründe in den ersten Jahrhunderten. Frau Dr. Lissner äußert ihre Betroffenheit über die jüngsten Ereignisse in der kath. Kirche, die Frauen betreffen. Prof. Puza macht Hoffnung auf die bevorstehende Reform des Codex Juris Canonici, in der Bestimmungen abgeschafft werden sollen, die eine Diskriminierung der Frau beinhalten.[105]

- Das ZdK äußert sich kritisch darüber, daß das Votum der Synode zum Diakonat der Frau von Rom noch nicht beantwortet ist.[106]

- Bei der Jahrestagung des Bundes katholischer deutscher Akademikerinnen (BkdA) in Walberberg/Bonn besteht weitgehend Einigkeit für die Zulassung der Frau zum Diakonat.[107]

- »Christenrechte in der Kirche« wird im Anschluß an den Katholikentag in Berlin gegründet und bezieht in der Folge immer wieder Stellung für die Frauenordination, ebenso »Kirche von unten«.

1981
Rom
Aus Rom kommen Anweisungen, daß verantwortliche Stellen sich nicht mehr in der Weise wie zuvor für den Diakonat der Frau einsetzen sollen.[108]

International
(IDZ). Bei dem internationalen Kongreß von Varese/Italien vom 23. bis 26.4.81 wird betont, daß der Diakonat ein eigenständiges Amt mit eigener Berufung ist, ein vom Priestertum verschiedenes Dienstamt, zu dem Frauen zugelassen werden sollen.[109]

Europa
(IDZ). 40 Frauen und Männer aus sieben Ländern (Belgien, Frankreich, Holland, Italien, Österreich, Schweiz und Deutschland) treffen sich vom 12.–14. Mai in Heppenheim und befassen sich mit der von Frauen gelebten Diakonie. Prof. Hünermann zeigt auf, daß die Kirche eine innere Restrukturierung und damit verbunden eine Reform des Amtes durch die Diakonie benötige. Hierzu könne der Ständige Diakonat von Männern und Frauen einen großen Beitrag leisten.

In einem Votum an die Bischofskonferenzen der beteiligten Länder und an den Rat der Europäischen Bischofskonferenzen geben sie der Überzeugung Ausdruck, daß die Weihe der Frau zum diakonalen Amt von der gemeinsamen Verantwortung der Frauen und Männer im Dienst am Herrn und an den Menschen Zeugnis geben würde. Sie bitten die Bischöfe, sich für die Verwirklichung des Ständigen Diakonates für Frauen einzusetzen. Es wird angeregt weitere Diakonatskeise für Frauen einzurichten.[110]

Eine Petition an den Hl. Vater wird entworfen, aber aus Gründen der Opportunität nicht abgeschickt. Die Petition endet: »Wir bitten Euer Heiligkeit, die Berufung der Frauen zu sehen und ihnen eine entsprechende Antwort zu geben, indem es in die Verantwortung der örtlichen Bischofskonferenzen gelegt wird, Frauen ad experimentum zum sakramentalen Diakonat zuzulassen.«[111]

Niederlande
Die Konferenz der katholischen Ordensoberen in den Niederlande spricht sich für eine stärkere Beteiligung von Frauen in Ämtern und Führungsaufgaben aus.[112]

Schweiz
In den Empfehlungen des Interdiözesanen Pastoralforums der Schweiz vom 29.10.–1.11. wird der Wunsch geäußert, Frauen auf alle Stufen der kirchlichen Instanzen zu berufen. Weiter heißt es: »Nach wie vor wünschen wir Vertreter der Schweizer Katholiken die Einführung des Diakonates der Frau. Die Bischöfe mögen dahin wirken, daß die Frage der Priesterweihe offengehalten wird. Es geht der Frau nicht um Machtanspruch, sondern um einen Dienst an der Gemeinde in einem tieferen Sinn«.[113]

Deutschland
Die »Aktionsgemeinschaft Rottenburg« (Zusammenschluß katholischer Solidaritätspriester des Bistums Stuttgart-Rottenburg) setzt sich in einem Brief an alle Kollegen im priesterlichen Amt mit Nachdruck dafür ein, daß in absehbarer Zeit Frauen zu Diakoninnen ordiniert werden. Sie äußern ebenfalls ihr Unverständnis darüber, daß das Priesteramt in Zukunft für Frauen verschlossen bleiben soll.[114]

– Die Münchener kfd Diözesanvorsitzende Margarete Dotzler, die auch dem Vorstand des Diösesanrates der Erzdiöze München-Freising angehört, legt der Vollversammlung dieses Gremiums u.a. folgendes Votum vor: »Der Antrag der Würzburger Synode, die Möglichkeit der Diakonatsweihe der Frauen wohlwollend zu prüfen, soll von der Deutschen Bischofskonferenz bei den Römischen Behörden abermals dringend angemahnt werden. Jenen Frauen, die mit kirchlicher Beauftragung haupt- oder nebenamtlich de facto diakonale Dienste tun, soll de jure die Gnade des Sakraments nicht vorenthalten werden.«[115] Sie bittet die Vollversammlung, die deutsche Bischofskonferenz zu einer Stellungnahme zu veranlassen.

– Wort der deutschen Bischöfe vom 21.9.

Für dieses Papier wurden Ergebnisse der nach der Synode eingerichteten Studienkommission »Frau in der Kirche« zugrunde gelegt (siehe 1979). Die Deutsche Bischofskonferenz bestätigt, daß sich die Frage nach dem Diakonat anders stellt, als die Frage nach dem Priestertum der Frau. Sie zitieren in ihrer Verlautbarung »Zu Fragen der Stellung der Frau in Kirche und Gesellschaft« das Votum der Synode, in dem der Papst gebeten wurde »die Frage des Diakonates der Frau entsprechend den heutigen theologischen Erkenntnissen zu prüfen und angesichts der gegenwärtigen pastoralen Situation womöglich Frauen zur Diakonatsweihe zuzulassen«[116] und stellt sich damit hinter das Votum der Synode mit der Einschränkung, daß sie die Frage nach der Zulassung von Frauen zum sakramentalen Diakonat für noch nicht entschieden hält. Dazu bedürfe es »noch weiterführender Diskussion, vor allem aber einer größeren Übereinstimmung in der gesamten Kirche.«[117]

– Diakonatskreise für Frauen haben sich in der Zwischenzeit gebildet in:

Freiburg, Raum Regensburg-Passau, Raum Eichstätt-Nürnberg, Kaiserslautern-Mainz-Trier, Köln, Düsseldorf-Krefeld-Essen, Hannover-Hildesheim, Oldenburg, Philippsburg und in der Schweiz. Arbeitskreise zur Stellung der Frau in der Kirche sind entstanden in Münster und Lippstadt.[118]

– Teilnahme der Freiburger Arbeitsgruppe »Diakonat der Frau« am Katholikentag in Düsseldorf mit Plakatwagen und Informationsschriften.

1982
Holland
Der Dechant des Bistums Den Bosch gibt folgende Stellungnahme ab: »Wir sind der Meinung, daß es sowohl theologisch als auch pastoral wünschenswert ist, daß der Ständige Diakonat für Frauen ermöglicht wird. Der Bischof und seine Mitarbeiter müssen geeignete Wege zur Verwirklichung fördern.«[119]

Deutschland
Auf der Jahresversammlung des Bundes kath. deutscher Akademikerinnen (BkdA) in Krefeld wird Klage darüber erhoben, daß sich die Bischöfe nicht stärker für den Diakonat der Frau einsetzen.[120]

1983
USA
Papst Johannes Paul II. gibt den US Bischöfen die Direktive, jede Bestrebung von Einzelpersonen und Gruppen in Richtung Frauenordination streng zu unterbinden.[121] Nicht nur die US Bischöfe – von denen es bekannt wurde – haben diese Order bekommen.

Frankreich
Die Gruppe FEMMES ET HOMMES DANS L'EGLISE veranstaltet eine Tagung in Paris, bei der die Verwirklichung von Priestertum und Diakonat der Frau Schwerpunktthemen sind.

1984
Rom
In einem Gespräch des IDZ mit dem Sekretär der Sakramentenkongregation Erzbischof L. Kada am 17.9.84 bestätigt der Erzbischof, daß die Frage des Diakonates der Frau noch offen sei, aber keine konkreten Projekte in dieser Angelegenheit geplant sind.[122]

Kanada
Das von den kanadischen Bischöfen eingerichtete Komitee »Stellung der Frau« in der Kirche legt der Bischofskonferenz u.a. die Resolution vor, in ganz Kanada ad-hoc-Diözesan-Komitees einzurichten, um die Einrichtung von Ämtern für Frauen in Erwägung zu ziehen.[123]

Deutschland
Bertold Dietrich, Diözesanpräses der kfd, zieht auf dem Regionaltag der Frauen der Region Breisgau-Hochschwarzwald nach der Diskussion um den Diakonat der Frau den Schluß, daß eigentlich

keine Hindernisse mehr für den weiblichen Diakonat bestünden. Die Kirche soll Mut zu regionalen Regelungen zeigen.[124]

- Der Katholische Deutsche Frauenbund fordert offiziell den Diakonat der Frau.[125]
- Am 88. Deutschen Katholikentag wird für das Amt der Frau plädiert. Zum Beispiel Prälat Gordz, Leiter der Arbeitsstelle für Frauenseelsorge der Deutschen Bischofskonferenz, sagt: »Frauen sind auf lange Sicht nicht vom Amt auszuschließen.« Er gibt der Hoffnung Ausdruck, daß sich der Amtsbegriff in der Kirche ändern werde. Die biblische Begründung des Ausschlusses der Frau sei umstritten. Die Bischöfe hätten die Frauenbewegung voll akzeptiert, ziehen aber, exegetisch gesehen, eine inkonsequente Grenze.[126]

1985
Rom
Die außerordentliche Bischofssynode in Rom, die die Auswirkungen des II. Vatikanischen Konzils reflektieren soll, klammert das Thema Frau in der Kirche trotz Eingaben – insbesonders der Englischen Bischofskonferenz, des IDZ und anderer – weitgehend aus. Es kommt lediglich zu der Aussage: »Die Kirche möge Sorge tragen, daß die Frauen in der Kirche einen solchen Platz einnehmen, daß sie die ihnen eigenen Gaben zum Dienst der Kirche angemessen nutzen können und eine größere Rolle auf den verschiedenen Ebenen des kirchlichen Apostolates einnehmen.«[127]

USA
Die National Association of Permanent Diaconate Directors (NAPDD) bittet die amerikanischen Bischöfe, sich für die Diakonatsweihe der Frauen einzusetzen.[128]

Deutschland
Der KSJ-Hochschulring fordert die in der Kirche Verantwortlichen auf, als ersten Schritt zum Priesteramt der Frau die Zulassung der Frau zum Diakonat zu ermöglichen.[129]

– IDZ. Ein Sonderdruck der Diaconia XP erscheint zum Thema Diakonat der Frau mit einem Vorwort von Bischof Moser.

1986
England und Wales
Kardinal Basil Hume betont, »jedesmal, wenn die Frage nach der Frauenordination gestellt wurde, gab es weitverbreitete Zustimmung«. Weiter sagt er: »Es ist ein großer Verlust für die Kirche, wenn fast alle Führungspositionen von Männern eingenommen werden.«[130]

Deutschland
Die Freiburger Katholische Akademie veranstaltet eine Tagung zur Frage der Ordination der Frau und bringt einen Band von der Tagung heraus.[131]

- Auf dem Diözesanfrauentag des Bistum Hildesheim mit 4500 Teilnehmerinnen wird für den Diakonat der Frau plädiert. Geschichte und theologisches Verständnis heute sprechen dafür.[132]

- Der Katholikenrat im Bistum Mainz spricht sich für den Diakonat der Frau aus.[133]

- Die Synode der Diözese Rottenburg-Stuttgart bittet in einem Votum den Heiligen Stuhl, »die Frage des Diakonates der Frau entsprechend den heutigen theologischen Erkenntnissen zu prüfen und angesichts der gegenwärtigen pastoralen Situation womöglich Frauen zur Diakonatsweihe zuzulassen.«[134]

- Im Papier zur Bischofssynode über die »Sendung der Laien« warnen die Bischöfe davor, die Problematik der Frau in der Kirche auf die Frage ihrer Zulassung zum geistlichen Amt zu reduzieren.[135]

- Schulsenatorin Hanna-Renate Laurien äußert vor der Katholisch-Theologischen Fakultät der Universität Bamberg, daß es keine berechtigten theologischen Einwände gegen die Zulassung der Frau zum Diakonat gibt.[136]

1987
Rom

An die römische Bischofssynode werden zahlreiche Eingaben von den involvierten Gruppen (darunter auch die kanadischen Bischöfe) gerichtet, die die Stellung der Frau in der Kirche betreffen. Die Synode steht unter der Order, die Frage nach dem Priestertum der Frau auszuklammern. Trotzdem fordern die Bischöfe der Ostkirchen[137], darunter der Bischof des syro-malabarischen Ritus im südindischen Kottayam, Kuriakose Kunnasserry, die Wiedereinführung des Diakonates der Frau. In seiner Kirche habe es bis in das 18. Jh. weibliche Diakone gegeben. Ihre besondere Aufgabe war bei der Taufspendung den Frauen zu helfen und in besonderen Fällen die hl. Kommunion auszuteilen. Sie wurden »Msamsanitha« genannt. In manchen Kirchen der orientalischen Riten sei bei einer Bischofsweihe auch heute noch die Rede von der Vollmacht des Oberhirten, Frauen zu Diakoninnen zu weihen.[138] Der kanadische Bischof Jean-Guy Hamelin äußert vor der Bischofssynode, daß er den Diakonat für Frauen im Sozial-, Schul- oder Krankenhausbereich für sinnvoll hält.[139] Das Thema Diakonat der Frau, das zum Beginn der Bischofssynode noch einigen Raum einnahm, fällt zum Schluß aus dem Themenkatalog heraus[140], da es innerhalb der Synode als Grenzfrage gilt und keine Übereinstimmung besteht.[141]

Weltweit wird von den Frauengruppen eine große Enttäuschung zum Ausdruck gebracht, daß über allgemeine Appelle hinaus in der Frauenfrage keine Fortschritte erzielt worden sind.

Österreich

Das Präsidium des Katholischen Akademikerverbandes Österreichs fordert angesichts der bevorstehenden Bischofssynode die Wiedereinführung des Diakonates für Frauen.[142] Ebenso hält der Katholische Deutsche Frauenbund die Frage der Zulassung der Frau zum Diakonat für entscheidungsreif.[143]

– Kardinal König äußert bei einer Festveranstaltung in Wien, daß es die Monopolisierung der Entscheidungsgewalt beim Amt »im herkömmlich engen Sinne« aufzubrechen gelte. Dies sei notwendig, damit die Diskussion um Amt und Frau entscheidend entlastet werden kann.[144]

Deutschland
Gründung der Gruppe »Maria von Magdala«. Ihr Anliegen ist die Gleichberechtigung von Frauen und Männern in der Kirche. Seit 1993 ist sie ein eingetragener Verein. Sie gehören der »Women's Ordination Conference« an. Durch Tagungen, Veröffentlichungen, Gesprächs- und Arbeitsgruppen soll geholfen werden, die Situation der Frau in der Kirche zu verbessern. Die Gruppe vertritt den Zugang der Frauen zum Priester- und Diakonatsamt.[145]

– In der kfd werden von 360 Delegierten aus 15 Diözesanverbänden die »Impulse 87« verabschiedetet, in denen wieder der Zugang der Frau zu allen Diensten und Ämtern der Kirche verlangt wird.[146]

1988
Griechenland
Auf Rhodos wird eine interorthodoxe Konferenz zum Thema »Die Rolle der Frau in der Kirche und das Problem der Frauenordination« abgehalten. Von den 61 Teilnehmern/innen sind 18 Frauen. Die Konferenz wird mit der Absicht einberufen, die Beweisführung für die Unmöglichkeit der Frauenordination in den orthodoxen Kirchen zu erbringen. Der Verlauf der Konferenz nimmt dann eine andere Richtung. Das Amt der Diakonin soll wieder aufleben. Die Frauen, besonders die wachsende Zahl der Theologinnen und gebildeten Nonnen, sollen stärker in das Leben der Kirche eingebunden werden. Sprache, Exegese und die untergeordnete Rolle der Frau soll entsprechend der feministischen Kritik überprüft werden. Jegliche Diskriminierung der Frau in der Geschichte und Gegenwart wird bedauert, es soll ihr entgegengearbeitet werden.[147]

Rom
»Mulieris dignitatem« erscheint mit den bekannten Argumenten gegen das Priestertum der Frau und stößt auf Kritik.

USA
Die Nationalversammlung der US-amerikanischen Priesterräte fordert die Zulassung von Frauen zum Ständigen Diakonat.[148]

Die US Bischöfe empfehlen ein weiteres Nachdenken über die Weihe der Frau, da sie nicht alle die in »Inter insigniores« dargelegten Schlußfolgerungen für überzeugend halten. Vor allem empfehlen sie, die Frage nach der Zulassung der Frau zum Diakonat einer gründlichen Untersuchung zu unterziehen.[149]

Deutschland
Bischof Lehmann fragt, welches Berufsbild mit dem Amt einer Diakonin verbunden sei. Der Rückgriff auf die Kirchengeschichte sei nicht ausreichend, um einen Diakonat der Frau zu begründen. Es müßten Gründe genannt werden, die die Weihe einer Frau zur Diakonin nötig machen.[150]

1989
International
Auf dem Symposium des IDZ (25 Jahre erneuerter Diakonat) beschäftigt man sich eingehend mit dem Diakonat der Frau und spricht sich mit großer Mehrheit für die Zulassung der Frau zum sakramentalen Diakonat mit folgenden Gründen aus:
1) Die theologische Frage nach der Möglichkeit eines Diakonats ist positiv geklärt; in bezug auf die Tradition der Kirche ist belegt, daß es den Diakonat der Frau zu bestimmten Zeiten an bestimmten Orten gegeben hat. Es gibt keine ernstzunehmenden Hindernisse gegen eine Wiedereinführung.
2) Die Ausklammerung der gesamten Bereiche, in denen sich Frauen diakonal einsetzen, bedeutet eine Trennung vitaler Kräfte von ihrer Ausprägung im Amt und in den Strukturen der Kirche. Dies wird zur ernsthaften Anfrage an die Glaubwürdigkeit des Diakonates und der Diakonie der Kirche als einen ihrer Wesenselemente in der Nachfolge Jesu.
3) Der Ausschluß der Frau vom Amt ist ein entscheidendes Hindernis für eine breite Akzeptanz des Diakonates in Kirche und Gesellschaft.

4) In der westlichen Gesellschaft wird das Engagement der Christen in den gesellschaftlichen Institutionen weniger sichtbar, wenn diese als Privatpersonen auftreten. Erst dann, wenn jemand im Namen der Kirche institutionell mitarbeitet, tritt das christliche Engagement stärker in Erscheinung. Der Diakonat biete die Möglichkeit, hinauszugehen in die Welt und zu zeigen, daß es der Kirche ernst ist mit Gerechtigkeit, Frieden und Solidarität.
5) Die Öffnung des Diakonates für Frauen wäre der geeignete Weg, um einerseits der diakonalen Struktur der Kirche eine überzeugendere Form zu geben und andererseits den Frauen in ihrem diakonalen Engagement die kirchliche Anerkennung zu gewähren.
6) Die Frau als Diakonin würde für die Gemeinden und die Kirche insgesamt eine Bereicherung und ein Gewinn sein. Sie kann Notwendiges zur Verganzheitlichung und Verlebendigung der Kirche beitragen.
7) Aufgrund der sakramentalen Struktur der Kirche ist es sinnvoll, daß Frauen entsprechend ihrer Dienste eine Weihe erhalten, wie sie in »Ad gentes« Nr. 16 für den Mann gefordert wird.
8) In vielen Ländern ist beim Kirchenvolk und beim Klerus eine wachsende Übereinstimmung im Blick auf die Notwendigkeit des Diakonates der Frau festzustellen. Dies wurde von den deutschen Bischöfen in ihrem Hirtenwort von 1981 als Bedingung für ein weiteres Vorgehen im Blick auf den Diakonat der Frau genannt.[151]

Schweiz
Bei dem Symposium zum 25jährigem Bestehen des erneuerten Diakonats spricht Bischof Prof. Hänggi über den Diakonat der Frau, in dem er sich bezüglich der Quellen an Martimort hält, in der Interpretation aber mit Martimort nicht übereinstimmt. Bischof Hänggi beendet seine Ausführungen: »Zur Weihe der Frau zum Priestertum sagt die Schrift nichts; die Tradition bezeugt, daß es Priesterinnen im Sinne einer Weihe nie gegeben hat. Da ist nun die Frage: Handelt es sich dabei um eine theologische Frage oder geht es nicht vielmehr um die soziale Stellung der Frau. Auch zum Diakonat der Frau sagt die Schrift nichts; doch die Tradition lehrt:

Es hat den Diakonat gegeben, zu einer bestimmten Zeit an bestimmten Orten unserer Kirche. Also gar keine Frage, der Diakonat der Frau kann durch die zuständige Autorität ohne weiteres wiedereingeführt werden.«[152]

Österreich
Bischof Kuntner, der die Kommission für den Ständigen Diakonat der Österreichischen Bischofskonferenz leitet, erklärt, daß er sich eine Diakonatsweihe für Frauen vorstellen könne.[153]

Deutschland
Ria Pechl, die Bundesvorsitzende des Kath. Deutschen Frauenbundes fordert die Weihe von Diakoninnen und eine Vertreterin der Frauen in der Bischofskonferenz.[154]

– Der Augsburger Bischof Josef Stimpfle verweist auf die Studie der »Arbeitsgemeinschaft Katholischer Liturgiker im deutschen Sprachgebiet«, wonach der sakramentale Weihediakonat der Frau theologisch nicht möglich, ein bloßer Weihediakonat pastoral nicht sinnvoll sei.[155]

1990
Schweiz
Der schweizerische Katholische Frauenbund bittet die Bischofskonferenz, sich in Rom für den Frauendiakonat einzusetzen. Weihbischof Joseph Candolphi verspricht, alles zu unternehmen, was möglich ist.[156]

Holland
Die Niederländische Stiftung VROUWMENS wird gegründet. Ihr Ziel ist das Recht der Frau auf Ordination.

Deutschland
Die Diözesansynode des Bistums Hildesheim stellt sich hinter das Votum der Würzburger Synode und bittet den Papst, die ausstehende Antwort bald zu geben.[157]

- Die Augsburger Diözesansynode will unter Berufung auf die Würzburger Synode ein Votum für den Diakonat der Frau zur Abstimmung bringen. Dies wird von Bischof Stimpfle mit dem Verweis auf geltendes Kirchenrecht verhindert.[158]

1991
Italien
Die 800 Delegierten der Florentiner Synode fordern die Einführung des Diakonates für Frauen.[159]

Holland
Unterstützt von VROUMENS reicht Frau Tiny van Lieshout-van Asseldonk am 11. März beim Zivilgericht gegen den Bischof von Herzogenbusch Klage ein, um die Zulassung zur Diakonatsausbildung im Bistum Herzogenbosch zu erreichen. Die Klage wird mit der Begründung zurückgewiesen, daß das fundamentale Prinzip der Gleichberechtigung von Mann und Frau und das davon abgeleitete Diskriminierungsverbot nicht von einer höheren Ordnung sei als das Prinzip der Religionsfreiheit. Das Urteil wird in der nächsten Instanz bestätigt. Nachdem alle Instanzen des nationalen Rechtes erschöpft sind, wendet sich Frau Tiny an den Europäischen Gerichtshof mit der Forderung, den Niederländischen Staat darauf hinzuweisen, daß das Gesetz der Gleichberechtigung von Mann und Frau in der Katholischen Kirche nicht eingehalten wird. Die Entscheidung des Europäischen Gerichtshofes ist auch negativ.[160] Die Gruppe geht in ihrem Anliegen für den Diakonat der Frau weiter und sieht den Erfolg der Aktion darin, daß juristische Fachkreise auf diese Problemstellung aufmerksam wurden und vielleicht daran weitergearbeitet wird.

Deutschland
Die Arbeitsgemeinschaft Frauenseelsorge veröffentlicht ein Heft »Zu Fragen der Stellung der Frau in Kirche und Gesellschaft« zum zehnten Jahrestag des Bischofswort von 1981. Zum Weiheamt der Frauen heißt es: »Die Frage nach dem Weiheamt für Frauen wird immer wieder gestellt. Die überlieferten Antworten können von

vielen Frauen nicht akzeptiert werden, vor allem weil sie theologisch nicht überzeugen. Die Frage nach dem Weiheamt für Frauen sollte im Interesse der Glaubwürdigkeit der Kirche wieder ernsthaft aufgenommen werden.«

– Die Katholische Landjugendbewegung (KLJB) im Bistum Mainz fordert die Zulassung von Frauen zum Diakonat und Priesteramt.[161]
– Im Freiburger Diözesanforum wird das Votum, Erzbischof Dr. Oskar Saier möge sich für die Einführung des Diakonates der Frau in der Gesamtkirche einsetzen, abgeändert in: »Das Diözesanforum tritt dafür ein, Frauen zum Diakonat zuzulassen« (151 ja, 28 nein). Der Erzbischof bedankt sich für die Abänderung, damit er nicht zur »Rechenschaftsabgabe« genötigt werde. Das gebe ihm mehr Freiheit und die Chance, das Anliegen unbefangener auch auf der Ebene der Bischofskonferenz und der Weltkirche zu vertreten.[162]
– Die kfd wiederholt ihre Forderung von 1979 und 1987 nach dem Diakonat der Frau.[163]

1992
USA
Die kath. Bischofskonferenz der USA lehnt die Ausarbeitung zum Hirtenbrief zur Frauenfrage ab. Im Mittelpunkt der Debatte steht die Frage nach dem Priestertum der Frau.[164]

Österreich
Im Wiener Diözesanforum wird eine intensivere theologische Forschung zum Priestertum der Frau gefordert und Kardinal Groer wird ersucht, »das Ringen um die Zulassung von Frauen zur Diakonatsweihe in Rom zu unterstützen«.[165]

Deutschland
Trierer Geistliche appellieren an Bischof Spital, sich dafür einzusetzen, daß Frauen ein Zugang zum Geistlichen Amt geöffnet werde.[166]

- Der Bayerische Landesverband und Bundesverband des Katholischen Deutschen Frauenbundes (KDFB) spricht sich für die Zulassung von Frauen zu Diakonat und Priestertum aus.[167]

- Ursula Hansen, Vizepräsidentin des ZdK und Vorsitzende des Frauenbundes, fordert den Diakonat der Frau.[168]

- Rudi Conin, der Vorsitzende des Katholikenausschusses von Köln, ruft auf, die Frage nach dem Diakonat der Frau ernsthaft zu diskutieren.[169]

- Der Diözesanrat von Rottenburg-Stuttgart ist der Ansicht, daß es dringend nötig ist, Frauen zum Diakonat zuzulassen. Die vom Bischof Kasper eingesetzte Frauenkommission soll einen entsprechenden Antrag einbringen, mit dem sich der Diözesanrat an die Deutsche Bischofskonferenz wenden soll.[170]

- Bischof Kasper äußert in der ZDF-Sendung »Streitfall« im Dialog mit Drewermann, daß schon bestehende Möglichkeiten für Frauen noch weit besser ausgeschöpft werden müßten. Danach sei u. U. der Boden bereitet, um das Priestertum der Frau zu diskutieren.[171]

- Beim Katholikentag in Karlsruhe spricht sich der Limburger Bischof Kamphaus für den Diakonat der Frau aus. Damit können wichtige Erfahrungen gemacht werden, die für die Zukunft der Kirche bedeutsam sein können.[172] Ebenfalls mit diesem Thema befaßt sich ein Arbeitskreis, der von der Frauenseelsorge ausgerichtet wird. Er fand solchen Zuspruch, daß er wiederholt werden mußte.

- Bei der Wahl von Maria Jepsen zu Bischöfin von Hamburg sagt Weihbischof Gutting: »Natürlich werden wir dadurch gezwungen, die Möglichkeit für Frauen in der Kirche gegenüber den vergangenen patriarchalbedingten Strukturen zu überprüfen, vor allem was die Wiedereinführung des Diakonates für Frauen betrifft.«[173]

- Das Seminar Katholischer Theologie der Universität Koblenz-Landau fordert den Diakonat der Frau.[174]

- Die Katholische Akademie des Bistums Rottenburg in Stuttgart-Hohenheim veranstaltet eine Tagung zum Diakonat der Frau.

1993
Rom
Kardinal Ratzinger bekräftigt das Nein zur Priesterweihe der Frau, die Frage nach der Zulassung der Frau zum Diakonat sei eine offene Frage, zu der er »jetzt nichts zu sagen wage.[175]

Deutschland
Die Frauenkommission der Diözese Rottenburg-Stuttgart stellt einen Antrag auf Zulassung von Frauen für das Diakonenamt. Begründet wird dieser Antrag in einem Brief der Ordinariatsrätin Wieland an Bischof Kasper in folgender Weise: »Faktisch üben viele Frauen in Kirche und Gesellschaft Tätigkeiten aus, die von Ständigen Diakonen wahrgenommen werden. Dies entspricht den Erfordernissen der kirchlichen und gesellschaftlichen Situation sowie dem veränderten Selbstverständnis von Frauen und Männern. Die Zulassung von Frauen zum Amt des Diakons ist theologisch möglich. Die Verweigerung der Zulassung ist heutigen Menschen weder vom Glauben noch von allgemeinen vernünftigen Überlegungen her plausibel zu machen. Deswegen gilt die Feststellung der Würzburger Pastoralsynode: ›Der Ausschluß dieser Frauen von der Weihe bedeutet eine theologisch und pastoral nicht zu rechtfertigende Trennung von Funktion und sakramental vermittelter Heilsvollmacht‹.« Bischof Kasper begrüßt den Antrag der Ordinariatsrätin Wieland und will ihn nach Rom weiterleiten.

- Der Priesterkreis Burg Feuerstein sieht keinen »biblischen wie theologischen Grund, die Frau noch länger von Diakonat und Priestertum auszuschließen«.[176]

- In Münster findet eine Tagung zum Diakonat der Frau statt.

- Bischof Lehmann warnt vor der Tendenz, den Diakonat der Frau als Vehikel für das Priestertum der Frau zu mißbrauchen. Er ruft nach einer schöpferischen, erweckenden und mitreißenden Vision eines Ständigen Diakonates für die Frau.[177]

- Das Pastorale Forum der Erzdiözese in Freising befürwortet die Diakonenweihe für Frauen. Mit 73 Ja-Stimmen, 26 Nein-Stimmen und 10 Enthaltungen wird Bischof Wetter gebeten, die Bitte weiterzureichen, »Konsequenzen aus dem heutigen theologischen Erkenntnisstand zu ziehen und Frauen zur Diakonatsweihe zuzulassen«.[178]

- Bischof Spital hält eine Einführung des Diakonates für Frauen für einen »in Zukunft gangbaren Weg«. Er spricht sich ebenfalls dafür aus, mehr kirchliche Leitungsstellen für Frauen zu schaffen.[179]

1994
USA
Erzbischof Crescenzio Sepe, der Sekretär der Kongregation für den Klerus bringt auf der Konferenz der US-amerikanischen Diakone in New Orleans einen Überblick über die Themen zum Diakonat, die in einer Plenarsitzung der Kleruskongregation im Herbst 1995 zu behandeln sind. Unter Punkt 7.f. spricht er auch den Diakonat der Frau in folgender Weise an: »Einige betonen, daß Klarheit geschaffen werden muß über das sog. ›weibliche Diakonat‹ im Verhältnis zu 'Diakonissinnen' in der frühen Kirche (die sich ja gänzlich unterschieden vom Diakonat als einer Ordnung im Weihestand).«[180] Dieses Wort löste Unruhe aus.

Schweiz
Die katholische Bischofskonferenz der Schweiz spricht sich für eine intensive Diskussion über die Zulassung von Frauen zum Diakonat aus, nachdem der Papst das Nein zum Priestertum der Frau bekräf-

tigt hat. Die Entscheidung des Papstes müsse respektiert werden, sei aber weder ein Dogma noch eine unfehlbare Lehraussage.[181]

Deutschland
Der Katholische Deutsche Frauenbund gibt ein Informationsheft zum Diakonat der Frau heraus: »Diakonat der Frau – alter Dienst im Wandel der Kirche«. Prof. Dr. Gerl-Falkowitz macht darin den Vorschlag, der künftigen Diakonin die Möglichkeit zu geben, zu taufen, der Eheschließung zu assistieren, Krankensalbung und Bußsakrament zu spenden. Viele Frauen arbeiten in der Krankenseelsorge und Sterbebegleitung und besitzen das Vertrauen der Betroffenen.[182]

1995
USA
Vor der Sitzung der Kleruskongregation wird von der Canon Law Society of America zu den Fragen des Diakonates ein Gutachten herausgebracht. Ein Teil befaßt sich mit dem Diakonat der Frau und befürwortet es. Das Thema wird aber auf der Kleruskongregation gegen alle Befürchtungen nicht behandelt.
Hier eine Zusammenfassung der erarbeiteten Punkte.
1. In der Geschichte wurden Diakoninnen ordiniert. Was ihr geistliches Amt beinhaltet hat, hat sich von Ort zu Ort und von Jahrhundert zu Jahrhundert unterschiedlich entwickelt. Obwohl es eine gewisse Debatte darüber gibt, ob diese tatsächlich ordiniert wurden, gibt es Beweise dafür, welche auf eine Ordination hindeuten, die parallel zu der Weihe der Diakone verlaufen ist.
2. Kulturelle Faktoren waren ausschlaggebend bei der Entscheidung, Diakoninnen in der Vergangenheit in lokalen Kirchen zu ordinieren. Es ist deswegen angemessen und richtig, daß gegenwärtige kulturelle Faktoren von den Kirchenoberen in Hinblick auf Frauen in Betracht gezogen werden, wenn entschieden wird, ob Frauen heute als Diakoninnen ordiniert werden sollen.
3. Der Diakonat wird im kanonischen Recht als Sakrament dargestellt, eine Stufe im Sakrament der Priesterweihe. Es ist ein un-

auslöschliches Sakrament und vermittelt Gnade, es ist nicht nur ein gradueller Unterschied. Sie vermindert keinesfalls die Wichtigkeit der Rolle von Frauen und Männer als Laien in der Kirche oder in der Welt.
4. Die oberste Autorität in der Kirche hat die Kompetenz zu entscheiden, daß Frauen zum ständigen Diakonat geweiht werden können. Es würde eine Änderung vom C 1024 benötigen, die alle Ordinierungen, die zum Ständigen Diakonat eingeschlossen, nur Männern vorbehält. Dies kann durch eine Gesetzgebung oder durch individuelle Konzessionen an Bischofskonferenzen geschehen.
5. Es werde nicht notwendig sein, in der gesamten Kirche die Ordinierung von Frauen zum Ständigen Diakonat zu übernehmen. Dies bleibe der Entscheidungen der Bischofskonferenzen und den Diözesanbischöfen überlassen.
6. Frauen im Amt des Diakonates würden wie die Diakone durch dasselbe kanonische Recht gebunden sein.
7. Die Frauen als Diakoninnen würden überdies in der Lage sein, Amtsgeschäfte auszuführen und Verpflichtungen wahrzunehmen, von denen sie zwar jetzt ausgeschlossen sind, die sich aber in dem Rahmen bewegen, der sich schon jetzt in der Kirche bietet. Sie würden die zusätzliche Unterstützung der sakramentalen Gnade als ein Ergebnis der Weihe erhalten, in der gleichen Weise wie geweihte Männer diese Hilfe bereits erhalten haben. In Hinblick auf diese Schlußfolgerungen aus den Untersuchungen hat das Komitee die Erkenntnis erlangt, daß die Ordinierung von Frauen zu Ständigen Diakoninnen möglich und für die Vereinigten Staaten unter den gegenwärtigen kulturellen Voraussetzungen wünschenswert ist.[182a]

Österreich

Im Kirchenvolksbegehren werden folgende Forderungen gestellt:
1. Die volle Gleichberechtigung der Frau in der Kirche, speziell die Öffnung des Ständigen Diakonates für die Frauen und Zugang zum Priesteramt 2. Freie Wahl zwischen zölibatärer und nichtzölibatärer Lebensform. 3. Positive Bewertung der Sexualität. 4. Frohbotschaft statt Drohbotschaft.

Die Ergebnisse des Kirchenvolksbegehren in Österreich (eine halbe Million Unterschriften) zeigen, daß ein großer Teil der Gläubigen den Zugang der Frau zur Ordination wünschen, insbesonders die Weihe der Frau zur Diakonin.

Schweiz
In der Schweiz wird das Kirchenvolksbegehren mit gutem Erfolg durchgeführt.

Südtirol
Hier erhält das Kirchenvolksbegehren 18 284 Unterschriften.

Deutschland
Das Kirchenvolksbegehren erreicht 1,5 Millionen Unterschriften von Katholiken.

- Der Katholikenrat von Trier, fordert den Diakonat der Frau mit der Begründung, daß viele Frauen bereits heute Tätigkeiten in der Kirche ausüben, die zu den Aufgaben ständiger Diakone gehören. Die Verweigerung wäre weder vom Glauben noch von den allgemeinen Vorstellungen her deutlich zu machen. Der Diakonat der Frau wäre eine wesentliche Bereicherung der Kirche.

- In Münster findet im Franz-Hitze-Haus eine weitere Tagung zum Diakonat der Frau statt. Über diese Tagung und die 1993 stattgefundene Tagung wird eine Dokumentation herausgegeben. Es bildet sich ein Arbeitskreis »Diakonat der Frau«.

- Zur 25jährigen Jubiläumsfeier des Ständigen Diakonates im Erzbistum Freiburg am 26.11.95 sagt Hannes Kramer, einer der Vorkämpfer für die Erneuerung des Diakonates und Gründungsmitglied IDZ: »Wir Männer haben damals zu wenig für die Erneuerung des Diakoninnenamtes getan. Verzeiht.«[183]

1996
Syrien
In Damaskus/Syrien findet im Oktober eine Konferenz der orthodoxen Frauen des Nahen und Mittleren Orients mit den Titel: »Die

Zeichen der Zeit erkennen« statt. Sie ist der Rolle und den Aufgaben der Frau in den Kirchen gewidmet. Organisiert wird sie von den Orthodoxen Kirchen vor Ort in Zusammenarbeit mit dem Rat der Kirchen des Mittleren und Alten Orients und dem Ökumenischen Rat der Kirchen (COE). Bei dieser Konferenz treffen sich 65 Frauen aus der Orthodoxen Kirche des Alten Orients, aus Afrika und Asien, ebenso vertreten sind u. a. offiziell die Kirchen von Alexandrien und Antiochien, die Koptische Kirche, die Syrische Kirche, die Armenische Kirche, die Äthiopische Kirche (anwesend war eine Diakonin) und die Indische Kirche. Patriarch Ignaz IV. von Antiochien, der Primus der Arabischen Orthodoxen Kirchen des Alten Orients, erhofft sich in seiner Eröffnungsrede wichtige Impulse für die Zukunft.

Die Konferenz richtet einen Appell an ihre Kirchenleitungen, Frauen Verantwortlichkeit in ihren Kirchen anzuvertrauen, neue, weibliche Formen der pastoralen Arbeit zu entwickeln, Theologinnen auszubilden, die der Kirche in Theologie und Katechese dienen sollen. Sie verlangen eine schnelle Wiederbelebung des Diakonates der Frau in den Orthodoxen Kirchen, sowie die Beseitigung frauendiskriminierender Praxis in der ungleichen Behandlung von Mädchen und Jungen bei der Taufe (hier werden nur die Jungen in das Allerheiligste getragen), Aufhebung der Praxis, Frauen während ihrer Menstruation die Kommunion nicht zu reichen.

Im Mai 1997 soll in Istanbul/Türkei eine weitere Konferenz für die Delegierten der Kirchen aus Europa, Nord- und Südamerika stattfinden.[184]

International

In Gmunden findet im Juni eine Internationale Frauensynode statt. Es wird – wie oft in feministischen Kreisen diskutiert, ob die katholischen Frauen überhaupt das Amt in ihrer Kirche anstreben sollen, um nicht Strukturen zu unterstützen, die es eigentlich abzubauen gilt. In ihren Beschlüssen sprechen sich die Teilnehmerinnen dafür aus, die Kirche von innen her zu erneuern. Es wird das Netzwek »Women's Ordination Worldwide« (WOW) gegründet.

Ähnliche Gruppen sind in den USA die WOC mit ihrer Untergruppe RAPPORT, die den Diakonat anstrebt, Call to Action,

Priests for Equality, Women-Church, CORPUS, und Dignity; in Australien die »Ordination of Catholic Women« OCW mit einigen tausend Mitgliedern.

- »Women of the New Covenant« (Frauen des neuen Bundes) mit Sitz in Viktoria (25. März internationaler Gebetstag und Gottesdienst in der St. Patricks Kathedrale). In England Catholic Women's Ordination (CWO). Sie geben ein Nachrichtenblatt heraus, in dem über die unterschiedlichen Aktionen und Erfahrungen berichtet wird.[185]

Österreich
Das Salzburger Diözesanforum spricht sich für den Diakonat der Frau aus und wünscht, daß Frauen in allen diözesanen Gremien zumindest beratend vertreten sein sollen.[186]

- Im Salzburger Bildungshaus St. Vergil findet ein Symposium statt zum Thema »Frauen und ihre Rolle in liturgischen Feiern«. Als Resümee werden folgende Wünsche und Hoffnungen festgehalten: »Notwendig ist eine Entschuldigung auf hoher Ebene in der Kirche für die Verletzungen, die Frauen zugefügt wurden... Die feministische Theologie muß in die theologische und praktisch-theologische Ausbildung hineingenommen werden... Die Frauen an der Basis müssen darin bestärkt werden, das zu tun, was ihnen bereits möglich ist. Die Bildung von Netzwerken für Frauen ist wichtig. ... Der in Rom anfangs der 70er Jahre entstandene und dort verwahrte Ritus für die Weihe von Frauen zum Diakonenamt möge endlich Verwendung finden.«[187]

Deutschland
Die kfd der Erzdiözese Freiburg gibt eine Arbeitshilfe zur Frage des Diakonates der Frau mit dem Titel »Wann weiht die Kirche ihre Diakoninnen?« von Schüllner heraus.[188]

- Eine Gruppe vom Kirchenvolksbegehren demonstriert in Rastatt anläßlich einer Weihe von Ständigen Diakonen für den

Diakonat der Frau unter dem Motto: »Wo bleibt die weibliche Hälfte?« Es wurden den Neugeweihten lila Gratulationskarten überreicht, Flugblätter verteilt, über Literatur zum Diakonat der Frau informiert und die Arbeitshilfe der kfd Freiburg über den Diakonat der Frau zum Kauf angeboten.

- In Münster werden Schritte in die Wege geleitet, einen Verein »Netzwerk Diakonat der Frau« zu gründen. Ziel des Vereins soll die Vernetzung und Bündelung aller Bestrebungen für den Diakonat der Frau sein. Außerdem soll die Ausbildung von Diakoninnen ermöglicht werden und die Möglichkeit der Kontaktaufnahme gegeben werden.[189]

- Beim 25jährigen Jubiläum der Mainzer Diakone äußert sich Bischof Lehmann erfreut darüber, daß die Frage des Diakonates der Frau in Rom wieder aufgegriffen worden sei. Er warnt aber davor, die Diskussion um den Diakonat der Frau an die Frage des Priestertums zu koppeln. Wer dies tue, mache sich zum »Totengräber des Diakonates der Frau«.[190] Es müsse darüber nachgedacht werden, wie das Amt der Diakoninnen unter der Bedingung der heutigen Kirche aussehen könne.[191]

- Im Sommer bildet sich ein Arbeitskreis »Diakonat der Frau« im Bistum Mainz. Frauen aus der Bewegung »Wir sind Kirche« wollen als Gruppe mitarbeiten, die Verwirklichung des Diakonates der Frau voranzubringen. Sie wünschen sich »im dritten Jahrtausend eine geschwisterliche Kirche, in der niemand des Geschlechtes wegen diskriminiert wird, eine Kirche in der Männer und Frauen grundsätzlich gleiche Rechte haben, gleiche Verantwortung tragen und in der sich alle Charismen voll entfalten können«. Sie versuchen die österreichische Aktion »Frauen stellen sich für Dienste und Ämter zur Verfügung«, die sich im Zusammenhang mit dem Kirchenvolksbegehren gegründet hat, in Deutschland umzusetzen und suchen mit einer Unterschriftenliste noch weitere Frauen, die sich für kirchliche Dienste und Ämter persönlich zur Verfügung stellen.

So organisieren sie zum Festgottesdienst des 25jährigen Jubiläums der Ständigen Diakone von Mainz eine Demonstration.[192] Es wird Klage darüber erhoben, daß die Presse in ihrer Berichterstattung mehr die Aktion der Frauen, als die Würdigung der Diakone im Auge hatte.[193] Die Gruppe der Frauen beschließt, die »Lila Stola« Aktion bundesweit zu verbreiten. So überreichen die Frauen am 18.2. mit ihren lila Stolen in Mallersdorf den Bischöfen, die sich zur Bischofskonferenz treffen, Rosen. Diese Aktion »Lila Stola« soll bei allen diesjährigen Priester- und Diakonenweihen durchgeführt werden.

Reflexion

Zum geschichtlichen Überblick
Die chronologische Übersicht über die Initiativen und Gruppen, die sich weltweit um die Wiedereinführung des Diakonates der Frau bemühten, ist beeindruckend. Wieviel Kraft und Zeit wurde dafür eingesetzt! Hinter all diesen Initiativen stehen Millionen von Menschen. In Anbetracht auch der Bemühungen in der Geschichte der Kirche muß feststellt werden, daß es kaum eine Zeit gab, in der die Frage nach der Stellung der Frau in der Kirche verstummte.

Der Kampf gegen die Einführung des Diakonates der Frau
Der Almanach gibt nur zum Teil den Streit um den Diakonat der Frau wieder. Rom hat bislang geschwiegen. Hinter diesem Schweigen von Rom geht eine breite Gruppe in Deckung, die die Frau nicht im sakramentalen Ordo haben will. Ihre Interessen sind momentan mit diesem Schweigen abgedeckt, sie treten meist nicht an die Öffentlichkeit, haben aber hier ihren Einfluß.

Als schriftliches Beispiel für diese Gruppe, deren eigentliche Vorbehalte in keinen Veröffentlichungen zu finden sind, möchte ich aus einem Brief zitieren, den ein Priester im August 1971 an seinen Freund schrieb.

»Nur einige Mitteilungen über die Urgierung der Zulassung der Frau sowohl zum Diakonat als auch zum Priestertum. Sie erfüllen mich mit aller größter Sorge und berechtigter Traurigkeit. – Ich habe mich durch viele Jahre hindurch als Theologe in kirchenhistorischer, soziologischer und theologischer Hinsicht mit diesem Fragenkomplex befaßt. Es liegen mir Abhandlungen römischer und anderer Theologen über das angeschnittene Thema vor. Diese Abhandlungen sind überzeugend. Über dieses Thema habe ich mich schon oft mit Geistlichen und Laien unterhalten, die allesamt ihre Sorge über diese Entwicklung zum Ausdruck brachten. Gerade Frauen sind es, die einmütig Front gegen diese Fehlentwicklung beziehen. Es mag sein, daß manche namhaften Theologen unseres Sprachgebietes, von der theologisch-historischen Forschung her anderer Meinung sind. Vom soziologischen und vom Standpunkt der Opportunität und der Ästhetik hinsichtlich des liturgischen Dienstes ist diese sich langsam anbahnende Entwicklung äußerst gefährlich und bedenklich...

Wenn Christus nur Männer in die apostolischen Ämter berufen hat, so hat er als Gottmensch seine Gründe dafür. Den Grund dafür in der Stellung der Frau im damaligen Judentum zu suchen, dürfte ziemlich abwegig sein...

Die Frau als Frau – in ihrem Sosein wie es ist – hat dieselben hohen Werte wie der Mann – aber auf einer ganz anderen Ebene. Das kann nicht genug betont werden!

Der Frau würde man den schlechtesten Dienst erweisen, würde man den diaconatus und das sacerdotium mulieris weiterhin in diesem Maß urgieren.

Der verewigte, berühmte frühere Bischof unserer Diözese Rottenburg Dr. Paul Wilhelm v. Keppler schrieb zu seiner Zeit (1901–1926): Wenn einmal die Frau die Hand nach dem Kelch, d. h. nach den kirchlichen Ämtern ausstrecken sollte, dann werden schwere Zeiten für die römisch-katholische Kirche anbrechen.

Gegen eine Amtsübernahme der Frau in der kirchlichen Hierarchie sprechen folgende Punkte:

1. Die Frau wird im allgemeinen aufgrund ihres Wesens, ihrer so und nicht anders gearteten Psyche und Physis dieser Aufgabe nicht in entsprechender bzw. genügender und adäquater Weise gewachsen sein – und eher mehr oder weniger daran zerbrechen.
2. Durch die immer lauter werdende Absicht, die Verwirklichung dieses Vorhabens fast gewalttätig durchzusetzen, ist die Wiedervereinigung mit der Orthodoxie wahrscheinlich endgültig in Frage gestellt...
3. Die würdevolle Feier der heiligen Eucharistie ist in Frage gestellt und wird zu einem theokratischen Akt durch das Funktionieren der Frau im Chorraum und am Altar der Kirche. Wird dann Liturgie nicht dadurch zu einem lächerlichen »Mummenschanz«? Wenigstens in ihrer äußeren Erscheinung!!
4. Die Kirche kommt dadurch in große Gefahr, zu einer Verachtung anheimfallenden Sekte herabgewürdigt zu werden.
5. Es ist zu befürchten, daß bei der Verwirklichung des Vorhabens ein Massenabfall in der röm.-kath. Kirche einsetzen wird. Den

verheirateten Diakon und Priester wollen 74% aller Gemeinden akzeptieren (nach Erhebung) – die Frau als Amtsträgerin nicht.
6. Die Frau ist auch für die Verwaltung der heiligen Sakramente, insbesondere des Bußsakraments, aus bekannten Gründen ungeeignet. Und wenn heute Ordensfrauen in der Mission gewisse Funktionen, die an sich dem Diakon und Priester vorbehalten sind, mit Erlaubnis der Bischöfe notgedrungen und aus zwingenden Situationen heraus ausüben, so ist das kein Beweis dafür, daß das ein Weg ist, um den Priestermangel auf die Dauer vernünftig und sinnvoll zu beheben. Die Geltungssucht der Frau würde ungebührlich gefördert und die weibliche Eifersucht würde der Kirche schwer zu schaffen machen. In einer mir bekannten Gemeinde mußte das Vortragen der Lesungen wieder ausschließlich den Männern übertragen werden, weil die Eifersucht unter den Frauen überhand nahm und das dezente Auftreten zu wünschen übrig ließ.
7. Der Amtsvergleich mit den evangelischen Denominationen und Sekten hinkt gewaltig. Sie sind alle Laien... Luther hat das Amtspriestertum klar und eindeutig abgelehnt. Kein Wunder, daß man drüben schon von einem Bischofsamt der Frau spricht!!

Konsequent weitergedacht, müßte auf den weiblichen Diakon und Priester auch der weibliche Bischof folgen, usw. ... Welche unheilbringende Entwicklung würde das sein! Bitte, denken wir das einmal ganz zu Ende. Man kann es eigentlich nur mit Schauern und Entsetzen tun. Gott möge uns in seiner Güte davor bewahren.... Im übrigen hat die Mehrzahl der lutherischen und reformierten Kirchen bis heute keine gute Erfahrungen mit weiblichen Amtsträgerinnen gemacht.

Wir können die maßgebenden kirchlichen Instanzen nur immer wieder inständig bitten und warnen, von solchen unheilbringenden Experimenten unbedingt Abstand zu nehmen, zumal es in der neuesten 3. Instruktion zur ordnungsgemäßen Durchführung der Liturgie-Konstitution (Juni 1971) verboten worden ist, d. h. als nicht erlaubt bezeichnet wurde, daß Mädchen, Frauen, Ordensschwestern dem Priester am Altare dienen. ... Gibt es denn nicht genügend Männer – auch verheiratete –, die zu diesen Ämtern berufen sind?! Müssen das Frauen sein? Die Frau hat wahrhaftig ganz andere Aufgaben, die ihr besser anstehen – insbesondere auch in unserer heutigen Zeit!

In Mainz sind es m. W. 200 Frauen, meist Akademikerinnen, die kirchliche Ämter auch für die Frau fordern. In Amerika sekundieren selbst Bischöfe diesen Forderungen. Es ist bereits schon bei der deutschen Synode eine ähnliche Forderung paraphiert worden. Es ist höchste Zeit, daß hier der oberste Hirte der Kirche ein klares, eindeutiges und bindendes Wort spricht. Es wird sehnlichst auf dieses befreiende Wort gewartet. ...«[194]

Der Brief spricht für sich und ist ein kostbares Zeugnis der Beweggründe gegen das Amt der Frau, die ansonsten so offen nicht ausgesprochen werden. Seither sind zwar einige Jahre vergangen, aber Bestände dieser und ähnlicher Vorbehalte tun auch weiter ihre Wirkung.

Da die Frage nach dem Wesen der Frau unterschwellig eine größere Rolle spielt, als es heute in der Diskussion hörbar ist, möchte ich einige Ausschnitte aus einem Brief aus dem Jahre 1973 von Karl Rahner an einen Mitbruder bringen, der ihm eine Ausführung zu diesem Thema zur Beurteilung vorlegte. Der Mitbruder hatte sie für eine römische Kommission geschrieben. K. Rahner entschuldigte sich für die nüchterne und ungeschminkte Kritik und hofft, daß sein Mitbruder mehr Wert auf Ehrlichkeit und Deutlichkeit legt, als auf höfliche Phrasen.

1. Rahner ist auch von der Verschiedenheit von Mann und Frau überzeugt,»die durch alle Dimensionen des Menschen hindurch reicht. Ich bin auch mit Ihnen selbstverständlich der Meinung, daß diese Tatsache auch in der Schrift bezeugt wird. Aber nun fangen die Fragen eigentlich schon an.
2. Zunächst vermisse ich in Ihrem Papier eine Reflexion darüber, wie denn eigentlich eine Grenze zwischen dem wirklich »Geoffenbarten« und dem geschichtlich bedingten Wissen, das sich in der Schrift über die Geschlechter, ihre jeweilige Eigenart und v. a. ihre Funktionen in der Gesellschaft und in der Kirche bemerkbar macht, eigentlich und genau zu ziehen ist. ... zumal ja diese beiden Aussagenkomplexe nicht einfach nebeneinander stehen, sondern sich gegenseitig durchdringen ...

3. ... Aber ich meine, per se und direkt ist auch in der Schrift die gnadenhafte Selbstmitteilung Gottes in seinem Geist geoffenbart, die in Jesus Christus ihren höchsten und irreversiblen Höhepunkt geschichtlicher Greifbarkeit erreicht; geoffenbart ist weiterhin all das, was sich zwingend aus dieser Grundoffenbarung ergibt oder in ihr impliziert ist. Von da sehe ich eigentlich nicht, daß man über die Tatsache eines Unterschiedes zwischen Mann und Frau im obigen Sinn hinaus über ... eine vom Wesen her immer notwendigen und bleiben-sollenden Eigentümlichkeiten von Mann und Frau und ihrem Unterschied von der Schrift her etwas Bestimmtes und für alle Zeiten Verpflichtendes sagen kann ... Damit ist auch das Recht der Kirche noch nicht bestritten, in ihrer rechtlichen und sakramentalen Gesetzgebung mindestens für hier und jetzt von solchen, wenn auch geschichtlich bedingten, aber eventuell wandelbaren, ja zu wandelnden Verhältnissen in der konkreten Interpretation der Geschlechter und ihrer Funktion, weil einmal nun gegeben, auszugehen und entsprechende Konsequenzen zu ziehen.

4. ... Die Rezeptivität z. B. des Menschen für die souveräne Gnade und Liebe mag man ruhig unter der von der Frau hergenommenen Bildern darstellen. Aber ist in dieser Hinsicht nicht selbstverständlich der Mann ebenso ›weiblich‹ wie die Frau? Ich halte dafür, daß man z. B. die Tatsache, daß Jesus Christus ein Mann war, worüber er offenbar selber keine Spekulationen angestellt hat, einfach als eine Tatsache hinzunehmen ist, aus der allgemeine anthropologische Ideen abzuleiten unstatthaft ist. ...

5. Wenn jemand will, kann er sagen, daß das eigentümliche Charisma der Frau ›weniger‹ (so schreiben Sie) in der Ordnung der Strukturen und der Institutionen liegt. Aber wie beweisen Sie das? Wie beweisen Sie, daß dies auch für alle späteren Zeiten der Gesellschaft gilt und darum für alle Zeiten für die Kirche gelten muß? Wie beweisen Sie, daß dies biblisch beweisbar ist? Wie beweisen Sie, daß das eigentümliche Charisma der Frau sich mehr aus dem Bereich der Gnade ergibt? Wenn ich an Jesus Christus denke, kann ich mir bei diesem Satz nichts denken, was ich für richtig halten kann. ...

Kann die Frau z. B. Ämter in der Kirche haben, weil ihr eigenes Charisma zwar weniger, also aber doch zu den Strukturen und Institutionen der Kirche eine Beziehung hat? Oder kann sie solche Ämter nicht haben, weil ihre Beziehung zu diesen Dingen angeblich ›weniger‹ groß ist? Ich warne davor, aus solchen letztlich vage bleibenden Aussagen über die Eigentümlichkeit der Geschlechter und ihrer Verschiedenheit kirchenrechtliche und kirchenpolitische Konsequenzen ziehen zu wollen, die im Grunde nur eine nachträgliche ideologische Untermauerung von Meinungen und Entscheidungen wäre, die man unreflektiert aus dem eigenen Zeitgefühl heraus schon längst hat.« (Persönliche Unterlage als Kopie.)

Anmerkungen

[1] Vgl. Ida Raming, Frauenbewegung und Kirche, Weinheim: Deutscher Studienverlag, 1989, 16.
[2] Elisabeth Moltmann-Wendel (Hg.), Frauenbefreiung. Biblische und theologische Argumente. München ²1978, 35. Zitiert nach: Raming, Frauenbewegung, 1989, 17.
[3] Vgl. ebd., 20ff.
[4] Ida Raming, Bestrebungen zum Diakonat der Frau im 20. Jahrhundert, in: Angela Urban (Hg.), Diakonat der Frau – Chance für die Zukunft? Dokumentation zu den Tagungen am 18. Mai 1993 und 19. Mai 1995 in der Katholisch-Sozialen Akademie Franz-Hitze-Haus, Münster, 38.
[5] Ebd.
[6] Ebd,
[7] Ebd., 37f.
[8] In: P. Herber/M. Grisar (Hg.), Charakterbilder der katholischen Frauenwelt I, 1. O. J. 212–230.
[9] Michael Faulhaber, Antwort auf die Frauenfrage, in: ders., Zeitfragen und Zeitaufgaben. Gesammelte Reden (1906–1914), Freiburg i. Br. ⁸1935, 191–314.
[10] Edith Stein, Die Frau. Ihre Aufgaben nach Natur und Gnade, in: Gelber/R. Leuven, Edith Steins Werke V, Freiburg/Louvin 1959, 105f.
[11] Ebd., 42f.
[12] Edith Stein, Beruf des Mannes und der Frau nach Natur- und Gnadenordnung, in: dies., Frauenbildung und Frauenberufe, München ⁴1956, 170f. Zitiert nach: Raming, Bestrebungen, Münster 1995, 38f.
[13] Vgl. Michael Faulhaber, Antwort auf die Frauenfrage, in: ders., Zeitfragen und Zeitaufgaben. Gesammelte Reden (1906–1914), Freiburg i. Br. ³1935.
[14] Hochland 36, 1938/39, 107.
[15] Schreiben des Bischöflichen Seelsorgeamtes an den KDFB vom 14. 8. 1951. Sekretariat für Frauenseelsorge: Korrespondenz November 1946. AKDFBD. Vgl.: Ulrike Altherr, Diakonat der Frau. Diskussion in den deutschen katholischen Frauenorganisationen nach 1945 (Diss.).

16 Fanny Werfer, Ort und Aufgabe der Frau im Dienste der Kirche, in: Die christliche Frau 42 (1953) 170–175.
17 Hilde Vérène Borsinger, Lebensform und Lebensformung der Frau von heute, in: Die christliche Frau 43 (1954) 12–14.
18 Elisabeth Adam, Frauenrechte und Frauenberufungen in der Kirche, in: Die christliche Frau 47 (1958) 65–69.
19 Vgl. Margret Morche, Frauen auf dem Weg zu Diakonie und Diakonat, in: Diakonia Christi. Dokumentation 1985, 23.
20 Ergebnis eines Erfahrungsaustausches der Arbeitsstelle zum Studium und zur Förderung der Seelsorgehelferinnen. DAR.G. 1. 2: Nr. 861, Freiburg 1959. Vgl.: Ulrike Altherr, Diakonat der Frau. Diskussion in den deutschen katholischen Frauenorganisationen nach 1945 (Diss.).
21 Agnes Wuckelt, Blick zurück – nach vorn! Mit meinem Gott überspringe ich Mauern. Gemeinschaftstag der Gemeindereferent(inn)en und Katechet(inn)en am 11. 9. 1993 in Böblingen. Johana Kneer, Referat der Gemeindereferent(inn)en und Katechet(inn)en (Hg.), 1–13 (gelb).
22 Gertrud Heinzelmann, Zur kirchlichen Stellung der Frau, in: dies. (Hg.), Wir schweigen nicht länger! Frauen äußern sich zum II. Vatikanischen Konzil. Zürich o. J., 19.
23 Heinzelmann, Zur kirchlichen Stellung der Frau, 77f.
24 La Documentation catholique 64, 1967, 1883; zitiert nach der Vorlage der Studienkommission.
25 Margret Morche, Zur Erneuerung des Ständigen Diakonats, Freiburg 1996, 101.
26 Herder Korrespondenz 24, 1970, 57; 130.
27 Archiv Deutscher Caritasverband, ab nun unter ADC 059.065, Fasz. 4.
28 Herder Korrespondenz 24, 1970, 57; 130.
29 ADC 059.065, Fasz. 15.
30 ADC 059.065, Fasz. 14.
31 Permanent Deacons in the United States. Guidelines on their formation and ministry, Washington 1971.
32 Publik-Forum 6. Jg, Nr. 4/18. 2. 77, 18.
33 Gertrud Heinzelmann, Die geheiligte Diskriminierung, Bonstetten 1986, 142.
34 Stellung der Frau in der Kirche, hg. von der Arbeitsgemeinschaft der bischöflichen Arbeitsstellen für Frauen in der Bundesrepublik Deutschland, 1972, DAR.G.1.2: R 31.
35 KNA – 99/X/73.
36 ADC 059.065, Fasz. 1.
37 PRO MUNDI VITA; Neue Formen des Amtes in christlichen Gemeinschaften 1974, 50, S. 25.
38 Biltstraat 121 Informatie Bulletin 3, 1975, 273–288 (siehe: Vorlage der Studienkommission).
39 Christ in der Gegenwart 24. 12. 1973, 90.
40 Kirche und Leben, Bistumszeitung der Diözese Münster, 29. 4. 1973.
41 Herder Korrespondenz 27, 9/1973, 469.
42 Sonderheft Diaconia XP, Wann weiht die Kirche ihre Diakoninnen? 29.
43 KNA – 261/XI/73.
44 Österreichischer Synodaler Vorgang. Hrsg. vom Sekretariat des Österreichischen Synodalen Vorganges, Wien 1974, 24.

45 ADC 059.065, Fasz. 7.
46 ADC 059.065, Fasz. 7.
47 Publik Forum 3, 1974,15; 18.
48 Bildpost. 9.6.74, 3.
49 ADC 059.065, Fasz. 7.
50 National Catholic Reporter, December 12, pp. 1–2, 12; December 19, p. 16.
51 Diaconal Quarterly 1, 1975, 1,2/(ADC) 059.065, Fasz. 7.
52 Orientierung 39, 1975, 152.
53 CIG, 1975,19, 146.
54 KNA Nr. 44, 30. Oktober 1975.
55 Gemeinsame Synode der Bistümer in der Bundesrepublik Deutschland, Beschluß Dienste und Ämter 4.2.2., 617, Freiburg 1976.
56 Wann bestellt die Kirche ihre Diakoninnen? Sonderdruck der Diaconia XP, 1985, 190ff.
57 L'Osservatore Romano, 17. Sept. 76, Nr. 38, 4.
58 Walter Groß (Hrsg.), Frauenordination, München 1996, 25–31.
59 HK 30, 1976, 483.
60 L'Osservatore Romano 6, 1976, 18; 10.
61 Bonaventura Kloppenburg, Sobre el Accesso de la Mujer al Ministerio Ordenado. Instituto Pastoral del CELAM, Medellin, Kolumbien 1976.
62 Diaconia 11, 1776, 1.
63 Ministries and Communities, 1976,10, 21f.
64 ADC 059.065, Fasz. 4.
65 ADC 059.065, Fasz. 1/KNA-Nr. 47 18.11.76.
66 ADC 059.065, Fasz.4.
67 bildpost, 9. Juni 1975, 3.
68 Gesprächsnotiz Margret Morche, 7. Mai 1976. ADC 059.065, Fasz. 7.
69 KNA – 287/I/77, 28.1.1977.
70 ADC 059.065, Fasz. 2, ebenso Diaconia XP 14, 1977, 3, 43f.
71 Aus: FABC: Asian Colloquium on Ministries in the Church. ADC 059.065, Fasz. 4.
72 Statement Of The National Conference Of Catholic Bishops, May 5, 1977, The Bicentenniel Consultation: A Response, 8 (zitiert nach der Studienkommission).
73 ADC 059.065, Fasz.7.
74 ADC 059.065, Fasz. 4.
75 The Tablet, 25.11.1978; ADC 059.065, Fasz. 7.
76 ADC 059.065, Fasz. 2; Fasz. 8.
77 ADC 059.065, Fasz. 2.
78 Pro Mundi Vita – Ministries and Communities, 1978, 16; 18.
79 KNA – 135/III/78.
80 ADC 059.065, Fasz. 1.
81 KNA – 176/XI/78.
82 ADC 059.065, Fasz. 4; Konradsblatt 63, 1979, 37; 5.
83 Publik-Forum, Nr. 11, 1. Juni 1979.
84 Ministries and Communities, 1979, 19, 16–19./ ADC 059.065, Fasz. 7.
85 In: Contact, April 1979; Vol. II, issue 2; ADC 059.065, Fasz. 7.
86 KNA – 342/II/80.

[87] Fasz. IV, 8.
[88] ADC 059.065, Fasz. 1.
[89] ADC 059.065, Fasz. 2.
[90] ADC 059.065, Fasz. 2.
[91] ADC 059.065, Fasz. 2.
[92] KNA Nr. 121, 26. Mai 1979.
[93] Frau und Beruf 28, 1979, 6.
[94] zur debatte, Themen der Kath. Akademie in München, Nr. 3, Mai/Juni 1979, 9.
[95] Frau und Beruf, 28, 1979, 2.
[96] ADC 059.065, Fasz. 2.
[97] frau und mutter, 9, 1979, 291.
[98] KNA – 197/X/79.
[99] Theologie im Kontext 2, 1981, 2; Quelle: UCA-News, 3.1.1980.
[100] Publik- Forum, Nr. 8, 17. April 1981.
[101] ADC 059.065, Fasz.4.
[102] KNA Nr. 35, 28. August 1980.
[103] Frau und Beruf 29, 1980, 5.
[104] Pastoralblatt für die Diözesen Aachen, Berlin, Essen, Köln, Osnabrück 1980, 1,24f.
[105] Gertrud Tacke, Ein Amt der Diakonin, DER DOM Nr. 39, 28. Sept. 1980.
[106] KNA – 186/XI/80.
[107] Frau und Beruf, 29. Jg, 1/80.
[108] ADC 059.065, Fasz. 14.
[109] ADC 059.065, Fasz. 4.
[110] KNA – 229/III/81.
[111] ADC 059.065, Fasz. 3.
[112] KNA – 109/III/82.
[113] Diaconia XP, Sonderheft Diakonin, 32.
[114] Publik-Forum, Nr. 2, 23.1.1981, 20.
[115] frau und mutter 7/8, 1981, 6.
[116] Pastorale Dienste 7.1 Votum 3.
[117] Sekretariat der Deutschen Bischofskonferenz, Kaiserstraße 163, 5300 Bonn 1, Die Deutschen Bischöfe, Zu Fragen der Stellung der Frau in der Kirche und Gesellschaft, 21. September 1981.
[118] ADC 059.065, Fasz. 15.
[119] ADC 059.065, Fasz. 4.
[120] Frau und Beruf 31, 1982, 1; 19.
[121] ADC 059.065, Fasz. 14.
[122] ADC 059.065, Fasz. 12.
[123] The Tablet (London), 17.11.84, 1154.
[124] Badische Zeitung, 5.4.84.
[125] Die christliche Frau, Heft 2, 1984, 11–15.
[126] ADC 059.065, Fasz. 14.
[127] HK 40, 1986, 46.
[128] ADC 059.065, Fasz. 12.
[129] Informationsdienst des BDKJ Bundesstelle 34, 1985, 19, 219.
[130] KNA – 379/V/86; 23.5.86.

[131] Elisabeth Gössmann/Dieter Bader (Hrsg.), Warum keine Ordination der Frau? Schriftreihe der Kath. Akademie Freiburg, München–Zürich, 1987.
[132] kfd direkt 1987/ Archiv Deutscher Caritasverband (ADC) 059.065, Fasz. 12.
[133] ADC 059.065, Fasz. 12.
[134] KNA – 6/III/86, 1.3.86.
[135] KNA Nr. 102, 3.5.86.
[136] KNA 439, 27.2.86.
[137] KNA Nr 596, 16. Okt. 87.
[138] KNA Nr. 235, 8.10.87; L'Osservatore Romano, 1987, 44, 7.
[139] KNA Nr. 237, 10.10.87.
[140] KNA Nr. 624, 31.10.87.
[141] KNA Nr. 618, 29. Okt. 87.
[142] Christ in der Gegenwart, 20.9.87.
[143] Konradsblatt, 71, 1987, 29.
[144] KNA Nr. 65, 18.3.87.
[145] Kontaktadresse: Sigrid Baer, Fichtestr. 5, 59071 Hamm, 02381/84044.
[146] KNA – ID Nr. 22, 4. Juni 1987.
[147] Behr-Segal, Elisabeth, Die Orthodoxen und die Weihe der Frau, in: Femmes et Hommes dans l'Eglise, 37, 1989, 28–30.
[148] kfd direkt, Juni 1988.
[149] Origins NC Documentary Service 17, 1988, 45.
[150] KNA Nr. 249; 25.10.1988.
[151] Friedli/Kramer/Morche, Ergebnisse, Folgerungen, Probleme und offene Frage, in: Diaconia XP, 24, 1989,3/4, 149f.
[152] Bischof Prof. Dr. Anton Hänggi, Zum Diakonat der Frau, Diaconia XP, 1989, Heft 3, 105.
[153] L'Osservatore Romano, Nr. 30/31, 28. Juli 1989.
[154] KNA – SWD-89/40, 8. Juni 89.
[155] KNA Nr. 147; 23.8.89.
[156] aufbruch, Forum für eine offene Kirche, Nr. 8, März 1990.
[157] kfd direkt, Nr. 23, April 1990.
[158] kfd direkt Nr. 22, März 1990.
[159] Junge Kirche, Dez. 1991/Archiv Deutscher Caritasverband (ADC) 059.065, Fasz. 16.
[160] Private Unterlage, Brief vom Februar 1997.
[161] KNA, RMD 1904/1180, 22.4.91.
[162] kfd direkt Nr. 42/43, Nov./Dez. 1991.
[163] kfd direkt Nr. 41, Okt. 91.
[164] kfd direkt, Nr. 50; Dez. 1992.
[165] KNA – 5976 /3.5.92
[166] KNA – Rheinland-Pfalz/Saarland, Nr. 56, 11. Juli 1992.
[167] kfd direkt Nr. 46, März 1992.
[168] KNA/WD – 206, 7.1.92.
[169] KNA/WD – 206, 7.1.92.
[170] KNA – BWT – 92/X/1297, 21.10.92.
[171] kfd direkt, Nr. 45, Februar 1992.
[172] KNA – 8365 – 22.6.92.
[173] KNA – 7005; 23.5.92.

[174] KNA 892, 21.1.92
[175] KNA – Bayerischer Dienst Nr. 204, 29.12.93.
[176] KNA – Nr. 29/22. Juli 1993, 4.
[177] Heinrichsblatt (Bamberg) 100, 1993, 47.
[178] KNA – 16523, 15.11.93.
[179] KNA – 1855, 22.12.93.
[180] C. Sepe, Das Diakonat, in: Diakonia Christi, Heft 3/4, Dezember 1994, 46.
[181] KNA – 8347 – 7.6.94.
[182] Katholischer Deutscher Frauenbund, Diözesanverband Augsburg, Kappelberg 1, 86150 Augsburg.
[182a] Vgl. Canon Law Society of America, The Canonical Implications of Ordaining Women to the Permanent Diaconate, Washington DC; Canon Law Society of America 1995.
[183] Unveröffentlichte Ansprache, Privatakte J. Kramer.
[184] SOP 213, Dezember 1996; ebenso Kurznotiz in CiG, 6, 1997, 42.
[185] Nachrichtenbrief von VROUMENS, Juni 1996.
[186] frau und mutter, 12.1996, 15.
[187] Hans Bauernfeind, Frauen und ihre Rolle in liturgischen Feiern, in: Anzeiger für die Seelsorge, 1997, Heft 2.
[188] kfd – Diözesanverband Freiburg und Abt. Frauenseelsorge und -arbeit im Erzb. Seelsorgeamt, Postfach 449, 79004 Freiburg.
[189] Bisherige Adresse: Kath. Deutscher Frauenbund, Mauritz-Lindenweg 65, 48145 Münster.
[190] FAZ, 7.10.96.
[191] Kirchenzeitung »Glaube und Leben«, Nr. 41, 13.10.96.
[192] Glaube und Leben, Nr. 42, 27.10.96.
[193] Glaube und Leben, 1996, Nr. 46, 14.
[194] ADC 059.065, Fasz. 12.

Texte aus der kirchlichen Tradition und lehramtliche Dokumente[1]

1. Röm 16,1–4; ca. 55 n. Chr.

[1] Ich empfehle euch unsere Schwester Phöbe, die Dienerin der Gemeinde von Kenchreä: [2] Nehmt sie im Namen des Herrn auf, wie es Heilige tun sollen, und steht ihr in jeder Sache bei, in der sie euch braucht; sie selbst hat vielen, darunter auch mir, geholfen. [3] Grüßt Priska und Aquila, meine Mitarbeiter in Christus Jesus, [4] die für mich ihr eigenes Leben aufs Spiel gesetzt haben; nicht allein ich, sondern alle Gemeinden der Heiden sind ihnen dankbar.
Dt. Text: Einheitsübersetzung

Paulus hat seinen Brief an die Römer vermutlich in Korinth um das Jahr 56 n. Chr. verfaßt. Die in den vorliegenden Versen genannte und besonders empfohlene Phoebe ist wahrscheinlich die Überbringerin des Briefes an die Gemeinde in Rom.

Der Text der Einheitsübersetzung verbirgt durch die Wahl des Begriffs »Dienerin«, daß an dieser Stelle erstmalig im Neuen Testament das griechische Wort *diakonos*, mit dem weiblichen Artikel *hä* verbunden, auf eine Frau bezogen wird. Dennoch ist es auf Grund der erst beginnenden Entwicklung der kirchlichen Ämter anachronistisch, hier bereits ein fest etabliertes, von einer Frau bekleidetes Amt festmachen zu wollen. Die Hochschätzung des Paulus beruht darauf, daß Phoebe in der Gemeinde der Hafenstadt Kenchreä wichtige Funktionen übernommen und auch ihn unterstützt hat. Ihre Bezeichnung als *prostatis* (Vorsteherin, Patronin) läßt uns annehmen, daß sie ihr Haus zur Verfügung gestellt hat, damit sich dort die christliche Gemeinde versammelt.

2. 1 Tim 3,8–13; ca. 100 n. Chr.

[8] Ebenso sollen die Diakone sein: achtbar, nicht doppelzüngig, nicht dem Wein ergeben und nicht gewinnsüchtig; [9] sie sollen mit reinem Gewissen am Geheimnis des Glaubens festhalten. [10] Auch sie soll man vorher prüfen, und nur wenn sie unbescholten sind, sollen sie ihren Dienst ausüben. [11] Ebenso sollen die Frauen ehrbar sein, nicht

verleumderisch, sondern nüchtern und in allem zuverlässig. ¹²*Die Diakone sollen nur einmal verheiratet sein und ihren Kindern und ihrer Familie gut vorstehen.* ¹³*Denn wer seinen Dienst gut versieht, erlangt einen hohen Rang und große Zuversicht im Glauben an Christus Jesus.*
Dt. Text: Einheitsübersetzung

Ein namentlich unbekannter Autor der sog. Paulusschule hat vermutlich im kleinasiatischen Raum, vielleicht in Ephesus, um 100 n. Chr. den 1. Timotheusbrief verfaßt.

Die hier ausgewählte Stelle spiegelt im Vergleich zur Zeit der Entstehung des Römerbriefs insofern eine veränderte Situation, als sich verschiedene, fest umschriebene amtliche Aufgaben entwickelt haben. Das 3. Kapitel des 1 Tim enthält parallel konstruierte Anforderungsprofile an Episkopen und Diakone. Die Aufzählung der Bedingungen an die Diakone wird unvermittelt durch Vers 11 unterbrochen, der sich an Frauen wendet. Die Forschung hat diskutiert, ob an dieser Stelle Frauen in allgemeiner Form ermahnt würden, ob die Ehefrauen der Diakone angesprochen seien oder aber Frauen, die ein Diakoninnenamt ausübten. Mit letzter Sicherheit kann diese Frage nicht entschieden werden, doch sprechen gute Argumente dafür, auf Frauen in einer amtlichen Funktion zu schließen. Sie sollen im folgenden genannt sein.

Da Vers 11 in einen Ämterspiegel eingebettet ist, scheint am wenigsten wahrscheinlich, daß irgendwelche Frauen der Gemeinde die Adressatinnen der Mahnung sind. Auch die Interpretation »Ehefrauen« hinkt insofern, als im vorausgegangenen, parallel aufgebauten Abschnitt über die Episkopen deren Frauen auch hätten erwähnt werden müssen. Dazu fehlt in Vers 11 das Possessivpronomen »ihre« (Frauen), das die Zugehörigkeit zu den männlichen Diakonen signalisierte. Verschiedene Forscher weisen schließlich auf Röm 16, 1f. und sehen hier eine fortgeführte Entwicklung hin zu einem weiblichen Amt.

Eine interessante These vertritt u.a. L. Oberlinner[2] in seinem 1994 erschienenen Kommentar. Indem er auf das Schweige- und Unterordnungsgebot für Frauen von 1 Tim 2,9–12 verweist, deutet er Vers 11 als Versuch des Verfassers, trotz eines bestehenden Diakoninnenamtes, das Verkündigungsaufgaben beinhaltete, die »Frauen vom Lehramt fernzuhalten, ihnen eine »neue« (oder auch: alte!) Rolle in Familie und Ehe anzutragen, letzteres zusammen mit einer polemischen, antignostischen Spitze.«

3. 1 Tim 5,9–12
⁹Eine Frau soll nur dann in die Liste der Witwen aufgenommen werden, wenn sie mindestens sechzig Jahre alt ist, nur einmal verheiratet war, ¹⁰wenn bekannt ist, daß sie Gutes getan hat, wenn sie Kinder aufgezogen hat, gastfreundlich gewesen ist und den Heiligen die Füße gewaschen hat, wenn sie denen, die in Not waren, geholfen hat und überhaupt bemüht war, Gutes zu tun. ¹¹Jüngere Witwen weise ab; denn wenn die Leidenschaft sie Christus entfremdet, wollen sie heiraten ¹²und ziehen sich den Vorwurf zu, ihrem Versprechen (das sie Christus gegeben haben) untreu geworden zu sein.
Dt. Text: Einheitsübersetzung

Die genannte Entwicklung hin zu amtlichen Funktionen von Frauen läßt sich noch deutlicher an dieser Textstelle dokumentieren. Nur eine bestimmte Gruppe verwitweter Frauen kann in eine offizielle Liste der »Witwen« aufgenommen werden, sie sollen ein bestimmtes Alter erreicht haben, ein vorbildhaftes Leben führen und nicht wiederverheiratet gewesen sein. Unwahrscheinlich ist, daß hier Witwen nur allgemein als eine hilfsbedürftige Gruppierung angesprochen werden, dann hätten auch die Waisen erwähnt werden müssen. Darüber hinaus folgen den Aussagen über die Witwen Anweisungen zu den »Ältesten«, die ebenfalls amtliche Funktionen innehaben. Über die konkreten Aufgaben der angesprochenen Witwen erfahren wir wenig, der hier nicht abgedruckte Vers 5 betont das unaufhörliche Gebet.

4. Plinius d. J., Ep. 10, 96, 8; ca. 112 n. Chr.
Um dieses letzte zu prüfen, hielt ich es für um so notwendiger, zwei Sklavinnen, die Diakoninnen genannt wurden, peinlich auf die Wahrheit dieser Aussagen hin zu befragen. Doch fand ich nichts anderes heraus als einen verkehrten, maßlosen Aberglauben.

Dt. Text: R. Freudenberger, Das Verhalten der römischen Behörden gegen die Christen im 2. Jahrhundert dargestellt am Brief des Plinius an Trajan und den Reskripten Trajans und Hadrians (München ²1969) = Münchener Beiträge zur Papyrusforschung und antiken Rechtsgeschichte 52, 43.

Der Brief des Statthalters Plinius von Bithynien an Kaiser Trajan stammt aus dem Jahr 112. Als nichtchristliche Quelle besitzt er einen besonderen Stellenwert.

Das Anliegen des Statthalters ist es, vom Kaiser in der noch unklaren Frage Auskunft darüber zu erhalten, wie strafrechtlich in Prozessen mit den Christen umzugehen sei. In diesem Kontext berichtet Plinius, er habe zwei christliche Sklavinnen foltern lassen, um Informationen über ihren Glauben zu erhalten. Diese Frauen würden bei den Christen *ministrae* genannt, die lateinische Übersetzung des griechischen *diakonoi*. Wenn Plinius diese (offizielle) Bezeichnung der Sklavinnen als Einschub, mitüberliefert, so nicht rein zufällig, sondern weil sie mit einer bestimmten Bedeutung verknüpft ist – einer amtlichen. Dieser Befund bestätigt die vorausgegangene Interpretation des nur wenige Jahre früher entstandenen 1 Tim.

5. Hippolyt, Trad. apost. 10; Anf. 3. Jh.
Wenn eine Frau in den Witwenstand aufgenommen wird, wird sie nicht geweiht, sondern sie wird namentlich erwählt. Wenn ihr Mann schon längere Zeit verstorben ist, dann kann man sie einsetzen. Ist ihr Mann noch nicht so lange tot, soll man ihr nicht gleich vertrauen. Selbst wenn sie schon alt geworden ist, prüfe man sie erst eine gewisse Zeit. Oft werden nämlich die Leidenschaften zusammen mit dem alt, der ihnen bei sich Raum gewährt hat. Die Witwe soll nur durch das Wort bestellt werden und sich den übrigen Witwen anschließen. Die Hand soll ihr nicht aufgelegt werden, weil sie nicht die Gaben darbringt und keinen liturgischen Dienst versieht. Beim Klerus hingegen wird die Handauflegung des liturgischen Dienstes wegen vorgenommen. Die Witwe jedoch wird für das Gebet bestellt. Das aber ist die Sache aller.
Dt. Text: W. Geerlings (Freiburg u. a. 1991) = Fontes Christiani 1, 241.

Die Traditio Apostolica ist eine der frühesten Kirchenordnungen, die konkrete Anweisungen für das Gemeindeleben bietet. In ihr dokumentiert sich endgültig die Institutionalisierung der kirchlichen Ämter, zwischen Klerus und Laien wird streng unterschieden. Die Traditio Apostolica ist mit großer Sicherheit Anfang des dritten Jahrhunderts in Rom verfaßt worden, einige Indizien sprechen dafür, daß Hippolyt ihr Verfasser ist. Der ursprünglich griechische Text ist nur in wenigen Fragmenten erhalten, der Urtext muß aus einer frühen lateinischen und verschiedenen orientalischen Übersetzungen rekonstruiert werden.

Die Traditio Apostolica kennt nur einen Witwenstand, Diakoninnen werden nicht erwähnt. Ausdrücklich vermerkt man, daß die zu instituierende Witwe nicht geweiht, sondern nur durch das Wort bestellt wird. Die an sie gerichteten Bedingungen gleichen denen des 1 Tim. Ausdrücklich die Handauflegung ist denen vorbehalten, die einen liturgischen Dienst versehen – davon sind die Frauen deutlich ausgenommen. Die ausführliche Begründung der nicht vorgesehenen Handauflegung gibt Anlaß zu der Vermutung, daß der Autor gegenläufigen Tendenzen oder Ansprüchen (aus dem nichtrömischen Raum?) entgegen zu wirken versucht.

6. Tertullian, De praeser. haeret. 41,5
Wie frech und anmaßend sind Sie! Sie unterstehen sich zu lehren, zu disputieren, Exorzismen vorzunehmen, Heilungen zu versprechen, vielleicht auch noch zu taufen.
Dt. Text: E. Dassmann, Ämter und Dienste in den frühchristlichen Gemeinden (Bonn 1994) = Hereditas 8, 146.

Tertullian von Karthago, gest. nach 220, setzt sich in dieser um 200 entstandenen Schrift mit den christlichen Häresien auseinander, denen er vorwirft, das Traditionsprinzip durchbrochen zu haben.

Zu seiner Kritik an der Lebenspraxis der Häretiker gehört die vorliegende Aussage, nach der die Frauen in diesen Gemeinschaften besondere (und abzulehnende) Funktionen wahrnähmen – ein Vorwurf, den auch andere Quellen bezeugen. Doch ist er mit Vorsicht zu betrachten. Der »Gegner« soll mit allen Mitteln verunglimpft werden, dazu gehört auch der Vorwurf des ungebührlichen Verhaltens.

7. Clemens Alexandrinus, Strom. 3, 53; vor 215

¹Auch Paulus trägt kein Bedenken, in einem seiner Briefe seine Gattin anzureden, die er nur nicht mit sich herumführte, um in der Ausübung seines Amtes nicht gehindert zu werden. ²Er sagt daher in einem Brief: »Haben wir nicht auch die Freiheit, eine Schwester als Gattin mit uns zu führen wie die übrigen Apostel?« ³Aber diese richteten, ihrem Dienst entsprechend, ihre Gedanken nur auf die Predigt, ohne sich ablenken zu lassen, und führten ihre Frauen nicht als Ehegattinnen, sondern als Schwestern mit sich, damit sie ihre Gehilfinnen bei den Hausfrauen seien; und durch sie konnte die Lehre des Herrn auch in das Frauengemach kommen, ohne daß übler Nachruf entstand.
Dt. Text: BKV² 17, 288f.

Clemens von Alexandrien, gestorben vor 215, wirkte als christlicher Lehrer in Alexandrien. In seiner Schrift Stromata (Teppiche, bunte Sammlung) stellt er den christlichen Glauben vor. Adressaten sind Christen, die u. U. selbst den Lehrerberuf anstreben. Clemens dokumentiert uns zwar nicht die Existenz von Diakoninnen zu seiner Zeit, er beschreibt aber die Situation der missionierenden Urkirche, indem er erklärt, die Frauen der Apostel hätten als *syndiakonoi* (Mitdiakone) ihre Männer unterstützt, weil nur sie die Räume der Frauen betreten durften. Weder empört sich Clemens über diese Handhabung, noch erklärt er, warum die damalige Praxis nun nicht mehr gelten sollte – dies könnte als Indiz für das Weiterbestehen eines diakonalen Amtes gewertet werden. Darüber hinaus liefert diese Stelle Hinweise darauf, warum sich gerade im Osten ein Frauenamt entwickelte: Die im Vergleich zum Westen des Römischen Reichs zurückgezogener lebenden Frauen bedürfen einer spezifischen Frauenseelsorge.

8. Origenes, Comm. in Rom. 10, 17; ca 253/4, zu Röm 16, 1f.

Diese Stelle lehrt mit apostolischer Autorität, daß auch Frauen zum Dienst in der Kirche bestellt werden. Diese Phöbe, die ein Amt in der

Gemeinde von Kenchreä hat, erwähnt Paulus mit großem Lob und empfiehlt sie, indem er auch ihre hervorragenden Taten aufzählt und sagt: Sie hat so sehr allen geholfen, das heißt, sie war in Notlagen zu Hilfe bereit, daß sie auch mir in meinen Notlagen und Mühen, die ich als Apostel auf mich nahm, mit voller Hingabe des Geistes beistand. Ich möchte sagen, daß ihr Werk der Gastfreundschaft des Lot glich, der immer Gäste aufnahm und es deshalb auch einmal verdient hat, daß sogar der Herr mit seinen Engeln in sein Zelt einkehrte (vgl. Gen 18). So hat auch diese gottesfürchtige Phöbe, die allen beisteht und allen dient, sogar dem Apostel beistehen und dienen dürfen. Daher lehrt diese Stelle zweierlei: daß es auch Frauen als Dienerinnen in der Gemeinde gab, wie wir sagten, und daß solche in den Dienst aufgenommen werden sollten, die vielen beigestanden hatten und durch ihre guten Dienste dahin gelangt waren, daß der Apostel sie lobte. Der Apostel mahnt auch dazu, daß die Brüder denen, die sich in der Gemeinde um gute Werke bemühen, ihr Tun vergelten und sie ehren sollen. Wo immer ihr Dienst nötig ist, auch im irdischen Bereich, sollen sie in Ehren gehalten werden.
Dt. Text: s. Angabe der Fußnote 3.

Origenes (um 185–253/4) ist der bedeutendste frühe griechische Theologe, doch führten verschiedene spekulative Äußerungen rund 200 Jahre nach seinem Tod zu seiner Verurteilung als Häretiker. Der hier vorliegende Römerbriefkommentar ist nur in der lateinischen Übersetzung des Rufinus (gest. 410) und in griechischen Fragmenten auf uns gekommen. Rufinus selbst erklärt, daß er nicht wörtlich übersetze, sondern kürze und zusammenfasse. Dieser Fragenkomplex ist wichtig für die Beurteilung der hier relevanten Stelle.

Wenn Origenes Röm 16,1f. interpretiert, verwendet er den griechischen Terminus *diakonos*, Rufinus spricht in seiner Übersetzung allgemeiner von einem *ministerium* und *officium*. Th. Heither[3], die Übersetzerin und Herausgeberin des Textes, kommentiert folgendermaßen: »Hat RUFIN, was unwahrscheinlich ist, da der Westen in der Frage der Bestellung von Diakonissen sehr zurückhaltend war, oder hat ORIGENES die amtliche Beauftragung von Frauen in der frühen Kirche so stark betont? Das ist sehr erstaunlich und zeigt die große Offenheit des Origenes für alle, auch ihm ungewohnte Aussagen der Heiligen Schrift.« – Immerhin begründet Origenes die kirchliche Beauftragung von Frauen mit der apostolischen Autorität, und wieder, wie bereits bei Clemens, wird weder polemisiert noch auf »heute« andere Verhältnisse verwiesen – vielleicht ist die Römerbriefstelle für Origenes gar nicht so ungewohnt, wie Th. Heither vermutet?

9. Syrische Didaskalie 9
Damals gab es Erstlinge, Zehnten, Abgaben und Geschenke, heute aber sind es die Darbringungen, die durch die Bischöfe Gott, dem Herrn, dargebracht werden. Sie sind nämlich eure Hohenpriester, die Priester und Leviten aber sind jetzt die Presbyter und Diakone, die Witwen und Waisen. Levit aber und Hoherpriester ist der Bischof; dieser ist der Diener des Wortes und Mittler, für euch aber der Lehrer und nächst Gott euer Vater, der euch durch das Wasser gezeugt hat. Er ist euer Haupt und Führer und für euch der mächtige König, er regiert an Stelle des Allmächtigen, ja er sollte von euch wie Gott geehrt werden; denn der Bischof sitzt für euch an der Stelle Gottes. Der Diakon aber steht an der Stelle Christi, und ihr sollt ihn lieben; die Diakonissin aber soll nach dem Vorbild des heiligen Geistes von euch geehrt werden. Die Presbyter sollen euch gleich den Aposteln sein, und die Witwen und Waisen sollen bei euch dem Altar gleichgeachtet werden.

10. Syrische Didaskalie 15
Daß es sich für die Witwen nicht geziemt, irgend etwas zu tun ohne Befehl der Bischöfe. Es ist also Pflicht der Witwen rein zu sein und den Bischöfen und Diakonen zu gehorchen, schamhaft und scheu zu sein und die Bischöfe wie Gott zu fürchten, und sich nicht nach dem eigenen Willen zu benehmen und nicht den Wunsch zu hegen, irgend etwas zu tun außer dem, was ihnen vom Bischof befohlen ist: entweder daß sie ohne (sich) Rat (zu holen) mit jemand anderem reden zum Zweck der Bekehrung oder daß sie zu jemand gehen, um zu essen und zu trinken, oder daß sie mit jemand fasten, oder von irgend jemand etwas annehmen oder jemand die Hand auflegen und (für ihn) beten ohne Befehl des Bischofs oder des

Diakon. Wenn sie aber irgend etwas tut, was ihr nicht befohlen ist, so soll sie gescholten werden, darum, daß sie sich zuchtlos benommen hat. ...
  Daß es einer Frau nicht erlaubt ist, zu taufen. Was nun die Frau betrifft, so raten wir (ihr) nicht, zu taufen, oder sich von einer Frau taufen zu lassen, denn das ist eine Übertretung des Gebotes und sehr gefährlich für die, welche tauft, und dem, welcher getauft wird. Denn, wenn es erlaubt wäre, von einer Frau getauft zu werden, so wäre unser Herr und Meister von seiner Mutter Maria getauft worden; nun aber ist er von Johannes getauft worden, wie auch die andern aus dem Volke. Bringet also keine Gefahr über euch, ihr Brüder und Schwestern, indem ihr euch wie außerhalb des Gesetzes des Evangeliums stehend betragt.

11. Syrische Didaskalie 16
Darum, o Bischof, stelle die Arbeiter bei der Almosenpflege an und Helfer, die mit dir zum Leben helfen; die, welche dir von dem ganzen Volke wohl gefallen, wähle aus und stelle (sie) als Diakonen an, sowohl einen Mann zur Beschickung der vielen Dinge, die nötig sind, als eine Frau zum Dienst der Weiber. Es gibt nämlich Häuser, wohin du einen Diakon zu den Frauen nicht schicken kannst um der Heiden willen, eine Diakonisse aber wirst du schicken (können), zumal da auch (noch) in vielen anderen Dingen die Stellung einer dienenden Frau nötig ist. Zunächst, wenn die Frauen in das Wasser hinabsteigen, ist es nötig, daß die, welche zum Wasser hinabsteigen, von einer Diakonisse mit dem Öle der Salbung gesalbt werden, und wo keine Frau zugegen ist und besonders (keine) Diakonisse, da muß der Täufer den (weiblichen) Täufling salben; wo aber eine Frau da ist und besonders eine Diakonisse ist es nicht Sitte, daß die Frauen von Männern gesehen werden, sondern salbe nur das Haupt unter Handauflegung, wie früher Priester und Könige in Israel gesalbt worden sind. Auch du salbe auf jene Weise unter Handauflegung das Haupt derer, die die Taufe empfangen, seien es Männer oder Frauen. Und darnach, wenn du taufst, oder den Diakonen und den Presbytern zu taufen befiehlst, soll eine dienende Frau, wie wir oben gesagt haben, die Frauen salben, ein Mann aber soll über ihnen die Namen der Anrufung der Gottheit im Wasser sprechen. Und wenn der

(weibliche) Täufling aus dem Wasser herausgestiegen ist, soll ihn die Diakonisse in Empfang nehmen, belehren und erziehen, wie das Siegel der Taufe unzerstörbar ist, in Keuschheit und Heiligkeit. Darum sagen wir, daß besonders der Dienst einer dienenden Frau nötig und erforderlich ist, denn auch unser Herr und Heiland ist von dienenden Frauen bedient worden, nämlich von der Maria von Magdala, und von Maria der Tochter des Jakobus, und von der Mutter des Jose und der Mutter der Söhne des Zebedäi mit noch anderen Frauen. Auch du bedarfst des Dienstes der Diakonisse zu vielen Dingen, denn in die Häuser der Heiden, wo gläubige (Frauen) sind, muß die Diakonisse gehen, die Kranken besuchen und bedienen mit dem, was sie brauchen; und die, welche anfangen von ihrer Krankheit zu genesen, soll sie waschen.
Dt. Text: H. Achelis, Die syrische Didaskalie (Lepizig 1904) = Texte und Untersuchungen 25, 2

Auch diese Kirchenordnung widmet sich in besonderer Weise den Fragen nach der Verfassung und den Ämtern, die auf den Bischof bezogen betrachtet werden. Sie ist wahrscheinlich in der ersten Hälfte des 3. Jahrhunderts in Syrien (oder Palästina) entstanden. Das griechische Original ist nur in Fragmenten erhalten, dafür besitzen wir eine syrische und lateinische Übersetzung sowie eine griechische Bearbeitung in den Apostolischen Konstitutionen.

Unsere Quelle kennt sowohl weibliche Diakone als auch den Stand der Witwen. Dabei zeigt Kap. 15 deutlich, daß es zu scharfen Auseinandersetzungen mit letztgenannten gekommen ist. Der Autor kritisiert polemisch die »Kompetenzüberschreitungen« dieser Frauen, die auf dem mangelnden Gehorsam gegenüber den Bischöfen und Diakonen beruhen. Ein striktes Lehrverbot wird ausgesprochen. Daneben scheinen Frauen Taufen vorgenommen zu haben, davor warnt die Kirchenordnung. Die genannten Schwierigkeiten mit den Witwen tragen mit dazu bei, daß die Diakoninnen eine gewichtige Aufwertung erfahren. Kap. 16 nennt sie zusammen mit ihren männlichen Kollegen, der Bischof wählt sie vor allem für die Frauenseelsorge aus. Wieder spielt das Schicklichkeitsmoment eine entscheidende Rolle, hauptsächlich im Bereich der Taufassistenz: Die Körper der entkleideten Frauen müssen gesalbt werden. Auch die Unterrichtung der neugetauften Frauen sowie Krankenbesuche zählen zu den besonderen Aufgaben der Diakoninnen. Ausdrücklich wird betont, daß nur Diakone das Recht zu taufen besitzen – die im wesentlichen gleichen Aufgaben für männliche und weibliche Diakone existieren nur im außerliturgischen Bereich.

Der Vergleich des Bischofs- und Diakonenamtes mit den Personen der göttlichen Trinität zeigt einerseits die Hochschätzung der Diakonin, die nach dem Vorbild des heiligen Geistes geehrt werden soll, andererseits aber auch die Verschiedenheit von ihren männlichen Kollegen, die an der Stelle Christi stehen.

12. Konzil von Nizäa (325), can. 19

Bezüglich der Paulianisten, die schließlich zur Kirche zurückgekehrt sind, wird festgesetzt, daß sie auf jeden Fall noch einmal getauft werden sollen. Wenn sie in der Vergangenheit zum Klerus gehörten, sollen sie, falls sie frei von Schuld und Beschuldigungen zu sein scheinen, nach Empfang der Taufe von einem Bischof der Katholischen Kirche geweiht werden. Wenn aber die Prüfung sie als nicht geeignet erweist, müssen sie abgesetzt werden. Ebenso aber soll man auch mit den Diakonissen und überhaupt mit allen, die zum Klerus gezählt werden, in der selben Weise verfahren. Über die Diakonissen aber, denen diese Stellung zuerkannt wird, erwähnen wir, daß sie, da sie ja in keiner Weise eine Handauflegung erfahren haben, auf jeden Fall unter die Laien zu rechnen sind.

Bei der Wiedereingliederung der Anhänger des von der Großkirche abgefallenen Bischofs Paul von Samosata, soll für die Übernahme der Kleriker zur Bedingung gemacht werden: nochmalige Taufe, Prüfung der Eignung, nochmalige Weihe. Betont wird, daß die Diakonin ebenfalls in ihrer Eignung geprüft, aber nicht wiedergeweiht wird, da sie, weil ihr die Handauflegung fehlt, zu den Laien gehört (vgl. A. G. Martimort, Les Diaconesses, Rom 1982, S. 99–102).

13. Apostolische Konstitutionen 2, 26

Der Bischof ist des Wortes Diener, Wächter der Wissenschaft, Mittler zwischen Gott und euch in seinen gottesdienstlichen Verrich-

tungen, Lehrer der Frömmigkeit, nächst Gott euer Vater, der durch Wasser und Geist euch zur Kindschaft wiedergeboren hat. Dieser ist euer König und Herr. Dieser ist nächst Gott euer irdischer Gott, welchem ihr Ehre zu erweisen schuldig seid. Denn von Diesem und ihm Gleichen spricht Gott: »Ich habe gesagt: Ihr seid Götter und Söhne des Allerhöchsten alle«, und: »Die Götter sollst du nicht schmähen.« Denn der Bischof soll euch vorstehen gleichsam mit göttlicher Würde geschmückt; deshalb herrscht er über den Klerus und regiert alles Volk. Der Diakon aber steht diesem zur Seite, wie Christus dem Vater, und leistet ihm Dienste, in allem Unbescholten wie Christus, der Nichts aus sich selbst tat, der allzeit tat, was dem Vater wohlgefällig. Die Diakonissin werde von euch nach Art des heiligen Geistes geehrt, sie tut und redet Nichts ohne den Diakon, gleich wie auch der Paraklet von sich Nichts redet oder tut, sondern Christus verherrlichend erwartet sie seinen Willen, und wie Niemand an Christus glaubet ohne Eingebung des heiligen Geistes, so soll kein Weib ohne die Diakonissin vor den Diakon oder den Bischof treten. Die Presbyter betrachtet als unsere (der Apostel) Stellvertreter; sie sind die Lehrer der Wissenschaft Gottes, wie auch der Herr bei unserer Sendung sprach: »Gehet hin, lehret alle Völker und taufet sie im Namen des Vaters, des Sohnes und des Heiligen Geistes!« Die Witwen und Waisen sollen von euch nach Art des Opferaltares gehalten werden, die Jungfrauen sollen wie Rauchfaß und Rauchwerk geehrt sein.

14. Apostolische Konstitutionen 3, 19
Auch die Diakonen sollen durchaus makellos sein gleich dem Bischof, nur rüstiger als er. Ihre Zahl entspreche der Größe der Gemeinde, auf daß sie als Arbeiter ohne Scham auch den Kranken Dienste leisten können; und die Frau (Diakonissin) soll die Frauen zu verpflegen sich bestreben. Beide (Diakon und Diakonissin) sind verpflichtet, Botschaften zu übermitteln, Reisen zu machen, Beihilfe zu leisten und zu dienen, wie auch Isaias vom Herrn sagt, da er spricht: »(Gott will) Recht verschaffen dem Gerechten, welcher Knecht war für Viele gar sehr.« Jeder kenne die ihm angewiesene Stelle und fülle sie aus mit Eifer, eines Sinnes und Herzens (mit den Übrigen), eingedenk auch des Sohnes für seine Dienstleistung.

15. Apostolische Konstitutionen 6, 17
Diakonissin aber soll nur eine reine Jungfrau werden oder wenigstens eine einmal verheiratet gewesene Witwe, gläubig und ehrsam.

16. Apostolische Konstitutionen 8, 19f.
Über die Diakonissin aber verordne ich, Bartholomäus:
O Bischof, du wirst ihr unter Beistand des Presbyteriums, der Diakonen und Diakonissinnen die Hände auflegen und sprechen:
Ewiger Gott, Vater unseres Herrn Jesus Christus, Schöpfer des Mannes und des Weibes. Du hast Maria, Debbora, Anna und Holda mit Geist erfüllt, Du hast es nicht für unwürdig erachtet, daß Dein eingeborener Sohn aus einem Weibe geboren werde, und im Zelte des Zeugnisses und in dem Tempel hast Du Wächterinnen der heiligen Tore aufgestellt. Siehe auch jetzt selbst auf diese Deine Dienerin, die zu Deinem Dienste gewählt worden ist, und gib ihr den Heiligen Geist und reinige sie von aller Befleckung des Fleisches und Geistes, daß sie das ihr anvertraute Werk würdig verrichte zu Deiner Ehre und zum Lobe Deines Christus, mit welchem Dir und dem heiligen Geiste Ehre und Anbetung sei in Ewigkeit. Amen.
Dt. Text: Buch 2–6: BKV 4, Buch 8: BKV² 5.

Die seit der Didaskalie greifbare Entwicklung der Hochschätzung eines weiblichen Diakonenamtes findet ihren Höhepunkt in den Apostolischen Konstitutionen, einer Kirchenordnung ebenfalls aus dem syrischen Raum, die zwischen 380 und 400 entstanden und in ihrer griechischen Originalfassung erhalten geblieben ist. In acht Büchern hat der Redaktor verschiedene, zum Teil wesentlich früher entstandene Texte zusammengestellt und überarbeitet. Dazu gehören vor allem die syrische Didaskalie (Buch 1–6), die Didache (Buch 7), die Traditio Apostolica und als Anhang die Apostolischen Canones (Buch 8). Dabei weisen die Bücher 7 und 8 die größten redaktorischen Eingriffe auf. Weil die Apostolischen Konstitutionen auf unterschiedlichem Quellenmaterial fußen, erhalten wir im Blick auf unsere Fragestellung Antworten mit verschiedener Akzentsetzung. Diskussionen entzünden sich in der Forschung deshalb auch daran, inwieweit die Apostolischen Konstitutionen eine reale Praxis widerspiegeln oder nur privaten Charakter besitzen.

Buch 6, 17 informiert über die Zulassungsvoraussetzungen: Nur Jungfrauen oder einmal verheiratete Witwen können das Diakoninnenamt bekleiden. Buch 3, 19 läßt erkennen, daß sie wie ihre männlichen Kollegen die vom Bischof aufgetragenen Aufgaben erfüllen, ohne auf den Umgang mit den Frauen beschränkt zu sein. Zugleich ist an anderer Stelle von der Assistenz bei der Taufe von Frauen die Rede. Die Anweisung, daß Diakoninnen nicht zur Segensspendung berechtigt seien, läßt möglicherweise auf solche Vorkommnisse schließen. Unter Rückgriff auf die syrische Didaskalie begegnet uns in Buch 2, 26 wiederum die Parallelisierung der Diakonin mit dem heiligen Geist, der allerdings weder etwas spricht noch etwas tut, ohne Christus, d. h. die männlichen Diakone, zuvor zu fragen – eine klare Rangabstufung zwischen männlichen und weiblichen Diakonen wird erkennbar.

Die Diakonin wird durch bischöfliche Weihe, durch Handauflegung und das in Buch 8, 19f. vorgegebene Weihegebet (Anamnese, Epiklese und Schlußdoxologie) bestellt. Dabei ist Bezug genommen auf verschiedene biblische Frauengestalten: Debora, die Richterin, Hanna, die Mutter des Samuel und Hulda, die Prophetin. Unterschiedliche Interpretationen begegnen zu der an erster Stelle genannten Frau: Handelt es sich um Maria, die Mutter Jesu, oder um Mirjam, die Schwester des Mose?

Unabhängig von dieser Frage bekleidet die Diakonin zweifelsfrei ein kirchliches Amt und ist zum Klerus zu rechnen, selbst wenn sich ihr Weihegebet deutlich von dem der männlichen Diakone unterscheidet.

17. Über den hl. Abbas Euthymius (L. Surius, De probatis Sanctorum historiis; Col. Agrippinae 1570, I p. 454)

Otreius (ca. 378), der der Kirche von Melitene vorstand, weihte die Mutter Dionysia zur Diakonissin für seine Kirche, weil sie sich beständig dem Gottesdienst widmete.

Bei dieser Notiz aus der bedeutenden Hagiographiensammlung des Surius aus dem 16. Jahrhundert handelt es sich mit größter Wahrscheinlichkeit um die Weihe einer Witwe zum gottgeweihten Leben, die als ehemals Verheiratete keine Jungfrauenweihe empfangen kann. Diakonissenweihe tritt hier an die Stelle der Jungfrauenweihe (K. S. Frank).

18. Synode von Nimes; 394/6, c. 2
Es wurde auch von einigen erzählt, daß – entgegen der apostolischen Disziplin und unbekannt bis zum heutigen Tag – Frauen, man weiß nicht wo, in einen levitischen Dienst eingesetzt worden zu sein scheinen. Dies erlaubt die kirchliche Disziplin nicht, denn es ist unpassend. Eine solche Ordination muß, da sie gegen die Vernunft erfolgt ist (sic!) annulliert werden, und es ist darauf zu achten, daß in Zukunft sich niemand mehr anmaßt, so zu handeln.

Diakoninnen sind im Westen des Römischen Reiches wesentlich schlechter bezeugt, vermutlich machen erst die ins Lateinische übersetzte Didaskalie und die Apostolischen Konstitutionen mit dieser Institution bekannt. Viele westliche Autoren, die sich gegen einen weiblichen Diakonat aussprechen, zeigen, wie wenig sie informiert sind. Daß es dennoch Diakoninnen gegeben haben muß, demonstrieren insbesondere die Bestimmungen der gallischen Synoden, die sich häufig mit dieser Thematik beschäftigen.

Der hier wiedergegebene c. 2 dokumentiert das Bemühen, die Praxis eines weiblichen diakonalen Dienstes unter allen Umständen und mit allen Argumenten zu verhindern: Dieses Verfahren sei gegen die *disciplina apostolica*, unbekannt bis zum heutigen Tag (Dem scheint nicht so zu sein!), ungebührlich, durch die *disciplina ecclesiastica* nicht erlaubt und der *ratio* (Vernunft) entgegengesetzt.

19. Konzil von Chalcedon; 451, c. 15
Eine Frau, die zur Diakonin geweiht wird, darf nicht unter 40 Jahre alt sein, sie muß gründlich überprüft werden. Wenn sie, nachdem sie die Weihe empfangen hat und im geistlichen Dienst steht, sich verheiratet, ..., so soll sie mit ihrem Mann ausgeschlossen werden.

Über 350 Teilnehmer machen das Konzil von Chalcedon (8. Okt. bis 1. Nov. 451) zur größten, allerdings auch letzten gesamtkirchlichen Synode der Alten Kirche. Man setzt dort durch eine erweiterte und präzisierte Glaubensformel einen vorläufigen Schlußpunkt hinter die langen christologisch-trinitarischen Streitigkeiten. Daneben sind uns zahlreiche Anweisungen zur kirchlichen Praxis überliefert.

Die Bestimmungen der Apostolischen Konstitutionen aufgreifend erläßt das Konzil in c. 15 Zulassungsbedingungen für Diakoninnen, wobei ausdrücklich von deren Ordination (cheirotonia) die Rede ist. Auch die Tatsache, daß diese Anweisung im Kontext verschiedener anderer Verfügungen über Bischöfe, Mönche und weitere geistliche Ämter steht, zeigt, daß man den weiblichen Diakonat als ein kirchliches Amt betrachtet.

20. Novella Justiniani 3,1
Wir setzen fest, daß nicht mehr als 60 Presbyter in der heiligsten Hauptkirche sind, 100 männliche und 40 weibliche Diakone, Subdiakone aber 90, Lektoren 110, Kantoren 25.

Die staatliche Gesetzgebung beginnt bereits in der Mitte des 4. Jahrhunderts, Anweisungen zu Jungfrauen, Witwen und Diakoninnen zu erlassen. Dies kann als Beweis dafür gewertet werden, daß die Thematik keine Randerscheinung im kirchlichen Leben darstellt. Dabei verdeutlichen insbesondere die Gesetze des oströmischen Kaisers Justinian (gest. 565), daß die Diakoninnen zum Klerus zu rechnen sind.

Konkrete Zahlen überliefert uns die 3. Novelle, die die hohen Klerikerzahlen u. a. an der Hauptkirche Hagia Sophia zu begrenzen versucht. Völlig selbstverständlich werden hier die 40 Diakoninnen neben ihren männlichen Kollegen aufgeführt. Andere Texte beschreiben mit dem terminus technicus *cheirotonia* (Weihe) ihre Ordination. Wieder werden Mindestaltersgrenzen und die Bedingung der Ehelosigkeit genannt, Verstöße gegen das Keuschheitsgelübde ahndet man mit staatlichen Strafen. Vage erwähnt die Novelle 6 Funktionen bei der Taufe und weitere liturgische Aufgaben.

21. Concilium Trullanum (692), can. 14
Der Kanon unserer heiligen und göttlichen Väter gilt auch darin, daß ein Priester nicht vor dem 30. Lebensjahr geweiht werden

soll, auch wenn er ein sehr würdiger Mensch ist, sondern er soll angehalten werden zu warten ... Ähnlich soll ein Diakon nicht vor 25 Jahren und eine Diakonin nicht vor 40 Jahren geweiht werden.

Dieses Konzil von Konstantinopel, das im Jahre 692 im Thronsaal (trullus) des Kaiserpalastes abgehalten wurde, greift auf die Bestimmung im Kanon 15 des Konzils von Chalkedon im Jahr 451 zurück. Kaiser Theodosius hatte im Jahr 390 ein Mindestalter von 60 Jahren festgesetzt – in Anlehnung an die Bestimmung für Witwen in 1 Tim 5,9 – vgl. Codex Theodosianus XVI, 2,27, Kaiser Justinian im Jahr 535 dagegen 50 Jahre, vgl. Novelle 6,6.

22. Konzil von Rom (743), can. 5
Papst Zacharias hat mit allen Bischöfen, Priestern und Diakonen nach Gottes Willen und mit seiner Hilfe folgendes beschlossen ...
5. Niemand nehme sich heraus, die Ehefrau/Witwe eines Priesters (presbytera), eines Diakons (diacona), eine Nonne bzw. Einsiedlerin oder sonst eine geistliche Frau zu heiraten. Denn wer das unternimmt, der soll wissen, daß er im Bann und dem göttlichem Urteil verfallen und von der heiligen Kommunion ausgeschlossen ist. Für den Fall, daß ein Priester sich herausnimmt, mit diesen Gemeinschaft zu haben, soll er laut apostolischer Strafbestimmung die Würde seines Priestertums verlieren; wenn aber die, die geheiratet haben, sich der Mahnung beugen, und sich voneinander trennen, sollen sie sich einer Buße unterziehen, gemäß der Anordnung des örtlichen Priesters.

Im Westen wird von allen Bischöfen, Priestern und Diakonen verlangt, nach der Weihe enthaltsam zu leben, sofern sie verheiratet sind. Sie müssen sich nicht von ihren Ehefrauen trennen. Diese werden genannt: Episcopa oder Episcopissa, Presbytera oder Presbyterissa, Diacona oder Diaconissa. Das Konzil von Rom im Jahr 743 greift den Kanon 2 des römischen Konzils von 721 auf mit dem Verbot, eine Frau bzw. Witwe von Priestern oder Diakonen zu heiraten, vgl. Martimort ebd. 201f; A. Kalsbach, Diakonisse, in: RAC III,917–928, bes. 922.

23. Severus von Antiochien (ca. 465–538) (Bar Hebraeos VII,7)

Im Osten, bzw. im Bereich von Antiochien, gilt, daß die Äbtissinnen der Nonnenklöster Diakoninnen sind, und den untergebenen Nonnen die Sakramente austeilen, allerdings nur in Abwesenheit des Priesters oder Diakons, niemals aber bei deren Anwesenheit.

Die sogenannte monophysitische Kirche trennte sich infolge des christologischen Bekenntnisses auf dem Konzil von Chalkedon im Jahr 451: in Christus **eine** Person in **zwei** Naturen – Gott und Mensch; sie bekannte sich ausschließlich zur **einen** – göttlichen – Natur in der Person Jesu Christi. Klösterliche Bedürfnisse führten zu dieser Bestimmung mit der Erlaubnis, in Abwesenheit eines Priesters oder Diakons, ihren Mitschwestern die hl. Kommunion zu spenden, (ex theca, nie vom Altar), Weihrauch aufzulegen sowie Lesung und Evangelium vorzutragen (vgl. Kalsbach 922).

24. Über die Einsetzung von Diakoninnen
   (Assemani, Codex liturgicus ecclesiae universae, 1749–66, VIII, 4, S. 115ff = L'Eucologio Barberini Gr. 336, hg. S. Parenti/E. Velkovska, Rom 1995, S. 185–188)

Nach dem Hochgebet, wenn die Türen (zum Altarraum) aufgemacht sind, wird, bevor der Diakon spricht: »Aller Heiligen…«, die Weihekandidatin zum Bischof geführt. Dieser spricht mit lauter Stimme das Gebet »Die göttliche Gnade…« und legt der Kandidatin, die das Haupt neigt, die Hand auf; nachdem er über sie dreimal das Kreuz gezeichnet hat, betet er: »Heiliger, allmächtiger Gott, der Du durch die Geburt deines eingeborenen Sohnes, unseres Herrn, dem Fleische nach durch die Jungfrau Maria das weibliche Geschlecht, geheiligt hast; der Du nicht nur den Männern, sondern auch den Frauen die Gnade und die Gabe des Heiligen Geistes gewährt hast; Du selbst, Herr, schau auf diese deine Dienerin, berufe sie zu deinem Dienst und verleihe ihr den ganzen Reichtum der Gaben des Heiligen Geistes. Bewahre sie im rechten Glauben, in untadeliger Lebensführung, um ihren Dienst immer richtig zu versehen, wie es dir gefällt. Denn alle Ehre und aller Ruhm gilt Dir.« Nach dem Amen spricht einer der Diakone dieses Gebet: »In Frieden wollen wir den Herrn bitten:… für diese, die jetzt zur Diakonin bestellt wird und für ihr Heil, daß unser Gott, der ja die Menschen liebt, ihr einen reinen und untadeligen Dienst gewähre ...«

Während der Diakon dieses Gebet spricht, hält der Bischof noch seine Hand über der Kandidatin und betet dann folgendes: »Herr und Gott, der Du die Frauen nicht zurückweist, die sich Dir geweiht haben und, wie es sich geziemt, Deinen heiligen Stätten dienen wollen, sondern sie in die Ordnung der Dienste aufnimmst, gewähre die Gnade Deines Heiligen Geistes auch dieser Deiner Dienerin, die sich Dir weihen und die Gnade des diakonischen Dienstes erfüllen will, wie Du dem Dienst der Phoebe Deine Gnade gewährt hast, die Du zum Dienst berufen hast. Gewähre ihr, ohne Schuld in Deinen heiligen Tempeln zu verharren, ein Leben in Besonnenheit, Bescheidenheit und Maß zu führen. Laß sie darüber hinaus eine vollkommene Dienerin werden, damit sie, wenn sie einst vor dem Richterstuhl Christi steht, den entsprechenden Lohn für ihre gute Lebensführung erhält, durch die Barmherzigkeit und Menschenliebe Deines eingeborenen Sohnes.« Nach dem Amen, legt er die diakonale Stola (orarium) um ihren Hals, unter den Schleier (maphorium), den sie trägt, und die beiden Enden der Stola darüber. Dann sagt der (Diakon), der am Ambo steht, »Alle Heiligen gedenket« usw. Nachdem sie den heiligen Leib und das kostbare Blut empfangen hat, übergibt ihr der Erzbischof den heiligen Kelch, den sie annimmt und auf den heiligen Altar zurückstellt.

Diese Handschrift aus dem 8. Jahrhundert enthält das vollständige Ordinationsritual für die Weihe einer Diakonin byzantinischer Praxis. Die auf den ersten Blick auffallende Ähnlichkeit mit dem Weiheritus der höheren Kleriker – Vollzug während der hl. Liturgie innerhalb des Altarraumes, der auf das 4. Jahrhundert zurückgehende, für den Weiheritus höherer Kleriker charakteristische Gebetsruf »Die göttliche Gnade« – wird eingeschränkt, wenn man die Unterschiede zur Weihe des männlichen Diakons beachtet: Die Haltung bei der Weihe (während die Diakonin nur das Haupt neigt, beugt der Diakon das rechte Knie und berührt mit der Stirn den Altar), das Verhalten nach der Kommunion (während die Diakonin den Kelch, aus dem sie kommunizierte, auf den Altar zurückstellt, teilt der Diakon die eucharistischen Gaben auch an die Gemeinde aus). Auffallend ist, daß die Kandidatin das Maphorium, also den Jungfrauenschleier trägt, Zeichen eines gottgeweihten Lebens; vgl. Martimort ebd. 147f; D. Ansorge, Der Diakonat der Frau, in: T. Berger, A. Gerhards, Liturgie und Frauenfrage, St. Ottilien 1990, S. 31–65, bes. 43–45.

25. Ordo Romanus ad diaconam faciendam (Mayer 59–61)[4]

In der Reihe *Florilegium Patristicum* hat Josephine MAYER 1938 mit Band 42 eine Sammlung zahlreicher Quellen zur Geschichte der Witwen, Diakonissen und Jungfrauen vorgelegt. Die Texte reichen von der frühen Kirche bis ins hohe Mittelalter und berücksichtigen sowohl die östliche als auch die westliche Kirche. Besonders für die im folgenden übersetzten Texte des Mittelalters allerdings reicht der Bezug auf die von Mayer benutzten Editionen der Quellen nicht mehr aus. Daher bleibt der von Mayer zugrunde gelegte Text zwar Anhaltspunkt, ist aber in der Regel an neueren Editionen überprüft und gegebenenfalls korrigiert worden.[5] Von Bedeutung ist: Zwar gibt es in den überlieferten liturgischen Büchern mehrere Ordines zur Weihe einer Diakonin, eine tatsächliche Durchführung einer solchen Weihe aber ist in keiner bekannten Quelle des Mittelalters belegt.[6] Ob daher der »Ordo ad diaconam faciendam« vor allem der Vollständigkeit halber bei der Abschrift der liturgischen Bücher mit übernommen worden ist, wie andere nicht mehr praktizierte Ordines und Benedictiones auch, bedürfte einer eigenen Untersuchung.[7]

Wenn der Bischof die Diakonin weiht/segnet, legt er ihr die Stola um ihren Hals. Wenn sie aber zur Kirche vorangeht, trägt sie jene um ihren Hals, so aber, daß die Spitze aus beiden Teilen unter der Tunica sei.
Es folgt die Messe zur Weihe der Diakonin.
Antiphon: Gott, in deines Namens (Macht)[8]
Psalm: Gott, höre mein Gebet[9]
Lasset uns beten: Gott, Liebhaber der Keuschheit und Bewahrer der Enthaltsamkeit, erhöre gütig unsere Bitten und schaue gnädig auf diese deine Dienerin, damit sie, die in deiner Furcht die Bewahrung der Schamhaftigkeit gelobt hat, sie mit deiner Hilfe unversehrt be-

wahrt und die sechzigfache Frucht der Enthaltsamkeit empfängt und du ihr das ewige Leben gewähren mögest. Durch...
Lesung aus dem Brief an die Korinther: »Brüder, wißt ihr nicht, daß eure Leiber...[10]
Graduale: Über meinen Mangel...
Vers: Zu Dir, Herr, erhebe ich...[11] *Alleluja*
Vers: Der Herr hat sie geliebt...
Danach, niedergestreckt vor dem Altar, soll sie die Litanei anstimmen.
Wenn sie beendet ist, soll der Bischof über jener dieses Gebet sprechen:
Erhöre, Herr, unsere Bitten und gieße über dieser deiner Dienerin N. deinen Geist der Segens aus, damit sie reich werde an himmlischen Gaben und die Gnade deiner Hoheit erwerben und anderen ein Beispiel guten Lebens geben kann. Durch...
Es folgt die Weihe im Wortlaut der Präfation.
Gott, so der du Anna, die Tochter Phanuels, die kaum sieben Jahre die Ehe erlebt hatte, vierundachtzig Jahre in heiliger und unbefleckter Witwenschaft bewahrt hast, daß du, gerechter Entlohner, sie, die Tag und Nacht Gebete und Fasten miteinander verband, bis zur Gnade der Prophetie bei der Beschneidung deines Christus geführt hast, und der du dann befohlen hast, in apostolischer Intention durch die Hände heiligerFrauen, die jetzt geweiht werden, die Heranwachsenden des eigenen Geschlechtes und junge Frauen zu unterweisen und mit heiligem Öl zu besuchen, heranwachsender Mädchen und junger Frauen, unter Verwendung heiligen Öls vorzunehmen, geruhe anzunehmen, allmächtiger, frömmster Gott aller Dinge, den beschwerlichen und mühsamen und nicht sehr von vollkommener Jungfräulichkeit abweichenden Vorsatz dieser deiner Dienerin, weil du, Schöpfer aller Geschöpfe, genau weißt, daß weltliche Verlockungen nicht vermieden werden können, aber wenn man durch dich zu dir kommt, beunruhigen niemals schreckliche Leidenschaften oder Reize des Genusses die einmal lebendig gemachten Seelen. Denn dem Empfinden, mit dem du selbst durchströmt zu werden geruhst, ist nichts begehrenswerter als dein Reich, nichts schrecklicher als dein Gericht. Gib also, Herr, auf unsere Bitten dieser deiner Dienerin unter den

Verheirateten die dreißigfache, bei den Witwen aber die sechzigfache Frucht. In ihr sei mit Barmherzigkeit Strenge, mit Demut Freigebigkeit, mit Freiheit Ehre, mit Menschlichkeit Vernunft. Sie möge nachsinnen über dein Werk bei Tag und bei Nacht, damit sie am Tag ihrer Abberufung so zu sein verdient, wie du es durch den Geist der Prophetie gewollt hast. Durch...
Dann soll der Bischof die Stola um ihren Hals legen und sagen:
Mit der Stola der Freundlichkeit bekleide dich der Herr.
Jene aber soll den Schleier auf ihren Kopf legen, den sie öffentlich vor allen vom Altar empfangen hat, derweil die Antiphon (gesungen wird):
Mit ihm selbst bin ich verlobt, dem die Engel...
Oration: Wir bitten dich, Herr, höre gnädig die Bitten deiner Dienerin, damit sie die erworbene Gnade der Keuschheit mit deiner Hilfe bewahrt. Durch...
Zur Übergabe des Ringes.
Empfange den Ring der Treue, das Zeichen des Heiligen Geistes, damit du Braut Christi genannt wirst, wenn du ihm in Treue dienst. Durch...
Zur Übergabe des Kranzes:
Empfange das Zeichen Christi auf deinem Haupt, daß du seine Gattin wirst und, wenn du in ihm bleibst, in Ewigkeit gekrönt wirst.
Danach soll sie die Antiphon sagen.
Mit seinem Ring hat mich der Herr verlobt...
Oration. Wir bitten dich, Herr, daß fromme Hingabe deine Dienerin mit deiner Hilfe zur Gnade führe, damit sie verdient, von allem Schmutz der Vergehen gereinigt zu werden und du sie als durch Christus mit dir Versöhnte mit heiterem Antlitz betrachtest und alle ihre Sünden nachläßt und du auch die Strenge deines Gerichts gnädig von ihr zurückhältst und die Milde deiner Barmherzigkeit gütig über ihr ausgießt. Durch ihn...
Dann stimmt man das Evangelium nach Johannes an:
In jenen Tagen antwortete Jesus und sagte: Kein Mensch kann sich etwas nehmen...[12]
Nach dem Evangelium soll sie im Zustand der Verschleierung in die Hände des Bischofs opfern, der Chor stimmt das Offertorium an:
Erbarme dich meiner, Herr...

Secreta: Wir bitten dich, Herr, daß die Gaben deiner Dienerin und deiner Geweihten, die dir wegen der Weihe ihres Körpers opfert, zugleich zur Heilung ihrer Seele gereichen. Durch...
Infra agenda: ... Deshalb bitten wir dich, Herr, dieses Opfer unseres Dienstes und des Dienstes deiner ganzen Familie, das ich dir für die Unversehrtheit deiner Dienerin bringe, wegen der Weihe ihres Geistes fromm und gnädig mit gütiger Miene anzunehmen. Beschütze aber diejenigen willig, die zu dir flehen, und erhöre sie gütig. In unseren Tagen...[13]
Benedictio: Segne, Herr, diese deine Dienerin, die aus dem Blut deines teuren Sohnes bereitet ist. Amen. Sie möge die Gnade deines Segens, die sie ersehnt, erlangen, und sie möge, ohne Unwillen hervorzurufen, eine deiner Majestät würdige Dienstbarkeit an den Tag legen. Amen. Sie lege ihren Lebensweg ohne jegliche Befleckung durch Vergehen zurück, und sie übertreffe mit ihren guten Taten den Feind. Weil du selbst würdig bist vorzustehen.
Communio: Dient dem Herrn in Furcht...
Postcommunio: Gott, Anstifter der guten Werke, reinige das Herz deiner Dienerin, daß nichts in ihr sich findet, was du strafen, sondern nur solches, was du krönen kannst. Durch...
Jene Diakonin aber soll während der heiligen Geheimnisse kommunizieren, und nach der Messe soll der Bischof ihr durch den Hirtenbann den Frieden bekräftigen, damit sie das Ihre in Sicherheit und Ruhe besitzen möge.
Ordo Romanus IX (Mayer 61)[14]
Ordo, wie in der römischen Kirche heilige Weihen geschehen.
Der Pontifex steht an seinem Sitz, ihnen einzeln die Hände auf die Köpfe legend, und er segnet sie. Dann tritt der Archidiakon hinzu und nimmt die Stolen vom Glaubensbekenntnis auf, welche vom gestrigen Tag dort aufbewahrt worden sind. Er stimmt über ihnen [Psalmen und Antiphonen, d. Ü.] *an:*
Und der Pontifex bekleidet sie mit den Kaseln und sie stehen bekleidet mit diakonischen Gewändern.[15]
Diejenigen, die Diakone sein sollen, entfernen sich aus der Mitte derjenigen, die als Presbyter geweiht werden, und die Segnungen der zukünftigen Presbyter werden vollendet. Und dann steigen sie herab in das Presbyterium, und sogleich liest einer von den neuen Diako-

nen das Evangelium, und sie dienen in der Messe selbst, jeder einzelne nach seinem Dienst.
Der Pontifex aber nimmt die reinen Opfergaben und gibt sie den einzelnen neuen Presbytern, und von da an kommunizieren sie acht Tage ununterbrochen.[16]
Wenn alles ausgeführt ist, nach Vollendung der Feier der Messe, stehen sie, die Reihen nach Ämtern geordnet, bereit mit Kerzenständern und Weihrauchfässern, um den eigenen Priester [Pfarrer, dem sie zugeordnet sind, d. Ü.] *zu empfangen.*
Der Pontifex aber gibt ihnen die priesterlichen Kleider und die gottesdienstlichen Geräte, Gold oder Silber, Wein, Getreide und Öl.
Wenn sie aber aus der Basilika S. Petri hinausgehen, werden jedem einzelnen sogar dreißig Kerzenständer mit Weihrauchfässern vorangetragen. Er selbst [der Papst, d. Ü.] *aber sitzt auf einem weißen Pferd: vorangehend und nachfolgend singt das Volk ihm Lob.*
Ähnlich auch die weiblichen Diakoninnen und Presbyterinnen, die an demselben Tag gesegnet werden.
Die Straßen der Stadt aber, woher sie ziehen werden, werden bekränzt mit Lorbeer und Tüchern, und mit so großer Gloria führen sie die eigenen Priester zu ihren bestimmten Titelkirchen. und er selbst [der Papst, d. Ü.] bereitet ihnen an diesem Tage ein Gastmahl.

26. Atto von Vercelli, Brief 8: An den Priester Ambrosius (Mayer 67)[17]

Was die Tatsache anbelangt, daß eure Klugheit sich entschlossen hat, darüber zu beratschlagen, was wir in den Canones als Presbyterin oder was wir als Diakonin verstehen müssen, so scheint es uns richtig, daß in der alten Kirche zur Unterstützung der Männer auch religiöse Frauen in der heiligen Kirche als Kultdienerinnen geweiht wurden, weil nach dem Wort des Herrn »die Ernte groß, der Arbeiter wenige« (Lk 10,2) zu sein schienen. ›Was der selige Paulus in seinem Brief an die Römer zeigt, wenn er sagt: Ich empfehle euch meine Schwester Phoebe, die die Dienerin der Gemeinde in Kenchrä ist.‹[18] Dort erkennt man, daß damals nicht allein Männer, sondern auch Frauen den Kirchen vorgestanden haben, und zwar wegen des großen Nutzens. Denn Frauen waren lange an die Riten der Heiden gewöhnt und auch in philosophischen Lehrsätzen unterrichtet, so *daß sie gut und recht vertraut durch diese[19] bekehrt wurden und recht offen über den Kult der Religion unterrichtet wurden.*

[Es folgen Abhandlungen über c. 11 des Konzils von Laodicäa, über c. 15 des Konzils von Chaldecon und über c. 12 des Konzils von Karthago.][20]
Es gibt auch Leute, die behauptet haben, daß in alten Zeiten diejenigen Frauen Diakoninnen genannt worden seien, die wir nun Äbtissinnen nennen, was uns überhaupt nicht zu stimmen scheint. Denn den Abt nennt man Vater...[21] Die Kraft dieses Wortes veranschaulicht die Eigenschaft der Furcht in gleicher Weise wie die der Liebe, der Ehrfurcht und der Zuneigung. Wir wissen aber, daß die Diakonin nichts anderes als Dienerin ist...[22]

Wir können auch jene für Presbyterinnen und Diakoninnen halten, die mit Presbytern und Diakonen vor deren Weihe durch die Ehe verbunden worden sind.

27. Venantius Fortunatus, Vita Radegundis I, c. 12[23]
Geradewegs vom König kommend, ging Radegundis zum seligen Medard von Noyon und bat ihn inständig, daß er sie, nach dem Kleiderwechsel[24], dem Herrn weihe. Aber eingedenk des redenden Apostels sagte er: Wer durch die Ehe verbunden sei, trachte nicht, sich zu lösen; er scheide nicht die Königin, um ihr nicht das Kleid der Nonne übergeben zu müssen... [Es erscheinen Verfolger der Radegundis, von ihrem Ehemann beauftragt.] Bis dahin störten sie den seligen Mann nur, dann zogen die Adeligen ihn mit Gewalt vom Altar weg durch die Basilika... Dies erkennend, trat die Heiligste in die Sakristei, legte sich selbst das Gewand einer Nonne an, kehrte zurück an den Altar und sagte, den seligen Medard mit folgenden Worten anredend: Wenn du zögerst, mich zu weihen, und die Menschen mehr als Gott fürchtest, wird man aus deiner Hand die Seele deines Schafes einfordern. Durch diese Beschwörung wie durch Donner erschüttert, legte er ihr die Hände auf und weihte sie zur Diacona.[25]

28. Petrus Abaelard, Brief 8 an Heloisa (Mayer 68)[26]
Wir glauben aber, daß sieben Personen von euch notwendig sind und genügen, um das ganze Kloster zu verwalten: eine Pförtnerin,

eine Cellerarin (Wirtschafterin/Verwalterin), eine Kleiderbewahrerin, eine Infirmarin (Krankenbetreuerin), eine Cantrix (Vorsängerin), eine Sakristanin und zuletzt die Diakonin, die nun Äbtissin genannt wird.[27]

Petrus Abaelard, Predigt 31, zum Stephanustag (Mayer 68)[28]
Wägt es auch ab, Schwestern, um eine wie große Ehre euch die göttliche Gnade erhöht hat, eine Ehre, die euch zuerst als ihre eigenen Diakoninnen und bald darauf als Diakoninnen der Apostel hatte, da es feststeht, daß sie sowohl jenen als auch diesen heiligen Witwen nach ihren Fähigkeiten gedient haben. Daher nannten heilige Doktoren auch sie selbst in alter Zeit gewöhnlich ebenso Diakoninnen wie auch Diakonissen. Auch von den Tischen dieser Frauen ist der Ordo des Diakonats, der bei den obengenannten Männern begonnen hat, bald darauf an den sonntäglichen Tisch des Altars überführt worden; damit diejenigen, die Diakone der Diakoninnen gewesen waren, nun zu Leviten Christi werden. Daß diesen gleichfalls auch Frauen in diesem Ordo des Diakonats vom Apostel hinzugefügt worden sind, das erklären die heiligen Doktoren an vielen Orten. [Wie im Brief an die Römer geschrieben steht: Ich empfehle euch unsere Schwester Phoebe, die die Dienerin der Gemeinde in Kenchrä ist, Röm 16,1.][29] *Diese Stelle jedenfalls erörtert Cassiodor in seinem Kommentar zu diesem Brief wenn er schreibt: »Es bedeutet, daß die Diakonisse die Mutter der Kirche gewesen sei, was in den Gebieten der Griechen bis heute durchgeführt wird, denen*[30] *auch der Brauch des Taufens in der Kirche nicht verwehrt wird.« Dies erwähnt auch Claudius so: »Diese Stelle lehrt mit apostolischer Autorität, daß auch Frauen in den Dienst der Kirche eingesetzt werden; Phoebe, die bei der Kirche, die in Kenchrä ist, in ein derartiges Amt eingesetzt worden ist, schildert der Apostel mit großem Lob und großer Empfehlung.« Auch Hieronymus äußert sich zu jener Stelle des an Timotheus schreibenden Apostels und sagt: »Vermeide es aber, junge Witwen im Dienst des Diakonats vorzuziehen, damit nicht ein schlechtes Beispiel zum Schlechten gegeben wird.«*

29.[31] Leo XIII.: Enzyklika »Arcanum divinae sapientae«, 10. Febr. 1880

Der Mann ist der Herr der Familie und das Haupt der Frau; da diese jedoch Fleisch von seinem Fleische und Bein von seinem Gebein ist, soll sie dem Mann nicht nach Art einer Magd, sondern einer Gefährtin untertan sein und gehorchen: damit nämlich dem geleisteten Gehorsam weder Ehrenhaftigkeit noch Würde fehle. In ihm aber, der vorsteht, und in ihr, die gehorcht, soll, da beide ein Abbild wiedergeben – der eine das Christi, die andere das der Kirche –, die göttliche Liebe die beständige Lenkerin sein.
Zitiert nach DH Nr. 3143

Zur Dokumentation des vorherrschenden gemäßigten Patriarchalismus in lehramtlichen Dokumenten werden je ein Text von Leo XIII. und Pius XI. angeführt.

30. Pius XI.: Enzyklika »Casti connubii, 31. Dez. 1930

Ist die häusliche Gemeinschaft schließlich durch das Band der Liebe gestärkt, so muß in ihr jene von Augustinus so genannte Ordnung der Liebe erblühen. Diese Ordnung umfaßt nämlich sowohl den Vorrang des Mannes gegenüber der Gattin und den Kindern als auch die freiwillige und nicht widerwillige Unterwerfung und Folgsamkeit der Gattin, die der Apostel mit folgenden Worten empfiehlt: »Die Frauen seien ihren Männern untertan wie dem Herrn; denn der Mann ist das Haupt der Frau, so wie Christus das Haupt der Kirche ist« (Eph 5,22f.).

Dieser Gehorsam aber leugnet und beseitigt die Freiheit nicht, die der Frau sowohl angesichts der Vortrefflichkeit der menschlichen Person als auch angesichts der höchst vornehmen Aufgaben einer Gattin, Mutter und Gefährtin mit vollem Recht zusteht; auch heißt er sie nicht, irgendwelchen Wünschen des Mannes zu willfahren, die vielleicht der Vernunft selbst oder der Würde der Gattin weniger entsprechen; auch besagt er schließlich nicht, daß die Gattin Personen gleichzustellen sei, die im Recht Minderjährige genannt werden, denen man wegen des Fehlens eines reiferen Urteils oder der Unerfahrenheit in den menschlichen Dingen keine freie Ausübung ihrer Rechte zuzugestehen pflegt; vielmehr verbietet er jene übertriebene

Willkür, die sich nicht um das Wohl der Familie kümmert, verbietet, daß sich in diesem Familienleib zum größten Schaden des ganzen Leibes und unter unmittelbarer Gefahr des Untergangs das Herz vom Haupte trennt. Wenn nämlich der Mann das Haupt ist, dann ist die Frau das Herz, und so wie jener den Vorrang der Leitung innehat, so kann und muß diese für sich den Vorrang der Liebe als Eigen beanspruchen.

Dieser Gehorsam der Gattin ihrem Manne gegenüber kann sodann, was den Grad und die Weise angeht, je nach den unterschiedlichen Personen-, Orts- und Zeitverhältnissen unterschiedlich sein; ja, wenn der Mann seiner Pflicht nicht nachgekommen ist, ist es Aufgabe der Gattin, seine Stelle bei der Leitung der Familie zu vertreten. Aber die Familienstruktur selbst und ihr von Gott festgelegtes und bekräftigtes Hauptgesetz zu zerstören oder anzurühren, ist niemals und nirgends erlaubt.

Zitiert nach DH Nr. 3708/9

31. Johannes XXIII: Enzyklika »Pacem in terris«, 11. April 1963

Dann gibt es sicherlich niemanden, dem nicht offen vor Augen läge, daß sich die Frauen am Gemeinwesen beteiligen; dies geschieht vielleicht schneller bei den Völkern, die den christlichen Glauben bekennen, und langsamer zwar, aber doch weit verbreitet, bei den Völkern, die Erben anderer Überlieferungen sind und einen anderen Lebensstil pflegen. Da sich die Frauen nämlich täglich mehr ihrer menschlichen Würde bewußt werden, erdulden sie es so wenig, für eine unbeseelte Sache oder für ein Werkzeug gehalten zu werden, daß sie vielmehr sowohl innerhalb der häuslichen Wände als auch im Staate Rechte und Pflichten einfordern, die der menschlichen Person würdig sind.

Schließlich stellen wir in diesen unseren Tagen fest, daß die Gemeinschaft der Menschen sowohl im sozialen als auch im öffentlichen Bereich in eine völlig neue Gestalt übergegangen ist. Denn aufgrund der Tatsache, daß sich alle Völker entweder befreit haben oder im Begriffe sind, sich zu befreien, wird es bald keine Völker mehr geben, die über andere herrschen, und keine, die einer fremden Gewalt untertan sind. ...

Denn in dieser unserer Zeit veralteten die Auffassungen, die so viele Jahrhunderte Bestand hatten, nach denen nämlich einerseits die Menschenklassen einen niedrigeren Stand für sich akzeptierten, die anderen dagegen die führende Rolle beanspruchten, sei es wegen ihrer Stellung auf wirtschaftlichem und sozialem Gebiet, sei es wegen ihres Geschlechts oder wegen ihres jeweiligen Ranges im Staat. Sehr weit hat sich im Gegenteil die Auffassung verbreitet und behauptet, daß alle Menschen aufgrund der Würde der Natur untereinander gleich sind. Deshalb wird, wenigstens gedanklich und theoretisch, in keiner Weise ein Unterschied zwischen den Menschen aufgrund des Geschlechtes anerkannt; dies ist nun von größter Bedeutung und größtem Gewicht für das Zustandekommen menschlichen Zusammenlebens aus Prinzipien, wie wir sie erwähnt haben. Wenn aber in einem Menschen das Bewußtsein seiner Rechte erwacht, so ist es notwendig, daß in ihm auch das Bewußtsein seiner Pflichten erwacht, so daß dem, der gewisse Rechte hat, in gleicher Weise die Pflicht innewohnt, seine Rechte als Zeichen seiner Würde einzufordern; den anderen aber wohnt die Pflicht inne, diese Rechte anzuerkennen und zu achten.
Zitiert nach DH Nr. 3975/76/77

Johannes XXIII. erkennt als erster Papst die gewandelte Stellung der Frau im Rahmen der modernen Freiheitsgeschichte an: sie ist gottgewollt, weil der Würde des Menschen entsprechend. Diese Lehre bestimmt von da an in unterschiedlicher Intensität die kirchliche Lehre.

32. Zweites Vatikanum: Pastoralkonstitution über die Kirche in der Welt von heute »Gaudium et spes«, 7. Dez. 1965

Da alle Menschen, über eine vernunftbegabte Seele verfügend und nach Gottes Bild geschaffen, dieselbe Natur und denselben Ursprung haben, und da sie, von Christus erlöst, sich derselben göttlichen Berufung und Bestimmung erfreuen, muß die grundlegende Gleichheit aller mehr und mehr anerkannt werden.

Gewiß stehen in bezug auf die unterschiedliche physische Fähigkeit und die Verschiedenheit der geistigen und sittlichen Kräfte nicht alle Menschen auf gleicher Stufe. Doch jede Form einer gesell-

schaftlichen oder kulturellen Diskriminierung in den Grundrechten der Person, sei es wegen des Geschlechts oder der Rasse, der Farbe, der gesellschaftlichen Stellung, der Sprache oder der Religion, muß überwunden und beseitigt werden, da sie dem Plan Gottes widerspricht. Es ist nämlich wirklich beklagenswert, daß jene Grundrechte der Person noch immer nicht überall unverletzlich gewahrt werden; wenn man etwa der Frau die Möglichkeit verweigert, frei den Gatten zu wählen und den Lebensstand zu ergreifen oder zu derselben Bildung und Kultur zu gelangen, die dem Mann zuerkannt wird.
Zitiert nach DH Nr. 4329

33. Paul VI.: Apostolisches Schreiben »Octogesima adveniens«, 14. Mai 1971

Während der Fortschritt der Wissenschaften und technischen Fertigkeiten das Antlitz des irdischen Wohnsitzes der Menschen in höchstem Grade umwandelt und neue Weisen des Erkennens, Handelns, des Umgangs mit den Dingen und des Eingehens wechselseitiger Bindungen mit sich bringt, zeigt der Mensch, daß er unter diesen heutigen Lebensbedingungen von einem doppelten Bestreben bewegt wird, und zwar um so heftiger, je mehr seine Erkenntnis der Sachverhalte und seine Bildung fortschreiten: nämlich das Bestreben, Gleichheit zu erlangen, und das Bestreben, an den Leitungsaufgaben teilzuhaben; dies sind zwei Formen der menschlichen Würde und Freiheit.
Zitiert nach DH Nr. 4501

34. Gemeinsame Synode der Bistümer in der Bundesrepublik Deutschland – Beschlüsse der Vollversammlung. Offizielle Gesamtausgabe I, Freiburg–Basel–Wien 1976

Walter Kasper: Einleitung zum Beschluß »Die pastoralen Dienste in der Gemeinde« (a. a. O. 595f.).

Die Stellung der Frau im kirchlichen Dienst gehörte zum Prioritätenvorschlag für die Sachkommission VII (Synode 1971/1,14). Neben der Frage der Stellung der Frau in der Kirche überhaupt (3.2) und der Frau im haupt- und nebenberuflichen Dienst der Laien (3.3) war damit auch die Frage nach der Teilhabe der Frau am amtlichen

Dienst der Kirche gestellt. Die Frage der Priesterweihe der Frau wurde von der Synode jedoch bewußt ausgeklammert. Ausführlich befaßt hat sie sich aber mit der Zulassung von Frauen zum sakramentalen Diakonat, das durch das Zweite Vatikanische Konzil als eigenständige Weihestufe erneuert wurde (4.2). Das in dieser Frage formulierte Votum an den Papst (Votum 3) gehörte bis zum Schluß zu den am meisten umstrittenen Aussagen der Vorlage.

Da es sich um eine dogmatisch wie dogmengeschichtlich recht schwierige Frage handelt, hat die Sachkommission dazu drei Gutachten (Prof. Y. Congar; Prof. P. Hünermann; Prof. H. Vorgrimmler) eingeholt (Synode 1973/7, 37–47), die – mit leicht unterschiedlichen Akzentuierungen – alle positiv waren. Weitere nichtveröffentlichte aber gleichfalls positive Stellungnahmen, besonders von Prof. O. Semmelroth und Prof. P. Hünermann, folgten. Dennoch wurden sowohl in den Stellungnahmen der Deutschen Bischofskonferenz (Synode 1973/3, 88; 1975/1, 61) wie in der Vollversammlung (Prot. V, 173–176) Bedenken laut. Um die Sache nicht zu gefährden, kam es schließlich dazu, daß das Votum etwas abgeschwächt wurde. Statt um die Zulassung von Frauen zum sakramentalen Diakonat zu bitten (Synode 1973/6, 13; 1975/1, 61), bat die Synode schließlich den Papst, die Frage zu prüfen und Frauen womöglich zur Diakonatsweihe zuzulassen (Votum 3).

Die Argumentation der Synode für ihr Votum ist eine doppelte: 1. Der Hinweis auf die Stellung der Frauen im Jüngerkreis Jesu und in den neutestamentlichen Gemeinden im allgemeinen wie auf die durch die theologiegeschichtliche Forschung wieder zutage geförderte Tatsache, wonach in den Ostkirchen und während der ersten christlichen Jahrhunderte vereinzelt auch in den Kirchen des lateinischen Ritus Frauen zu Diakoninnen geweiht wurden, im besonderen (4.2.1). Umstritten war freilich, ob und inwieweit sich aus diesen Hinweisen wirkliche Beweise ergeben. Doch darf man die dogmengeschichtliche Argumentation nicht überfordern. Denn die Frage, ob die genannten Weihen zu Diakoninnen als Sakrament oder nur als Sakramentale verstanden wurden, ist angesichts der Tatsache, daß dieser Unterschied erst seit dem Mittelalter gemacht wird, von vornherein falsch gestellt. 2. Wichtiger war für die Synode der Hinweis auf die gegenwärtige pastorale Situation: Tatsächlich üben bereits heute viele Frauen eine Fülle von Tätigkeiten aus, die an sich dem Diakoninnenamt zukommen; die gewandelte Stellung der Frau in Kirche und Gesellschaft läßt es unverantwortlich erscheinen, Frauen von theologisch möglichen und pastoral wünschenwerten amtlichen Funktionen auszuschließen; die Hereinnahme von Frauen in den sakramentalen Diakonat könnte für diesen und für das kirchliche Amt überhaupt eine Bereicherung bedeuten (4.2.2).

Diese Argumente sind keine abstrakten, ideologischen Postulate; sie gehen vielmehr aus von dem, was in der Kirche schon heute als Frucht des Geistes an geistlichem Reichtum erfahrbar ist, und erstreben dessen Anerkennung durch das kirchliche Amt. Daß dabei noch manche historische, theologische und praktische Fragen zu klären sind, ist offenkundig. Doch theologie- und kirchengeschichtliche Entwicklungen geschehen nie nach Art eines Syllogismus aus völlig geklärten Prämissen; immer handelt es sich um eine aus dem Geist von Schrift und Tradition heraus gegebene geistliche Antwort auf den Ruf Gottes in einer bestimmten Situation. Die Frage nach der Stellung der Frau in der Gesellschaft, in der Kirche und im kirchlichen Dienst gehört zweifellos zu den drängenden Fragen unserer Zeit, auf die die Kirche bisher noch keine hinreichende Antwort gegeben hat. Dazu will das Votum der Synode einen Anstoß geben.

Beschlußtext:

3.2 Der Dienst der Frau (a. a. O. 611f.)
Nach den Aussagen der Schrift kommt Mann und Frau aufgrund der in der Schöpfung begründeten Gottebenbildlichkeit (vgl. Gal 3, 26–28) dieselbe personale Würde zu.

Maßstab für die Praxis der Kirche und ihrer Gemeinden ist vor allem Jesu Verhalten gegenüber den Frauen sowie die Tatsache, daß auch Frauen im Dienst der neutestamentlichen Gemeinden tätig sind. Auch die Stellung, die Maria in der Heilsgeschichte einnimmt, deutet auf eine aktive Einbeziehung der Frau in das Heilswerk Christi hin.

Männer und Frauen sollen also ihre eigenen Gaben in das Leben der Kirche und ihrer Gemeinden einbringen und gemeinsam Verantwortung in Kirche und Gesellschaft übernehmen. Unbeschadet ihrer unterschiedlichen Aufgaben haben Mann und Frau grundsätzlich die gleiche Verantwortung und die gleichen Rechte.

Ein solches partnerschaftliches Verhältnis von Mann und Frau ist in der Kirche und in den Gemeinden eine weithin noch nicht erreichte Zielvorstellung. Zwar hat die Kirche in ihrer Lehre grundsätzlich immer die Gleichheit der Würde von Mann und Frau anerkannt. In ihrer Praxis wurden jedoch vielfach gegenläufige Einflüsse wirksam. Bis heute sind in Denken, Leben und Recht der Kirche oft noch überholte und dem Evangelium widersprechende Vorstellungen und Leitbilder vom Wesen und von der Rolle der Frau wirksam (vgl. Votum 1).

Verschiedene lehramtliche Dokumente haben Initiativen und Bestrebungen in der modernen Gesellschaft aufgegriffen und zur Überwindung der geschichtlich bedingten faktischen und rechtlichen Ungleichheit der Frauen aufgerufen (vgl. GS 29; PT 41; Römische Bischofssynode 1971, Gerechtigkeit der Welt III). Auch die Gemeinde sollte noch mehr als bisher in ihrem eigenen Bereich einen wirksamen Beitrag leisten.

4.2 Der Diakonat der Frau (a. a. O. 616f.)

Gestützt auf das biblische Zeugnis von der Stellung der Frau im Jüngerkreis Jesu und die zahlreichen und wichtigen Dienste der Frauen in den neutestamentlichen Gemeinden, wurden in den Ostkirchen und während der ersten christlichen Jahrhunderte vereinzelt auch in den Kirchen des lateinischen Ritus Frauen zu Diakoninnen geweiht. Unter Berücksichtigung der damaligen kulturellen und gesellschaftlichen Gegebenheiten übertrug man ihnen diakonale Aufgaben, vor allem für Frauen und im Bereich der Familien. Ihre Mitwirkung beim Gottesdienst und bei der Sakramentenspendung wurde entsprechend der Stellung der Frau in der damaligen Gesellschaft nur wenig ausgestaltet. Trotz dieser Beschränkung ihrer pastoralen und vor allem ihrer liturgischen Aufgabe trugen in ihrer Epoche diese Frauen wesentlich dazu bei, das Leben der Frau und der Familie mit christlichem Geist zu durchdringen.

Diese geschichtlichen Tatsachen waren dem Bewußtsein der Kirche weitgehend entfallen. Sie wurden durch die theologische Forschung neu zugänglich.

In der heutigen pastoralen Situation sprechen folgende Gründe dafür, auf diese alte kirchliche Praxis zurückzugreifen:

Viele Frauen üben in vielen Kirchenprovinzen, nicht nur in Missionsgebieten, eine Fülle von Tätigkeiten aus, die an sich dem Diakonenamt zukommen. Der Ausschluß dieser Frauen von der Weihe bedeutet eine theologisch und pastoral nicht zu rechtfertigende Trennung von Funktion und sakramental vermittelter Heilsvollmacht.

Ein weiterer Grund liegt darin, daß die Stellung der Frau in Kirche und Gesellschaft es heute unverantwortlich erscheinen läßt, sie von theologisch möglichen und pastoral wünschenswerten amtlichen Funktionen in der Kirche auszuschließen.

Schließlich läßt die Hineinnahme der Frau in den sakramentalen Diakonat in vielfacher Hinsicht eine Bereicherung erwarten, und zwar für das Amt insgesamt und für die in Gang befindliche Entfaltung des Diakonats im besonderen.

Der Diakonat ist eine eigenständige Ausprägung des Weihesakraments, die sich theologisch und funktional vom priesterlichen Dienst abhebt. Der geschichtliche Befund bezüglich des Diakonats der Frau und bezüglich des Priestertums der Frau liegt jeweils anders. Daher ist die Frage der Zulassung der Frau zum sakramentalen Diakonat verschieden von der Frage des Priestertums der Frau.

Die in unserer Gesellschaft anerkannte grundsätzliche Gleichstellung von Mann und Frau sollte auch im kirchlichen Bereich dazu führen, daß die pastoralen und liturgischen Aufgaben des Diakons und der Diakonin einander entsprechen. Falls sich trotzdem in der praktischen Tätigkeit unterschiedliche Schwerpunkte ergeben, kann das einer fruchtbaren Entfaltung des Amtes dienen. Es berührt aber nicht die grundsätzliche Gleichheit der Rechte und Pflichten. Die Zulassungsbedingungen zum Diakonat sollen daher für Männer und Frauen soweit als möglich angeglichen werden. Das betrifft insbesondere die Bewährung in der Gemeinde, im Beruf und ggf. in der Familie sowie das Mindestalter (vgl. Votum 3).

35. Der Hirtenbrief der Deutschen Bischofskonferenz, »Zu Fragen der Stellung der Frau in Kirche und Gesellschaft«, 21. Sept. 1981.[32]

Der Hirtenbrief fußt auf Vorbereitungsarbeiten einer Kommission unter Leitung von Weihbischof Gutting, die am Ende der Würzburger Synode eingesetzt wurde. Man darf diesen Hirtenbrief als die Magna Charta der Frau bezeichnen. In der Problemanalyse, der kritischen Beurteilung gesellschaftlicher und kirchlicher Verhältnisse wie hinsichtlich der Perspektiven ist dieses Schreiben der Deutschen Bischofskonferenz bislang von anderen kirchlichen Lehrschreiben nicht eingeholt worden. – Es werden lediglich die unmittelbar einschlägigen Passagen angeführt.

In den letzten 200 Jahren ist eine breite »Frauenbewegung« entstanden, d.h. Frauen, Frauengruppen und Frauenverbände kämpfen seither um die Anerkennung der vollen und gleichen Würde der Frau, um ihre Anerkennung und Mitverantwortung im öffentlichen Leben. Diese Frauengruppen kamen zumeist aus der Arbeiterschaft, aus bürgerlichen und intellektuellen Schichten. Sie orientierten sich je nach ihrer Herkunft an liberalem, humanistischem oder marxistischem Gedankengut. Von großer Bedeutung im Rahmen der Frauenbewegung waren die Frauen, Frauengruppen und Frauenverbände, die sich, vom Evangelium geleitet, aus christlicher Verantwortung für die Belange der Frau einsetzten. Die Bestrebungen aller dieser Frauen führten von der Forderung nach gesetzlicher und politischer Gleichberechtigung zum Anspruch auf wirtschaftliche, soziale und kulturelle Gleichstellung. Heute geht es nicht mehr nur um den gleichberechtigten Platz der Frau in der Welt der Männer, sondern darüber hinaus um die kritische Auseinandersetzung mit einer überwiegend von Männern geprägten Gesellschaft. Es geht den Frauen heute um den Aufbau der Gesellschaft, in der Mann und Frau gleichberechtigt zusammenleben und -arbeiten, in gemeinsamer Verantwortung für die Zukunft einer menschlicheren Welt.

Die Kirche lebt in der Welt und mit der Zeit. Sie kann und darf an dieser Bewegung nicht vorbeigehen. Das II. Vatikanische Konzil, Päpste, Bischöfe, Bischofskonferenzen und Synoden haben sich daher zunehmend mit den Fragen der Stellung der Frau in der Gesell-

schaft befaßt. Ihre Überlegungen gipfeln in der Feststellung der »grundlegenden Gleichheit aller Menschen« und in der Forderung »jede Form einer Diskriminierung in den gesellschaftlichen und kulturellen Grundrechten der Person« zu überwinden und zu beseitigen, »da sie dem Plane Gottes widerspricht« (Gaudium et spes, Nr. 29). Das gilt für die Entwicklung in der Gesellschaft wie in der Kirche. Katholische Frauen, Frauengruppen und Frauenverbände haben den Anstoß gegeben und sich unermüdlich dafür eingesetzt – wir stellen dies anerkennend und dankbar fest –, daß Frauen in der Kirche pastorale Aufgaben übernehmen.

Heute sind Frauen aktiv beteiligt in Verkündigung, Liturgie, in sozial-karitativen Aufgaben und Katechese. Sie arbeiten engagiert und partnerschaftlich in allen Bereichen kirchlichen Dienstes mit.

Die Kirche erkennt den Zusammenhang der gesellschaftlichen Entwicklung mit den Entwicklungen in der Kirche, wenn sie feststellt und zugleich fordert: »Da heute die Frauen eine immer aktivere Funktion im ganzen Leben der Gesellschaft ausüben, ist es von großer Wichtigkeit, daß sie auch an den verschiedenen Bereichen des Apostolates der Kirche wachsenden Anteil nehmen« (Dekret über das Apostolat der Laien, Nr. 9). Im letzten geht es darum, daß sich die Kirche gemäß dem Auftrag ihres Stifters immer mehr zu dem einen Volk Gottes entfaltet, in dem Männer und Frauen, jeder einzelne und alle zusammen je auf ihre Weise teilhaben am Prophetenamt, am Priesteramt und Hirtenamt Jesu Christi. (A. a. O. 5ff.)

Jesus hat in seinem Leben die Erlösungsbotschaft in der gleichen Fülle Männern wie Frauen zugesagt. Er hat – ganz ungewöhnlich für die Zeit, in der er gelebt hat – Frauen und Männer in seine Nachfolge und Jüngerschaft berufen. Durch seinen Opfertod am Kreuz hat er allen Menschen die gleiche, vollständige Erlösung von Sünde und Tod erwirkt. – Frauen waren die ersten Zeugen seiner Auferstehung. – Beim Pfingstfest wurde der Geist Gottes auf Frauen und Männer ausgegossen. – In den paulinischen Gemeinden wurden Frauen als Dienerinnen der Gemeinde und Mitarbeiterinnen in Jesus Christus (Röm 16,1 und 3) bezeichnet. So verkündet dann Paulus im Galaterbrief diese beglückende, Mann und Frau, Juden und Heiden, Machthaber und Sklaven befreiende Botschaft mit dem

Satz: »*Es gibt nicht mehr Juden und Griechen, nicht Sklaven und Freie, nicht Mann und Frau; denn ihr alle seid ›einer‹ in Christus Jesus*« *(Gal 3,28). (A. a. O. 9)*

In der Geschichte der Menschheit, wie auch in der Geschichte der Kirche und Theologie ist diese grundlegende Wahrheit nicht immer vollständig erkannt, noch weniger gelebt worden. In den verschiedenen Zeiten und Kulturen und unter den unterschiedlichen gesellschaftlichen Verhältnissen hat es aus vielen Gründen Unterdrückung und Diskriminierung der Frau gegeben. Aber die Wahrheit von der gleichen personalen Würde von Mann und Frau ist in der Kirche nie völlig verdunkelt worden. Wir erkennen mit Papst Johannes XXIII. ein vom Geist bewirktes, neues Aufleuchten dieser Wahrheit, wenn Frauen sich heute ihrer personalen Würde mehr bewußt werden, nach Gleichberechtigung streben und wenn sie mehr und mehr am öffentlichen Leben teilnehmen. Aus diesem neuen Selbstverständnis der Frauen und den daraus folgenden Anfragen an die Strukturen und Verhältnisse in unserer Zeit, die dem entgegenstehen, erwachsen manche Probleme, Konflikte und Übertreibungen. Im Leben des einzelnen und im Zusammenleben von Männern und Frauen entstehen viele Fragen und Ratlosigkeiten, in denen zu Recht von der Kirche Stellungnahme, Hilfe und Wegweisung erwartet werden. Aber auch die Kirche ist in ihrer zeitlichen und menschlichen Gestalt geprägt von zeitlichen Bedingungen und Verhältnissen. So muß und will sie im Blick auf die eben erörterte, von ihr vertretene und geglaubte Wahrheit, daß die Frau in ebenbürtiger Weise Person ist, die daraus folgenden Konsequenzen für die Gesellschaft heute und ihre eigenen Verhaltensweisen neu überdenken. (A. a. O. 10)

»Als Mann und als Frau schuf er sie.« Es gibt nicht »den Menschen«, es gibt ihn nur als Frau und als Mann, beide »als sein Abbild«. Personsein und Menschsein sind im Hinblick auf Wert und Würde gleich, aber in der Ausprägung verschieden, männlich und weiblich. Wenn beide, Mann und Frau, als Gottes Abbild geschaffen sind, dann läßt sich daraus eine Aussage über Gott selbst ableiten: »Er ist unser Vater, mehr noch, er ist uns auch Mutter«, wie Papst Johannes Paul I. gesagt hat (Ansprache vom 10. 9. 1978). Auch die Bibel hat an vielen Stellen Gottes Wirken und Handeln als mütterlich

beschrieben. Die Frau ist darum nicht nur in ihrem Personsein, sondern auch in ihrem Frausein Gottes Abbild.

Zu allen Zeiten haben die Menschen gespürt, welch ein Wert in der Verschiedenheit von Mann und Frau liegt. Männer und Frauen standen darum immer vor der Aufgabe, sich als Mann oder als Frau zu verwirklichen. Die Ausprägung des Frauseins und Mannseins war dabei großen kulturgeschichtlichen Wandlungen unterworfen. Oft sind ohne Beachtung dieses kulturgeschichtlichen Wandels von der Frau verwirklichte Verhaltensweisen als nur ihr zukommende »Tugenden« und »Werte« dargestellt worden, ebenso wie die vom Mann verwirklichten Verhaltensweisen oft als typisch männliche Werte hingestellt wurden.

Als typische Wesensmerkmale des Mannes galten z. B. Aktivität, kämpferische Durchsetzungskraft, Sachlichkeit, schöpferische Fähigkeiten und abstraktes Denkvermögen. Der Frau sollten dagegen Bewahren, Behüten, Umsorgen, Einfühlungsvermögen und Gefühlsstärke allein wesenseigen sein. Solche einseitigen Typisierungen gelten heute als problematisch. Viele Frauen, mitunter auch Männer, empfinden diese Sicht als einengend, als Beschneidung ihrer vielfältigen Anlagen und Fähigkeiten und als Verkürzung ihres Menschseins. (A. a. O. 12)

Beide, Mann und Frau, haben also dem Leben zu dienen. Sie tun es auf verschiedene Weise, aber in gleicher Verantwortung. Eine Verweigerung des Dienstes am Leben, d.h. eine Emanzipation der Frau auf Kosten der Kinder oder eine Emanzipation des Mannes von seiner Familie, – eine Emanzipation beider von ihren Aufgaben gegenüber der kommenden Generation, wäre ein Verlust des wahren Menschseins. (A. a. O. 14)

Die Kirche soll Modell für das gleichwertige und partnerschaftliche Zusammenleben und wirken von Männern und Frauen sein. Wir Bischöfe haben auf Anregung der Gemeinsamen Synode in einer Eingabe an die zuständige römische Kongregation für Kirchenrechtsreform ein umfassendes Votum mit dem Ziel gerichtet, in Zukunft die Frauen zu allen Diensten des gemeinsamen Priestertums aller Getauften gleichberechtigt zuzulassen.

Wir werden uns weiterhin dafür einsetzen, daß gesamtkirchlich und für den eigenen Jurisdiktionsbereich Frauen zu allen Diensten zugelassen werden, die theologisch möglich, pastoral sinnvoll, angemessen und notwendig sind. Die Aufgaben der Frauenseelsorge, die Fragen, die aus dem am Anfang beschriebenen neuen Bewußtsein der Frauen an Kirche und Gesellschaft gestellt sind, die Glaubenserfahrung und die Mitwirkung von Frauen an der Heilssorge der Kirche, sollen in der Aus- und Weiterbildung der Priester, Diakone und anderen kirchlichen Berufen berücksichtigt werden. (A. a. O. 19)

Schon immer haben Frauen im sozial-karitativen Bereich in großer Zahl Hervorragendes geleistet und neue Aufgaben aufgegriffen. In den letzten Jahren hat ihre Zahl in den haupt- und ehrenamtlichen kirchlichen Diensten erheblich zugenommen. Darüber hinaus arbeiten heute viele Frauen verantwortlich in der Verkündigung, im Religionsunterricht, in der Gemeindekatechese, in Liturgie und pastoralen Diensten, in der Jugend- und Erwachsenenbildung, in Forschung und Lehre an den Hochschulen, wie in der Entwicklungshilfe.

Frauen begegnen vielfach Vorurteilen und verschiedenen Formen des Mißtrauens – nicht zuletzt auch von Frauen. Sie werden oft nicht anerkannt, einfach, weil sie Frauen sind. Häufig wird ihnen selbständiges, verantwortliches Arbeiten nicht zugetraut, so daß sie von den in der Regel leitenden Männern abhängig bleiben und ihnen leitende Aufgaben selten übertragen werden. Vielfach ist im kirchlichen Dienst die Zusammenarbeit zwischen verantwortlichen Männern und Frauen von verschiedenen Formen der Unsicherheit im Verhalten zueinander bestimmt, das sich in Abgrenzungen und in gewissen Vorurteilen äußert. All dies ist im letzten ein Zeichen für Mangel an Zutrauen und Vertrauen. Es behindert die Freiheit im Verhalten zueinander und verhindert Partnerschaft. Diese aber kann nur gelernt werden, wenn man geduldig aufeinander hört, wenn Bedingungen für ein offenes Gespräch miteinander geschaffen werden und die grundsätzliche Verwiesenheit aufeinander akzeptiert wird. (A. a. O. 21)

Bisher haben wir von der Beteiligung der Frauen am gemeinsamen Priestertum aller Getauften gesprochen und die gleichberechtigte Teilhabe der Frauen gefordert. Die Frage nach der Teilhabe der Frau am besonderen Priesterum des Dienstes, d. h. die Zulassung der Frau zum Amt in der Kirche, wird in den letzten Jahrzehnten immer wieder, auch in der katholischen Kirche, gestellt. In der Erklärung der römi-

schen Kongregation für die Glaubenslehre vom 15. Oktober 1976 über die Zulassung der Frauen zum Priesteramt wird die Tradition bestätigt. Das Dokument stellt fest: »Die Kirche hält sich aus Treue zum Vorbild ihres Herrn nicht dazu berechtigt, die Frauen zur Priesterweihe zuzulassen« (Verlautbarungen des Apostolischen Stuhls Nr. 3, Seite 5).

Anders als die Frage des Priestertums stellt sich uns die Frage nach der Zulassung von Frauen zum sakramentalen Diakonat. Die Gemeinsame Synode der Bistümer in der Bundesrepublik Deutschland hat die Zulassung von Frauen zum Diakonat eindeutig erörtert (Beschluß: »Die pastoralen Dienste in der Gemeinde« 4.2). Sie empfiehlt, an die in Teilen der alten Kirche geübten Praxis der Weihe von Diakoninnen wieder anzuknüpfen. Darum hat sie den Papst gebeten, »die Frage des Diakonates der Frau entsprechend den heutigen theologischen Erkenntnissen zu prüfen und angesichts der gegenwärtigen pastoralen Situation womöglich Frauen zur Diakonatsweihe zuzulassen« (Beschluß: »Die pastoralen Dienste in der Gemeinde« 7.1 Votum 3). Diese Frage bedarf noch weiterführender Diskussion, vor allem aber einer größeren Übereinstimmung der Meinung in der gesamten Kirche. (A. a. O. 21f.)

36. Johannes Paul II.: Apostolisches Schreiben »Mulieris dignitatem«, 15. Aug. 1988

Der Mensch – sowohl der Mann wie die Frau – ist von den Geschöpfen der sichtbaren Welt das einzige, das Gott, der Schöpfer, »um seiner selbst willen gewollt hat«: er ist also Person. Person zu sein bedeutet, danach zu streben, sich selbst zu vervollkommnen... Dies kann nur »durch eine aufrichtige Hingabe seiner selbst« geschehen. Beispiel einer derartigen Deutung der Person ist Gott selbst als Dreifaltigkeit, als Gemeinschaft von Personen. Zu sagen, der Mensch sei nach dem Bild und Gleichnis dieses Gottes geschaffen ist dasselbe, wie zu sagen, daß auch der Mensch dazu berufen ist, »für« die anderen zu sein, Gabe zu werden.

Dies bezieht sich auf jedes Menschenwesen, Frau wie Mann, die dies verwirklichen, jeder entsprechend seiner Eigenart.

Die biblische Beschreibung des Buches Genesis skizziert die Wahrheit über die Folgen der Sünde des Menschen, so wie sie auch die

Störung der ursprünglichen Beziehung zwischen Mann und Frau, die der personalen Würde beider entspricht, anzeigt... Wenn wir also in der biblischen Beschreibung die zu der Frau gesagten Worte lesen: »Nach deinem Mann wirst du Verlangen haben, er aber wird über dich herrschen« (Gen 3,16), nehmen wir einen Bruch und eine ständige Gefahr wahr, die diese »Einheit der zwei« betrifft, die der Würde des Bildes und Gleichnisses Gottes in jedem der beiden entspricht. Diese Gefahr ist jedoch schwererwiegend für die Frau. Denn jenem aufrichtige-Hingabe-Sein und von daher »für«-den-anderen-Leben folgt die Herrschaft: »Er wird über dich herrschen«. Dieses »Herrschen« zeigt die Störung und den Verlust der Beständigkeit dieser grundlegenden Gleichheit an, die Mann und Frau in der »Einheit der zwei« besitzen: Und dies gereicht vor allem der Frau zum Nachteil, während nur die Gleichheit, die sich aus der Würde beider als Personen ergibt, die wechselseitigen Beziehungen mit dem Charakter einer wahren »Personengemeinschaft« versehen kann. Wenn aber die Verletzung dieser Gleichheit, die ja zugleich ein Geschenk und ein Recht ist, das von Gott, dem Schöpfer, selbst stammt, die Frau benachteiligt, mindert sie zugleich auch die wahre Würde des Mannes.
Zitiert nach DH Nr. 4830/31

37. Für eine Zukunft in Solidarität und Gerechtigkeit. Wort des Rates der evangelischen Kirche in Deutschland und der Deutschen Bischofskonferenz zur wirtschaftlichen und sozialen Lage in Deutschland.

Chancengerechtigkeit zwischen Männern und Frauen verwirklichen. (A. a. O. 81f.)
200: Ein zentrales Anliegen vieler Eingaben des Konsultationsprozesses war es, die grundlegenden Veränderungen der Stellung der Frauen in Wirtschaft und Gesellschaft stärker zu berücksichtigen. Zugleich wurde eine Vielzahl konkreter Belastungen und Benachteiligungen angeführt, die bisher immer noch in Politik, Gesellschaft, Beruf und Familie der Gleichberechtigung von Mann und Frau und der Chancengleichheit zwischen ihnen entgegenstehen.
201: Die in Familie, Politik, Wirtschaft und Gesellschaft dominierende Arbeitsteilung zwischen den Geschlechtern ist ursächlich

für die weithin noch fehlende Chancengerechtigkeit für Frauen, auch wo diese über ein den Männern vergleichbares Bildungs- und Qualifkationsniveau verfügen. Frauen wollen ihre Fähigkeiten und Anliegen in Familie und Beruf, im privaten und öffentlichen Leben verwirklichen. Sie wollen dabei die bezahlte und die überwiegend von ihnen geleistete unbezahlte Arbeit mit Männern teilen und in allen Bereichen partnerschaftlich mit ihnen zusammenarbeiten. Dies setzt nicht nur einen Wandel in den Beziehungen und Verhaltensweisen von Männern und Frauen voraus. Erforderlich sind ebenso strukturelle Veränderungen in Wirtschaft und Gesellschaft, die den unterschiedlichen Bedürfnissen und Lebenssituationen von Männern und Frauen, Vätern und Müttern gerecht werden.

202: Die Vereinbarkeit von Familie und Beruf, die bisher einseitig zu Lasten der Frauen ging, muß für Frauen und Männer gleichermaßen möglich sein. Das schließt die vermehrte Beteiligung der Männer an der Haus- und Familienarbeit ein, verlangt aber auch besondere Bemühungen, die Familienarbeit in verstärktem Maße als gleichrangig neben der Erwerbsarbeit anzuerkennen. Die Chancen bei der Aufnahme von Erwerbsarbeit, der beruflichen Aus- und Fortbildung und vor allem bei der Wiederaufnahme einer beruflichen Tätigkeit im Anschluß an die Kindererziehungsphase sind zu verbessern. Aufstiegschancen dürfen dabei nicht beeinträchtigt werden. Die eigenständige soziale Sicherung der Frauen ist schrittweise zu verwirklichen. Nur so ist eine tatsächliche Wahlfreiheit der Lebensgestaltung für Frauen und Männer möglich.

203: Berufe, in denen überwiegend Frauen tätig sind, sollten in finanzieller und gesellschaftlicher Hinsicht aufgewertet werden. Gezielte Aus- und Weiterbildung sollte verstärkt werden, um Frauen ein breiteres Berufsspektrum zu öffnen und somit die geschlechtsspezifische Spaltung insbesondere auf dem Arbeitsmarkt zu überwinden. Dadurch kann auch einer rascheren Entlassung von Frauen in die Arbeitslosigkeit entgegengewirkt werden, die sich durch die fortschreitende Modernisierung im Produktions- und Dienstleistungsbereich ergibt. Insbesondere sind Maßnahmen zu unterstützen, die den Anteil der Frauen in Entscheidungspositionen im Bildungswesen und in den Medien, in Wirtschaft, Gesellschaft und Politik sowie in der Kirche erhöhen. In allen diesen Bereichen sollten personelle und organisatorische Möglichkeiten geschaffen werden, durch die Frauen stärker an den Gestaltungsaufgaben und Entscheidungen in Wirtschaft, Gesellschaft und Politik beteiligt werden.

Das eigene wirtschaftliche Handeln der Kirche. (A. a. O. 96)
245: Die Kirchen sind mit ihrer Diakonie und Caritas große Arbeitgeber. In dieser Rolle sind sie – nicht weniger und nicht mehr als andere Arbeitgeber – gefordert, Arbeitsverhältnisse familiengerecht zu gestalten (z. B. flexible Arbeitszeiten), für einen fairen Umgang mit Mitarbeiterinnen und Mitarbeitern einzutreten, den Grundsatz der Gleichstellung von Frauen und Männern zu beachten und für eine konsequente Umsetzung der Ordnungen für die Vertretung und Mitwirkung der Mitarbeiterinnen und Mitarbeiter mit ihren Mitsprache- und Mitbestimmungsmöglichkeiten zu sorgen.

Anmerkungen

[1] Übersetzung, soweit nicht anders vermerkt, und Kommentierung der Texte Nr. 1–11; 13–16; 18–20 von Heike Grieser; Nr. 12; 17; 21–24 von Rosemarie Nürnberg; 25–28 Gisela Muschiol. Die Originaltexte finden sich, soweit nicht anders vermerkt bei Josephine Mayer, Monumenta de viduis, diaconissis virginibusque tractantia. Collegit, notis et prolegomenis instruxit Josephine Mayer (Florelegium Patristicum Bd. 42), 1938.

[2] Lorenz Oberlinner, Die Pastoralbriefe. Erster Timotheusbrief (Freiburg u. a. 1994) = Herders theologischer Kommentar zum Neuen Testament 11, 2, hier 142.

[3] Origenes, Römerbriefkommentar. Neuntes und zehntes Buch, hg. v. Theresia Heither (Freiburg u. a. 1996) = Fontes Christiani 2, 5, hier 244f.

[4] Vgl. Pontificale Romano-Germanicum XXIV, in: Cyrille Vogel/Reinhard Elze (ed.), Le Pontifical Romano-Germanique du dixième siècle. Le texte I (= Studi e Testi 226), Vatikanstadt 1963, 54–59.

[5] Übersetzungen aus dem Lateinischen: Gisela Muschiol/Oliver Muschiol. Die Übersetzungen sind in der Regel möglichst wortgetreu und nur an besonders schwierigen Stellen geglättet.

[6] Als Ausnahme der Bericht der Vita Radegundis des Venantius Fortunatus, siehe unten Nr. 27.

[7] Vgl. in Ansätzen dazu Abraham-Andreas Thiermeyer, Der Diakonat der Frau. Liturgiegeschichtliche Kontexte und Folgerungen, in: ThQ 173 (1993) 226–241.

[8] Vgl. Ps 53,3 (54,3)

[9] Vgl. Ps 53,4 (54,4).

[10] Vgl. 1 Kor 6,15.

[11] Vgl. Ps 24,1 (25,1).

[12] Vgl. Joh 3,27–30.

[13] Schlußformel = Jetzt und in Ewigkeit...
[14] Vgl. Ordo XXXVI. De gradibus romanae ecclesiae Nr. 18–28, in: Michel Andrieu (ed.), Les Ordines Romani du haut moyen âge. IV: Les textes (Ordines XXXV–XLIX) (= Spicilegium Lovaniense 28), Löwen 1956, 195–205, hier 1985–2006; vgl. Pontificale Romano-Germanicum CIV. De gradibus romanae ecclesiae (= Ordo XXXVI), Nrr. 18–28, in: Cyrille Vogel/Reinhard Elze (ed.), Le Pontifical Romano-Germanique du dixième siècle. Le texte II (= Studi e testi 227), Vatikanstadt 1963, 148–151, hier 149^{32}–150^{12}.
[15] Wörtlich: in bezug auf diakonische Gewänder, sog. »griech. Akkusativ«.
[16] Wörtlich: werden acht Tage ununterbrochen kommuniziert.
[17] PL 134, 113–115, hier 114A–115A (mit größeren Auslassungen bei Mayer).
[18] Eingefügt nach PL 134, 114AB, nicht bei Mayer.
[19] Gemeint sind die o.g. Frauen, die den Kirchen vorgestanden haben, d. h. Bekehrung der Frauen durch Frauen.
[20] Mayer gibt statt c. 12 des Konzils von Karthago, vgl. PL 134, 114C, den c. 12 der Statuta Ecclesiae Antiqua an, gemeint ist offenbar c. 100 dieser Statuta, vgl. die maßgebliche Edition von Charles Munier (ed.), Concilia Galliae I, A. 314 – A. 506 (= CCSL 148), Turnhout 1963, 164–185, hier 184. In PL 134, 114C zitiert Atto auch nicht nur diesen Text, sondern macht weitere Ausführungen zu dieser Frage.
[21] Der bei Mayer ausgelassene Text lautet ungefähr: »Woher gemäß der Norm anderer Namen im weiblichen Geschlecht abgeleiteter Wörter, während die Äbtissin mit derselben Bezeichnung bleibt.«; der Sinn bleibt unklar, vgl. PL 134, 114D.
[22] Der bei Mayer ausgelassene Text lautet: »Deswegen, wenn der Name dieses Amtes nun auch auf jede Art und Weise fortdauerte, in diesem, was bisher durch Frauen verwaltet zu werden scheint, hielten wir jene für Diakoninnen, die, vom greisen Alter besiegt und das religiöse Leben mit Keuschheit bewahrend, die den Priester zu übergebenden Opfergaben treu vorbereiten, an den Schwellen der Kirchen die Vigilien halten, die Estriche reinigen«, vgl. PL 134, 114D–115A.
[23] Vgl. MGH Sript. rer. Mer. 2, 358–377, hier 368; vgl. dazu Gisela Muschiol, Famula Dei. Zur Liturgie in merowingischen Frauenklöstern (= BGAM 41), Münster 1994, 27f., 295–300.
[24] Kleiderwechsel gilt als Kennzeichen der Übernahme einer geistlichen Lebensform, vgl. Muschiol, 279–295.
[25] Ein gesamter liturgischer Ritus ist in der Vita nicht überliefert, jedoch scheint die geschilderte Handauflegung grundsätzlich ein entscheidender Akt gewesen zu sein.
[26] Vgl. dazu die neueste Edition von T. P. McLaughlin, Abelard's Rule for Religious Women, in: Medieval Studies 18 (1956) 241–292, hier 252. Bei Mayer sind von sieben angekündigten Ämtern nur sechs aufgezählt, ausgelassen ist das erste Amt: *portariam scilicet*. Vgl. zur Problematik um den Briefwechsel Abaelard-Heloisa auch das Nachwort von Walter Berschin in: Eberhard Brost (Hg.), Abaelard. Die Leidensgeschichte und der Briefwechsel mit Heloisa, Darmstadt 1984, 502–511.
Vgl. auch als neuere Literatur: Rudolf Mohr, Der Gedankenaustausch zwischen Heloisa und Abaelard über eine Modifizierung der Regula Benedicti für Frauen (= Regula Benedicti Studia 5), Hildesheim 1977, 306–333; Peter von Moos, Post festum. Was kommt nach der Authentizitätsdebatte über die Briefe Abaelards

und Heloises? in: Rudolf Thomas (u. a.) (Hg.), Petrus Abaelardus (1079–1142). Person, Werk und Wirkung (= Trierer Theologische Studien 38), Trier 1980, 75–100; Georg Jenal, Caput autem mulieris vir (1 Kor 11,3). Praxis und Begründung des Doppelklosters im Briefkorpus Abaelard-Heloise, in: AKG 76 (1994) 285–304.

[27] Die Bezeichnung der Äbtissin als frühere Diakonin/Diakonisse erscheint im hohen Mittelalter nur bei Abaelard. Aus welcher historischen Quelle Abaelard diese Überzeugung schöpft, ist nicht bekannt. Auch eine Überlieferungstradition für diese Gleichsetzung gibt es nicht, vgl. den Brief Attos von Vercelli. Die römischen Ordines überliefern in fast allen Handschriften gesonderte Liturgien für die Weihe einer Äbtissin, jeweils getrennt für eine kanonische und eine monastische Äbtissin, sowie für die Weihe einer Diakonin, vgl. dazu Michel Andrieu (ed.), Les Ordines Romani du haut moyen âge. I: Les Manuscrits (= Spicilegium Lovaniense 11), Löwen 1965, hier besonders 151, 173, 182, 358, 380, 425, 437. Auch diese Überlieferung unterschiedlicher Liturgien spricht gegen eine Gleichsetzung von Amt und Amtsbezeichnung.

[28] Vgl. PL 178, Sp. 569–573, hier 572A–C. Die Predigt scheint vor dem Konvent des Doppelklosters der Heloisa (Paraklet) gehalten worden zu sein, im Verlauf des Textes werden abwechselnd sowohl die Brüder als auch die Schwestern angesprochen. Der folgende Text ist nur ein kleinerer Ausschnitt aus der Gesamtpredigt.

[29] Dieser Satz ist bei Mayer ausgelassen.

[30] Das Wort *quibus* bezieht sich dem Sinn nach auf die Diakonisse, der Grammatik nach auf die Griechen.

[31] Die folgenden Texte sind von Peter Hünermann zusammengestellt.

[32] Zitiert nach: Deutsche Bischofskonferenz, Zu Fragen der Stellung der Frau in Kirche und Gesellschaft, Bonn, 21. September 1981. Hg.: Sekretariat der Deutschen Bischofskonferenz, Kaiserstr. 163, 53113 Bonn.

Literatur in Auswahl

Zusammengestellt von Peter Hünermann

Altherr, Ulrike, Diakonat der Frau. Diskussion in den deutschen katholischen Frauenorganisationen nach 1945. Auszug aus der Dissertation, 1996.

Ansorge, Dirk, Der Diakonat der Frau. Zum gegenwärtigen Forschungsstand, in: Berger, Teresa/Gerhards, Albert (Hg.), Liturgie und Frauenfrage. Ein Beitrag zur Frauenforschung aus liturgiewissenschaftlicher Sicht, St. Ottilien 1990, 31–65.

Beck, Ulrich/Beck-Gernsheim, Elisabeth, Das ganz normale Chaos der Liebe, Frankfurt a. M. 1990.

Beck, Ulrich, Risikogesellschaft. Auf dem Weg in eine andere Moderne, Frankfurt a. M. 1986.

Bender, Christiane/Graßl, Hans/Motzkau, Heidrun/Schumacher, Jan, Machen Frauen Kirche? Erwerbsarbeit in der organisierten Religion, Mainz 1996.

Berger, Teresa/Gerhards, Albert, (Hg.), Liturgie und Frauenfrage. Ein Beitrag zur Frauenforschung aus liturgiewissenschaftlicher Sicht, St. Ottilien 1990. Darin enthalten: Ansorge, Dirk, Der Diakonat der Frau. Zum gegenwärtigen Forschungsstand, 31–65.

Canon Law Society of America (Hg.), The Canonical Implications of Ordaining Women to the Permanent Diaconate, Washington DC; Canon Law Society of America, 1995.

Congar, Yves, Gutachten zum Diakonat der Frau, in: Diaconia Christi 9, Heft 3 (1974) 10–18.

Congar, Yves, Einige Bemerkungen zum Gutachten von Pater Semmelroth, in: Diaconia Christi 10, Heft 1 (1975) 40.

Dassmann, Ernst, Witwen und Diakonissen, in: ders., Ämter und Dienste in den frühchristlichen Gemeinden, Bonn 1994, 142–156.

Der evangelische Diakonat als geordnetes Amt der Kirche. Ein Beitrag der Kammer für Theologie der Evangelischen Kirche in Deutschland, hg. v. Kirchenamt der Evangelischen Kirche in Deutschland (EKD-Texte 58), Hannover 1996.

Diaconia Christi, hg. vom Internationalen Diakonatszentrum (IDZ), Postfach 9, D-72101 Rottenburg a.N. (Die Zeitschrift erscheint im 31. Jahrgang und behandelt Fragen des Diakonats. Artikel zum Diakonat der Frau finden sich regelmäßig.)

Die soziale Lage der berufstätigen Frauen der Diözese Rottenburg-Stuttgart. Eine professionssoziologische Studie. Forschungsbericht von Bender, Christiane/Gerstl, Hans/Motzkaul, Heidrun/Schuhmacher, Jan, Institut für Soziologie der Ruprecht-Karls Universität Heidelberg, Sept. 1995.

Ecumenical Patriarchate, The Place of the Woman in the Orthodox Church and the Question of the Ordination of Women, hg. v. Gennadios Limouris, Katerini 1992.

Frauen und Kirche. Eine Repräsentativbefragung von Katholikinnen im Auftrag des Sekretariats der Deutschen Bischofskonferenz, durchgeführt vom Institut für Demoskopie Allensbach, hg. vom Sekretariat der Deutschen Bischofskonferenz (Arbeitshilfen 108), Bonn 1993.

Für eine Zukunft in Solidarität und Gerechtigkeit. Wort des Rates der Evangelischen Kirche in Deutschland und der Deutschen Bischofskonferenz zur wirtschaftlichen und sozialen Lage in Deutschland, eingeleitet und kommentiert von Heimbach-Steins, Marianne und Lienkamp, Andreas (Hg.) unter Mitwirkung von Kruip, Gerhard und Lunte, Stefan, München 1997.

Gerhard, Ute, Gleichheit ohne Angleichung. Frauen im Recht, München 1990.

Groß, Walter (Hg.), Frauenordination. Stand der Diskussion in der katholischen Kirche, München 1996.

Gryson, Roger, L'Ordination des diaconesses d'après les Consitutions apostoliques, in: MSR 31 (1974) 41–45.

Gryson, Roger, Le ministère des femmes dans l'Eglise ancienne, Gembloux, Duculot 1972 (Recherches et synthèses, Sect. d'histoire, IV).

Haslinger, Herbert, Diakonie zwischen Mensch, Kirche und Gesellschaft. Eine praktisch-theologische Untersuchung der diakonischen Praxis unter dem Kriterium des Subjektseins des Menschen, STPS 18, Würzburg 1996.

Hauke, Manfred, Überlegungen zum Weihediakonat der Frau, in: ThGl 77 (1987) 108–127.

Hauke, Manfred, Die Problematik um das Frauenpriestertum vor dem Hintergrund der Schöpfungs- und Erlösungsordnung (KKTS), Paderborn 1982.

Heimbach-Steins, Marianne, Weibliche Moral? Geschlechterdifferenz und universalistische Ethik, in: Holderegger, Adrian (Hg.), Fundamente der theologischen Ethik. Bilanz und Neuansätze, Freiburg i. Ue./Freiburg i. Br. 1996, 405–430.

Heimbach-Steins, Marianne, Würde und Rechte der Frau aus der Sicht der Katholischen Soziallehre, in: Lutz-Bachman, Matthias (Hg.), Freiheit und Verantwortung. Ethisch handeln in den Krisen der Gegenwart, Berlin–Hildesheim 1991, 214–247.

Heinzelmann, Gertrud, Wir schweigen nicht länger! Frauen äußern sich zum II. Vatikanischen Konzil, Zürich: o. J. (Zusammenstellung unterstützt von Frauenstimmrechtsverein Zürich; vgl. Zeitschrift »Staatsbürgerin« Nr. 7/8 1962):
- Heinzelmann, Gertrud, Zur kirchlichen Stellung der Frau, 7–19.
- Dies., Frau und Konzil – Hoffnung und Erwartung. Eingabe an die Hohe Vorbereitende Kommission des II. Vatikanischen Konzils vom 23. Mai 1962, 20–44.
- Münch, Josefa Theresia, Antrag auf Abänderung von CIC can. 968 § 1 (Auszug aus verschiedenen Konzilseingaben), 45–53.
- Dies., Die Meßliturgie und die Frauen. Eingabe vom 3. November 1963, 54–57.
- Müller, Iris/Raming, Ida, Kritische Auseinandersetzung mit den Gründen der katholischen Theologie betreffend den Ausschluß der Frau vom sakramentalen Priestertum (Konzilseingabe), 61–76.
- Die Resolution der St. Joan's International Alliance, 77–78.

Hünermann, Peter, Lehramtliche Dokumente zur Frauenordination, in: Walter Groß (Hg.), Frauenordination, München 1996, 83–96.

Hünermann, Peter, Diakonat – ein Beitrag zur Erneuerung des kirchlichen Amtes? Wider-Holung, in: Diakonia Christi 29 (1994), 13–22.

Hünermann, Peter, Stellungnahme zu den Anmerkungen von Professor Otto Semmelroth SJ betreffend Votum der Synode zum Weihediakonat der Frau, in: Diaconia Christi 10, Heft 1 (1975) 33–38.

Hünermann, Peter, Gutachten zur Bestellung des Diakons (der Diakonin) zum ordentlichen Spender der Krankensalbung, in: Diaconia Christi 9, Heft 3 (1974) 25–28.

Jensen, Anne, Gottes selbstbewußte Töchter: Frauenemanzipation im frühen Christentum? Freiburg 1992.

Klauck, Hans-Josef, Hausgemeinde und Hauskirche im frühen Christentum, in: SBS 103, Stuttgart 1981, 21–56.

Lehmann, Karl, »In allem wie das Auge der Kirche«. 25 Jahre Ständiger Diakonat in Deutschland – Versuch einer Zwischenbilanz, in: Arbeitsgemeinschaft Ständiger Diakonat in der Bundesrepublik Deutschland. Dokumentation 10 – Jahrestagung 1993, 9–27.

Lochmann, Andreas Christof, Studien zum Diakonat der Frau, Siegen 1996.

Lohfink, Gerhard, Weibliche Diakone im Neuen Testament, in: Die Frau im Urchristentum (QD 95), Freiburg 1983, 320–358.

Martimort, Aimé Georges, La question du service des femmes à l'autel, Notitiae 16 (1980) 8–16.

Martimort, Aimé Georges, Les diaconesses. Essai historique (Eph. Lit. Subs. 24), Rom 1982.

McManus, Frederick R., Book Reviews: Diaconesses: An Historical Study, in: The Jurist 47 (1997) 597.

Merklein, Helmut/Müller, Karlheinz (Hg.), Die Frau im Urchristentum, Freiburg 1983.

Morche, Margret, Zur Erneuerung des Ständigen Diakonats. Ein Beitrag zur Geschichte unter besonderer Berücksichtigung der Arbeit des Internationalen Diakonatszentrums in seiner Verbindung zum deutschen Caritasverband (hrsg. im Auftrag des deutschen Caritasverbandes), Freiburg 1996.

Muschiol, Gisela, Reinheit und Gefährdung? Frauen und Liturgie im Mittelalter, in: Heiliger Dienst 51 (1997) 42–54.

Nürnberg, Rosemarie, »Non decet neque necessarium est, ut mulieres doceant«. Überlegungen zum altkirchlichen Lehrverbot für Frauen, in: JbAC 31 (1988) 57–73.

Plöger, Josef G./Weber, Hermann Johannes (Hg.), Der Diakon. Wiederentdeckung und Erneuerung seines Dienstes, Freiburg/Basel/Wien 1980.

Rahner, Karl/Vorgrimmler, Herbert (Hg.), Diaconia in Christo, QD 15, Freiburg 1962.

Raming, Ida, Bestrebungen zum Diakonat der Frau im 20. Jahrhundert, in: Urban, Angela (Hg.), Diakonat der Frau – Chance für die Zukunft? Dokumentation zu den Tagungen am 18. Mai 1993 und 19. Mai 1995 in der Katholisch-Sozialen Akademie Franz-Hitze-Haus, Münster.

Schottroff, Luise, Lydias ungeduldige Schwestern. Feministische Sozialgeschichte des frühen Christentums, Gütersloh 1994.

Schüssler-Fiorenza, Elisabeth, Zu ihrem Gedächtnis. Eine feministisch-theologische Rekonstruktion der christlichen Ursprünge, München 1988.

Semmelroth, Otto, Anmerkungen zu dem Votum der Synode zum Weihediakonat der Frau, in: Diaconia Christi 10, Heft 1 (1975) 29–32.

Synek, Eva Maria, Heilige Frauen der frühen Christenheit. Zu den Frauenbildern in hagiograpischen Texten des christlichen Ostens (ÖC, NF 48), Würzburg 1994.

Theodorou, Evangelos, Das Amt der Diakoninnen in der kirchlichen Tradition. Ein orthodoxer Beitrag zum Problem der Frauenordination, in: US 33 (1978) 162–172.

Theologisch-Praktische Quartalschrift 144 (1996) Heft 4: Diakonat der Frau, mit Beiträgen von József Niewiadomski, Christoph Niemand, Severin Lederhilger, Brigitte Gruber-Aichberger, Pauline Atzlesberger, Anna L. Seyfried, Markus Lehner, Peter Hofer, Ingeborg Verweijen, Hanjo Sauer, Walter Raberger.

Thiermeyer, Abraham-Andreas, Der Diakonat der Frau. Liturgiegeschichtliche Kontexte und Folgerungen, in: ThQ 173 (1993) 226–236.

Vagaggini, Cipriano, L'ordinazione delle diaconesse nella tradizione greca e bizantina, in: OrChrP 40 (1974) 145–189.

Völkl, Richard, Diakonie und Caritas in den Dokumenten der deutschsprachigen Synoden, Freiburg 1977.

Vorgrimmler, Herbert, Gutachten über die Diakonatsweihe für Frauen, in: Diaconia Christi 9, Heft 3 (1974) 19–24.
Wagner, Ulrike, Die Ordnung des »Hauses Gottes«. Der Ort von Frauen in der Ekklesiologie und Ethik der Pastoralbriefe (WUNT, 2/65) Tübingen 1994.

Autorinnen und Autoren

Angela Berlis
Wissenschaftliche Mitarbeiterin am Alt-Katholischen Seminar, Bonn

Dr. Albert Biesinger
Professor für Religionspädagogik, Kerygmatik und Kirchliche Erwachsenenbildung, Tübingen

Sr. Dr. Lucy Blyskal, C.S.J, J.C.D
Richterin am kirchlichen Gericht (Offizialat), New York (USA)

Dr. Eva-Maria Dennebaum
Leiterin der Abteilung Aus- und Fortbildung und der Fortbildungs-Akademie beim Deutschen Caritasverband e. V., Freiburg i. Br.

Dr. Marita Estor
bis 1994 im Bundesministerium für Frauen und Jugend in den Bereichen Frau und Beruf, Frauenbeauftragte, Internationale Frauenpolitik, Bonn

Hanna Furtwängler-Strub
Vizepräsidentin des Schweizerischen Katholischen Frauenbundes SKF, Rheinfelden (CH)

Dr. Heike Grieser
Wissenschaftliche Mitarbeiterin am Seminar für Kirchengeschichte des Altertums, Mainz

Dr. Marianne Heimbach-Steins
Professorin für Christliche Gesellschaftslehre und Allg. Religionssoziologie, Bamberg.

Dr. Bernd Jochen Hilberath
Professor für Dogmatik und Dogmengeschichte, Tübingen

Sr. Dr. Benedikta Hintersberger OP
geistliche Beirätin des katholischen Deutschen Frauenbundes auf Bundesebene, Augsburg

Dr. Dr. h.c. Peter Hünermann
Professor em. für Dogmatik, Tübingen

Dr. Anne Jensen
Professorin für Ökumenische Theologie und Patrologie, Graz (A)

Dr. Hans Jorissen
Professor em. für Dogmatik und Theologische Propädeutik, Bonn

Dr. Doris Knab
Professorin em. für Schulpädagogik, Tübingen

Godehard König
Bischöflicher Beauftragter für die Ständigen Diakone in der Diözese Rottenburg-Stuttgart, Rottenburg a. N.

Friederike Kukula
Referentin für religiöse Bildungsarbeit beim Bayerischen Landesverband des Katholischen Deutschen Frauenbundes, München

Dr. Dr. h.c. Hanna-Renate Laurien
Vorsitzende des Diözesanrates der Erzdiözese Berlin

Dr. Gabriele Miller
Vorsitzende der Frauenkommission der Diözese Rottenburg-Stuttgart, Rottenburg a. N.

Marlies Mittler-Holzem
Diözesanreferentin des Katholischen Deutschen Frauenbundes, Münster

Dr. Gisela Muschiol
Wissenschaftliche Assistentin am Institut für Theologie und Religionspädagogik, Hannover

Eva Nordentoft
Präsidentin des Dänischen Katholischen Frauenbundes, Risskov (DK)

Dr. Rosemarie Nürnberg
Diözesanreferentin für theologisch-spirituelle Bildung; Lehrbeauftragte für das Fach Alte Kirchengeschichte und Patrologie, Köln

Dr. Sabine Pemsel-Maier
Mitarbeiterin am Institut für Pastorale Bildung, Freiburg i. Br.

P. Norbert Plogmann OFM
Guardian des Franziskanerklosters, Berlin-Pankow

Dr. Heinrich Pompey
Professor für Pastoraltheologie und Pastoralpsychologie, Direktor des Instituts für Caritaswissenschaft und Christliche Sozialarbeit, Freiburg i. Br.

Dr. Regina Radlbeck-Ossmann
Habilitandin, Regensburg

Dr. Ida Raming
bis 1994 Lehrtätigkeit im gymnasialen Schuldienst, Greven

Dorothea Reininger
Promovendin, Münster

Dr. Dorothea Sattler
Gastprofessorin an der FU Berlin, Vendersheim

Ilse Schüllner
Religionslehrerin, Freiburg i. Br.

Anette Seehase
Mitglied im Vorstand des Verbands Evangelischer Diakonen- und Diakoninnengemeinschaften in Deutschland VEDD, Bad Kreuznach

Dr. Stefanie Spendel
Abteilungsleiterin für Erwachsenenbildung im Bischöflichen Generalvikariat Aachen

Bernd Strohmaier
Ausbildungsleiter für Ständige Diakone in der Diözese Rottenburg-Stuttgart, Ständiger Diakon, Friedrichshafen

Dr. Andrea Tafferner
freie Autorin und Referentin, Bad Iburg

Revd. Sr. Teresa (Joan White), C.S.A
Vorsitzende der Society for the Ministry of Women in the Church, London (GB)

Hinweis
Für weitere Informationen wenden Sie sich an:
Netzwerk Diakonat der Frau
c/o Katholischer Deutscher Frauenbund
Mauritz-Lindenweg 65
48145 Münster